Religião, cultura e identidades

Dados Internacionais de Catalogação na Publicação (CIP)
(Câmara Brasileira do Livro, SP, Brasil)

Sanchis, Pierre
    Religião, cultura e identidades : Matrizes e matizes / Pierre Sanchis ; organização Mauro Passos e Léa Freitas Perez. – Petrópolis, RJ : Vozes, 2018.

    Bibliografia.
    ISBN 978-85-326-5786-2

    1. Cultura 2. Identidade 3. Igreja e problemas sociais – Brasil – Igreja Católica 4. Pluralismo religioso – Brasil 5. Sociologia cristã
    I. Passos, Mauro. II. Perez, Léa Freitas. III. Título.

18-15317   CDD-261

Índices para catálogo sistemático:
1. Sociologia cristã : Cristianismo   261

Iolanda Rodrigues Biode – Bibliotecária – CRB-8/10014

PIERRE SANCHIS

Religião, cultura e identidades
Matrizes e matizes

Organização de
Mauro Passos e Léa Freitas Perez

EDITORA VOZES

Petrópolis

© 2018, Editora Vozes Ltda.
Rua Frei Luís, 100
25689-900 Petrópolis, RJ
www.vozes.com.br
Brasil

Todos os direitos reservados. Nenhuma parte desta obra poderá ser reproduzida ou transmitida por qualquer forma e/ou quaisquer meios (eletrônico ou mecânico, incluindo fotocópia e gravação) ou arquivada em qualquer sistema ou banco de dados sem permissão escrita da editora.

CONSELHO EDITORIAL

Diretor
Gilberto Gonçalves Garcia

Editores
Aline dos Santos Carneiro
Edrian Josué Pasini
Marilac Loraine Oleniki
Welder Lancieri Marchini

Conselheiros
Francisco Morás
Ludovico Garmus
Teobaldo Heidemann
Volney J. Berkenbrock

Secretário executivo
João Batista Kreuch

Editoração: Leonardo A.R.T. dos Santos
Diagramação: Mania de criar
Revisão gráfica: Nilton Braz da Rocha / Nivaldo S. Menezes
Capa: WM design

ISBN 978-85-326-5786-2

Editado conforme o novo acordo ortográfico.

Este livro foi composto e impresso pela Editora Vozes Ltda.

*Entre determinada oração, determinada
sociedade e determinada religião,
existe um laço necessário.*
Marcel Mauss

Sumário

Apresentação, 9
   Mauro Passos e Léa Freitas Perez

Pórtico I, 15

   Cultura brasileira e religião – Passado e atualidade, 17

   As tramas sincréticas da história – Sincretismo e modernidades no espaço luso-brasileiro, 42

   Desencanto e formas contemporâneas do religioso, 66

   No mapa das religiões há lugar para a "religiosidade"?, 83

   Da quantidade à qualidade – Como detectar as linhas de força antagônicas de mentalidades em diálogo, 97

Pórtico II, 139

   Inculturação? – Da cultura à identidade, um itinerário político no campo religioso do Brasil: O caso dos APNs, 141

   O campo religioso contemporâneo no Brasil, 160

   As Ciências Sociais da Religião no Brasil, 174

   Religiões no mundo contemporâneo – Convivência e conflitos, 187

   O campo religioso será ainda hoje o campo das religiões?, 204

Pórtico III, 243

   A religião dos brasileiros, 245

   Portugal e Brasil: influências e metamorfoses, 280

   A caminhada ritual, 290

Religião e etnicidade – Dois casos de "negritude católica" na diáspora, 321

O "som Brasil" – Uma tessitura sincrética?, 349

Travessia, 381

Impressões da Rússia (1998), 383

Referências, 417

Os organizadores, 443

Apresentação

*...tu és a história que narraste,
não o simples narrador.*
(Carlos Drummond de Andrade)

*Mauro Passos
Léa Freitas Perez*

No abrigo de tantas configurações do mundo, da história e do conhecimento, somos convidados a repensar conceitos e a repor/recompor a vetusta arquitetura ciência-saber. Outras gerações, outras mentalidades, ideias diferentes e contextos em transição. É nesses momentos que se cumpre, à perfeição, a união entre pessoa e obra neste livro de Pierre Sanchis.

Trazer à luz um livro com alguns dos inúmeros textos seminais de Pierre Sanchis é uma árdua tarefa. São tantos e tantos textos, cada um com várias pistas e inspirações, textos que, no mais das vezes, dialogam uns com os outros, num quase palimpsesto, o que torna a tarefa da escolha quase que impossível. Decidimos selecionar aqueles em que a religião estivesse em diálogo mais direto e explícito com dois temas cardinais no pensamento do mestre, cultura e identidade, e nos quais se explicitasse também outro fio condutor de seu pensamento, a busca de matrizes e matizes.

Obra e pessoa rimam com trabalho intelectual e posicionamento na vida do autor deste livro. Os atos, falas e pensamentos de Pierre Sanchis compõem seus estudos, pesquisas e publicações. Segundo Michel de Certeau: "A criação vem de mais longe do que seus autores, supostos sujeitos, e ultrapassa suas obras, objetos cujo fechamento é fictício" (DE CERTEAU, 1993: 10).

Todos os textos do livro foram publicados em revistas e livros, no entanto, uma obra como a de Pierre Sanchis padecia de uma lacuna – que temos a modesta intenção, de alguma forma, de preencher – de ser, de algum modo, reunida num único documento. Agradecemos aos editores das revistas e dos livros a permissão de republicação. O leitor poderá notar o retorno nos textos, devido ao tempo e espaço, de temas e conceitos. Como lembra Michel de Certeau: "A escrita acumula, estoca e multiplica a sua produção... e por onde passa é a repetição do paraíso perdido" (1980: 251). Esse retorno serve para ampliar a interação entre leitor e texto, enquanto precisa sua formulação para se fazer mais legível. Daí a atenção prestada às idas e vindas com variações, contornos, novos começos e outras modalidades de se abordar a ciência da escrita. Pelos conceitos e ideias que viram e reviram palavras, o(a) leitor(a) vai descobrir um diálogo, quase na sombra, entre o primeiro e o último texto. (Engenho e arte da escrita!) Aspecto inovador do livro – determinar um centro, apontar referências e marcar um ponto de partida/chegada. Ponto de síntese e de convergência das "matrizes e matizes" que cobrem o itinerário do livro –, a tessitura sincrética do "som Brasil".

Um elemento rico dos textos não está nas palavras escritas, mas na diferença que elas produzem – o horizonte de diferentes caminhos. Não o "desfolheamento" de verdades, mas o "folheamento" de significâncias. Aí está a vitalidade da antropologia – diligência de busca e vigília de espera; continente com muitas trilhas.

Joseph François Pierre Sanchis nasceu em Perpignan, França, em 16 de dezembro de 1928, dia de Santo Ananias, sob o signo de sagitário. Diz ele sobre sua proveniência, já perscrutando sua experiência pré-antropológica, na qual já evidenciamos a matriz de seu pensamento dialógico e sua preocupação com as complexas relações entre cultura e identidades: "Nasci na Catalunha francesa... Uma identidade diferenciada em relação à 'norma nacional', a mesma que a de outros catalães, em outra nação do outro lado dos Pireneus, mas que, no meu caso, coexistia com a normal, global, nacional francesa. Contraste acentuado pela experiência do colégio, fora da região natal... Uma distância de apenas 90km, mas que me levava a encontrar outra sociabilidade, outro sotaque, outra arquitetura, outras preferências culinárias, outra cor do céu, outro vento..., o que sentia em parte como outra gente e outro mundo. Nesse grupo social 'englobante', era eu mesmo, no caso, que me percebia em parte como o outro: Outro em mim, o mesmo no outro... Tanto lá quanto cá, ao mesmo tempo 'apreendia' um mundo no cotidiano espontâneo e em encontros mais seletivos com o que sobrava da cultura catalã, e 'aprendia' outro mundo na exposição à cultura oficial francesa, à educação formal. E também gostava de me sentir participante dele. Não era assim tão nítido o confronto nem mesmo a distinção – do mesmo e do outro no eu. Em todo caso instalava-se a experiência de uma dialética, a da parte e do todo, que encontrei mais tarde na antropologia" (SANCHIS, 2011: 264, 265).

Formado em Teologia na Universidade de Estrasburgo em 1954, dedicou-se durante algum tempo ao estudo da literatura cristã dos séculos IV e V. Seu *Mémoire* para obtenção do *Diplome* da então École Pratique des Hautes Études, V[e] section (Sciences Économiques et Sociales) foi *Liturgie en conserve et liturgie vivante: le cas de la missa do morro, Brésil*, que trata das repercussões, na sociedade baiana, de uma mudança na expressão musical da liturgia católica. Brasil, relevante espaço de metamorfoses culturais, religiosas que ajudaram e ajudam a construir sua história.

Depois de ter seguido, em 1971, o Curso Superior de Língua e Civilização Portuguesa da Universidade de Lisboa, realizou várias pesquisas em Portugal. Entre as mais importantes, contam-se a realizada em 1972, sobre as repercussões do fenômeno da emigração numa aldeia de Beira Baixa, e a realizada em 1973, sobre a religiosidade popular, as festas e as romarias portuguesas. A primeira resultou na dissertação de mestrado em Antropologia defendida em 1972, na Université de Paris VII, Unité d'Enseignement et de Recherche d'Anthropologie, Ethnologie et Science des Religions; enquanto a segunda resultou na tese de doutorado, defendida em 1976, na École Pratique des Hautes Études/Université de Paris X sob o título *Arraial, la fête d'un peuple: les pèlerinages populaires au Portugal*.

De volta ao Brasil, em 1976, quando se tornou professor de Antropologia na UFMG, o campo religioso continuou sendo o seu terreno privilegiado de pesquisa. Pesquisador do Conselho Nacional de Desenvolvimento Científico e Tecnológico (CNPq), membro da diretoria e presidente do Instituto de Estudos da Religião (Iser), Rio de Janeiro, foi também coordenador do Grupo de Estudo do Catolicismo do Iser – mais tarde, Grupo de Estudo do Sincretismo – e realizou pesquisas sobre o catolicismo popular, as romarias mineiras, a renovação litúrgica do ponto de vista etnomusical, as relações entre religião e política, uma possível religião civil no Brasil, as relações da Igreja com o Estado brasileiro, especialmente com o exército, e sobre o movimento negro católico. Em 1991, fez pós-doutorado no Groupe de Sociologie des Religions du Centre National de la Recherche Scientifique (CNRS). Mais recentemente, abordou a globalidade do campo religioso brasileiro na sua relação com a Modernidade, com as inculturações e com o sincretismo. Aposentado como professor da UFMG, em 1997, recebeu o título de professor emérito dessa universidade em 1999. Coordenou, pelo lado brasileiro, um grupo internacional de pesquisa (CNPq/IRD – Institut de Recherche pour le Développement) sobre as modalidades contemporâneas de criação de identidades sociais através da religião.

Para Claude Lévi-Strauss, a antropologia é uma vocação, "uma das raras vocações autênticas", uma vez que "podemos descobri-la dentro de nós mesmos sem nunca a termos aprendido" (1981: 49). Nada mais apropriado, como dito em outro lugar (PEREZ, 2016), para caracterizar a atuação de Pierre Sanchis no ofício de antropólogo. Catalão de origem, desde cedo viveu a alteridade e as possibilidades de trânsito entre diferentes códigos culturais. O encontro, a descoberta e a compreensão do outro, do diferente, são dados a ele desde a sua mais tenra infância e trabalharam na direção de aguçar a sua curiosidade, levando-o ao exercício do ofício. Ofício que o impulsiona a trilhar tal como um peregrino em romaria ou um estrangeiro em viagem "os sendeiros, atalhos e encruzilhadas" da vida em sociedade, nas "tramas" da história. Pierre Sanchis tornou-se um "antropólogo brasileiro" após peregrinar pelas procissões portuguesas, embora nunca tenha deixado de ser um francês, *bien sûr*. Como os grandes antropólogos – *et pour cause* –, Pierre é, simultaneamente e a um só tempo, desenraizado, viajante atento, "pesquisador de nascentes, armado de sua vareta", como ele mesmo se declara, guiando-nos através de suas instigantes análises do universo religioso pelos diferentes e diversos mundos culturais que compõem a vida em sociedade, guiando-nos no desvendamento, na "espessura da história", de como e de que modo uma sociedade constrói um discurso essencial sobre si mesma, com todas as tensões, conflitos e ambiguidades que lhe são inerentes e constitutivas. Vê-se, em toda sua pujança, o antropólogo dialogando com a história, articulando sincronia e diacronia, o evento e a estrutura, a tradição e a Modernidade, as representações e as práticas. Pensador que nos ajuda a entender quem somos e onde estamos/chegamos. Num momento histórico conturbado, temos de enfrentar as consequências de tantas invasões. Por isso indica pistas, provoca, questiona, discute, dialoga, enfim, faz pensar para nos ajudar a interpretar as diferentes paisagens antropológicas. Esse é o sólido húmus fertilizante dos temas que definem sua antropologia, da qual somos todos, de um modo ou de outro, tributários: articulação de sentidos, razão dialógica e perspectiva dialética.

A obra de Pierre Sanchis é aquela de um mestre, a prova cabal de como é possível o exercício escrupuloso do ofício. Através dele, vemos realizar-se em toda sua plenitude a antropologia tal como definida pelo historiador Alphonse Dupront e citada por Pierre na conclusão de seu *Arraial, la fête d'un peuple – Les pèlerinages populaires au Portugal*: "A antropologia, se o espetáculo lhe pertence como atelier das tensões em ato, deve atingir os bastidores, lá onde a oposição se dissolve na consciência elementar de um comum destino, sejam quais forem as representações mais ou menos elaboradas, uma idêntica certeza dos fins últimos" (DUPRONT, apud SANCHIS, 2011: 400).

Cher maître, merci. Merci pour tout! Merci à la vie!
A você, todo o nosso carinho e toda a nossa gratidão.

Referências

DE CERTEAU, M. *La culture au pluriel*. Paris: Éditions du Seuil, 1993.

_____. *L'invention du quotidien* – Arts de faire. Paris: Gallimard, 1990, p. 251.

LÉVI-STRAUSS, C. *Tristes trópicos*. Lisboa: Edições 70, 1981.

PEREZ, L.F. *Viagens textuais*: da escritura da experiência na experiência da escritura. Porto Alegre: Medianiz, 2016.

SANCHIS, P. Uma pretensa introdução à antropologia. *Teoria & Sociedade* (19) 1, 2011.

Pórtico I

Cultura brasileira e religião
Passado e atualidade*

O título proposto coloca um problema de categorias: Cultura... Religião... História. Vamos por parte. Pensei em relembrar coisas elementares. Talvez do seu encontro e cruzamento possa surgir significação.

1 Para começar: Do que se fala quando se fala em "cultura"?

1) Parece importante ter logo em mente do que não se está falando:

Cultura, no sentido que interessa hoje, não é a instrução formal (a escola...); nem mesmo a educação; nem o conjunto de conhecimentos adquiridos; nem a facilidade para se dar bem com as pessoas ditas "cultas"; nem o mundo de "jeitinhos" que o ator social possa ter desenvolvido para se sair de situações difíceis.

Se fosse isso, alguns teriam "cultura", outros não, ou se teria mais ou menos "cultura"...

A "cultura" de que se está falando, ao contrário – está se falando na perspectiva historicamente fundante da Antropologia –, é algo que todos os *grupos* de homens e mulheres têm, porque é exatamente isso que faz que eles sejam "gente". Ser gente é ser homem. *Mas de certa maneira*. E essa maneira particular de encarnar a humanidade constitui, para cada grupo humano, a sua "cultura". Tal é – ou era pelo menos – a noção clássica de "cultura" na Antropologia[1].

Vejam só – numa visão global e que merece hoje, sem dúvida, ser precisada e matizada: O animal nasce perfeito, todo programadinho. Uma abelha sabe, desde que nasceu (não aprendeu, nasceu assim), fazer colmeia, fabri-

---
* *Cadernos Ceru*, vol. 19, 2009, p. 71-92.
1. A título emblemático, cf. Benedict (1934) e a introdução de Franz Boas.

car mel num trabalho de organização coletiva... Mas todas as abelhas, desde que existem abelhas, fizeram colmeias e fabricaram mel do mesmo jeito: não aperfeiçoaram suas técnicas, não inventaram *outro* modo de arranjo social. O pequeno humano não nasce programado. Simplesmente, rico das *potencialidades* de todo tipo, que poderão – ou não – se desenvolver. E numa determinada direção. Abandonado e solitário (cf. os casos de "meninos lobos"), ele seria reduzido a pouco mais do que um organismo biológico. Pois é com o seu grupo, com base em relações e em todo tipo de comunicações, que, pouco a pouco, ele vai "aprender a ser gente".

"Ser gente", quer dizer: saber – *e já há mil maneiras de pensar o que "saber" quer dizer* – quem ele é, o que ele significa para si próprio, para os outros; aliás, quem são os tais de "outros", como se organiza o grupo maior em que está inserido, como esse grupo se situa em determinado ponto de uma rede de relações, quais são as coisas boas de fazer, de viver, e também as coisas ruins... E por que são boas ou ruins. O que se deve desejar ser, o que se pode chegar a ser, quais atitudes são melhores ou piores, para si e para os outros (para quem?), como é que o mundo se divide: gente, bichos, coisas, gente próxima (igual?), os parentes, a família, os "outros", amigos, indiferentes ou inimigos; aliás, antes disso até: o que é ser "igual" (que significa igualdade?), "diferente" (que significa diferença?), "amigo", "inimigo" etc.

O interessante é que todos os grupos humanos não chegam às mesmas conclusões. Todos são feitos de seres humanos, certo? Por isso, têm em comum muitos problemas para resolver; mas cada grupo tende a resolver esses problemas *do seu jeito*. Cada um monta na sua cabeça, na sua sensibilidade, no seu coração, na sua vontade e no seu sonho certo tipo de mundo. Como se usasse um par de lentes especiais que desse a tudo o que ele vê determinada forma e determinada cor. Diferente daquelas formas e cores fornecidas a outro grupo por suas próprias lentes. Por isso os grupos humanos são (relativamente) diferentes, os seus "mundos" são diferentes, as suas noções do bem e do mal são em parte diferentes, seus valores são diferentes, seus interesses privilegiados são diferentes, seus desejos são diferentes, suas relações, entre si e com os outros grupos, tendem a ser diferentes etc.

É esse "jeito de ser gente", relativamente diferente de grupo para grupo, que constitui a "cultura" de cada um.

Muitas culturas existem no mundo... E por isso é difícil fazer se encontrarem e conviverem pessoas de grupos diferentes: os seus "mundos" podem resistir a se reconhecer mutuamente os mesmos. Quando uma diz "sim!", a outra deveria poder (até mesmo na mesma língua) entender: "Quem sabe... Se você fizer questão... Você sabe que não quero". Mas como ela entende simplesmente "Sim!", no sentido afirmativo próprio do seu grupo, ela poderá em seguida interpretar que esse "outro" foi um mentiroso. Simplesmente porque os tipos de relações do homem com a verdade, com a afirmação do seu pensamento, com o outro, que ambos consideram "boas", não coincidem.

2) Várias analogias são capazes de ajudar a entender como podem assim se constituir "mundos diferentes", pertencentes a pessoas às vezes tão semelhantes.

Por exemplo, a analogia das línguas. A garganta humana é radicalmente capaz de pronunciar todos os sons de que são compostas todas as línguas. E, no entanto, os aparelhos fônicos de cada grupo, amoldados por sua língua respectiva, acabam escolhendo um elenco limitado de sons do qual são incapazes de sair, pelo menos sem grande esforço. Só esses sons serão significativos para o grupo. Na imensa panóplia das possibilidades humanas, a cultura também "escolhe" e carrega de sentido os elementos escolhidos.

Escolhe gestos (pensar nos sentidos possíveis de uma piscadela!), escolhe cores (o branco pode ser sinal de morte para povos orientais), escolhe tempos (tempos verbais, p. ex.: há línguas que não têm futuro), escolhe determinadas organizações do singular e dos plurais, constrói distinções que outros ignoram: entre "eu/nós" e "eles", entre ação e ator, entre os "parentes" e os "outros", escolhe valores, às vezes valores diferentes de que se revestem as mesmas ações (o suicídio, o trabalho, a viagem ou a fixação territorial...).

Isso é possível porque o mundo dos homens e das mulheres não é um mundo simplesmente material, onde as coisas são, sem mais, o que são (o "trabalho", p. ex., seria simplesmente o exercício de sua materialidade muscular e o seu resultado), mas também – e sobretudo – são o que elas representam para *esse* homem: o universo do homem é um universo cujas "realidades" são carregadas de valores (e de valores diferentes para cada um dos grupos humanos; o mesmo trabalho pode representar tantos valores diferentes: um castigo, uma honra, um meio de sobrevivência, uma obra corretiva de recuperação, uma realização pessoal profunda etc.!). Finalmente, o universo do homem é universo *simbólico* e diferencialmente simbólico.

Sem dúvida, os problemas dos homens são os mesmos em toda a parte. Por isso, muitos elementos dos seus "universos" poderão ser indefinidamente repetidos: por exemplo, em todo grupo humano há família, violência, amor, trabalho, sexo, morte. Mas o lugar desses elementos na *hierarquia dos valores*, a *significação* de cada um deles, o resultado das *escolhas* do grupo poderá ser diferente. "Melhor a morte do que a desonra", dirá um; "Para tudo dá-se um jeito", dirá outro... Com a mesma legitimidade social, cada um no seu grupo.

E não se trata de tomadas de posição parciais e isoladas, sobre pontos independentes uns dos outros. Esse universo particular, assim feito de escolhas e de recortes na realidade do mundo, poderá formar um *sistema*, em que tudo tende a entrar, ordenado, hierarquizado, valorizado como convém... Quando aparece algo novo, tem de encontrar um lugar no sistema, sob pena de criar problemas. Pois cada um não inventa sozinho sua cultura: ela é criação coletiva, se transmite pela educação, constitui uma tradição. E se assim é, ela acaba constituindo, para os membros de cada grupo humano, um universo que lhes parece *natural*. O universo. No limite, o universo único (ou, pelo menos, o único válido...).

Dentro desse universo, específico, monta-se também um tipo de homem e um tipo de mulher: rotinizam-se hábitos, criam-se comportamentos, escalam-se valores, implanta-se determinado "ideal de gente".

E tudo isso se processa lá no fundo, sem que ninguém se dê conta desse trabalho. Por isso, na sua maior parte, esse universo continua sempre *inconsciente*. Por isso também, em situações normais, não se pode esperar que as pessoas o "falem", explicitamente; é preciso observar como elas o "vivem": o modelo clássico da pesquisa antropológica, desde Boas e Malinowski.

3) Tudo isso seria tranquilo e simplesmente verdadeiro, seria a verdade toda, se os grupos humanos não mudassem e não se encontrassem entre si. Se a história não existisse. Tal visão da cultura corresponde ao momento já

quase secular de deslumbramento do olhar antropológico, quando, depois da primeira "descoberta do outro" e em contraste com a inicial constituição de uma escala etnocêntrica de valores, em que o Ocidente ocuparia o ápice (o evolucionismo), a Antropologia constituiu-se em torno das diferenças, apontadas, reconhecidas, valorizadas nas suas próprias lógicas. Mas o retrato que, nessa perspectiva, foi pintado sem matizes, na verdade é o de um quadro morto (ou de uma série de quadros mortos). Seria um quadro de reprodução pura. É preciso agora dar-lhe movimento e vida.

Pois a vida vai... Acontecem coisas, para qualquer grupo e qualquer pessoa dentro do seu grupo. Se quiserem responder a esses acontecimentos, que criam *novas situações*, as "culturas" devem reagir criativamente, adaptar-se, inovar, mudar. Em todo tempo e lugar, a partir mesmo de seu íntimo, alguns dos *indivíduos* seus participantes se opõem a elas e querem transformá-las. É pelos indivíduos que as culturas se transformam. Mas outros tentam, ao contrário, conservá-las (ou continuar definindo-se por meio delas): o fenômeno complexo da "redescoberta das raízes", em todos os níveis, também atravessa o mundo contemporâneo... Em muitos casos, os homens pretendem, até dramaticamente, retomar a fala autônoma do que declara sua cultura. Outros ainda assistem mais passivamente a suas transformações, ajudados nessa passividade pelo fato de que, em geral, essas modificações não se dão por meio de rupturas bruscas com a lógica que as anima. A permanência alia-se, então, à mudança. O jeito de "transmitir" confunde-se com o de "transformar". Pois é transmitindo-se, afirmando-se, confrontando-se, que as culturas se transformam. De qualquer modo e para todos, as culturas também estão na história (SAHLINS, 1990).

Acresce a essas perspectivas gerais uma especificidade contemporânea: a mudança trazida pela Modernidade está hoje inconfundível (BALANDIER, 1997).

Por um lado, as culturas – ou fragmentos delas vivos nos sujeitos sociais – viajam como nunca, entram em contato entre si, multiplicam-se no mesmo espaço e também se contaminam mutuamente: o multiculturalismo coexiste com o hibridismo e a mestiçagem cultural (CANCLINI, 2000a, 2000b). Por isso, os grupos-suportes da elaboração cultural se fragmentam, se recobrem parcialmente: a cultura passa a ser, também, de grupos cada vez mais reduzidos – até a família...–, uma cultura de redes sociais mais do que de instituições, umas redes que articulam finalmente *indivíduos*. Cada vez menos esses indivíduos passam a reproduzir simplesmente sua cultura e sua identidade. Relativizam o fato de recebê-las todas feitinhas por herança. Alguns, pelo deslocamento no espaço – viagem e migração –, outros, e todos, por sua exposição à mídia (e mais limitadamente ao mundo do consumo), em qualquer lugar do mundo e pela primeira vez na história, com base em uma oferta cultural potencialmente múltipla ao infinito, passam a fazer parte de vários universos ao mesmo tempo. Eles tecem diversas culturas dentro de si, escolhem entre os seus elementos, os articulam e hierarquizam, transformam sua percepção do universo. Uma cultura, doravante em boa parte escolhida (MATHEWS, 2002). E que tende a não conhecer mais o caráter sistêmico e totalizante de que se falou acima. Deslocamento da cultura relativamente a seu suporte étnico, deslocamento de sua incidência territorial, pluralidade das pertenças culturais e das identidades dentro do próprio indivíduo.

Por isso, em certos momentos, os sujeitos sociais estão perdidos, não sabendo mais quem são nem qual é o seu mundo. Estariam na verdade caminhando para uma nova "visão de si e do mundo", uma "nova cultura"? Até mesmo uma cultura de novo gênero? É possível, mas é também possível que o momento lhes pareça de irreversível anomia.

Por outro lado e em outro nível, também existe no mundo atual um "grande encontro" (globalização?) das culturas à medida que uma delas acaba marcando por sua dominação o conjunto do espaço social. É o caso, sobretudo, numa cidade grande. Sem dúvida, coexistem dentro dela vários grupos específicos, múltiplas redes, uma multidão de indivíduos, todos diferentes por suas experiências, individuais ou coletivas, e que elaboram à sua maneira própria de ver o mundo e de "ser gente". Mas todos têm de se haver com a mesma "cultura geral" e "moderna" da metrópole: estão situados no seu interior, participam, querendo ou não, e mesmo se de modo diferenciado, das grandes linhas de seus ideais, de seus valores – ainda que em estado de revolta ou de distanciamento ao mesmo tempo virtual e prático. O desafio da globalização.

Motivos assim sobrepostos: por um lado, coexistência de ofertas culturais dilacerantes, que opõem os indivíduos entre si e os dividem no interior deles próprios; por outro lado, uniformização tendencialmente compulsória. Tais motivos acabam produzindo simultaneamente, na condição pós-moderna, junto com a euforia da livre-escolha e da autoconstrução das identidades, o vetor diametralmente oposto: uma procura das raízes, uma saudade das origens, um refúgio no reconhecimento apaziguador de uma identidade que se proclama como recebida. Uma volta dos povos para a "sua cultura", exatamente, aliás, quando os antropólogos põem em questão a existência desta[2]. Uma cultura, no entanto, que não será mais simplesmente recebida, mas ativa e autonomamente escolhida, indissoluvelmente reencontrada e "inventada" (WAGNER, 1981). Perfil de "resistência", muitas vezes de "retorno". Pode-se discutir, por exemplo, o futuro da ideia de "nação" – para alguns, ameaçada, por dentro, pela reemergência de suas partes (as regiões), ou por fora, pela exigência de maiores conjuntos (federações ou uniões) –, mas algo no mundo está hoje a remobilizar homens e mulheres, em geral em movimentos pacíficos de efervescência ideológica, mas às vezes até com violência, pela ressurgência, a difusão, o fascínio, às vezes a criação de uma referência grupal que signifique uma origem, uma tradição, uma terra, uma pertença: nação, cultura, etnia. E também religião.

2 Cultura e religião

A religião teria, então, a ver com a cultura?

Dir-se-ia: tudo a ver. E tudo o que se acabou de dizer da cultura, inclusive a mudança contemporânea na sua situação real e na sua apreensão teórica, poderia analógica – ou metonimicamente – aplicar-se à religião. A religião também pretende fornecer ao ser social uma visão do mundo – uma representação particular, com suas categorias próprias, que torna o mundo intelectual e emocionalmente apreensível (Deus, deuses, orixás, anjos, santos, criação, congregação, igreja, autoridade, verdade...). Tudo isso compõe um

---

2. Cf., a título igualmente emblemático, Clifford (1988).

mundo particular e o organiza e tudo isso, para o fiel, faz do mundo genérico o seu mundo. Como o faz a cultura. Mas, além disso, a religião maneja categorias que atingem a subjetividade do fiel neste mundo, impulsionam sua ação, orientam e qualificam o seu comportamento externo e suas atitudes profundas (dependência, oração, louvor, sacramento, magia, pecado ou simplesmente erro, o sentido, afinal, do comportamento): um motivo para viver e um modelo para a vida. "Modelo de" e "modelo para", diria Geertz (1978). O mesmo Geertz que intitula um capítulo seu: "A religião como sistema cultural" (1978).

Religião é cultura. Mas religião não se confunde simplesmente com cultura. É cultura no superlativo. Põe em jogo uma totalidade, e sob o prisma do absoluto. Totalidade do mundo, explicação a mais global, em princípio sem resto. E que implica, ao mesmo tempo, dinamismo para viver[3] e balizamento para o engajamento nesta vida (ética).

Não é fácil definir "religião" sem privilegiar ou tornar exclusivo um só desses seus vetores: cosmovisão, que pode, então, passar a ser sonho vazio, sem repercussão na vida, ou Ética, que tende a virar puro moralismo. Weber renuncia a dar essa definição antes de começar a sua análise (SÉGUY, 1999) – o que seria lógico e que Durkheim, por exemplo, tinha feito. Ele o fará no fim, promete. Mas acaba por esquecer sua promessa. Ele arrisca, no entanto, esboços de definição no decorrer da análise. Simplesmente um "tipo particular de ação social", aquele que os atores chamam de "religiosa". A religião do senso comum qualificado, a do "bom-senso", como diria Gramsci (1999). Ou, mais precisamente: a organização das relações com seres não empíricos: deuses, espíritos etc. "Organização", uma ideia que atravessará também a tradição durkheimiana, mas sem que lhe seja necessária a referência a "seres" sobrenaturais. É a experiência do sagrado (e, antes da experiência, a categoria definidora do sagrado), que permite identificar o campo da religião. Pois é ela que organiza essa experiência coletiva: de-

---

3. "Antes de tudo, a vida religiosa supõe a ação de forças *sui generis,* que elevam o indivíduo acima dele mesmo, que o transportam para um meio distinto daquele no qual transcorre sua existência profana, e que o fazem viver uma vida muito diferente, mais elevada e mais intensa. O crente não é somente um homem que vê, que conhece coisas que o descrente ignora: é um homem que pode mais" (DURKHEIM, 1977: 2).

lineia e define um universo simbólico polarizado pela oposição sagrado/profano, instaura em torno desse universo uma comunidade ("Igreja"), celebra-o num conjunto ritual.

Sagrado ou Deus, em todo o caso um sistema, que confere sentido ao mundo e à existência humana e que visa a um absoluto. É nesse sentido que a religião se constitui como uma cultura, que é mais do que cultura. Elevada ao quadrado.

Mas pode também ser menos. Tanto Weber quanto Durkheim reconhecem – em sentidos diferentes, é verdade – que a religião não influencia necessariamente o espaço todo da cultura. É-lhe possível, sem dúvida, pretender qualificar, informar (dar forma) ou até colonizar, drenar e confiscar as energias de outros campos socioculturais: a arte, a ciência, a política, o erotismo, mas é também possível que estabeleça com essas instâncias negociações respeitosas das respectivas autonomias. É até possível que os princípios desses campos a desafiem, instaurando-se em "religiões metafóricas", "religiões no sentido amplo", "religiões de substituição", sagrados paralelos, abertos, também eles, à secularização. É possível, enfim, que a própria categoria do sagrado perca socialmente sua densidade e se inscreva nas subjetividades com crescente indiferença.

De qualquer maneira, as áleas, em que se viu metida a cultura no mundo contemporâneo, dizem também respeito à religião. Significam um estreitamento da sua abrangência, uma desterritorialização, uma autonomização progressiva do indivíduo em relação ao que era sua recepção sistemática como herança determinante da identidade. Abrem também para uma eventual multiplicação das identidades religiosas possíveis, todas elas oferecidas, ao mesmo tempo, pelo mercado dos bens simbólicos, pelas relações de vizinhança, pelos meios de comunicação de massa e pelo ar do tempo... Como as culturas, viajam as religiões. E se encontram nos mesmos espaços, que deixam então de ostentar – ou sofrer – referências exclusivas a uma delas. A tradição não pretende mais ser, sozinha, a atribuidora do legado das identidades. Que não são mais herdadas. As identidades, também no campo da religião, doravante são – ou são sentidas como – em boa parte construídas, pela escolha autônoma dos sujeitos sociais. A pluralidade religiosa não constitui simplesmente o advento de uma situação quantitativa, de uma multiplicação insólita. Na sua densidade atual, ela abre qualitativamente um novo regime em muitas sociedades.

Novo regime que, como para a cultura, implica a possibilidade, nesse clima gerador de insegurança, da simples fuga na reprodução do modelo tradicional ou do uso dessa mesma autonomia para um reforço das instituições religiosas: uma "conversão" à sua própria religião.

Tudo isso não constitui, no entanto, uma novidade total. Já foi lei, é verdade, na história, que, a cada território político, correspondesse uma religião legítima. Religião da cidade no interior do mundo antigo, religião do soberano na Idade Média e parte da Idade Clássica, tanto no Ocidente quanto no Oriente, religião tribal em sociedade "sem" ou "contra" o Estado. Mas era também frequente o caso do advento de "outra" religião num território já religiosamente ocupado (o cristianismo, p. ex., ou as religiões orientais no Império Romano tardio). Quando então se complexifica, e às vezes se dramatiza, o jogo mútuo da cultura e da religião.

Tal foi o caso do Brasil.

3 O Brasil

Será difícil hoje continuar a reconhecer a existência de uma "cultura brasileira"? Sem dúvida, se entender afirmar assim, por um lado, a atribuição estrita de um sistema de representações e disposições (cosmovisão e *ethos*) a um grupo social determinado, tomado na sua generalidade, nos limites de um território. Se pensar também, por outro lado, que esse sistema consiste num arranjo permanente e fechado de elementos, atados pelo laço de determinações lógicas. Em tal hipótese, seria até possível atribuir a tal "cultura brasileira" uma essência e dar dela uma definição... Nada disso é, com evidência pensável, e cada vez menos, tanto por causa do decorrer efetivo da história quanto por causa das transformações do próprio olhar antropológico. Mas outra perspectiva é possível. Em vez de essência, estrutura, em vez de sistema, disposição dominante, em vez de totalidade do grupo social, o espaço de uma lógica pervasiva e desigualmente compartilhada. Com efeito, "estrutura" não é sistema, é princípio de organização de um sistema. Num *obiter dictum* do próprio Lévi-Strauss (1976: 115), encontrar-se-ia essa "força que tende a organizar sempre na mesma direção todos os elementos que a história põe à sua disposição". Pensando assim, a estrutura é uma tendência, ela implica orientação e não conteúdo fixo, ela é um processo ou, melhor, a direção de um processo; e a cultura, como estrutura, é o fato de que tal ou tal grupo humano "tende" a organizar na mesma direção os elementos que a história põe à sua disposição. Não em todos os momentos dessa sua história, nem sempre com a mesma intensidade, nem em todos os segmentos sociais que o compõem, mas de modo perceptivelmente marcante, repetitivo e teimoso. Nesse sentido, dominante. O que Geertz (1978) chamará de "tendência dominante" podendo, aliás, acompanhar-se de tendências opostas, minoritárias, mas também visíveis, e que, por sua vez, tendem a inflectir o arranjo social, a história do grupo e a sua autorrepresentação. Pois há outro argumento contra o eventual reconhecimento de uma "cultura brasileira": ela seria feita da representação do Brasil elaborada pelos intelectuais, intérpretes da nação, ansiosos por lhe traçar um perfil, valorizante ou depreciativo. Sem dúvida, os "retratos do Brasil", ensaísticos ou romanceados, além de embasar ideologias e programas políticos, contribuíram para criar nas mentes brasileiras um imaginário sobre o Brasil. Mas essa dimensão não deixa de contribuir para a constituição de uma "realidade": com efeito, quando se fala de um processo histórico que acaba "fazendo" uma sociedade, com os seus traços particulares, não se pode esquecer a importância da autoimagem que essa sociedade, por meio de seus pensadores, criou de si mesma para si mesma e que contribui permanentemente para fazê-la existir. É Durkheim que fala da "sociedade ideal" (1989), essa imagem que uma sociedade vê de si mesma no espelho e que contribui para defini-la, e é Bourdieu que alude àquelas representações da realidade social que participam da feitura mesma dessa realidade.

É, pois, dentro desses limites e tomando esses cuidados que se poderão reconhecer à "cultura brasileira" umas notas características. Limitando-se aqui à cultura da religiosidade, é preciso aludir rapidamente a três dessas características, insistindo só sobre a terceira. Elas não são características "do brasileiro", nem permanentes e universais, nem necessariamente definitivas, mas criadas na história e pela história, elas parecem marcar de maneira privilegiada o modo de se querer brasileiro na sua longa duração.

3.1 Uma dimensão religiosa superlativa

"Se Deus quiser", "Vá com Deus!", são expressões que permeiam quase necessariamente os intercâmbios cotidianos. "Deus e fé" marcariam assim a "religiosidade mínima do brasileiro", conforme André Droogers (1987), aquela religiosidade oriunda da "matriz religiosa brasileira" estudada por José Bittencourt (2003). Originou-se com o empreendimento colonizador e perdura até hoje. Está claro que se continua precisando de análises para problematizar o momento e o significado dessa dimensão, mas contenta-se aqui hoje com uma comparação elementar entre várias pesquisas recentes. O propósito é só frisar a existência de uma diferença, que distingue o Brasil.

Pergunta-se se o agente social se considera uma "pessoa religiosa"? Na Comunidade Europeia, em 1991, a resposta era: sim, com 61%; não, com 28%. Acredita em Deus? 70,5%. Mas, em Belo Horizonte, sete anos depois, 99,3% diziam acreditar em Deus, mais de 90% na Santa Trindade e na Bíblia. Somente 5,7% se diziam sem religião e 1,1% diziam acreditar em Deus sem ter religião definida. Mais ainda: 63,6% estimavam que a religião a que pertencem cumpria o seu papel, e 92,5% afirmavam que a religião tem importância, grande importância ou importância fundamental na sua vida. Ao contrário, na Comunidade Europeia, a importância da religião chega modestamente em quinto lugar (49%) no campo dos valores, depois da família, dos amigos, do trabalho, do tempo livre, preferida somente à política (LUMEN, 1998; SANCHIS, 2006).

Poder-se-ia suspeitar que se trate de uma religiosidade própria a Minas? Outra pesquisa, nas classes populares de seis das principais regiões metropolitanas do país, constata a fé em Deus de 93,4% dos entrevistados e a existência de 91,08% de pessoas para quem a religião é importante, muito importante ou fundamental (CERIS, 2002).

3.2 Um povo invisível de protetores

Não é de ontem que os observadores detectaram, em torno do planeta social brasileiro, a existência de um anel, dotado de vida própria: uma população de espíritos, de orixás, de santos, de mortos, de demônios, às vezes nitidamente distintos, submetidos outras vezes a processos de troca de identidade, de valor e sentido. Um universo de relações, em princípio metaempírico, mas que se torna cotidianamente presente na referência, ativa e multiforme, que mantém com ele o mundo dos homens terrena e brasileiramente vivos.

De onde vem esse universo? As origens são múltiplas, distribuídas ao longo de toda a história nacional: além do universo indígena, Angola, por meio de Portugal, antes mesmo da chegada dos africanos ao Brasil; África – e sua diversidade interna –, Portugal e, no fundo longínquo, o universo do imaginário medieval: todos diferencialmente povoados pela convivência com fantasmas do outro mundo, pela experiência cotidiana de sonhos significativos, pela mediação das coisas e dos seres da natureza, pelo curandeirismo e a magia, pelo embate ambíguo entre santos e demônios. Mais recentemente, outro recomeço, de origem europeia, com a chegada do espiritismo, que irá se articular com tradições anteriores: indígenas, medievais portuguesas, mais globalmente católicas, africanas e esotéricas, para constituir uma camada de sentido densamente presente, cada vez mais frequentemente reconhecida pelos estudiosos, que tendem a fazer dela hoje um vetor fundamental da religiosidade do Brasil.

Um vetor que, vindo de tantos pontos originais, atravessa todas as camadas e os segmentos sociais, do negro ao branco, das elites ao povo, e, diferencialmente, boa parte do mundo das religiões. Não se trata nem de remanências nem de reemergentes subprodutos de fases abolidas de uma história cultural. Mas de uma constante presença, polimorfa e ambígua, mas nem por isso menos atuante na história brasileira.

Um livro recente tenta um balanço dessa dimensão (ISAIA, 2006).

3.3 Porosidade das identidades: o sincretismo

Não se pretende exatamente repetir que a prática do sincretismo caracterize a religiosidade do Brasil e atravesse sua história. Deseja-se somente constatar que o problema do sincretismo (mesmo ao se lhe dar outro nome) surge a cada vez que a sociedade brasileira se faz uma pergunta sobre sua identidade. E de expor muito rapidamente a hipótese de que algo na história explica essa teimosia.

"O catolicismo formou a nossa nacionalidade" escrevia o Padre Júlio Maria em 1900 no *Livro do centenário*. É preciso ler nessa fusão inicial o primeiro motivo do signo "sincrético" na marca da religião brasileira. Dentro das vertentes cristãs, com efeito, a do catolicismo parece aquela que, em poucos séculos, realizou o revestimento da fé – uma ruptura inicial em princípio radical com o mundo das religiões – com todas as mediações institucionais e rituais que precisamente constituem uma religião (organização de caráter hierático, templo, sacerdócio, sacrifício, conjunto dogmático de crenças etc.). Catolicismo, uma fé em forma de religião. E é por isso que, quando se implanta num espaço dominado por anteriores instituições religiosas, ele tende a operar por meio da transmutação do que lhe parece possível assimilar e ressemantizar na sua própria síntese. Sua autoconcepção como uma "totalidade", "a católica", o predispõe a essa estratégia, pois ele tem mais vocação de fagocitose do que de exclusão. Enfim, mais do que outras correntes cristãs ele conserva viva e atuante a dimensão do mito (inclusive uma forma própria do seu "mito de fundação", como o mediador institucional da graça) e quem diz mito diz símbolo, um instrumento de intelecção que é seta de sentido suscetível de carregar camadas superpostas de significação, as suas e as dos territórios de sentido que atravessa.

É esse catolicismo que deu forma à conquista do Brasil no que ela teve de contato assimilador. Mas, enquanto na velha Europa, especificamente em Portugal, o catolicismo aparece ao pesquisador como enraizado numa localidade concreta e delimitada, expressando a história das gerações que nela se sucederam depois de séculos de assimilação, no Brasil ele chegou de supetão numa terra sem limites, sem marcas e que seus portadores se representavam como sem história. O que produziu dois tipos diferentes de relações sincréticas (SANCHIS, 1995). Em Portugal, uma identidade católica consciente e única, nutrida inconscientemente pelas heranças religiosas que hauriu de suas raízes (os santos herdeiros dos deuses...): um sincretismo *que provém*. No Brasil, um encontro improvisado com o "outro", primeiro o indígena, logo depois o afro, frente a quem, junto com quem, graças a quem se tratava de enfrentar as duras condições de sobrevivência em expedições arriscadas em meio a uma natureza ameaçadora e com esforços imprevisíveis de implantação. Um sincretismo *que advém*, que tende a pôr em comum sem confundi-los os recursos ultraempíricos – e com eles as representações simbólicas que lhes conferiam sentido – de cada um dos grupos. Já nos primeiros decênios dessa relação, as "salvações" indígenas, que reuniam gente da terra, elite branca e negros da Guiné, num mesmo culto "sincrético" apresentam a realização desse processo (VAINFAS, 1995).

Duas observações para não ser mal-entendido.

Em primeiro lugar, não se entende "sincretismo" como o produto final de uma ação social, reduzido a uma dupla pertença ou a uma mistura de elementos, mesmo se reorganizados. Entendo-o como um processo, polimorfo e cujos efeitos são os mais variados, que consiste na percepção – ou a construção – coletiva de homologias de relações entre o universo próprio ao grupo e aquele do "outro" com quem o grupo está em contato: uma percepção que desencadeia transformações na autoimagem do grupo, seja para reforçar seja para reduzir os paralelismos que foram detectados. Afinal, uma forma mais sutil de redefinição da identidade social (SANCHIS, 1994).

Em segundo lugar, não se trata de pensar o Brasil como um permanente desdobrar de sincretismos. Se parece lógico que esse tipo de covivência tenha chegado, na longa duração, a criar um *habitus*, uma "tendência", parece claro também que esse *habitus* não iria fazer a história sozinho. Ele se confrontará e se articulará com outros *habiti*, inclusive com o seu oposto, aquele da peremptória afirmação identitária, da racionalização. Já naquele primeiro momento, o das "santidades" sincréticas, também estavam ali os jesuítas, a inquisição, os princípios de organização do Estado. Mais tarde estará Pombal, estarão os colégios protestantes, a romanização, a Teologia da

Libertação, as opções identitárias dos modernos "convertidos" pentecostais, a modernidade kantiana inspirando os movimentos antissincréticos, inclusive no candomblé...

No entanto, mesmo se não monopolizadora da história, a estrutura sincrética – no sentido em que "estrutura" foi caracterizada acima – nunca se tornou ausente do processo histórico da religião no Brasil. Continua-se falando dela hoje a propósito das religiões afro-brasileiras, das religiões orientais; paradoxo, até de certas Igrejas neopentecostais. Limitar-se-á aqui ao caso contemporâneo do catolicismo. Antes disso, no entanto, não se resiste a citar, pinçada entre mil, uma nota de recente número da revista *Pesquisa* da Fapesp, sobre o culto do santo-daime. Sem tê-lo planejado, a autora ilustra com clareza a conivência entre sincretismo e Brasil.

> Ainda que exista uma tradição de consumo da *Ayahuaska* em vários países da América do Sul, apenas no Brasil se desenvolveram religiões de populações não indígenas que usam esta bebida. Religiões que usam essa beberagem reelaborando antigas tradições dos sistemas locais a partir de uma leitura influenciada pelo cristianismo (LABATE, apud HAAG, 2006: 92).

Mas é preciso passar à própria Igreja Católica. Começando por dois exemplos recentes, altamente significativos.

Juiz de Fora – "As reuniões de dona Xzinha": um estudo de Maria da Graça Floriano (2002). Um grupo inter-religioso (espíritas, umbandistas, fiéis do candomblé, não crentes, Nova Era, batistas) em torno de uma senhora que se diz "profundamente católica", "católica praticante", e que recebe espíritos os mais variados, mas que não aceitou a sua condição de médium se não com a promessa de poder permanecer católica. Mesmo com "reuniões" de cura, de oráculos, ritualidade de clima espírita, ela se recusa em princípio a se confessar como "de umbanda", apesar de uma prática umbandista evidente, mesmo se seletiva. Mas também outras reuniões, chamadas dessa vez de "orações", onde tudo é estritamente católico, os gestos, as fórmulas, o clima espiritual. Certo jogo de esconde-esconde entre as duas fórmulas, alguns daqueles que, devota e exclusivamente católicos, acolhem na sua casa a segunda – a das "orações", totalmente ortodoxa – ignorando (ou fazendo de conta que ignoram) a existência da primeira. E, por outro lado, algumas dessas "reuniões" mais ou menos espíritas, especialmente a grande festa de fim de ano, concluindo-se com a encenação por um espírito incorporado (na própria dona Xzinha) de uma celebração da missa tradicional (chamada "Santa Ceia", ao modo evangélico), num suposto latim, por um dito Padre José, às vezes até substituído por um papa – um velho papa sentado e rigidamente encurvado, que, por sua vez, celebra conforme um cerimonial mais próximo do rito pós-conciliar.

Vê-se, pois, que o catolicismo está aqui presente, oficialmente reconhecido como catalisador e vetor principal, ainda que, de fato, reinterpretado num quadro alheio. Está-se explicitamente em território marginal. A instituição não está presente, se não sob a forma de seu duplo mediúnico.

Em Porto Alegre, no caso do Grupo São José, estudado por Carlos Steil (2004), ela está explicitamente presente, ainda que num espaço relativamente marginal. Trata-se de um grupo nas ondas carismáticas, fundado, ele também, por uma senhora católica "desde o ventre de sua mãe" e que conta hoje 200 a 300 dirigentes e uns 5.000 membros. Um segmento institucional bem visível, sem dúvida. Ora, apesar de concepções doutrinais não necessariamente ortodoxas (existência de demônios intergeracionais, herdados pelos vivos e que os obsedam na atualidade, experiência direta desse universo diabólico, aceitação de cruzamentos psicomísticos e de revelação de "palavras de Deus" que criam um espaço onde podem se abrigar simultaneamente diversos sistemas religiosos: catolicismo popular, pentecostalismo, neopentecostalismo, espiritismo, religiões afro-brasileiras, Nova Era etc.), apesar também dos ritos de cura (física, psíquica e espiritual), em parte realizados fora do espaço eclesiástico e da presença clerical, a identidade "católica" do grupo é legitimada pela neutralidade mais ou menos positiva do clero. Está fundada num raciocínio de sabedoria operativa: se a Igreja oficial não é capaz de oferecer uma resposta aos contemporâneos de tendência Nova Era ou espírita e que esse grupo disponha dos meios de fazê-lo, por que não o aceitar, num sistema globalizante, polarizado pela dimensão da missa e dos sacramentos e dominado pela existência de uma comunhão católica substantiva?

Esses exemplos dão a ideia do que pode ser uma resposta do catolicismo como sistema e da Igreja Católica – pelo menos no seu espaço marginal ou semimarginal – ao desafio que representa para ele o pluralismo religioso atual no Brasil. Mas é evidente que essa resposta não poderia ser a única.

Por um lado, pois, aceitação da fluidez e porosidade das identidades – entre elas a identidade católica –, mas também, maciçamente, afirmação dessa identidade como bem definida, segura de suas referências, contrastiva com outras. É o conjunto do cotidiano institucional, com seu funcionamento e as tomadas de posição públicas de sua hierarquia, a vida de suas paróquias. Um catolicismo em grande parte "romanizado" (doutrina com arestas definidas, catecismo, moralismo, autoridade clerical, sacramentalismo), mas também em parte transformado por movimentos mais recentes, já solidamente implantados (seus temas veiculados pela pregação e os contatos internos, a liturgia, a repercussão social e midiática). Entre esses movimentos dois merecem ser enfatizados porque resumem provavelmente para o grande público a experiência católica num Brasil recente: as Comunidades Eclesiais de Base, inspiradas pela Teologia da Libertação, e a Renovação Carismática Católica. Dois movimentos de tendência hegemônica, mesmo se os seus participantes diretos são minoritários dentro do catolicismo – em 1994, CEBs: 1,8% da população; RCC: 3,8%; outros movimentos: 7,8%, e católicos tradicionais dos meios paroquiais: 61,4% (PIERUCCI & PRANDI, 1996) –, e cuja influência doutrinal, pastoral, ritual e social os transforma em símbolos e vetores de identidade. Mais do que "movimentos na Igreja", um e outro gostaria de se pensar como "a Igreja em movimento".

Em outra hora seria interessante analisar a sua história, mostrar como as Comunidades Eclesiais de Base, apesar de resistências e reservas da hierarquia, acabaram constituindo uma referência identitária do catolicismo, no momento em que o movimento carismático, recém-importado dos Estados Unidos, começava o seu trabalho de nucleação, vencendo outras resistências, convencendo a hierarquia que, afinal, ele podia reinstaurar uma dimensão "espiritual" que bom número de fiéis esperava e que suas veleidades de autonomia em nada desafiavam a disciplina eclesiástica tradicional. Pelo contrário. Com eles também a identidade católica parecia assegurada, afirmada, até de modo insistente: "Eu sou católico", "Tenho orgulho de ser católico", lê-se nas camisetas, nos para-brisas de carro ou ainda: "A castidade, você pode!" Sacramentos, culto marial, o clero, o papa.

O motivo dessa afirmação identitária é duplo: é-lhes preciso conseguir a aprovação da hierarquia e se distanciar, frente à opinião pública, do modelo pentecostal, o seu inspirador direto. Em consequência, é uma dialética em torno de uma afirmação identitária e/ou de uma porosidade das identidades que explicará sua trajetória.

Assim como o era para as CEBs, para os carismáticos o "outro" é um horizonte próximo, que os inspira; mas, ao mesmo tempo, do qual é preciso que se distanciem. Sob pena de perder o reconhecimento da instância que, no interior do catolicismo, tem o monopólio da definição da identidade legítima. Para as primeiras, esse "outro" tinha sido, um tempo, uma ideologia: o marxismo; para os segundos, será um outro social, diferencialmente religioso. Para uns e outros, essa primeira versão da alteridade acabará sendo superada/assimilada.

Mas o que é aqui significativo é que, mesmo a partir dessa posição afirmativa o problema do "outro" (o outro como problema em referência à definição de si) não vai deixar de estar presente. Em vários níveis até, como se o impusesse uma lógica de situação, nos quadros de leitura de determinada cultura.

Tome-se o caso da Teologia da Liberação e das Comunidades Eclesiais de Base. A figura central do "pobre" foi primeiramente interpretada como uma posição estrutural. Na perspectiva analítica que era instrumento dessa teologia, o "pobre" é a classe explorada, um dos polos opostos de uma estrutura dicotômica ("proletariado"). Mas o questionamento teórico e político dessa análise, que ocorreu nos anos 1990, reforçando a lição de concretude da impregnação bíblica, base radicalmente identitária dessa teologia (o "pobre" bíblico) vai pouco a pouco conferir a esse personagem um rosto de gente. O "pobre" será o marginalizado concreto: entre outros, o negro, o índio, quer dizer, no clima universal então reinante de descoberta e valorização das alteridades culturais, o portador de outra cultura. Tema da inculturação? "A questão cultural põe no programa da humanidade o difícil equilíbrio entre o universalismo do gênero humano e o particularismo de povos e de grupos sociais", escreve então um teólogo do Cimi (Conselho Indigenista Missionário). Por isso, será possível perguntar em que medida se pode separar dessa cultura a(s) religião(ões) que lhe é (são) tradicionalmente associada(s)? Religião e cultura...

É assim que, no cerne mesmo do problema cultural brasileiro, o pluralismo cultural vem questionar a unicidade da identidade religiosa. Em todo o caso é dentro dessa preocupação que nascem movimentos, como "União e Consciência Negra", "Agentes de Pastoral Negros", paralelos católicos do movimento negro que estava se implantando no Brasil. Com eles não se tratava de passar de uma teologia da política e do social a uma teologia da cultura, mas de tomar posição diante da situação do negro no Brasil e na Igreja Católica no Brasil (VALENTE, 1994). Três debates para situar uma afirmação de identidade: com a Teologia da Libertação, com o movimento negro, com as posições tradicionais da Igreja Católica, e dois níveis necessários dessa afirmação: o nível da cultura (determinada visão do mundo, a ser integrada na teologia, determinados elementos de expressão cultural, na liturgia) e o nível da religião, com o encontro – a descoberta, o possível confronto – no próprio seio dessa cultura, das religiões que emanam dela e que conservaram os seus valores no decorrer da história dramática do grupo negro no Brasil. Imagina-se o debate potencialmente introduzido numa Igreja, numa religião, por essa temática cruzada de "outra cultura", que ela aceita e quer assumir, e de "outra religião", frente à qual sua identidade tem de se pronunciar (SANCHIS, 1999). No caso concreto, se o debate pode permanecer teórico entre os responsáveis e os teólogos, ele se torna drasticamente existencial no seio das paróquias populares, quando essas perspectivas tendem a se institucionalizar pela celebração, ocasional ou sistemática, da "missa afro" ou, como se prefere hoje dizer, da "missa inculturada"; novo problema de identidade, na abertura ao desafio que constitui a própria alteridade do "outro". Nos meios populares de seis grandes metrópoles brasileiras, 40,4% dos católicos (mas só 28,5% dos não católicos) veriam com simpatia a presença das *culturas* negras ou indígenas nas suas celebrações (CERIS, 2002). Em Belo Horizonte, 62,3% dos fiéis que acabavam de participar de uma missa inculturada, boa parte deles negros e simpatizantes do movimento dos Agentes de Pastoral Negros, disseram apreciar a presença de elementos culturais "africanos" (ou "negros"), sobretudo a música afro, o toque dos atabaques, a dança. Até o uso de "Olorum" ou "Oxalá" para invocar a Deus é aceito por mais da metade dos assistentes interrogados. E são inclusive 58,8% a desejar que, no decorrer da missa afro, estejam visivelmente presentes – por meio de seus símbolos, seus dignitários, talvez até algum rito – as *religiões* afro-brasileiras (SANCHIS, 2001). Cultura? Religião? Vê-se que chega o momento em que a distinção não é mais fácil e que se ultrapassa o limiar do jogo das identidades propriamente religiosas.

Os exemplos que se acabou de citar se revelam à luz do dia. Mas, mais uma vez, eles poderiam se estender além, se não num espaço marginal, pelo menos numa zona de menor visibilidade, quando vão se tornando menos raros os casos de sacerdotes, de freiras ou de militantes católicos que se submetem – não mais "cultura", mas "religião" – ao integral processo de iniciação no candomblé, que alguns deles, pelo menos, autorreconhecidamente "afrodescendentes", consideram como um veio religioso ancestral de que devem reencontrar os valores.

O caso recente do Padre José Pinto, em Salvador, permite, por seu caráter de caso-limite, verificar a existência e medir a fragilidade dessa distinção entre cultura e religião. Sabe-se que o padre, em razão de encenações inesperadas na Festa de Reis, em janeiro, acabou suspenso das ordens sacerdotais. Entre outras manifestações julgadas excêntricas pelas autoridades da Igreja, figurava já o uso do traje sagrado de Oxum, deusa das águas no candomblé, e dos passos de dança que lhe são próprios. Os desdobramentos, os discursos, as declarações foram várias. Em todos eles o padre, ele próprio antigo cultor da dança clássica, explicitava sua intenção de marcar assim o seu respeito para os irmãos candomblecistas e de celebrar a Epifania do Cristo pelo uso artístico da dança, que seria a expressão do equivalente contemporâneo e local do Rei Mago do Evangelho. No dia 10 de janeiro o boletim virtual *Mix-Brasil* podia escrever que, na opinião do padre jesuíta Luís Corrêa, da PUC-Rio, é normal o catolicismo incorporar elementos culturais ligados a outras crenças. É o que ele chama de inculturação. Citando o padre: "Existe uma dinâmica da fé de assumir as culturas locais. É normal que novos elementos sejam incorporados às religiões". Afirmação da cultura. Mas no dia 18 de maio estoura a notícia: o Padre Pinto se converteu ao candomblé. No dia seguinte, 19 de maio, Globo-on-line insiste: "Padre Pinto quer virar pai de santo". Só agora, teria declarado o padre, percebi que tinha vocação para pai de santo. Implicação da religião. No mesmo dia, no entanto, *Terra Notícias* retifica:

> Representantes da Igreja Católica e de entidades de defesa da cultura afro-brasileira [são dados os nomes dos participantes e a própria mãe de santo confirma] negaram na tarde dessa sexta-feira que o Padre José Pinto tenha se convertido ao candomblé. Ao contrário do que ele havia declarado, os religiosos esclareceram que ele se submeteu a um mero processo de purificação, disponível a qualquer pessoa que procure um terreiro.

Uma volta ao nível da cultura?

A ambivalência subsiste quase inteira. Pois, nos casos citados anteriormente (de "iniciação" de padres e freiras), o reconhecimento do caráter propriamente religioso da iniciação não impedia os ministros cristãos de se submeter a ela, sem "conversão", no sentido de um trânsito religioso que implicaria o abandono da primeira religião. E existem casos menos radicais ainda, por exemplo, este de um jovem cristão negro, vicentino e secretário de uma paróquia, que, tendo assistido a um culto de candomblé, exulta de felicidade por ter "sentido que estava com [seu] povo, mais em casa, fazendo o que [ele] gosta de fazer". "Senti muito mais, muito mais Deus do que aqui." E detalhando a visão de Deus que lhe passou o culto do terreiro, ele conclui: "Sabe, acho que Deus é isso". Mas nem por isso muda de religião para aderir à religião que tanto o cativou: "Não que entendo que é certo": Já que não adere, então, à "outra" religião, aprecia simplesmente uma cultura? Que poderia até vir a marcar a expressão de sua própria religião?

Seria preciso encontrar a fórmula que conservasse a ambivalência analítica da situação. Uma adesão emocional profunda, não a uma religião, mas a uma "cultura enquanto religiosa", já que está em jogo uma concepção de Deus e do gênero de relação que o homem deve cultivar em relação a Ele. Falência do(s) "sistema(s)", mas presença de uma lógica subjetiva que redistribui as cartas, criando um cenário inédito.

No entanto, as alteridades, africana ou, paralelamente, indígena, não são as únicas concernidas. Outras entram no jogo da oferta e da porosidade na mesma época. Nos anos 1990, com efeito, clara inflexão veio revisitar a relação ao "outro" da Teologia Católica da Libertação. A referência marxista deixou crescentemente lugar para o encontro, em torno do tema da mística, seja com as correntes holistas, esotéricas e ecléticas da Nova Era, seja, mais diretamente, com as fontes religiosas orientais. "Um espectro ronda o cristianismo histórico, podia escrever recentemente um antropólogo, o espectro da Nova Era" (CAMURÇA, 1998). Não só, como é sabido, os carismáticos, mas também os teólogos da libertação, estão sendo acusados pelos defensores de uma identidade católica de fronteiras definitivamente traçadas, de escancarar o espaço católico para a invasão da alteridade dissolvente. É provável que esteja a se esboçar o desenho de um espaço em que teólogos "progressistas", comunidades, religiosas ou laicas, assíduas às técnicas orientais de meditação e concentração, aos processos holísticos de cura, simples grupos de oração carismáticos, poderão inspirar-se simbioticamente na experiência religiosa desse "outro", pensado por outros como o espectro da alteridade inassimilável. Sem que esse encontro elimine, por outro lado, a diferença entre as correntes da libertação e da Renovação Carismática. Para os teólogos da libertação, não mais do que o fazia o caráter cultural de sua adesão à análise de tipo marxista ou aos movimentos de caráter étnico, o seu atual transbordamento holístico não apaga a urgência da presença especificamente cristã junto aos problemas sociais e aos "pobres". Ele a projeta, ao contrário, numa luz mais integral.

Um último exemplo permitirá voltar ao nível da cultura. Dessa vez de uma cultura bem presente e envolvente, de uma alteridade menor. O clima que emana do movimento carismático, mais do que o movimento como tal, permitiu a eclosão do fenômeno, bem brasileiro nas suas formas concretas, dos "padres cantores" e especialmente de figuras proeminentes entre eles, que reúnem, às dezenas de milhares, multidões de fiéis para a celebração de missas espetaculosas, em que o símbolo essencial parece às vezes serem os movimentos de um corpo atlético e a finalidade uma emoção de reconciliação consigo próprio. Aqui, é a cultura de massas que constitui a alteridade englobada pela intenção religiosa e católica: por um lado, um de seus sinais principais, a julgar pelo número de *academias* ou de *centros de aeróbica* que se multiplicam freneticamente nas cidades brasileiras, por outro lado, a sua manifestação típica e provavelmente essencial, o *show*, comunicação expressiva com ares de transe, catarse coletiva e recarga emocional, instrumento de uma afirmação recorrente de identidade. Uma identidade católica, nesse caso, e, mesmo se "moderna" nos seus meios culturais de expressão, tradicional, ou melhor, "intransigente", quando explicita o seu conteúdo. Outro caso de solução possível para o confronto/identificação entre religião e cultura.

Conclusão

Existem ainda culturas? Diversifica-se a religião? Gostaria de concluir apontando, ao mesmo tempo, a permanência e a mudança. A religião também está aí, a mesma e outra. Presa no redemoinho de culturas e identidades – identidades não mais sempre atribuídas pelas culturas ou herdadas com elas, culturas também escolhidas ("inventadas", diz Wagner) por estratégia política – à procura de identidades. No mundo da religião também, continuidades e rupturas? Um livro recente (MENEZES & TEIXEIRA, 2006) analisa nesses termos as *Religiões no Brasil* (é o título): "rupturas e continuidades" é o subtítulo. Rupturas, aspectos novos, que chegam a caracterizar uma mudança de civilização: a emergência central do indivíduo, a importância da emoção, a progressiva desinstitucionalização da experiência religiosa, o pluralismo das instituições – ou no seu interior ou até no âmago das subjetividades –, o trânsito e a circulação entre instâncias, um novo esoterismo, uma neomística, a destradicionalização da própria espontaneidade, a multiplicação dos "religiosos sem religião"... Mas também uma série de traços que bem poderiam significar permanência e restauração: uma densificação da adesão institucional, um reforço das próprias instituições, a persistente presença nuclear do cristianismo, um reavivamento, até, da identidade católica, certa retradicionalização das *performances* no culto, a presença crescente, enfim, da religião no espaço público.

Contradição? Coexistência paradoxal própria de uma era de lógica disruptiva? Sem dúvida, contrastes semelhantes encontram-se em pesquisas feitas no resto do mundo, inclusive no meio específico da juventude. Mas quero ler neste paradoxo mais uma marca do Brasil (da "cultura brasileira"), onde o "sim" e o "não", o "isso" e o "aquilo" não são simplesmente exclusivos. Pois, ao que parece, esses aspectos contraditórios vêm cada vez mais se articulando, melhor dito, se compenetrando, fazendo que não se trate nem de ruptura e novidade só, nem só de retorno e recuperação, nem, ainda, de uma simples justaposição das duas tendências. Seria até pobreza analítica contentar-se em detectar na vida religiosa contemporânea no Brasil uma série de "novidades" simplesmente matizadas por continuidades ou moduladas por ressurgências. É outro o panorama! Os dois polos antagônicos da ruptura e da continuidade, longe de simplesmente se oporem, se justaporem ou se balancearem, compõem juntos uma realidade diferente, cuja originalidade está exatamente no fato de que esses lances antagônicos se qualificam e se performam reciprocamente. Um não existe se não por meio da forma emprestada do outro. Haja vista, por exemplo, a relação, não mais simplesmente antagônica, do indivíduo e da instituição. É ato autônomo do indivíduo a referência a uma instituição, que contribui para constituí-lo, mas a instituição não o define por inteiro, nem ele amolda sua identidade às exigências do inteiro universo simbólico da instituição.

Afinal, a singularidade do universo religioso contemporâneo não está nem na novidade de seus componentes nem no caráter reiterativo das experiências dos seus atores, mas na tendencial transfiguração desses componentes e dessas experiências, pela existência, que permeia uns e outras, de um tecido inédito de relações. Representará ele na Modernidade o número TRÊS, tão caro à teimosa e perdurável presença da "cultura brasileira"?

As tramas sincréticas da história
Sincretismo e modernidades no espaço luso-brasileiro *

Depois de decênios de tratamento "unânime", transposição em nível analítico de uma evidência de senso comum naturalizado, o tema do "sincretismo no Brasil" sofreu, nos últimos vinte anos, uma série de objeções. A ênfase sobre os caminhos ideológicos através dos quais, em qualquer sociedade, os dominantes obtêm o consentimento dos dominados à sua própria dominação, levou os cientistas sociais a interpretar a categoria de "sincretismo" como um ardil epistemológico, do qual seria importante analisar, não o conteúdo ou o grau de "realidade", mas o "processo histórico de formação" (CAMARGO, 1977: 534). O tema do sincretismo em negativo começou, assim, a atravessar boa parte da literatura sobre o assunto, seja como a recusa militante de uma realidade estratégica desde então ultrapassada[1] seja como o merecido abandono de um instrumento analítico redibitoriamente marcado por uma ideologia explícita[2], ou, pelo menos, tendendo radicalmente a conotar, no seu processo de formação, uma matriz sócio-histórica de desigualdade: "O conceito de 'pureza' e seu oposto, a 'mistura', ou o 'sincretismo' são sempre construções essencialmente sociais e tendem a aparecer frequentemente em situações de disputa de poder e hegemonia [...] 'pureza', 'mistura' e 'sincretismo' são, portanto, conceitos sempre e por definição etnocêntricos" (FRY, 1984: 40-43). Enquanto isso, a aceitação tranquila de uma realidade brasileira "sincrética" continuava chave dominante na literatura descritiva e, até, em parte da produção de cunho analítico.

---
* Revista Brasileira de Ciências Sociais, vol. 28, 1995, p. 123-138.

1. P. ex., Mãe Estela: "O pai de santo coerente não deve mais permitir o sincretismo"; "O sincretismo surgiu porque os escravos precisavam dele, mas agora não é mais necessário" (Veja, 17/08/1983).

2. P. ex., para Moura (1988: 38), através desse conceito, entre outros, a antropologia, "revela de forma transparente [...] sua função de ciência auxiliar de uma estrutura neocolonizadora".

Aceitação do tema e da categoria, modulada, no entanto, pelo reconhecimento anárquico de uma multiplicidade de formas, todas igualmente legitimadas: junção, união, confluência, mistura, aglutinação, associação, simbiose, amálgama, paralelismo, correspondência, equivalência, justaposição ou convergência, acomodação, concordância, finalmente – e omito várias – síntese[3]. "Do sincretismo à síntese", intitulava-se até um artigo sobre umbanda (ORTIZ, 1975; ORTIZ, 1980). Era também preciso, aliás, acrescentar à problemática uma nota mais pitoresca: um dos grandes argumentos contra o "sincretismo", cujo conceito não passaria de instrumento da acusação desfechada pelas formas dominantes de religião – aquelas que se autoconsideram como "puras" – contra suas homólogas mais populares, menos dotadas de um *corpus* teológico racionalizador, encontrava-se crescentemente quase que invertido, através da utilização da categoria por notáveis teólogos cristãos, que não somente, enquanto historiadores[4], mas também como teóricos, chegavam a reivindicar a presença indispensável de uma de suas modalidades para que uma religião fosse, de fato, religião[5]. Afinal: "Sincretismo? Sem dúvida, não! *Pero que las hay, las hay...*"

Tentarei, pois, na primeira parte desta comunicação, retomar o problema teórico do sincretismo, desfocando ligeiramente a lente de observação e

---

3. Três trabalhos recentes podem servir de balizas nesse campo: Droogers (1989), Stewart e Shaw (s.d.) e Ferretti (1991). Este último texto constitui uma preciosa revisão da literatura brasileira sobre o tema. O autor acaba sintetizando o seu próprio pensamento em torno das categorias de: "separação" (não sincretismo), "mistura", "paralelismo", "convergência" (FERRETTI, 1991: 79). Em um estudo construído a partir de uma análise de representações icônicas de divindades, Carvalho (1991) chega à seguinte classificação das formas de sincretismo: equivalência semântica (religião greco-romana); equivalência estrutural (mesma função mítica de dois deuses diferentes em tradições diferentes); disfarce e reintegração (os deuses pagãos e os mistérios cristãos no Renascimento; aglutinação (Iemanjá); desdobramento simultâneo com manifestação de unidade (pomba-gira e Nossa Senhora no mesmo altar). Ainda em termos de classificações elucidativas, Maués (1992) distingue o sincretismo no nível dos sistemas religiosos e o sincretismo no nível dos agentes da crença e da prática religiosa. Já Oliveira (1977: 36-37) opõe "mistura, que está ao nível do indivíduo e não afeta diretamente nenhum dos sistemas religiosos", e "sincretismo", que [...] produz uma expressão religiosa original" (1977: 36-37).

4. "O cristianismo é um grandioso sincretismo", diz Boff (1977: 53). Hoornaert fala em '"três sincretismos católicos', ou três realizações concretas do cristianismo na cultura brasileira" (1974: 30).

5. "O sincretismo não constitui um mal necessário, nem representa uma patologia da religião pura. É sua normalidade [...]. Fundamentalmente (ele) emerge como fenômeno universal *constitutivo* de toda expressão religiosa" (BOFF, 1977: 54). E não se pense que tais teólogos só pertencem ao campo brasileiro. Toda uma corrente teológica, que M.F. Miranda está estudando, trabalha atualmente nesta perspectiva (R. Pannikar, W. Pannemberg, M. Seckler e outros).

compatibilizando assim – quem sabe? – posições antagônicas: a de não haver sincretismo, a do sincretismo como uma categoria ideológica, a do caráter "vazio" deste conceito, já que são tantos e tão distintos os fenômenos que pretende abarcar; enfim, e ao contrário, a aceitação descritiva do conjunto desses fenômenos como material oferecido a uma construção teórica, precisamente a do conceito de sincretismo.

Numa segunda parte, e reafirmando o caráter propenso ao sincretismo do filão "católico", tentarei encontrar, em uma relação diferenciada ao espaço e ao tempo, a razão de ser de duas modalidades diferentes de sincretismo católico, em Portugal e no Brasil: um sincretismo "que pro-vém" e um sincretismo "que *ad-vém*".

Na conclusão, enfim, gostaria de sugerir que esse caráter tradicionalmente ("pré-modernamente") "sincrético" do universo religioso brasileiro, bem poderia constituir o Brasil num campo paradoxalmente fértil para o estudo de um fenômeno que os observadores das sociedades contemporâneas mais avançadas consideram como característico da última Modernidade: o ecletismo religioso.

Uma estrutura sincrética?

Gostaria precisamente de tentar ampliar o campo deste conceito fundamental, saindo definitivamente da definição do senso comum sociológico, que acaba fazendo do sincretismo a simples mistura, especialmente no campo "do outro", de duas ou várias religiões. Para isso, e apesar de temer certo ridículo, abrigar-me-ei debaixo do solene para-raios de Lévi-Strauss, sugerindo que se opere, com o sincretismo, uma transposição de nível análoga àquela que ele realizou com o totemismo.

A situação, de fato, era, sob certos, aspectos muito semelhante: "Escreveu-se demais sobre o totemismo" (REICHARD, 1938: 430), dizia a aluna de Boas em 1938, duvidando que tão grande variedade de fenômenos "totêmicos" possa ser subsumida a uma única categoria. Daí a abertura do conceito operada por Lévi-Strauss, quando ele passou da consideração descritiva de grupos humanos supostamente ligados por parentesco (origem) e complexo ritual, a uma classe de seres não humanos, a uma forma simples. Ou melhor, "semiforma", já que o sistema pelo qual ele definia a verdade do totemismo, sendo, sim, um sistema formal de homologias entre relações, não se reduzia a essa forma vazia. Tratava-se de uma conexão entre dois sistemas reais de relações: aquele vigente entre grupos sociais concretos, e que os identifica contrastivamente, e aquele que existe entre espécies, animais ou vegetais, o primeiro se definindo homologamente através do segundo. Problema amplo de classificação, que ultrapassava as fronteiras do campo tradicional e empírico do "totemismo", e atingia, detonando "o poder lógico dos sistemas denotativos tomados de empréstimo aos reinos naturais" (LÉVI-STRAUSS, 1975: 24), a radicalidade da fundação epistemológica de um universo dotado de sentido.

Pergunto-me se não seria possível fazer sofrer ao conceito de sincretismo um análogo tratamento. A sua abordagem não procuraria mais diretamente identificar confusões e misturas, paralelismos novadores e empréstimos – muito menos degradações – entre elementos de conjuntos religiosos, ou até entre esses conjuntos como sistemas; mas, num primeiro momento, se aproximaria do fenômeno como de um universal dos grupos humanos quando em contato com outros: a tendência[6] a utilizar relações apreendidas no mundo do outro para ressemantizar o seu próprio universo. Ou ainda o modo pelo qual as sociedades humanas (sociedades, subsociedades, grupos sociais; culturas, subculturas) são levadas a entrar num processo de redefinição de sua própria identidade, quando confrontadas ao sistema simbólico de outra sociedade, seja ela de nível classificatório homólogo ao seu ou não.

Não se trata mais, pois – pelo menos diretamente – de identificar o sincretismo com uma forma de confusão ou mistura de "naturezas" substantivas (no plano ideático, organizacional ou até mesmo sistêmico), já que a polivalência dessas transformações e misturas concretas parece desencorajar até hoje a procura de um sistema de categorias logicamente coerente e totalmen-

---

6. Universal "tendencial", por conseguinte. Como diz Tylor, citado por Lévi-Strauss: "É necessário considerar *a tendência do homem* de fazer surgir o universo através de suas classificações" (TYLOR, 1899: 143, apud LÉVI-STRAUSS, 1975: 24, grifo nosso). Não se trata, pois, de pretender dogmaticamente que, em todos os casos, tal encontro desencadeia o processo sincrético e, sobretudo, que ele o faz sempre com a mesma intensidade e radicalidade.

te abrangente, mas de afirmar a tendencial universalidade de um processo, polimorfo e causador em múltiplas e imprevistas dimensões, que consiste na percepção – ou na construção – coletiva de homologias de relações entre o universo próprio e o universo do outro em contato conosco, percepção que contribui para desencadear transformações no universo próprio, sejam elas em direção ao reforço ou ao enfraquecimento dos paralelismos e/ou das semelhanças. Uma forma de constante redefinição da identidade social.

Isto vale dizer:

1) O processo de sincretismo não é próprio do campo da religião, mas estende-se ao campo, genérico, da cultura[7]. As identidades que ele articula podem até situar-se assimetricamente num campo religioso e num campo cultural global (ou especificamente profano), um grupo religioso redefinindo-se a partir das coordenadas gerais da matriz cultural onde ele submerge. Pense-se, por exemplo, além dos ambientes "étnicos" ou "nacionais", no caso da "Modernidade". O que nos permite recuperar, com os corretivos que diremos, boa parte da problemática culturalista da "reinterpretação". É a reinterpretação que vai permitir uma convivência não explosiva de universos abstratamente contraditórios. Ela também que abrirá aos dominados as veredas de um jogo de esconde-esconde, muitas vezes condição de sobrevivência, outras vezes de prosperidade, o mais das vezes – e ao mesmo tempo – de equilíbrio emocional coletivo e individual.

2) O processo se dá, em geral, no interior de uma relação duplamente desigual entre duas culturas, ou duas religiões, ou uma religião e uma cultura. A primeira desigualdade corresponde a uma situação objetiva de hierarquia estabelecida: conquista, dominação de classe, dominação política, hegemonia, cultural ou especificamente religiosa etc. É dizer que, na maioria das situações, o processo sincrético não funciona senão num sentido pré-orientado e/ou pré-constrangido por relações de poder. As controvérsias bem conhecidas em torno da tranquila "aculturação" do culturalismo clássico têm aqui a sua aplicação imediata: "situação colonial", "fricção interétnica", pressão da cultura

---

7. Arthur Ramos frisava o caráter que poderíamos chamar de "primeiro análogo" do sincretismo religioso, entre os sincretismos mais amplamente culturais (cf. FERRETTI, 1991: 35).

ou religião dominantes, emergência, no interior do campo religioso, de lideranças articuladas aos níveis superiores das hierarquias sociais, lutas para a imposição de ortodoxias ou de legitimidades – e resistências a essas pretensões –, reivindicações de "pureza" e "autenticidade" da parte de grupos no interior das instituições, de instituições dentro dos limites do campo. Essas modalidades – políticas – das relações, no entanto, não esgotam a "definição" do processo sincrético. Elas orientam o seu sentido, marcam o conteúdo do "material" oferecido a sua dinâmica, mas não bastam para determinar a sua existência. Ele pode, com efeito, impor-se, desdobrar-se em efeitos efetivos de transformações, até no caso de uma relação relativamente igualitária das duas instâncias identitárias. Pois existe uma segunda desigualdade, não sem interferência (prestígio ou rejeição) – mas não interferência mecânica – com a primeira. É aquela criada pela contrastada valorização, na consciência do grupo – e no sistema de valores codificado no seu inconsciente –, tanto dos elementos que, organizados, compõem o fluxo atual da identidade própria quanto daqueles (também valores e valores organizados) oferecidos pelo "outro" no processo de intercurso social. Sendo notório que os caminhos dessa valorização do alternativo podem ser invertidos em relação aos da dominação: o "vencido" e sua religião, menos "civilizados" no sentido de Norbert Elias, e por isso percebidos e interpretados como mais soltamente próximos do mundo natural das pulsões, ou mais afeitos aos poderes "primitivos" da magia, podem exercer sobre o seu Senhor um verdadeiro fascínio.

No caso brasileiro, tal visão do sincretismo deixa, por conseguinte, um espaço aberto tanto para as qualificações do sincretismo como fruto de um processo de domesticação quanto para uma problematização em termos de resistência e de sofisticado revide[8]. Simplesmente, nenhuma dessas interpretações poderia pretender recobrir a totalidade deste espaço teórico, como se a ela se reduzisse o fenômeno. A definição do sincretismo não se esgota em nenhuma das suas emergências empíricas, todas elas transformações de sua estrutura profunda. O processo sincrético é polivalente o suficiente para aco-

---

8. P. ex., Santos (1977: 28) e tb. Motta (1982: 7): "O sincretismo não representa apenas concessão de escravos a senhores ou de senhores a escravos, disfarce de negros amedrontados. Ao contrário, possui um aspecto de legítima apropriação dos bens do opressor pelo oprimido".

lher as mais diversas cristalizações sem que a multiplicidade das pesquisas se encontre nunca condenada à repetição ou à aplicação sistemática de um mecanismo sincrético particular, uma vez descoberto. É bem o caso de relembrar aqui os preceitos metodológicos de Boas: a mesma causa pode produzir efeitos diferentes, e causas diversas produzir os mesmos efeitos, dependendo dos múltiplos fatores que presidem à mudança; fatores endógenos ou exógenos, ambientais ou históricos. A segunda e penúltima palavra deve, pois, ser deixada às pesquisas empíricas, cujos respectivos resultados, estritamente situados, não poderão extrapolar os limites dessa sua situação. O sincretismo é um fenômeno demasiadamente rico para permitir, desde já, e mesmo num espaço limitado como o do Brasil, conclusões generalizantes. Ao contrário, a definição-quadro que propusemos pode proporcionar – terceiro e último passo – a lenta construção comparativa de uma matriz, quem sabe estrutural, onde se articulem, com sentido, as formas mais diversificadas.

Até agora, estamos frente a um processo de longa duração, apreensível através da multiplicidade e diversidade dos dados empíricos e da sua subsequente comparação, sob a luz de um princípio estrutural de organização, e para explicitar suas transformações. Mas é preciso insistir, acentuando o flexionamento da ortodoxia estrutural: por "longa" que seja a duração em que se inscrevam (BRAUDEL, 1972), essas transformações não deixam de se dar na diacronia, e, por conseguinte, a estrutura deve ser vista como necessariamente inscrita na história (SAHLINS, 1990).

3) Pois os fatores que determinam a ordenação de uma religião – ou cultura – a outra, são de ordem estritamente histórica, podendo transformar-se, eles e suas consequências, sob o impacto do acontecimento, tanto em termos de modalidades quanto em termos de direção e sentido. Em função de uma mudança da situação político-social de dominação (pense-se no exemplo do Vaudou no Haiti de Duvalier), ou ainda independentemente de tal mudança, pois não há determinação unívoca das instâncias sociais uma pela outra. Também deverá ser levada em conta a diversidade dos grupos no interior da mesma sociedade e relativamente à mesma relação sincrética. O sincretismo entre catolicismo e religiões afro, por exemplo, será provavelmente bem diferente se partir do povo de santo ou do grupo de agentes negros da pastoral

católica, que, atualmente, estão se esforçando por criar um quadro, ideológico e cultual – teológico e litúrgico –, no qual lhes seria possível definirem-se (e se expressarem como) ao mesmo tempo católicos e, cultural e religiosamente, negros. Para uns e outros, o sistema matriz, a partir do qual os acréscimos e empréstimos recebidos são processados e assimilados poderá ser invertido. E nada impede que chegue uma hora em que os dois sistemas possam se reinterpretar mutuamente, sem que exista mais algum sistema matriz, conforme Ortiz (1980: 106). Mais ainda: é o princípio mesmo da existência do núcleo matricial deste sistema que poderá ser rejeitado *in limine*, como acontece em situações caracterizadas como "pós-modernas". Mesmo assim, o tipo de "síntese" então obtido, ainda que fruto de desinstalação profunda e de radical novidade, continuará fazendo parte, segundo o nosso esquema, do processo sincrético.

Enfim, essa direção mutável do vetor de orientação entre o sistema de partida e o "outro" permite-nos recuperar as duas distinções às quais Bastide atribuía um claro poder heurístico: a da dupla reinterpretação e a da dupla aculturação. A primeira, que ele detectava diretamente no Brasil, é a que faz reinterpretar traços culturais ocidentais (a existência e as funções dos santos, ou ainda a concubinagem) em termos africanos, no sentido de colmatar as brechas ou preencher os vazios de uma memória coletiva que a história não permitiu se conservasse articuladamente prenha da totalidade do seu sentido; ou, ao contrário, faz reinterpretar traços culturais africanos (culto dos mortos, transe) em termos ameríndios ou portugueses. A segunda ("dupla aculturação"), que ele observou mais no meio dos estudantes africanos em Paris e que chamou de "aculturação material" e "aculturação formal". "Material" quando o movimento transformador leva a adotar categorias, valores, comportamentos, extraídos da cultura de empréstimo, sem modificar as estruturas profundas do próprio ser cultural: visão do mundo, *ethos*, sistema psicossocial. "Formal" quando, ao contrário, o estudante, de volta à sua terra – ou o negro paulista transformado em "negro-espetáculo" como quer Pereira (1983) – adota os sinais diacríticos da cultura "africana" ou "afro-brasileira", mas para afirmar conscientemente uma opção identitária moderna e ocidentalmente construída a partir de uma mudança, inconsciente e profunda, ela, de sensibilidade, de *ethos*, de lógica.

Com tal instrumento analítico – do qual será preciso esmiuçar mais as características e as consequências – quem sabe estaríamos armados para reconhecer e valorizar profundas diferenças entre os processos sincréticos concretos que marcam do seu signo as construções histórico-sociais de identidades religiosas coletivas. Quero aqui destacar três deles, o primeiro no nível dos grandes caudais de articulações identitárias que atravessam a história do Ocidente, cristalizados em instituições religiosas, mas não se confundindo com elas, recobrindo vários espaços societários sem se deixar definir por nenhum deles: o catolicismo. Os dois outros, formações sociais territorialmente afastadas uma da outra, mas assim mesmo concatenadas e contrapostas pela história, e que, de certo modo, o presente congresso almeja cotejar: Portugal e Brasil.

As tramas sincréticas da história

Catolicismo

O cristianismo já foi amplamente – e matizadamente – analisado como uma religião sincrética[9]. Como toda religião, sem dúvida[10], mas mais do que muitas outras, nascido como foi na confluência dos leitos históricos de três grandes correntes religiosas e/ou filosóficas: o judaísmo, ele mesmo fruto sincrético do caldeamento cultural do Oriente Médio, a Grécia clássica, o helenismo tardio. No entanto, a concepção cristã do homem e de sua relação com Deus trazia no seu bojo o germe de uma ruptura – radicalmente antissincré-

---

9. P. ex., por Bultman (1950): "O cristianismo primitivo considerado como fenômeno sincrético", intitula-se o primeiro capítulo da parte 5, e o texto insiste: "É sob a forma de um sincretismo que ele aparece à primeira vista" (p. 94); mas acrescenta: "O cristianismo primitivo será realmente uma religião sincrética? [...] ou [...] pode-se descobrir nele uma concepção fundamentalmente una, nova e original da existência humana?" (p. 196). Lembra-se também o leitor da afirmação de Boff (cf. nota 4): "O cristianismo é um grandioso sincretismo".

10. Durkheim chega a fazer a teoria desse traço como coextensivo a qualquer pensamento religioso, teoria coerente com a sua visão do "pensamento social": "Não será ele (o pensamento social), com efeito, que torna para nós tão estranho o modo todo especial com que as concepções religiosas (que são eminentemente sociais) se misturam ou se separam, se transformam umas nas outras, dando origem a compostos contraditórios que contrastam com os produtos habituais de nosso pensamento privado?" (1968: XIX).

tica – com o universo da religião: "Religião da saída da religião", dirá Gauchet (1985)[11]. A exigência fundamental que o cristianismo instaurava para o homem era, com efeito, a de uma opção autônoma e individualmente responsável, que, prescindindo de todo aparato institucional enredado à sociedade terrena, assentava um tipo novo de relação do homem com Deus[12]: a fé. Essa "fé" que, no interior da própria tradição teológica cristã, será muitas vezes – e com intensidades diversas – contradistinta e oposta à "religião". Nesse sentido, o cristianismo contradizia o sincretismo. E, no entanto, a emergência dessa dimensão radical, específica e inconfundível, na vida coletiva das primeiras comunidades cristãs articulava-se com a presença de uma dimensão oposta, aquela que, na esteira do fenômeno "religioso" institucional de sempre, reconhecia na mensagem de Jesus também a exigência de criação de um grupo organizado, de uma articulação de seus papéis hierárquicos internos com aqueles da sociedade ambiente, de um universo de sinais e de símbolos efetivamente portadores e transmissores do bem salvífico por excelência, a graça. É precisamente porque se autorrepresentava como continuadora e mediadora, na história, da presença substantiva do Deus encarnado, que essa instituição recuperava, pouco a pouco, no decorrer dos primeiros séculos, todas as características que marcaram sempre de sua presença o fenômeno social "religioso": tempos e lugares sagrados, hierarquia sacerdotal, códigos institucionalizados de interpretação da mensagem e da experiência, textos canônicos, ritos para tomar conta do espaço, do tempo, do desenrolar da vida dos homens, para exorcizar o "mundo" e adorcisar o *escaton*. Sacramentos. Dogmas. Templos e altares. Sacerdotes. Sacrifício[13]. Afinal, uma "religião".

11. "*Ainsi le christianisme aura-t-il été la religion de la sortie de la religion*" (p. II). Ou ainda; "a maior e mais universal (das religiões), a nossa, a religião racional do Deus único, sendo precisamente aquela através da qual pôde realizar-se a saída da religião" (GAUCHET, 1985: XI).

12. "O *indivíduo-em-relação-com-Deus*", dirá Troeltsch. Para Troeltsch, no entanto, sobretudo para o Troeltsch das primeiras obras, o cristianismo não se opõe à religião, mas é dela a realização máxima (cf. SÉGUY, 1980: 43).

13. Todos esses temas são evidentemente objeto de discussão – afirmações e relativizações – no interior do próprio catolicismo; e, mais ainda, em perspectiva ecumênica. Para uma tentativa de elaborar um cristianismo "não sacrificial", conforme, p. ex., Girard, e, em terreno ecumênico, mas bastante referido ao catolicismo, Assmann (1991). Significativa a citação: "A Cristandade tem estado fundamentada, durante quinze ou vinte séculos, sobre a leitura sacrificial e se alinha neste sentido, como todas as culturas, 'sobre formas mitológicas, produzidas pelo mecanismo fundamental'

Os primeiros séculos do cristianismo vivenciaram o instável equilíbrio entre esses dois principios contraditórios[14]. Mas não resta dúvida de que a tendência a valorizar o segundo, e a fazer cada vez mais do cristianismo uma "religião" caracterizará o que acabará emergindo à história como o catolicismo. É ele que se esforçará, numa tendência histórica de longa duração, por articular o absoluto pessoal e direto do laço de fé, característico do cristianismo, ao conjunto de realidades erigidas em sistema que, por sua vez, caracterizam o universo da "religião"[15]. No interior do mundo cristão, pelo menos ocidental, o catolicismo parece-me o único[16] a evidenciar essa marca, sincrética de natureza e, consequentemente, sincrética de vocação.

Com efeito, é no próprio terreno das instituições e das tradições religiosas que o catolicismo – cristalizado na "Igreja Católica"[17], ombrea-se com seus homólogos. Nos seus vários níveis institucionais, desde os conceitos que suas teologias carreiam até aos ritos de passagem que ele fomenta e aos personagens que venera, ele será constantemente chamado a modular-se e redefinir-se historicamente em função dos campos onde se implanta, dos universos simbólicos que pretende substituir, dos cosmos socializados onde o seu sistema de símbolos encontra sentido. É assim que definimos o sincretismo.

(Girard). Aos olhos de Girard, essa interpretação é o mais colossal mal-entendido da história" (SESBOUE, 1988, apud ASSMANN, 1991: 107).

14. Cf., p. ex., as análises de Dumont em "Gênese I" (1985: 35-72).

15. Nesse sentido, a fórmula acima citada de Gauchet deve entender-se mais propriamente como do protestantismo do que, simplesmente, do cristianismo. Depois da resposta antecipada de Newman que, "em vez da 'pureza' protestante" escolhia a "'plenitude' católica", pode-se ler também comentário "católico" de Valadier sobre a necessidade, mesmo "marcando a força da alteridade", de "marcar *também* o lugar da mediação" (1989: 117, grifo nosso).

16. Para uma oposição, deste ponto de vista, entre catolicismo e Reforma, cf. Dumont (1985: 62-71) e Marx e Engels (1991: 35): "*A cet égard, nous pouvons dire de (Luther) qu'il était retourné à l'individu-hors-du-monde des premiers chrétiens*". Avec lui, l'Eglise perd sa "réalité ontologique" (1991: 71). A fórmula traduz perfeitamente a substância que a Igreja perde com Lutero, sobretudo Calvino, e mais ainda Zwinglio e as "seitas" radicais. De mediadora e instrumento eficaz da salvação, ela passa a ser um instrumento da organização dos "crentes" que, sendo homens, precisam de um laço social visível.

17. Está claro que essas considerações reencontram, de certo modo, a base do raciocínio que levará Troeltsch – visando, sobretudo a Igreja Medieval – a construir o "ideal-tipo" Igreja. Sabe-se também que as análises de Yinger (1957) constrangeram esse sociólogo a destacar neste tipo um subtipo – quase uma categoria, já que concerne direta e exclusivamente à Igreja Católica – e que chamou: *Ecclesia*.

Portugal

Mas essa mesma constante estrutural, que faz o catolicismo tendencialmente sincrético, tomará formas históricas diferentes em "momentos" e "lugares" distintos. Na Bacia Mediterrânea – e não somente nela, bem o sabemos – trata-se de um sincretismo com o que o precedeu. Num mesmo lugar (*topos*). Importância primordial e crescente, depois da cidade, do domínio rural e da "aldeia", *topoi* onde se operam, para as populações camponesas de *pagani*, a transmutação genética num reassumir de raízes, a sedimentação de camadas sucessivas, que asseguram a formação progressiva e cumulativa de uma identidade "única", mesmo se formada a partir da acumulação transmutada de identidades passadas. Portugal talvez seja caso paradigmático para tal estudo, e já tivemos a ocasião de acenar para esta análise, centrada na época da "sociogênese"[18] do atual Portugal religioso, quando São Martinho de Dúmio, sob a égide da monarquia sueva, encerrava, por um lado, o episódio priscilianista, provável tentativa sincrética para retomar em termos cristãos a visão tipicamente luso-romana de um mundo e de um destino humano suspensos à vontade dos astros; mas por outro lado estabelecia involuntariamente a base de um sincretismo de tipo novo, quando, pontuando os campos de santuários, chamados doravante a canalizar a devoção camponesa, ele arriscava-se em muitos casos a metamorfosear em santos cristãos os deuses ou *genii* "locais", cujo culto cristalizava e expressava a veneração religiosa precisamente dedicada a tal espaço ou acidente geográfico particular[19].

Pois em Portugal, pelo menos no interior, o pesquisador recebe até hoje de imediato a impressão de uma evidência forte. A mesma – mas talvez em

---

18. Cf. Elias (1975), parte I: "A sociogênese do Estado".
19. Cf. Sanchis (1983). Reconhecer esse tipo de sincretismo não é reeditar o "modelo dos dois níveis" ("popular" e "de elite") na explicação da transição do paganismo tardio ao cristianismo, modelo do qual Brown (1981: 29-35) mostrou a inanidade como sistema explicativo global. Mas reconhecer que, por mais convincentes que possam ser, as reconstituições de Brown concernem, sim, a uma elite de "homens cuja expressão era altamente articulada" (BROWN, 1981: 8), deixando quase a descoberto, como ele próprio o explicita, "os humildes, os sem voz que se reuniam habitualmente em volta aos santuários" e, muito especialmente, as zonas de *rusticitas* (BROWN, 1981: 159), aquelas precisamente que se tornam para nós acessíveis através das testemunhas documentais de Gaula, de Espanha e do norte de Portugal (BROWN, 1981: 160-161).

grau maior de concentração – que sofreria, parece-me, o observador do catolicismo vivido em qualquer canto da Europa tradicional: a importância primordial do grupo social local, a aldeia. Sobre essa aldeia insistem hoje os historiadores, *situs* de fixação das populações bárbaras, que se tornou "paróquia" na época carolíngia, definitivamente implantado como estrutura fundamental do catolicismo nos séculos XI-XIII. Sem dúvida, não é simples, a partir das paróquias suévicas (MATTOSO, 1986: 179) reconstituir a implantação, em Portugal, de tal tecido geográfico social e demográfico. Uma trama que articule e trance, de um lado o fio das comunidades locais, com a sua tendência para a organização autônoma (cf. DURAND, 1982; 1982b: 121-136) muitas vezes apoiada pelo poder real; de outro lado, os fios variados das forças de senhorialização, com as relações de dependência, em nível militar, judiciário e religioso (MATTOSO, 1982: 270ss.), que elas conseguem pouco a pouco difundir. Mas, em todos os casos, é em referência a um espaço determinado ("chão", domínio, terra, território, denotação de um acidente geográfico) que se constrói uma identidade comunitária e, ao lado do castelo, junto com ele ou contra ele, é a paróquia, com sua igreja e seus santuários, que, dessa identidade local, se constitui em centro, fulcro difusor, emblema e cristalização.

> Mesmo quando os paroquianos perdem o direito de eleger o seu cura, nem por isso a igreja deixa de constituir, afinal, um dos principais vínculos da solidariedade campesina. É nela, pertencente ou não ao senhor, que todos os habitantes da freguesia se reúnem para celebrar coletivamente os ritos de passagem, de entrada na vida e na morte, aí que pedem a bênção divina para os filhos, os animais e as searas, aí que se refugiam quando chegam os cavaleiros para praticarem violências e abusos (MATTOSO, 1982: 284).

Palavras de historiador, referidas à Idade Média. Mas pouco deveria mudar o etnógrafo, para falar do hoje – ou quase – de muitas *aldeias*, ou melhor, *freguesias* (paróquias), no seu quadro geográfico, real e imaginário, com seu conjunto de atividades associadas aos ciclos naturais, suas redes próprias de sociabilidade. Uma aldeia da qual o catolicismo aparece ao pesquisador como a expressão (ou seria melhor falar simplesmente em "uma das expressões privilegiadas"?), e o princípio de organização, ao mesmo tempo em que, numa dialética literalmente durkheimiana[20], ela própria erige-se em princípio de organização do catolicismo. Um catolicismo enraizado numa identidade local.

Não é preciso comentar longamente os caracteres dessa identidade, sem dúvida familiar a todos aqueles que tiveram, até mesmo em cidadezinhas interioranas, uma experiência de vida rural ou semirrural. Importância primordial do sentimento dessa identidade local, mais presente em muitos casos do que o da identidade regional[21] ou nacional[22]; referências históricas inscritas na topografia, as narrativas familiais, as genealogias, os patronímicos, que articulam, através do casamento, essa identidade local a outras de mesmo tipo no interior de uma rede regional, mais do que a uma identidade regional propriamente dita; cristalizações simbólicas de tipo emblemático, de natureza eminentemente – embora não exclusivamente – religiosa: o vigário, a igreja, os padres aposentados que voltaram a viver em casas de suas linhagens, os santuários de *romaria* e os caminhos que levam a eles, santuários e caminhos que, todos, marcam o mapa imaginário e sentimental da região, o calendário, "os trabalhos e os dias" locais, as festas que os acompanham; o próprio santo, o "padroeiro", quase inscrito nas tábuas genealógicas da comunidade[23], a confraria, que recapitula os vivos (presentes ou ausentes por emigração) e os mortos, os vivos, aliás, enquanto futuros mortos (as missas encomendadas com antecedência); as festas, enfim, *romarias* ou não (SANCHIS, 1983), emblemas, às vezes agressivamente fechados, da comunidade local[24] ou, ao contrário, operadoras da articulação entre a comunidade local e

---

20. Sociogênese da religião, mas também gênese religiosa da sociedade (cf. DESROCHE, 1969: 79-88).

21. Sentida como proporcionando a dominação da cidade sobre o universo das aldeias.

22. "Os nossos filhos nesta guerra"! [a guerra colonial; 1973] [...]. Ninguém quer! Mas se se tratasse de defender Tinalhas..." Nossas referências etnográficas a Portugal têm data: 1973. É claro que seria preciso atualizar esses dados, em função sobretudo de dois fatores: a entrada maciça dos movimentos pentecostais, que modifica o panorama religioso, e a inserção de Portugal na Comunidade Europeia, que deu novo alento ao questionamento das elites sobre a identidade nacional. O cruzamento desses dois fatores indicaria provavelmente prolongamentos significativos para nossa problemática.

23. "São Bento? Já não é do meu tempo..." "O São Bento daqui é primo do São Bento de São Tirso". "São Bento apareceu. São Torquato não pode aparecer enquanto ele tem irmãos vivos (mostrando os retratos dos 'irmãos' da Confraria de São Torquato, na sala de reuniões)".

24. Sobre as "guerras" entre aldeias nas romarias, cf. Sanchis (1983: 176ss.).

o espaço regional (cf. SANCHIS, 1983: 39-40)[25]. O importante, na nossa atual perspectiva, é mostrar como essa identidade religiosa – e mais amplamente social – constitui-se sobre a base ao mesmo tempo do local (*topos*) e do passado, num processo unitário de sincretismo, um sincretismo "diacrônico" e "cumulativo", ao termo do qual a Igreja é vivida como autóctone, nascida desta terra, identificando-se com ela e com suas raízes históricas, pré-cristãs. Os santuários de romaria, por exemplo, e as manifestações, individuais e coletivas, que lhes correspondem, recapitulam inconscientemente, para prolongá-los no tempo, reassumidas numa realidade cristã, os cultos, às vezes ambíguos, das antigas divindades ou *genii* locais[26].

A identidade que resulta deste processo é sem dúvida uma identidade unificada e organicamente construída, tanto no plano institucional quanto ao nível psicossocial. Mas a construção mesma dessa unidade não deixa de ser sincrética, pelo reassumir, a cada etapa, dos estratos anteriores de sua definição. Um sincretismo diacrônico, uma identidade "que *pro-vém*".

Brasil

Ora, o sincretismo que vamos encontrar no Brasil é de gênero bem diferente. A esse enraizamento opõe-se o desenraizar. O catolicismo arranca-se do seu humo, do seu solo, do quadro de sua história local, para se projetar num outro hemisfério. Ruptura com uma implantação ecológica já orgânica, com a continuidade entre o tempo sagrado de sua liturgia e as estações: a ressurreição do deus não corresponde mais à ressurreição da natureza, e a experiência espiritual da Páscoa aliena-se da experiência humana da primavera. Ruptura equivalente com o grupo social local, sua escala e sua história, para ad-vir a um espaço novo, desmensurado, cuja escala transforma o olhar, desassossega a definição identitária, frustra qualquer esforço para

---

25. Também na Idade Média era pelas romarias que a solidariedade camponesa ultrapassava fronteiras estritamente locais (MATTOSO, 1986: 286-290).
26. Cf. o caso "do diabo e da diaba" de Amarante (SANCHIS, 1983: 80). Ao longo do livro, multiplicam-se as referências sobre a continuidade entre os santuários pré-celtas, celtas, romanos e cristãos; cf. tb. M. do Espírito Santo (1984).

compatibilizar com essa "natureza" a "cultura" de que se é portador. Bem o analisa Bastide: "O Brasil agiu sobre a sociedade portuguesa que se lhe queria implantar à maneira de uma carga de dinamite que fez essa sociedade explodir em pedaços [...]. As forças centrífugas predominam sobre as forças de coesão" (BASTIDE, 1971: 56-57)[27]. Num primeiro momento, tenta-se a implantação de uma "Nova Lusitânia" no litoral, e encontra-se, de chofre, "o outro". A presença do indígena é incontornável, e o escambo com ele tem de passar, ao menos em parte, pelo diálogo. Vêm os jesuítas. Poderia pensar-se numa política religiosa visando a implantar, nas próprias tabas, um cristianismo "inculturado", num processo de transmutação semelhante àquele que acabou dando, na Europa e, singularmente em Portugal, o catolicismo luso. Mas tal tentativa não irá além de três tímidos anos (AZEVEDO, 1966: 140-164), e os jesuítas vão sistematicamente desenraizar também os indígenas, para chapear neles, em "aldeamentos" artificiais, um catolicismo pré-moldado (PAIVA, 1978).

Sobretudo, a voragem da imensidão atrairá estes batalhões de duplamente desenraizados[28], lançando, em *bandeiras* e *monções*, *portugueses* e índios mansos no desconhecido de um território que se representava como vazio[29]. Nesse espaço, enfim, a abertura indefinida para uma expansão sem raízes, comandada e regulada por duas entidades abstratas, o Estado e a Igreja. O

---

27. Sabe-se que Freyre vai mais longe, querendo ler no próprio colonizador "português", já acostumado ao contato interétnico, uma configuração psicossocial propensa ao sincretismo: "[Em comparação com o espanhol], o menos gótico e o mais semita, o menos europeu e o mais africano: *em todo o caso o menos definitivamente uma coisa ou outra*" (1983: 55-56, grifo nosso).

28. Sobre o efeito desestruturador da mudança topológica abrupta, cf. Bourdieu (1964).

29. "Nestes territórios, os europeus viram um vazio. Em radical oposição a seu verdadeiro significado, os espaços foram considerados como desprovidos de conteúdo social (não eram suporte de assentamentos do tipo a que estava habituada a Europa). Esta vacuidade legitimará a apropriação--expropriação" (MENEZES, 1991-1992: 14). Tal representação perdura: segundo o escrevia ainda recentemente uma professora primária, num texto destinado a fazer os seus alunos celebrarem o *Dia do Descobrimento do Brasil*: "Quando os portugueses chegaram ao Brasil, eles não encontraram aqui nada. Só havia mata e índios". Monod, opõe a real atitude ibérica em relação à tal "vacuidade" do espaço ao projeto norte-americano: reduzir em escravidão implica conservar vivo, "enquanto é a situação inversa que prevaleceu na América do Norte, onde os colonos entendiam administrar entre si uma terra esvaziada dos seus primeiros ocupantes" (1972: 387). Gusdorf (1978), no mesmo sentido, mas pelo lado positivo, lembra o propósito inglês de proibir aos colonos a ocupação de um território, no Oeste dos futuros Estados Unidos, onde seriam represados os índios. De qualquer jeito, tratava-se de evitar "o encontro".

Estado: não mais a totalidade aldeana concreta, concentrada sobre sua identidade unitária, mas a mola de um povoar difusivo, que redistribui sem parar as cartas da sociabilidade, no isolamento de um espaço desmesuradamente alargado, em constante expansão[30], sem que seja a ninguém permitido – até hoje em alguns casos – parar e pensar em deitar raízes, sem possibilidade de construir redes de vizinhanças que compartilhem um passado comum. Até a época em que, mais tarde, irão estabelecer-se duas relações fundamentalmente diferentes ao espaço, a da "bandeira" e a da "casa grande" (AZEVEDO, 1989), os pontos de fixação continuarão marcados por essa disseminação pasmosa e sem paralelo que afasta e isola os indivíduos, cinde o povoamento em núcleos esparsos de contato e comunicações difíceis, muitas vezes até impossíveis [...]. Daí a instabilidade da população, com seus reflexos no povoamento, determinando nela uma mobilidade superior ainda à normal dos países novos" (PRADO JÚNIOR, 1969: 37, 63). Uma mobilidade que se revestirá, em algumas circunstâncias, de uma grandiosidade totalizante digna das contemporâneas migrações tupis[31]: "Havia bandeiras que eram cidades ambulantes, conduziam milhares de pessoas, iam fazendo roças, se fixando, e depois se deslocando" (RIBEIRO, 1981). E nessas bandeiras, rezadores, eventualmente sacerdotes, altares portáteis e imagens de santos, índios, escravos negros.

Pois um terceiro povo de desenraizados tinha vindo encontrar os dois primeiros. Falando dos africanos no Brasil, Bastide: "O lugar onde se nasce não é um mero sistema de acidentes geográficos, montanhas lagos ou rios, é um todo social-geográfico onde os mitos locais, a divisão das tribos no solo, os locais determinados de reunião das sociedades secretas etc., constituem um só e mesmo todo" (1971: 120). Etnias e culturas misturadas desde o embarque nos navios negreiros, estrategicamente mescladas nos mercados de escravos e nas fazendas para evitar os perigos de reconstituições identitá-

---

30. O "tipo humano do aventureiro", que marcou decisivamente a nossa vida nacional, escreve Buarque de Holanda: "vive dos espaços ilimitados, dos projetos vastos, dos horizontes distantes". "Uma concepção *espaçosa* da vida [é] característica deste tipo." (1936: 13, grifo do autor).

31. Sobre o caráter "nômade" das populações indígenas, tradicionalmente e especialmente na época da chegada portuguesa, cf. o famoso texto de Jean de Léry: "Os brasileiros não ficam no mesmo lugar mais do que cinco ou seis meses" (1957: 356-357). Sem falar das grandes migrações tupis. Convém, no entanto, saber relativizar este "nomadismo" A esse propósito, cf. Prous-Poirier (1991).

rias[32], o negro, como o português, como o índio manso, tinha sido arrancado à matriz – topológica e social – do seu universo de significação e, como eles e com eles, estava disponível para os encontros transformadores: "A vida íntima do brasileiro não é bastante coesa, nem bastante disciplinada, para envolver e dominar toda a sua personalidade, integrando-a, como peça consciente, no conjunto social. Ele é livre, pois, para abandonar todo o repertório de ideias, gestos e formas que encontre em seu caminho, assimilando-os frequentemente sem maiores dificuldades" (BUARQUE DE HOLANDA, 1936: 112)[33]. Um sincretismo que "ad-vém", tornando porosas, através de todas as opressões e além de todas as resistências[34], as identidades, e relativizando, neste sentido, a força propriamente definitória do princípio radical da lógica. Ecoa com antecedência nesses encontros, que contribuíram a "fazer" o brasileiro, a proclamação antropofágica de Oswald de Andrade: "Nunca fomos catequizados. Fizemos foi carnaval" (ANDRADE, 1959: 195).

A referência fundamental ao tempo parecia, ela também, invertida: o Brasil construiu-se – e, com notáveis exceções, da qual Minas Gerais talvez seja a mais patente, continuou construindo-se – a partir do futuro, constantemente descentrado num projeto de ser coletivo sem assentamento comunitário. Presença/ausência, para esses camponeses sem terras porque as têm demais, do único e gigantesco projeto estatal.

Quanto ao corpo institucional da Igreja, ele será representado somente, durante três séculos, por um, dois, depois três longínquos bispos, de visitas raras, mais controladores do que impulsionadores. São as ordens

---

32. Política da qual o famoso texto do Conde dos Arcos fará a teoria já no séc. XIX: "Promover o governo indiretamente a união entre eles [seria um ato] do que não posso ver senão terríveis consequências" (apud RODRIGUES, 1900: 234-235; BASTIDE, 1971: 81).

33. Também Cassiano Ricardo (1948: XI), falando do bandeirante: "Tem de ser assim: mobilidade com que ele se afasta do litoral saindo do planalto e indo por terra parar no Peru; mobilidade com que ele se mestiça com aborígenes, passando de uma raça para outra; mobilidade com que ele caminha no espaço que vai entre sua cultura de origem e a do selvagem, *para ser índio à hora que bem entende e voltar a ser branco quando lhe apraz*" (apud AZEVEDO, 1989: 36; grifo nosso).

34. Lembre-se o leitor dos sinais cristãos (cruzes, capelas, ritos) que ritmavam o espaço de Palmares, apesar das "misturas" e "simbioses" rituais nesta República da Liberdade Negra. Lembre-se também de que, comerciando com os quilombolas ou unindo-se a eles, indígenas foram convertidos através deste comércio, não à religião dos orixás, mas à dos brancos opressores (cf. BASTIDE, 1971: 126-130, 136).

religiosas, cuja estrutura era geograficamente universal, que afiançarão a presença da Igreja ao projeto do Estado. A implantação enraizadora das paróquias, será sempre fraca: das 6.588 paróquias atuais, dois terços datam do século XX, a metade dos cinquenta últimos anos. Nessas condições, a instituição católica não se constitui mais na continuidade do grupo social, como em Portugal (o vigário "sr. prior", os "padres residentes" ou aposentados na e da aldeia, os seminaristas da família, os sacramentos que acompanham tempos individuais e coletivos, as confrarias, o cemitério): em 1982 ainda, depois de quase cinco séculos, 26,6% dos bispos e 38,8% dos padres no Brasil são estrangeiros, tendo chegado de 64 países. E mesmo sendo brasileiros, muitas vezes oriundos do Sul, de regiões de recente colonização italiana, alemã ou polonesa, eles se veem redistribuídos geograficamente a longas distâncias, ao bel-prazer das necessidades da administração eclesiástica ou dos impulsos missionários. A Igreja enquanto instituição nunca conseguiu expressar organicamente a comunidade.

É claro que dessa situação vai decorrer uma dialética diferente na construção do catolicismo, muito particularmente no que diz respeito à sua propensão ao processo sincrético e à relação entre vivência popular e instituição eclesiástica. Em Portugal e no Brasil algumas das dinâmicas presentes neste processo de ajuste poderão parecer as mesmas, mas o seu sentido geral, o quadro e os elementos por elas carreados serão diferentes. Resumidamente, a uma identidade unificada e cumulativamente construída opõe-se uma aparente ausência sistemática do próprio princípio de identidade. "Quem somos nós?" será o grande problema com o qual nunca deixaram de se deparar os intelectuais brasileiros quando tentaram elaborar uma definição unitária de seu país. Pois aqui é possível ser ao mesmo tempo isto e aquilo, numa coexistência ou rápida sucessão de identidades, múltiplas porque enraizadas em outro lugar. No campo das identidades religiosas, com efeito, não é somente o catolicismo que ad-vém; mas, além das religiões africanas, o espiritismo, os protestantismos de imigração, hoje o budismo, as religiões japonesas, variadas seitas orientais e, sobretudo, os grupos evangélicos pentecostais. Quanto às religiões indígenas, além do fato, que dissemos, de ter sido perdida a ocasião de fazer delas a base de um enraizar do catolicismo homólogo àquele que presenciamos no Portugal de São Martinho de Dúmio, a própria destruição dos "aldeamentos", quando ocorreu, foi ocasião de dispersões e mais radicais dissoluções de identidades: o tapuia é precisamente o índio que acaba não sabendo mais que o é – e o que é – e se define pelo outro sem deixar de ser si mesmo (MOREIRA NETO, 1978).

Sem dúvida, trata-se do mesmo catolicismo, com a sua consciência de totalidade, e cujo regime de intensa mediação abre-se com potencial riqueza para a polivalência do signo, tornando assim eventualmente compatíveis elementos que, em outros quadros e circunstâncias, revelar-se-iam totalmente inacomodáveis. Mas esse novo tipo de compatibilidade não operará mais, como o outro, por sedimentação e osmose de camadas sucessivas. Muito ao contrário pela convergência de identidades múltiplas, que se articulam em copresença no seio de uma composição sincrética, sem abolir-se num processo unitário de ultrapassagem hegeliana.

Nesse jogo histórico de cruzamentos de identidades religiosas dentro de um quadro geral de dominação (a religião católica continuando até hoje a ser a religião declarada da quase totalidade dos brasileiros e beneficiando até há pouco de um regime de "concordata não escrita"), será preciso distinguir dois níveis analíticos: em primeiro lugar, o das instituições religiosas (quando as houver) que, em geral, afirmam a sua diferença e reivindicam a sua especificidade; em segundo lugar, o da vivência efetiva dos "fiéis", ao qual aplica-se antes de tudo o processo que acabamos de descrever: É-se, por exemplo, concretamente católico e filho de santo, pajé e católico. Mas a pregnância deste modelo é tal que, até no nível institucional acabou emergindo uma realidade que o representa quase que paradigmaticamente. A codificação da umbanda, com efeito, que data dos últimos cinquenta anos, pretende constituir-se em articulação consciente e teórica dessa convergência de identidades múltiplas num sincretismo assumido: católico, africano, espírita, oriental às vezes, mágico nos interstícios. Por isso mesmo reivindica o estatuto de religião nacional brasileira, fruto da construção secular de uma identidade polivalente nas suas fontes e orientada para o futuro. Sua missão neste sentido será de expandir pelo mundo o sincretismo brasileiro.

Como toda ação suscita uma reação, apareceu no outro polo do campo religioso brasileiro, em tensão extrema com a umbanda sincrética, o protestantismo pentecostal, que reivindica – e, até agora, parece obter, até no nível da vivência popular – o assumir de uma identidade sem mistura, hostil a qualquer sincretismo. E, como era de se esperar, começa a suscitar nos últimos anos uma guerra santa contra os demônios dissimulados nas religiões africanas e na umbanda. Autos de fé, exorcismos violentos realizam-se hoje em imensos espaços recuperados de outras atividades e até nas próprias praias do Rio, exercícios que, rompendo com a tradição sincrética (e não necessariamente tolerante, aliás) brasileira, assinalam a entrada no campo religioso das categorias modernas do indivíduo e de sua opção clara, distinta e racionalmente identitária (cf. SOARES, 1994; SANCHIS, 1994: 145-182). Entre os dois, reino do sincretismo não teorizado, mas tranquilamente vivido, certo catolicismo tradicional popular e o território variegado das religiões afro-brasileiras (cf. BIRMAN, 1992: 167-196), ou então, sobretudo no Norte amazônico, das heranças menos sistematizadas das religiões indígenas (cf. MAUÉS, 1991: 197-230).

A Igreja como instituição desconhece tanto quanto pode a dupla pertença de vários de seus fiéis. Abundam os testemunhos de padres, estrangeiros e até brasileiros – sem falar em bispos – que descobrem um dia com estupor a extensão desse fenômeno[35]. Numa cidade como Salvador, por exemplo, as manifestações ambíguas – ou, melhor, ambivalentes – de piedade popular são corriqueiras, e uma das estratégias possíveis da Igreja será de tentar fechar os olhos à sua realidade. Do lado de muitos "pais" e "mães de santo", assim como de seus fiéis, ao contrário, esta dupla fidelidade constitui uma tranquila – e rica – afirmação[36].

---

35. Cf., p. ex., a *Revista Eclesiástica Brasileira*, entre 1968 e 1972.
36. Cf. a declaração de uma ialorixá convidada ao III Encontro dos Religiosos Negros (Rio de Janeiro, 1988): "Acontece que celebravam como se faz hoje: de manhã participando da missa e à noite indo ao terreiro. No meu caso, não deixo de rezar o terço, ir à missa, ter minhas devoções, porque o Deus de todos é um só, Ele olha para todos" (DAMASCENO, 1989: 66). Interessante notar que, na transposição recente do candomblé ao espaço sociocultural argentino, as atitudes mudam quanto a este ponto, pelo menos no nível de *"mediuns y lideres"*, que *"en Buenos Ayres, suelen considerar excluinte la practica de una religión afrobrasileña y el catolicismo"* (FRIGÉRIO & CAROZZI, 1993: 56).

No interior dessa situação já tradicional, no entanto, é preciso observar a emergência de duas correntes de tipo novo. Alguns teóricos das religiões africanas, minoritários na vida efetiva de suas instituições (com a exceção, talvez, de São Paulo) e pouco seguidos no nível popular, fazem hoje campanha para a supressão de todo sincretismo com o catolicismo e reivindicam, no plano constitucional e até no da educação oficial, um reconhecimento pleno de sua religião, como religião e como religião puramente africana (FRY & BIRMAN, 1984). Também fenômeno de "modernidade", protendido pela militância política do "movimento negro". Paradoxalmente, é no seio deste mesmo movimento que um grupo ativo de padres, religiosos e Agentes de Pastoral Negros trabalha, em sentido oposto, na procura de uma expressão litúrgica e até teológica própria, que lhes permita a recuperação explícita, e sem a nada renunciar do seu catolicismo, de sua identidade "africana", numa simbiose, desta vez não espontaneamente sincrética, mas logicamente articulada com rigor[37]. É que a modernidade ao trabalho nos espaços sociais brasileiros se articula diferencialmente, conforme as regiões, os grupos e os estratos sociais, com as lógicas culturalmente assentadas. É, no entanto, provavelmente a primeira vez na História do Brasil que ela desafia tão fundamente, em nível popular, um dos traços marcantes da "Pré-modernidade" religiosa: a relativização dos princípios de identidade e de não contradição. Mas ela o faz por uma multiplicidade de caminhos: pentecostais, correntes dentro do candomblé, movimento negro, espiritismo, mais unitário do que a umbanda, são manifestações – com os seus paralelos no campo da política e das burocracias estatais – de uma crescente "Modernidade" da sociedade brasileira.

No mais das vezes, no entanto, a problemática tradicional continua presente: Como ser ao mesmo tempo católico e umbandista (ou candomblecista, ou membro da seita japonesa seicho-no-ie)? Ou ainda passar como o raio de uma obediência – neste caso, até a do protestantismo evangélico – a outras? "Princípio de identidade", de "não contradição",

---

[37]. *O Grupo de Agentes de Pastoral Negros* – 1983-1993 não fala, é verdade, em "sincretismo", mas em "macroecumenismo".

qual o destino, neste jogo complexo das identidades religiosas, dos princípios cardinais da lógica do Ocidente?

Conclusão

Tal dinâmica recente, como acabamos de analisá-la, nos orientaria em direção a uma interpretação do "sincretismo brasileiro" como tipicamente pré-moderno. Neste sentido, no entanto, é interessante constatar que um fenômeno muito próximo àquele que esse sincretismo conota parece invadir atualmente os espaços sociais da mais avançada Modernidade.

Uma profunda "des-institucionalização" religiosa, com efeito, está em curso nos países europeus[38], como o evidenciam várias pesquisas recentes, realizadas na França, na Suíça, na Holanda e na Itália[39] sendo presente, aliás, também no Brasil[40].

Tudo indica, de fato, que a segunda vaga de secularização, mais do que a acabar de eliminar, naqueles países, a dimensão religiosa da vida social, está a operar uma reformulação dos laços institucionais que definiam tradicionalmente – na "tradição" de uma modernidade já plurissecular – a identidade religiosa dos fiéis – e, em parte, dos ex-fiéis, participantes todos eles de um espaço cultural marcado por exclusivas pertenças confessionais de há muito sedimentadas. A modernidade contemporânea ("Pós-modernidade"?) parece, ao contrário, propiciar ao indivíduo a possibilidade de recriar pessoalmente o seu universo religioso (ou "pararreligioso"), por uma operação (universalmente apelidada, nessa literatura, de "bricolagem") através da qual são ecleticamente reaproximados, sobrepostos e/ou refundidos elementos oriundos das várias tradições, nativas e importadas, que a mobilidade geo-

---

38. O caso norte-americano releva provavelmente de outra análise, por causa da existência tradicional de um jogo menos abrupto das identidades institucionais religiosas ("denominacionalismo") (cf. WARNER, 1993: 1.044-1.093).

39. P. ex.: Champion & Hervieu-Léger (1990); Campiche (1991a, 1991b); Centre Thomas More, *Christianisme et modernité*, Paris, Cerf, 1990, Diani (1990); Hervieu-Léger (1986, 1991); Mayer (1991); Michelat et al. (1991); Pace (1990); Rotondo (1992: 20-33), Schreuder (1991); Sutter (1990: 425-447); Voll (1991).

40. Cf., p. ex., as pesquisas em curso de Crespo (1994: 75-87,) sobre a vertente religiosa do movimento ecológico; e Amaral sobre o "New Age" (1993: 19-32).

gráfica das pessoas e dos produtos culturais põe hoje à sua disposição. Sem dúvida, novas entidades coletivas apontam eventualmente no horizonte dessas operações, mas elas tendem, em regra, a ser transconfessionais, ameaçando desde já, nesse sentido, de redesenhar, nessas sociedades centrais, o mapa do campo religioso contemporâneo.

Parece então possível esperar das consequências deste fenômeno uns efeitos de transformação mais radicais do que as do tradicional "sincretismo brasileiro", situadas que se encontram aquelas num além – e não mais num aquém – da modernidade ocidental. No entanto, os dois fenômenos podem não ser tão estranhos um ao outro como parece à primeira vista. Com efeito, bons observadores daquelas sociedades pensam poder encontrar, no estudo da "pré-moderna tradição de identidades sincréticas" no Brasil, lições para traçar rumos em direção a uma Pós-modernidade socialmente viável. Afinal, o Brasil aprendeu, de há séculos, a se haver com problemáticas só agora emergentes em outra parte. Tanto é verdade que, no embate entre, por um lado, a Modernidade, por outro, o que a precedeu (pré-) e o que a segue (pós-), continua verdadeira aquela indecisão, e permanente aquela dúvida, já presente no Evangelho, sobre quem serão, na verdade, os "primeiros" e quem serão os "últimos".

Desencanto e formas contemporâneas do religioso[*]

Quando tomei conhecimento do título dado a esta mesa, uma palavra deste título chamou-me a atenção: "desencanto". Recebi-a como conotando passivamente um resultado já consumado: "desencanto", e não, como Weber nos acostumou (todo Weber, e não só o Weber da religião: "sociali*zação*", "comunitari*zação*") um processo ativo: "desencantamento". E traduzi-a subjetivamente por "desalento"... Desalentei. Desanimei... Outra vez falar deste mesmo mundo, o nosso – como prosaicamente incolor ou, em perspectiva oposta, como eficazmente racional. Tratar-se-ia, mais uma vez, de "secularização"? Além do mais, alternar minha fala com a fala dessas figuras brilhantes, que diriam tudo – já o tinham dito e escrito – e muito melhor do que eu poderia dizer...

Decidi então não tentar dizer nada – de novo. Simplesmente pôr na mesa alguns pontos, quem sabe muitas vezes supostos entre nós como "dados", e que não me pareciam tranquilos nem totalmente assentes. E não fazer isso num discurso solipsista. Pois fiquei também impressionado pelo tempo generoso que nos foi impartido: não seria o caso de ocupar esse tempo num diálogo – real, teoricamente motivado e empiricamente nutrido de nossas diferenças – um diálogo que tente cruzar olhares, cotejar dúvidas, desconstruir certezas – ou confirmá-las?

Abrir finalmente pistas?

Da minha parte, gostaria de ser breve, para deixar espaço a esse diálogo. E por isso não afirmar nada. Simplesmente socializar minhas incertezas – esperando uma luz de outras experiências e outras reflexões – que gostaria precisamente que fossem "diferentes".

---

[*] *Ciencias Sociales y Religion*, vol. 3, 2001, p. 27-43.

Secularização – Por que não trocar ideias sobre o tema?

Parece-me que podemos partir de alguns consensos mínimos:

O primeiro. "Algo" está acontecendo no domínio de um "aquilo" que chamamos de "religião".

E esse movimento (i.e., processo) pode, falando de modo muito amplo, resumir-se em três eixos, mais exatamente três "direções"[1]:

- Diferenciação (distinção, autonomização das instâncias ontem subsumidas à religião, especificação dos domínios, especialização das competências, independência dos princípios que fundamentam a legitimidade das variadas intervenções nos diferentes níveis da sociedade). O que significa um "cinturão de segurança" em torno das pretensões tradicionais de monopólio ou hegemonia das Igrejas (no Ocidente, o cristianismo). E a criação correlativa de uma "reserva" (como se fala de "reserva" indígena) impartida à interferência da dimensão religiosa: o domínio privado.
- Racionalização, desencantamento: supressão da magia na vida e do mistério na religião. O universo reduzido ao que ele "é". Tanto o universo cósmico quanto o universo social. No próprio domínio privado, a razão pede para dar as cartas do gerenciamento da ação, psíquica e social: emoções, volições, comportamento.
- Mundanização: talvez o que Isambert chama a secularização interna das religiões. Uma menor "rejeição do mundo" como diria Weber. Para continuar aceita, a religião parece ter de entrar em negociação mais benevolente com antigos rivais: economia, política, estética, erótica, apreensão intelectual do mundo.

Falei em três "direções". Isto significa que se trata de um processo, em se fazendo. E desigualmente vigente nos espaços sociais. Sobre o princípio pelo menos desta constatação, creio que se completaria nosso primeiro consenso.

Imagino um segundo consenso. Em contraponto a esse processo, e num momento mais imediatamente contemporâneo, outro movimento é perceptível na história, que parece matizar o primeiro, questionar a lógica de sua

---

1. Esta síntese tripartite, que sua simplicidade abrangente torna aqui particularmente funcional e inspira-se em O. Tschannen (1981) (cf. PAIVA, 2000: 46-47).

trajetória. Também neste sentido há "algo", que a lógica do processo anterior não deixava esperar.

Mas aqui parariam os consensos. Dissensos vários se estabeleceriam na qualificação das relações entre esses dois dinamismos. Não que alguns de nós levem até ao extremo uma ou outra das posições que vou evocar. Será precisamente na diferença do peso dado, no filão da história onde se articulam aos vetores que cada uma delas representa, em sentido aparentemente contraditório, que se revelarão oposições.

Para uma das posições antagônicas, a secularização significaria o recuo e o definhamento até ao extremo do fenômeno religioso enquanto tal: o fim da religião. Para outra significaria o deslocamento e a transformação da religião, doravante composição nova de energias sociais, recobrindo só em parte as funções da antiga.

Para uma das posições, os surtos "religiosos" contemporâneos se inscreveriam, apesar das aparências, como a projeção criativa da mesma lógica secularizante, em contexto civilizacional diferente; para outra, definir-se-iam ao contrário como uma "volta", um "retorno" da religião.

Para uma das posições polares, diferenças atuais de abrangência e intensidade do projeto secularizante significariam simplesmente um descompasso nos ritmos da história. Os espaços que esse projeto ainda não atingiu serão por ele tocados mais tarde, inexoravelmente. Para a outra, não é só o ritmo da onda secularizante que cria diferenças, mas os processos históricos de construção de determinados espaços sociais (Terceiro Mundo, América Latina, África, Índia, classes populares, classes populares da América Latina...) impõem a essa onda, não só atrasos, mas inflexões, permanências reinterpretadas, mudanças de rumo, eventuais reversões. Outro sentido e outra lógica.

Para uma das posições, o pluralismo religioso, constituído em "mercado", é a ponta emergida e a ponta de lança da secularização da própria consciência religiosa, porta aberta para a indiferença. Para a outra é esse pluralismo que permite o advento da experiência religiosa à modernidade da autonomia decisória do sujeito, autonomia individual articulada a um mútuo enriquecimento dialogal.

Para uma das posições, a secularização fere de morte as instituições gerenciadoras do sagrado, libertando as consciências daquilo que, historicamente, foi o seu papel regulador. Para a outra, a Modernidade segreda, na insegurança que provoca o reforço das identidades institucionais e dos filões de heranças agressivamente reivindicadas: integrismos e fundamentalismos.

Para uma das posições, esses dois movimentos existem como vetores justapostos, mesmo se contrários – simplesmente, os homens e suas circunstâncias são tão diferentes! Para a outra, só a percepção de sua articulação (dialética?) pode entregar a chave de sua compreensão.

Poderíamos continuar... Sem sair das generalidades que todos nós conhecemos – não pretendi dizer nada novo para ninguém –, e sem tentar assim descrever por inteiro a posição de ninguém dentre nós ou dentre os cientistas sociais da religião. Estes "tipos ideais" de posições, com efeito, só muito raramente são exclusivos na concretude de uma ou outra análise. Por isso, podemos falar em horizonte de consenso, mesmo se esse consenso é conflitual.

Por isso, também, cabem aqui algumas perguntas, que talvez abram sobre determinado não dito de nossas análises.

Antes das perguntas que dizem respeito a conteúdos, uma deve ser feita, que se situaria em âmbito formal. Por que, em tal situação de concordância sobre umas constatações fundamentais, torna-se tão sensível em boa parte dessa literatura tamanha carga de desejo? Há muitos anos já bons observadores chamavam a atenção sobre os valores contrabandeados por conceitos como o de "secularização": Simples averiguação, mas também interpretação ou, quem sabe, projeto? Outros distinguem, num sentido bastante próximo, realidade e ideologia da secularização. Deveríamos acrescentar, aliás, em oposta simetria: também a da "volta da religião" ou da "dessecularização". De fato, ainda hoje, depois que as grandes teorias sociais perderam sua força aglutinadora, talvez não haja nas Ciências Sociais outro campo em que os analistas invistam com mais intensidade os desejos, frutos de histórias de vida conflitais – nos sentidos, aliás, os mais inesperados. O resultado disso é a facilidade com que o perfil emprestado, na visão dos seus colegas, àqueles que trabalham neste campo desliza em direção da concretização literal de um ou outro dos tipos ideais opostos a que aludimos acima. Não constitui surpresa para nenhum de nós o fato de encontrarmos no texto mesmo de um colega, a quem precisamente acabamos de ver atribuída uma clara opinião pró ou contra a "teoria da secularização", uma frase que faz supor uma orientação exatamente em contrário[2]. Sinal provável de que, no pensamento mais real da maioria de nós, não se trata de ser "pró" ou "contra", de reconhecer ou de negar o fato, mas de administrar a articulação das duas pontas de uma (demultiplicada) aporia. É nas modalidades dessa administração que nossos equilíbrios são diferentes. E é ali que é desafiada a nossa criatividade.

Mas vamos a algumas das mil facetas implícitas na aparente oposição entre as duas partes do título desta mesa. Uma possível leitura deste título seria: Ao "desencanto" moderno (o "desencantamento" weberiano?) opor-se-iam eventualmente "formas contemporâneas do fenômeno religioso", que apontariam para um possível processo de "reencantamento". Passar por essas facetas, em forma de perguntas ou aporias, será de um mesmo gesto desenhar como no ar sem dizê-lo – isto é, não a afirmando sem matizes – a figura destas formas contemporâneas de religião.

1) Para começar, qual o alcance sociogeográfico do "desencanto – secularização"?

De um lado, a afirmação de uma secularização conatural à Modernidade. Universal destino da civilização contemporânea. Frente a esta, outra afirmação: a América Latina – ou as suas classes populares – escapa em parte a essa onda. A religião continua integrando o programa, inclusive público, de sociedades marcadas por uma modernização "tardia", de cunho específico e de resultados questionadores. Em réplica relança-se, em sentido alternado, a roda de fiar... Eventualmente até a posição que vê a "diferença" não na América Latina, mas na própria Europa.

Ficarei com indicadores e comparações simples e escassos. Em boa parte, fornecidos por pesquisa recente em Belo Horizonte – mas a generalização seria possível, pelo menos ao conjunto do Brasil. Trata-se aqui somente de apontar a direção tomada pelo problema.

---

2. Por isso, reduzi as citações explícitas aos poucos casos incontornáveis.

O agente social declara-se "pessoa religiosa"? Na Comunidade Europeia em 1991: sim: 61%; Não: 28%. Acredita em Deus? 70,5%. Em Belo Horizonte, no ano 1998, 99,3% acreditam em Deus, mais de 90% na Santíssima Trindade e na Bíblia. Somente 5,7% dizem-se sem religião e 1,1% acreditam em Deus sem ter religião definida. Mais ainda: 63,6% estimam que a religião a que pertencem cumpre o seu papel, e 92,5% afirmam que a religião tem importância, grande ou fundamental na sua vida. Na Comunidade Europeia a importância da religião chega a quinto lugar (49%) no campo dos valores, depois da família, dos amigos, do trabalho, do tempo livre, preferida somente à política. Europa/Minas Gerais, Brasil: Dois ambientes "religiosos" bem contrastados.

Mas vem logo a objeção, sob forma de dúvida: Não se trataria de uma situação provisória? Um "atraso" da sociedade latino-americana no caminho de uma racional secularização? De fato, mesmo na Europa, uma linha evolutiva é claramente perceptível, indicada, entre outras, pelas diferenças etárias, sempre na mesma direção. Em 1981, por exemplo, para uma média de Holanda, Grã-Bretanha e França, as proporções de religiosidade positiva passavam de 77% no grupo dos mais idosos (mais de 65 anos) a 44%, entre os jovens de 15 a 24 anos. A crença em Deus seguia a mesma curva: 85% para os mais velhos, 62% para os jovens. São igualmente eloquentes as comparações entre sociedades que distinguem seus graus, maiores ou menores, de "modernidade" ou entre os vários momentos de "modernização" de algumas sociedades em rápida transformação, como a espanhola. Ora, o mesmo fenômeno encontra-se em Belo Horizonte. A crença em Deus, é verdade, é massiva em todas as idades, mas a comparação entre a cidade, sobretudo os seus bairros centro-meridionais, marcados pela modernização econômica, tecnológica e cultural, e pelas transformações aceleradas do gênero de vida, com uma região periférica ainda em boa parte rural ou formada de antigas cidadezinhas reconhecidamente "tradicionais", é altamente significativa. Citemos um dado só: na vida de 100% dos habitantes da região marcada de tradicionalismo, a religião é fundamental, muito importante ou importante. "Fundamental", de fato, ou "muito importante", os extremos do superlativo disponível, para 83,3%. Enquanto no espaço metropolitano somente 69,6%

acham a religião muito importante ou fundamental, e encontram-se mais de 8% de moradores para quem ela chega a ser "indiferente", "pouco importante", "irrelevante".

Seria possível alargar essa constatação, e, construindo entre dois tipos de espaços, geográficos e sociais, uma dupla oposição, em termos de indícios de modernidade (cultura, atividades profissionais, renda e desenvolvimento do segmento regional) positivamente relacionados aos indícios de secularização, tratar esses espaços como dois polos, com a hipótese de um movimento diacrônico entre eles.

Nesse caso, a América Latina também estaria a caminho da secularização.

Mas vai mais uma vez a roda em sentido contrário. Além do fato de que é difícil passar, sem mais, de indícios pontuais a um conceito como o de "modernidade", as transformações diacrônicas não parecem seguir um curso necessariamente coerente. A situação da "religião" nos Estados Unidos, por exemplo, serviria de exemplo disso (95% creem em Deus e só 3% dizem que Deus não tem importância na sua vida): existe, pois, "Modernidades" que não conhecem o mesmo tipo de "secularização". Aliás, em Belo Horizonte mesmo, alguns indícios parecem apontar para um argumento "antievolucionista". Por exemplo, a comparação entre os resultados das pesquisas de 1991 e 1998, relativos a algumas crenças fundamentais – entre elas aquelas que precisamente caracterizariam o horizonte de um universo "encantado" –, é, a esse respeito, suficientemente questionadora. Todos os itens da "fé" (Deus, Trindade, Espírito Santo, alma imortal, anjos, santos, ressurreição...) parecem ter adquirido força durante esses anos[3], menos um, aquele que precisamente criava problemas para os intérpretes da pesquisa anterior: a reencarnação.

Mas recupera-se assim a "diferença" da América Latina, ou reencontra-se simplesmente aqui o movimento de um reencantamento mais universal? Um estudo recente sobre "a religião dos cientistas", feito precisamente numa das catedrais brasileiras do saber, a Universidade de São Paulo (PAIVA,

---

3. Até dos "sem religião" 39,3% acreditam em anjos, 38,4% em vida depois da morte, 33,2% em reencarnação, 39,3% em ressurreição.

2000), ajuda a responder... Nenhuma afirmação simples, entre os cientistas, de pertença institucional religiosa, certa hostilidade ao conceito de Deus, mas também relativa porosidade da visão científica do universo a uma presença religiosa. De uma religião em transição para perspectivas mais cósmicas do que históricas. Conclui o autor:

> Parece-me que, no momento atual e na amostra estudada, encontramo-nos aquém do processo de secularização, ou em paralelo a esse processo. Muito mais próximos, neste sentido, às culturas que desconhecem a dicotomia ocidental de Estado e religião do que à cultura europeia ocidental (PAIVA, 2000: 164).

E sua explicação consiste em detectar em nosso meio acadêmico, a respeito deste problema, uma influência maior da cultura ambiente (a diferença "latino-americana"), do que da cultura acadêmica internacional.

Quero citar enfim, voltando a Belo Horizonte, a surpresa do observador. Todas as perguntas sobre objetos de crença recebem respostas bem pouco secularizadas; mas, mesmo assim, carregadas, já o dissemos, de um peso progressivo de desencantamento positivamente associado à densidade do nível cultural. Secularização em curso... Mas há uma exceção. À pergunta: "Existe vida depois da morte?", curiosamente é o grupo de instrução primária que responde mais negativamente: 52,9%. E o grupo com diploma superior que é mais afirmativo (71,3%). Assim, não parecem ser os intelectuais (os "modernos") que eliminam o mistério da morte. Nem, aliás, os mais ricos... (77,7%). E esse resultado só em parte depende de adesão religiosa confessional: se 30,4% somente (?) dos "sem religião" acreditam em vida depois da morte, são 64,3% daqueles que não têm religião determinada, mas acreditam em Deus, que compartilham dessa crença.

Exemplos esparsos e por demais segmentários, que testemunham em sentidos opostos. Trazidos aqui somente para colocar – em termos muito superficiais, eu sei – o problema: Há diferença latino-americana frente à secularização? De que lado está o "diferente"? Todos nós lemos e escrevemos a favor e/ou contra cada uma das posições. Quem sabe não tenhamos tentado o suficiente fazê-las dialogar a propósito de resultados empíricos.

2) Esta era a primeira aporia em torno de um desencanto situado.

Logo redobrada por outra. Pois as diferenças podem muito bem não se reduzir às existentes entre espaços geográficos. A pesquisa que acabamos de citar permite uma observação mais miúda: entre as três áreas científicas escolhidas (Física, Biociência, História), o "distanciamento acadêmico da religião" é nitidamente mais marcado na terceira, a História, sendo mais acolhedoras as duas outras, a certo horizonte religioso, de preferência de dominância cósmica.

Dois comentários são aqui possíveis: por um lado, introduz-se o tema de formas religiosas para as quais o caráter pessoal de Deus faz problema, inclinadas que são a desconcentrar o absoluto da alteridade e a diluí-lo em dimensão multiplamente cósmica. Teremos de voltar a essa pista. Por outro lado, aparece como um desafio a diferença que apresentam, nas atitudes frente à religião, as consequências da exposição do sujeito aos respectivos ramos da ciência.

Lembro-me de outras investigações (1994/1995), simples sondagens, entre estudantes numa faculdade de ciências humanas. Seus resultados pouco consolidados não permitiriam traçar um quadro firme de conclusões[4]. Parecem-me, no entanto, apontar claramente para esse problema, confirmando assim a necessidade de diversificar analiticamente, no próprio meio social que mais de perto as manuseiam e vivenciam – o meio universitário – o conteúdo das noções de "modernidade" e de "racionalização". Pois mesmo descontando o peso das composições de gênero, de classe social e de idade, peso diferente conforme os cursos, continua possível atribuir ao contato dos alunos com os modos segundo os quais as diferentes disciplinas científicas tratam da religião uma influência peculiar sobre a atitude e o comportamento religioso dos estudantes e, mais ainda, sobre suas concepções a respeito do fenômeno religioso. Os psicólogos, por exemplo, parecem menos influenciados do que os estudantes de Ciências Sociais, mas talvez mais do que os de Comunicação. No conjunto, mesmo se grande maioria dos estudantes acredita ser "racionalidade e religião modos complementares e igualmente necessários de conhecimento", quase a

---

4. Não estou me referindo aqui às conhecidas investigações mais consistentes realizadas naqueles anos na UFRJ (R. Novaes) e na PUC-SP (J. Consorte et al.).

metade está inclinada a pensar que a ciência explica "as visões de cunho religioso". Assim mesmo é notável que a influência do clima, intelectual e humano, da academia não age sempre na mesma direção. Em muitos até essa influência reforçou uma prévia orientação religiosa (ou arreligiosa). Enfim, o próprio movimento de "desinstitucionalização", em todo lugar apreensível, também vai atingir desigualmente os diversos cursos. Muito acentuado nas Ciências Sociais, onde produz preocupações, dúvidas, fluidez identitária, também indiferença e ateísmo, mas pouco recurso aos novos caminhos de um "sagrado mágico", ele é menos desestabilizador na psicologia, onde deixa subsistir laços institucionais ao lado de uma procura individual – e esotérica – mais marcada.

Não apresento esses últimos dados – meras indicações sujeitas a confirmações ulteriores – como conclusões assentadas, mas pergunto-me se não apontariam, juntos com os primeiros, uma pista para articularmos entre si as duas vertentes do processo da religião no final do século XX: "secularização" e "reencantamento"[5]. De modo a não cairmos no simplismo de fazer delas duas dinâmicas contrárias simplesmente justapostas no mesmo espaço social. Para Weber (1963: 139), racionalização e intelectualização da visão do mundo repercutiam em "desencantamento". "O pensamento teórico, diz ele, desencantando o mundo" (WEBER, 1963: 408). Já falamos em supressão da magia no mundo e do "mistérico" na religião ("a própria tentativa da ética religiosa de racionalizar prática e eticamente o mundo" (WEBER, 1963: 408). Ora talvez seja no domínio da ciência *hard* (física quântica, teoria do caos) que, na Modernidade contemporânea, a apreensão racional apareceu a alguns como flexibilizando seus determinismos, o horizonte do "mistério" reintroduzindo-se assim no mundo pelo viés da própria razão. Assim, neste preciso campo disciplinar mais do que em outros, é no prolongamento – e não na negação – da empresa de racionalização desencantadora que pôde abrir-se um espaço para um reencantamento do mundo (Aponto como é evidente, de representações). Por outro lado, também em algumas ciências hu-

---

5. Quem sabe os resultados da pesquisa internacional atualmente em curso nos meios universitários – e também no Brasil – permitam levar adiante essas pistas.

manas, o desencantamento para as narrativas que tinham assumido o papel de "religiões políticas" pode abrir um espaço de inquieta procura, ativa sem guarida institucional, disponível até para a volta de sagrados imemoriais, mais próximos da natureza e do cosmos que da história e da sociedade. Ora, é preciso lembrar que, para historiadores da Antiguidade tardia, a grande transformação operada no campo do sagrado pelo cristianismo foi colocar o homem – o corpo do homem, o mártir, a relíquia, o santo, a história feita lembrança de uma existência testemunhada num corpo de homem – no lugar da natureza. Substituiu o sagrado cósmico (o "lugar naturalmente sagrado") pelo homem e o seu destino histórico. Nesse sentido, a redescoberta pela ciência de um "mundo", um cosmos poroso e aberto ao "mistério" é que permite o repovoamento do entorno do homem e a reinscrição deste homem nas relações ativas de uma totalidade holística. "Mistério" imanente – e não "mistérico" sacramental e institucionalmente transcendente. O que dá asas a interpretações que falem em "volta da religião" ou "volta ao paganismo", mas também problematiza o uso de tais categorias. Pois, na verdade, essa "volta" pode significar um "ir além". E a presença que então se revelaria seria a de dimensões "fundamentais", e não simplesmente "primitivas".

Ao contrário deste movimento repovoador do mundo e reabridor dos diálogos invisíveis no próprio impulso da racionalização, a psicologia moderna consagrou o seu esforço de "racionalização" e "intelectualização" à captura e domesticação planejada dos monstros irracionais de um inconsciente assombrado, que ela começou por reconhecer. Pelo menos tal é uma interpretação possível da psicanálise. No caso da física, a própria razão parecia levar alguns aos diálogos invisíveis, no caso da psicologia (pelo menos até a emergência, aqui também, de Jung e da psicologia transpessoal) opera-se uma redução racional do dado que não o é[6].

Poderia introduzir-se por aí certa lógica nas diferenças com que as disciplinas e os meios sociais acadêmicos vivem hoje a articulação entre de-

---

6. Por um lado, os estudantes de psicologia confessam-se menos influenciados no campo religioso por seus estudos teóricos – e isso repercute na persistência entre eles de identidades institucionais definidas. Por outro lado, a dimensão emergente entre eles é mais claramente a de construção individual e eclética do sujeito.

sencanto e eventual reencantamento? Não o pretenderei, senão como uma provocação para abrir o debate: de que maneira conseguimos pensar juntamente e não como dois processos contraditoriamente justapostos, esses dois movimentos que, juntos, conformam a "secularização"?

3) Outra provocação me será sugerida pelas mesmas sondagens em meio acadêmico, que atingiram também, além de estudantes e professores, os funcionários, especialmente do setor de limpeza. Um universo religioso profundamente "outro", onde a instituição continua tendo o seu lugar, e o "cósmico", quando a ela se articula, o faz à maneira tradicional da religião que os estudos clássicos nos habituaram a chamar de "popular". Do mesmo modo, na pesquisa sobre o catolicismo belo-horizontino, não é nas periferias tradicionais, mas é nos bairros "modernos" e nos grupos culturalmente privilegiados que se encontram aqueles que, "acreditando em Deus sem ter religião definida", mencionam em suas crenças anjos (90,4%) e santos (62%), vida depois da morte (64,3%), reencarnação (44,4%) e, quase triunfalmente neste quadro, ressurreição (63,1%).

Ora, esse tipo particular de reencantamento do mundo não institucionalmente regulado, associado a outras características como cultivo da emoção, imanência do próprio transcendente, elaboração em critério supremo da experiência e do sentimento de completude individual, presença central e cosmicamente irradiante do corpo nessa experiência e nessa completude, construção perpetuamente *in fieri* de uma identidade compósita, desencanto do SER, mas encantamento do VIR-A-SER... etc., parece-me fazer parte de nossa vulgata sobre as "formas do religioso na contemporaneidade". Não duvido dela, nem da importância da descoberta analítica que representou e representa. Simplesmente pergunto-me se não seria agora também importante verificar empiricamente até onde essa "forma" se espraia, quais "reinterpretações populares" das formulações canônicas (as de nossos informantes intelectuais e de sua bibliografia) ela suscita e suporta; enfim, em que medida conseguimos escapar, também neste caso, ao perigo de projetar sobre a totalidade social determinadas cristalizações de formas elementares que, mesmo marcando do seu princípio estrutural o conjunto da civilização contemporânea, não deixem, enquanto transformações particulares deste princípio, de caracterizar somente alguns grupos sociais – principalmente os nossos.

4) "Desencanto e formas contemporâneas do religioso". Uma delas, que podíamos pensar superada parece hoje reencantar. A religião na política.

Nossa surpresa decorre provavelmente de um erro nosso de perspectiva. No mundo secularizado, religião diz respeito ao indivíduo, ao "privado"; política ao público, ao coletivo. A religião entrando no campo político parece então uma anomalia, uma invasão de território.

Mas isso é visão de mundo muito recente. Religião sempre na história teve a ver com a cidade. Inclusive, a religião era coisa da cidade. Era esta que secretava a sua religião. Nessas condições, como a religião não teria nutrido a pretensão de informar (dar forma à) sua cidade?

É claro que não assistimos a uma volta ao estado de coisas antigo... Algo fundamental e empírico mudou, tudo muda: a religião, doravante, são várias. O pluralismo religioso impera nas sociedades contemporâneas.

O que nos levaria, ficando dentro dos limites do Brasil – pois há outra dimensão dessa problemática, universal e que chama a atenção sobre o fenômeno cada vez mais pervasivo das "guerras de religião" – a nova aporia, em dois níveis. O primeiro: Guerra santa ou escolha autônoma de identidade?

Conhece-se o texto de Luiz Eduardo Soares (1993: 203-216) que vê nos exorcismos praticados pela Igreja Universal, não simplesmente uma afirmação "exclusivista", mas também certo processo moderno de liberação. Tratar-se-ia do fim do "padrão sincrético", que teria dominado as relações no interior do campo religioso brasileiro enquanto a aliança do Estado e do catolicismo impunha a inscrição das relações inter-religiosas numa "estrutura hierarquizadora e estamental". Sob as espécies de uma guerra santa para a defesa de uma identidade inegociável, estariam a se implantar – enfim – no campo religioso popular do Brasil, as relações modernas de liberdade e autonomia individual na escolha da pertença definitória de cada um. A outra ponta da aporia é, no entanto, menos positiva: pois essa emergência liberadora da iniciativa individual dá-se pelo adorcismo, no espaço do templo feito terreiro, das entidades emblemáticas da alteridade, alteridade diabolizada para poder ser legitimamente anulada através de exorcismo ritual. Esta legitimação supõe, sobretudo quando o gesto se dá de portas abertas sobre a rua ou é retransmitido pela televisão, certa conivência do Estado, e é ali que as instituições religiosas "contemporâneas" reativam por sua conta a velha tradição católica de participação da religião nos mecanismos tácitos de poder que caracterizam os espaços públicos.

O segundo nível é mais direto. Trata-se dos arranjos formais da política, entre outros das eleições. Aqui também, como no caso do "reencantamento" que nós vimos se originar no jogo desencantador da própria razão científica, a nova identificação dos domínios religioso e político bem poderia tirar a força de seu dinamismo de sua prévia separação secularizante. Não é o caso de discutir aqui as interpretações dadas às emergências no Brasil das pontas desta segunda aporia: Democracia e escola de autonomia eleitoral? Ou nova intrusão dominadora da religião, pelos surrados caminhos do clientelismo? O importante é ter em mãos duas evidências. A primeira: é a desconfiança popular acerca da política e dos políticos, nas condições de penúria objetiva e de abandono subjetivo em que se encontram as massas populares, que abre um espaço para a criação de comunidades emocionais no seio das quais o líder mediador da proteção divina poderá ser investido consensualmente da missão de indicar também quais novos atores sociais devem preencher os lugares de gerenciadores do Estado. O próprio Estado e sua autonomia secular, já que percebido como decepcionante, entra assim na mirada da orientação religiosa. A segunda: na participação popular em assembleias religiosas cujo eixo dinâmico é a emoção, o entusiasmo coletivo que desemboca eventualmente numa escolha eleitoral indicativa, se pode ser lido como um processo de recuperação antiautoritária da espontaneidade popular, o pode ser também como o de uma orquestração orientada, sutilmente canalizada e finalmente manipuladora.

Isso significa que não somente o campo religioso está sendo transformado pela introdução nele de lógicas que, anteriormente, lhe eram estranhas, mas que essa transformação tem etapas sucessivas, cuja continuidade pode ser surpreendente e paradoxal, nada impedindo, por exemplo, que uma etapa posterior venha a mexer no próprio arranjo das camadas de significação que presidia – definitivamente, como parecia – ao imaginário das sociedades modernas e seculares. Precisamente aquelas sociedades que distinguiam e diacriticavam racionalmente os tipos de ação social: política de um lado e religião do outro. Tratar-se-ia então, não simplesmente da entrada na Modernidade, mas numa modernidade revista e corrigida, reinterpretada pela reinfusão nela das categorias da Pré-modernidade, quando a religião era pervasiva e acabava qualificando o conjunto da ação social. Reencantamento? Isso em todo o caso não invalida a outra análise: nas camadas populares o processo de adesão pentecostal, fora do campo da hegemonia católica, marca, sim, a penetração da Modernidade em novos segmentos sociais. Confusão? Algo pelo menos fica claro: é no quadro de um debate em torno da "Modernidade" (pré- ou pós- e esses três "momentos" são sincrônicos na sociedade brasileira) que os deslocamentos em questão podem ficar mais inteligíveis.

Tudo indica, com efeito, que "as formas contemporâneas de religião" não vão mais deixar de articular-se visivelmente à política, na recente eleição municipal em Belo Horizonte. Dos cinco candidatos principais, três eram pastores conhecidos, que falavam de "suas Igrejas" e do voto dos "seus fiéis", e numerosos candidatos a vereadores arvoravam esse título na sua propaganda eleitoral. Sem falar das controvérsias que começam a aparecer em torno de uma eventual candidatura "evangélica" nas próximas eleições presidenciais. Uma colusão (reencantamento da política?) que não nega necessariamente o "desencantamento" secularizador operado pela Modernidade, mas que pode articular-se dialeticamente a ele, através do "desencanto" que ele próprio segredou em consciências populares.

Por tudo isso, e uma vez postas as balizas teóricas, é imprescindível que se multipliquem os estudos de caso e o diálogo a seu respeito. O conhecimento das múltiplas soluções que a história encontra para essa problemática passa pela empiria.

Um último ponto, que gera também uma aporia

Falando, sobretudo da Europa, um analista espanhol da religião contemporânea (DIAS-SALAZAR, 1994) a qualifica de "religião vazia", que ele descreve como atitude não religiosa, indiferença – à religião estabelecida ou, simplesmente, à religião –, eventual ateísmo prático. Sobretudo fraca intensidade da experiência religiosa, mesmo quando essa experiência existe. Voltando à América Latina, já encontramos as declarações dos agentes sociais sobre a importância de que a religião se reveste para eles, bem como sobre a abrangência da dimensão do seu "crer". Mas confesso que não sei – talvez pouco sabemos – do grau de "realidade" dessa influência, da intensidade dessa experiência. Não tanto do lugar que o mundo encantado continua ocupando ou passou a reocupar na praça pública, nos fluxos de comunicação social e nos anseios identitários, mas com que força, até qual profundidade e com quais repercussões nas vidas concretas ele ocupa esse lugar[7]. Mais uma aporia: Simples ornamento para alegrar a cinzenteza da vida? Realizar-se-ia assim – ainda que não necessariamente num sentido tão claramente oposto ao que ele julgava a autenticidade de uma atitude "religiosa" – a descrição de Weber: "Como sucedâneo, divertem-se decorando uma espécie de capela doméstica com pequenas imagens sagradas de todo o mundo ou produzem substitutos através de todas as formas de experiências psíquicas às quais atribuem a dignidade da santidade mística que negociam no mercado de livros..." – ou ao contrário, como ele mesmo acrescenta: "Algo muito sincero e genuíno, quando alguns dos grupos de jovens que nos últimos anos se formaram juntos em silêncio dão à sua comunidade humana a interpretação de uma relação religiosa, cósmica ou mística..."? (WEBER: 1963: 182). Frouxidão ou intensidade? É-nos possível entrar no universo deste questionamento? A partir de quais indícios, com que instrumentos metodológicos?

Haveria tantos outros pontos, todos eles importantes: formas religiosas sincréticas ou híbridas, fé mestiça; mercado religioso – ou o dito tal; construção da pessoa em relação ambígua com o "mal", aleijamento das instituições na conformação da experiência religiosa etc. Em todos eles o desencanto alterna, articula-se ou se confunde com o reencantamento. Por tudo isso, e só para acabar, uma última pergunta. Ela não é retórica: como para as outras não lhe pretendo ter resposta. Se os movimentos aparentemente contrários que levam desencanto e reencantamento às formas contemporâneas do religioso são assim tão intrinsecamente articulados, será mais proveitoso, para apetrechar-nos de um instrumento analítico, reformular sem cessar o conteúdo

---

7. Numa das sondagens de que falamos acima, 58,1% dos estudantes interrogados consideravam o "sagrado" importante na sua vida, mas 74,2% concordavam, pelo menos em parte, com o fato de "seus anseios diante da vida serem satisfeitos sem apelo à religião".

da categoria "secularização" em função dos fenômenos emergentes ou tentar construir outra categoria, como alguns de nós o pedem com insistência? Vã operação de maquiagem? Talvez, mas não é certo, se for verdade o que Durkheim nos ensinava sobre o caráter criador de "realidade" das categorias. E também operação não inocente, se acreditarmos com Foucault e Bourdieu no peso de legitimidade política que as categorias levam consigo no interior do campo onde se conseguem introduzir.

No mapa das religiões há lugar para a "religiosidade"?*

"Religiosidade"... uma categoria usada em geral como apodo depreciativo e estigmatizante, que não esconde a sua origem institucional. Como se o único jeito válido de praticar "religião" fosse precisamente o jeito orientado, contido e modelado pelos contornos de uma instituição. O "resto"...

Mas é legítimo nos perguntarmos se esse conteúdo da categoria – e da conotação que ele implica – numa perspectiva exclusivamente relacional (em relação desigual...) e política (confirmando hegemonias internas aos espaços institucionais) é o único possível. Por que não partir da hipótese de que esse uso estigmatizante revela a existência de uma direção para pensar? Talvez com isso não cheguemos a um conceito analítico. Mas a simples construção de uma categoria "descritiva" pode também apontar "lugares" num mapa epistemológico. Perguntemo-nos então: No campo ou no território da "religião", onde está situada a "religiosidade"?

1 A religião fundamental

"Religião", sim, diz "instituição". Durkheim insiste: "Uma sociedade cujos membros estão unidos pelo fato de conceber, da mesma maneira, o mundo sagrado e suas relações com o mundo profano, e de traduzir essa concepção comum em práticas idênticas é o que se chama de Igreja. Ora, não encontramos, na história, religião sem Igreja" (DURKHEIM, 1989: 75-76). "Concepções", "práticas"... isto é: um culto, e o manejo regrado do simbólico que esse realiza, uma visão do mundo cristalizada em dogmas, uma hierarquia de competências frente ao sagrado, com instâncias de ortodoxia

---
* *Revista de Ciências Humanas*, vol. 30, 2001, p. 11-26.

e de ortopraxis. O aparelho religioso inteiro, enfim, que assim faria parte da definição antropológica da própria "religião".

Mas, para não perder a sua especificidade "religiosa", essa instituição tem sempre que se haver (está sempre em tensão) com uma dimensão genérica, que a precede, a funda, lhe confere densidade – e sentido – mesmo se nunca se identifica totalmente com as suas determinações. Em sentido próximo, Durkheim e seus primeiros discípulos distinguiam, por um lado, o sagrado, por outro, a "administração do sagrado".

Não existiria então uma dimensão mais diretamente e globalmente vital, logicamente anterior a qualquer institucionalização?[1] Religião mais radical do que as religiões, religião primeva, fundamental, primordial, a propósito da qual algumas afirmações (ou sugestões) tornar-se-iam possíveis?

1) A sua situação no mapa do religioso está marcada como a de um lugar vazio. Somente indicado pela existência de duas oposições. Por um lado, mesmo situado no universo religioso e fornecendo-lhe seu fundamento, sua presença se opõe à simples ausência daquilo que, no meio dos universos simbólicos, constitui esse universo particular. Por outro lado, no interior desse universo, ele se opõe a outro espaço, bem cheio de determinações, o espaço das religiões. Vê-se que se trata de uma situação análoga, ao mesmo tempo repetida e invertida, à do "fonema zero" da linguística estrutural ou, mais geralmente, do "valor simbólico zero" do estruturalismo, cuja única significação, à raiz do processo simbólico na sua máxima generalidade, é de se opor à ausência de significação[2]. A religião fundamental não somente se situa num universo simbólico já particular, o da religião, mas precisamente o funda.

---

1. A propósito das pinturas rupestres da época magdaleniana (Altamira, Lascaux, c. 16 mil anos BP): "A religiosidade não é feita só de religião, mas ela arrasta consigo, num bloco só, um cortejo inteiro de fatos fisiológicos e psicológicos que criam um campo emocional no qual a explicação racional não ocupa o primeiro lugar". Juízo confirmado pelos comentários dos especialistas a propósito da recém-descoberta gruta de Chauvet (aurinhaciana, c. de 30 mil anos BP). Por outro lado, esteja claro que estas manifestações, por "primitivas" que efetivamente sejam, não deixam de ser também históricas e institucionais. Não se confundem com a "religião primordial" que tentamos descrever. No máximo podem representar suas "formas elementares", quando ela sai da indefinição e adquire "formas" (LEROI-GOURHAN, 1964: 146).

2. "Simples forma, ou mais exatamente símbolo em estado puro"... "se opõe à ausência de significação sem por si só implicar significação particular alguma" (LÉVI-STRAUSS, 1968).

Isso significa que, à diferença do fonema zero e do significante flutuante do estruturalismo clássico, ela não é radicalmente vazia de determinação: universo religioso implica, com efeito, relacionamento tensional para com um além do mundo empírico, procura de solução para a vulnerabilidade do ser-no-mundo numa junção tendencialmente imediata – e por isso fisicamente emocional mesmo se sempre de algum modo mediada – com uma alteridade de quem este mundo depende. No entanto, no interior do universo assim delineado (dentro do universo "religioso"[3]), ela recupera o seu caráter de vacuidade e indeterminação frente à(às) religião(ões), porque nem as modalidades dessa tensão (o tipo de "rejeição do mundo" de que fala Weber (1958)), nem a concepção dessa junção (mito, culto, ascetismo ou mística), nem a natureza deste "além" do mundo (seu avesso? uma projeção no "ultra" – relativo ou absoluto – de seus valores reconhecidos? uma totalização antropomórfica da natureza? um universo povoado de seres "sobrenaturais"? uma profundidade ou terceira dimensão da própria realidade imediata?) recebem determinação e finitude. Nem por isso ela deixa de ser tensão ativa, força de ultrapassagem (lembremos de Durkheim e do caráter dinamogênico da "religião"[4], de Jean Marie Gibbal: a religião como "passagem"[5]), que se opõe à ausência de tensão, à tentativa de resolver os males do mundo pela força imanente dos meios contidos nos limites deste mundo, força descoberta e domesticada pela única

---

3. Sabendo-se que nem todas as culturas conhecidas chamam de "religião" um departamento especial da existência social, onde se gerenciam as relações com a totalidade do universo. Lembramo-nos de uma apresentação, em Paris, de obra antropológica sobre as "religiões" africanas, no decorrer da qual uns estudantes oriundos da África manifestavam o seu acordo sobre as conclusões substantivas dos autores, recusando-se, no entanto, a utilizar para elas a categoria de "religião". "Isso não é religião! Isso é o cotidiano de nossas vidas".

4. "A religião, com efeito, não é somente um sistema de ideias, é antes de tudo um sistema de forças. O homem que vive religiosamente não é somente um homem que se representa o mundo de tal ou tal maneira, mas que sabe o que outros ignoram: antes de tudo é um homem que sente em si um poder que ele não se conhece habitualmente, que ele não experimente em si, fora do estado religioso [...]. Numa palavra, a característica da religião é a influência dinamogênica que exerce sobre as consciências" (DURKHEIM, 1969: 74-75). Em sentido semelhante, "a religião é principalmente uma ação: só diz respeito ao conhecimento, como muitas vezes o repetimos, na medida em que uma representação intelectual é necessária para evitar o perigo de certa intelectualidade" (BERGSON, 1932: 213).

5. Gibbal, a propósito do poeta Perros, fala de "um transe profundo, veículo da passagem da cultura à natureza, ao sagrado: o que passa e ultrapassa, e que não podemos subjugar" (1991: 147).

razão. Religiosidade, razão, religião, uma dialética feita de três polos ativos, cada um puxando a si a condição humana e pretendendo "determiná-la".

2) Uma dialética constitutiva e estrutural. Isso significa que essa "religião fundamental", onde quero ler uma primeira aproximação do que seria a "religiosidade", não é religião "primitiva", situada ao ponto um de uma evolução, mas "primeva" e "primordial"; dotada de certa "permanência" na história da humanidade, sempre em articulação, ao mesmo tempo confirmadora e contrastiva, com outra dimensão, "racional" e ética, mais elaboradamente transcendente, que parece ter ocupado um lugar crescente no desenvolvimento institucional histórico das religiões[6].

Dessa constatação emerge a pergunta: Tal "religiosidade" será um atributo necessário, em grau permanente, da "natureza humana" (pelo menos do *homo sapiens*, como afirma Eliade)? Tudo indica (*a posteriori*) que está empiricamente presente pelo menos desde Neanderthal, bem antes do Neolítico. Mas não compete à ciência social afirmar a sua existência *a priori* como uma dimensão necessária da estrutura humana. Certa fenomenologia religiosa (Eliade[7], Jung, Servier, Dupront, talvez Durand) o faz (ou parece fazê-lo). Afirmação discutível[8]. Em todo o caso, conforme a lição de Durkheim quando fala do sagrado e da "natureza" da sociedade, o que se pode dizer, parece-me, é que, em termos de questionamento, de desafio e debate, essa problemática está no horizonte de todas as sociedades ao alcance, mesmo longínquo, de

---

6. Pelo menos no segmento da história mais próximo de nós, que analisa Weber. Pois avanços e recuos são possíveis: os estudiosos das pinturas rupestres do Saara, p. ex., detectam um processo de "laicização da arte" local em período pré-histórico.

7. Ao menos em algumas etapas do seu pensamento. P. ex., a propósito da ideia da ascensão celeste: "Esta última parece ser um fenômeno originário, queremos dizer que pertence ao homem como tal, na sua integridade, e não como um ser histórico" (ELIADE, 1951: 10).

8. Compare-se, p. ex., estas duas afirmações. Lévi-Strauss: "As coisas não passaram a significar pouco a pouco. Seguindo uma transformação cujo estudo não pertence às ciências sociais, mas à biologia e à psicologia, uma passagem operou-se, de um estado em que nada tinha sentido a um outro, em que tudo tinha sentido" (1968: LXVII). Eliade: "Se as principais posições religiosas foram dadas uma vez por todas desde o momento em que o homem tomou consciência de sua situação existencial no universo, isto não quer dizer que a história não tenha importância para a experiência religiosa em si" (1964: 389). O que um dos autores atribui à "condição humana", é o dispositivo "simbólico"; para o outro, é a dimensão religiosa. Talvez essa distinção aponte para a solução da dificuldade acima mencionada. Pois o *homo religiosus* não recobre a totalidade do *homo simbolicus*.

nossas indagações. Algumas a cultivarão menos, outras mais. Algumas até poderão deixá-la definhar quase que por completo. Isso porque a sua afirmação (i.e., a afirmação de sua existência como um fato) é negativamente correlativa a certa "racionalização do mundo", aquela racionalização que os analistas da Modernidade, seguindo a trilha de Weber, já nos acostumaram não somente a detectar na história da cultura em geral, mas a observar também como *racionalização religiosa*, quer dizer no campo da religião, através do processo interno de evolução dos arranjos institucionais que esse campo comporta.

3) Assim, na dialética dos três polos que identificamos, alianças e conluios vários se revelam possíveis no decorrer da história. E a expressão: "administração do sagrado", pela qual os durkheimianos descreviam a "religião", bem poderia traduzir-se, na perspectiva que é a nossa neste momento, por essa outra: "racionalização" do universo da própria religião, isto é questionamento da "religiosidade". Nesse sentido especializa-se a dialética doravante estabelecida entre "religião" e "religiosidade" (no primeiro sentido de "religião fundamental"). Por um lado, se se definir a religião como: "O sistema organizado de mitos e de ritos destinados a estabelecer de modo permanente relações entre o homem e as potências do invisível (ancestrais e espíritos), no interesse da comunidade" (LEROI-GOURHAN, 1964: 146), basta tornar indeterminadas, vazias e como que a – conceituais, todas as categorias utilizadas (sistema – organização – mito – rito – relações permanentes – potências – invisível – interesse – comunidade) para obter uma simples estrutura: a que consiste numa tendência a estabelecer uma relação misteriosa e finalmente benfazeja entre o mundo empírico e um seu entorno metaempírico. Estrutura cuja vacuidade as religiões costumam julgar deficiente, não significativa e por isso mesmo incapaz de orientar eficazmente o homem, individual e social. Arriscando-se assim a esquecer (cf. toda a dialética weberiana do sacerdote e do profeta, da rotinização do carisma) que, aquém desse "sistema organizado" que elas constituem, antes desse repouso na "permanência" que elas procuram oferecer, por baixo e como motor perpétuo de construção deste "destino" que elas almejam, existe ativa e constante apesar de pouco sistematizada, essa "tendência".

Uma componente estrutural, tendendo assimptoticamente (i.e., sem nunca poder alcançá-la) à radicalidade a-histórica, que não se poderia confundir com alguma "cultura tradicional", por mais próxima de "origens" que pareça, mas que, por outro lado, para existir como realidade histórico-social empírica, tende necessariamente a deixar-se modelar e modular por forças de civilização concretamente situadas, por experiências acumuladas, feixes de trocas sociais, relações de poder, racionalização formal e acumulação de conhecimento. Emergindo assim à história em forma de "religiões".

E é possível que uma "religião", à custa de "organização", "sistematização", "racionalização", acabe por quase estancar a "religiosidade", que a funda[9]. Ela realiza então algo como uma versão da "religião enlatada" de Bastide (1932), da "religião estática" de Bergson (1932, p. ex.: 230), da "religião de segunda mão" de William James (1906). Ainda Bastide: "O 'religioso' [a "religiosidade", diríamos] não está sempre presente no que chamamos de 'religiões'; e, em sentido contrário, as religiões, muitas vezes, não passam de canais de estreitamento, de instituições de defesa contra o 'religioso' [no sentido da religiosidade (acréscimo nosso)], até de simples anexos sentimentais de puro moralismo, o de uma classe social, a classe burguesa, por exemplo. A antropologia religiosa deve estudar esses mecanismos de deslocamento ou de substituição".

Ambivalência da "religiosidade" nesta primeira dimensão. Mas há outra.

2 As religiosidades relativas

A religiosidade como "religião fundamental" é da ordem da estrutura. Define-se pela sua situação, sua articulação contrastada com outros polos que organizam as tensões no universo simbólico, não diretamente por seu conteúdo. Mas Mircea Eliade chamava a atenção para o fato de que seria empobrecedor limitar a análise no âmbito das puras relações. Não só uma estrutura, dizia ele (numa consideração de ordem semiótica), mas também os

---

9. "Quando a religião se transformou realmente em filosofia entre os antigos, ela tendeu a desaconselhar a ação e a renunciar àquilo que ela tinha vindo para fazer no mundo. Era ainda assim 'religião'?" (BERGSON, 1932: 217).

conteúdos (numa consideração semântica) são significativos. E Paul Ricoeur insiste: mesmo uma análise estrutural não poderia prescindir totalmente da consideração do sentido. Num nível próprio da mais ampla generalidade, claro. É para expressar essa exigência que vai até a cunhar, em paralelo com a expressão de "estrutura profunda", a de "semântica profunda", em oposição à apreensão de sentidos de superfície (RICOEUR, 1998).

Ora, naquilo que o senso comum – ou, ainda uma vez, as instituições religiosas – chamam de "religiosidade", são imediatamente perceptíveis determinados conteúdos. E conteúdos que, a crer na linguagem comum, são conferidos – ou inspirados, ou inseridos como frutos de relações estrutural-históricas – pelas estruturas intermediárias das religiões e das culturas.

• Pelas religiões: a linguagem comum não fala somente em religiosidade, mas em "religiosidade cristã", "religiosidade budista", "religiosidade afro"...
• Pelas culturas: não sem relação com as religiões, pois "as culturas" (momentos e áreas culturais, sociedades, "civilizações") são marcadas pelas religiões que as fizeram e que por elas foram feitas; também se fala em "religiosidade do século XIX", "religiosidade oriental", "religiosidade chinesa" etc.[10]

Esse ponto é fundamental, e tem de ser um pouco desenvolvido.

• A "religiosidade", sem constituir "uma religião" (um "aparelho religioso"), parece, no entanto, ser empiricamente dotada de certo conteúdo relativamente determinado – e diversificado conforme os grupos sociais, os momentos históricos, as visões de mundo culturalizadas, as religiões institucionais. O vazio estrutural, quando historicamente tocado por determinado conteúdo institucional, recebe dele uma marca reconhecível.

Parece-me necessário identificar três níveis nesse processo. Os dois primeiros em oposição radical: o da "religião fundamental", na sua vacuidade dinâmica, e o das religiões institucionais, com suas determinações mais ou menos estritas (ortodoxia e ortopráxis). Mas, entre os dois, algo como a fusão dos dois níveis num terceiro, intermediário, constituído nas "au-

---

10. Cultura e sociedade aqui se articulam de modo específico: uma sociedade, p. ex., pode congregar diversas religiões, marcadas, ao mesmo tempo por diferenças e por um "quê" em comum. Nesse duplo sentido poder-se-á falar da "religiosidade do Brasil atual" (SANCHIS, 1999).

ras" que emanam de cada réligião, sem se cingir às determinações que a caracterizam. Haveria então uma "religiosidade de cunho cristão", outra "de cunho afro", outra "de cunho budista" – ou até "oriental", conforme o grau de determinação recebido seja da fonte religiosa institucionalizada seja do universo cultural mais amplo. Talvez seja precisamente neste nível que a "religiosidade" tornar-se-á acessível a uma pesquisa empírica. Pelo fato de se traduzir (e poder ser atingida) na experiência "religiosa" dos fiéis, quer dizer numa modalidade não totalmente codificada, autêntico fato social, coletivo, mas não institucional, só regulado pelo jogo das representações que acabam imperando num meio sócio-histórico determinado, ela sofrerá amplos efeitos de composição, com todos os matizes de dominação e resistência, contaminações mútuas, hibridismo, que as relações das instituições com os seus membros supõem. Nesse segundo aspecto, sim, a religiosidade pode ser analisada como um produto que emerge das margens, dos lugares em que os núcleos de sínteses institucionais eventualmente copresentes na sociedade se atingem mutuamente, se recobrem, articulam-se entre si. É nesses espaços que a hegemonia das regulações institucionais perde algo de sua vigência, deixando lugar à maior circulação entre as margens e o(s) centro(s) institucional(is). O caso da "religiosidade Nova Era", talvez, seja um exemplo significativo da dupla interpretação possível deste novo sentido. Pois com a Nova Era se pode falar de um caso particular de "religiosidade", uma "religiosidade" entre outras, quando o seu campo é considerado como embrionariamente institucionalizado[11], identificável pelo menos, apreensível na sua especificidade visivelmente social, finalmente minimamente dotado dos elementos que fazem dele uma "instituição religiosa". Ao contrário, quando a expressão Nova Era aponta para a total fluidez sociológica, feita de camadas em processos de substituição permanente, neste caso a expressão "religiosidade Nova Era" poderá se aproximar de um equivalente da "religião fundamental", mais "vazia" de determinações. Veremos como isso pode até constituir um fenômeno de civilização.

---

11. Se aceitar e considerar "feiras místicas", "comunidades", *workshops*, "encontros" etc. como instituições ou quase instituições.

Nessa instância de "religiosidade relativa", a religiosidade não é mais a "religião" de que falava Durkheim, aquela de que Gauchet (1985) afirma que passou o tempo, fato social antes de tudo "holista" e definidor de identidades radicalmente sociais. Não é também necessariamente a "religião invisível" de Luckmann (1972) ou a do mercado religioso individualmente frequentado e explorado. Mas é fundamentalmente uma dimensão subjetiva da realidade, uma vivência efetiva – portadora de "marcas" institucionais em termos de crença e de práxis ética – que pode ser de grupos eventualmente grandes (o subjetivo pode ter sua dimensão coletiva), suscetível até de cristalizar emocionalmente em grandes manifestações.

Daí a atitude ambígua das Igrejas para com ela: por um lado, desprezam-na por ser "deformadora" e "vulgarizadora" de sua mensagem "autêntica", por outro lado, precisam dela porque se constitui em trampolim de sua influência social – eventualmente política. Correlativamente, esse tipo de "religiosidade" influenciada e relativamente determinada por instituições religiosas pode ser instrumentalizado em nível político por essas mesmas instituições (cf. as manifestações populares organizadas pela Igreja em torno dos símbolos do Brasil "católico" – Cristo Redentor, Nossa Senhora Aparecida – depois da Revolução de 1930), ou diretamente manipuladas por forças políticas (cf. as "Marchas" que o Brasil conheceu nos albores do movimento militar...). O espaço de tal religiosidade é onde política e religião se encontram do modo mais ambíguo, porque os "valores" de que determinada religiosidade é portadora, ao mesmo tempo em que são nomeados – isto é, socialmente identificáveis e, por isso mesmo, utilizáveis com eficácia –, são também, na sua versão popular, pouco definidos, o que lhes permite oferecer aos aparelhos políticos (ou religiosos enquanto também políticos) um espaço fecundo para o jogo de uma reinterpretação ideologicamente orientada das categorias.

Ao mesmo tempo, e num outro plano, por ser objeto (ocasião e fruto) de uma experiência religiosa, pessoal mesmo, se coletiva, essa religiosidade pode dar lugar a uma "espiritualidade". Aprofundamento em termos pessoais, construção do *self* nos quadros categoriais pré-formados por uma determinada religiosidade e na direção específica para a qual esses quadros orientam. "Religiosidade" e "mística", ao contrário do que deixa entender o uso institucional habitual das categorias, não são necessariamente antinômicos.

Isso significa que é também nesse nível que os movimentos de reavivamento, ou simplesmente de reforma poderão ir buscar a densidade de dinamismo do qual necessitam para transformar em "religião viva" uma "religião enlatada" (BASTIDE, 1932), numa religião quente uma religião fria. Finalmente, é por causa dessa inspiração, dessa volta às fontes, que um movimento de reafirmação identitária não se torna necessariamente institucionalmente ressequido, e que uma religião "renovada" não é condenada a tornar-se "religião fechada". A dialética "religião dinâmica/religião estática" de Bergson é função de um contato entre esses níveis fundamentais. A "religião" se recria (para dentro e para fora) pela abertura à "religiosidade" no sentido de religião fundamental, no espaço mediador da "religiosidade" no sentido de franja e margem, de aura da instituição.

Finalmente, a relação entre uma "religião" e a "religiosidade" que lhe corresponde, fruto de uma marca mais ou menos elaborada introduzida na vacuidade da religião fundamental por determinada "religião" (jogo do semiótico e do semântico), também é de duplo sentido e direção. Por um lado, a "religião" pretende impor suas determinações, canalizar, qualificar, especializar, organizar, semantizar e sistematizar aquilo que, para ela, pertence-lhe de pleno direito. Por outro lado, neste espaço intermediário que constitui a vivência religiosa efetiva ("experiência religiosa") dos indivíduos e dos grupos de fiéis, a religiosidade tende a influenciar as determinações religiosas institucionais no sentido de diluí-las no indeterminado e no genérico. Um sociólogo pode assim legitimamente escrever frases como esta, a propósito da evolução na história da festa católica de todos os santos: "A religiosidade popular fez deslizar a orientação da festa no sentido da oração pelos mortos e da reativação do luto" (MAITRE, 1998).

Mas as categorias do "diluir", do "indeterminado" e do "genérico" não têm necessariamente ressonâncias pejorativas. É isso que mostraria uma terceira abordagem possível da "religiosidade".

3 A religiosidade contemporânea

Já dissemos que todas as religiões têm de se haver com o fundo básico que constitui a *"religião fundamental"*, cuja presença nelas lhes assegura seu enraizamento natural e carnal – humano –; cuja ausência significaria para elas um definhamento vital e um reducionismo cerebral na evacuação de qualquer mistério; cuja sublimação, enfim, sob formas, modalidades e dosagem sempre diferenciadas, faz que elas se constituam como: "as religiões" no que cada uma tem, ao mesmo tempo, de genérico e autenticamente "religioso", e de específico.

Algumas delas são mais permeáveis do que outras a esse fundo primevo. Nenhuma pode cingir-se a ele só, e não o processar dinamicamente, mas nenhuma também pode ignorá-lo, repudiando a fonte permanente de vitalidade que ele constitui.

No entanto, o processo hoje parece ser mais radical:

O movimento civilizacional que atravessava ontem as nossas sociedades ocidentais era o da racionalização radical. Inclusive no âmbito da religião: as sínteses institucionais tendiam a se constituir em "religião nos limites da razão", no sentido kantiano. Uma teologia que ameaçava expulsar o mistério, um catecismo racionalizado e codificado, uma estrutura institucional semelhante à de qualquer empreendimento organizativo e até estatal, um direito "canônico" inserido no universo dos Estados Nações e ombreando na sua forma – não no seu conteúdo – com os códigos de cidadania moderna. É a esse universo, civilizacional e também religioso, que o homem contemporâneo, cansado, dirige hoje dúvida e intento de relativização. Reemerge assim a "religião fundamental" nas suas formas mais elementares, como um fenômeno de sociedade. No bojo da Pós-modernidade, ao mesmo tempo expressão exacerbada da Modernidade e sua radical negação. Para ilustrar essa afirmação destacarei aqui dois traços definidores: o uso cada vez mais exclusivo da razão, e da razão instrumental, e o ideal da autonomia individual. Traços cuja exacerbação/contestação no campo mesmo da religião constitui o fulcro da Pós-modernidade religiosa.

Por um lado, a razão. Antes do advento triunfal desta na forma de razão científica, a magia impunha-se, na sua realização prática, para uns[12] como um esboço (uma "forma balbuciante") da elaboração racional da causalidade que estava ainda por vir (possivelmente os mesmos que farão da "religião popular" ou da "religiosidade" um acúmulo de traços disjuntos e deformados), para outros, (alguns dos quais verão na religião popular um "sistema" religioso e no catolicismo, p. ex., um conjunto plural de sistemas religiosos) como uma "sombra da ciência", sem dúvida, mas quem diz "sombra" diz "forma acabada", "sistema bem articulado", afirmação a seu modo racional. Isso, antes da pretendida exclusividade da razão científica. Chegada esta, a magia sempre continuou marcando discreta presença à sua sombra como um forro ou um avesso, mas ela pode hoje reemergir em plena luz, como um efeito da relativa contestação contemporânea da ciência "positivista", como seu simulacro e quase sua enaltecida caricatura.

Por outro lado, o individualismo. Ele impera, exacerbado, no espaço social contemporâneo. Mas essa exacerbação, manifestada nas composições livres no mercado simbólico das religiões, balancea-se pelo reagrupamento nas famosas "tribos urbanas", reais ou virtuais: uma "modernidade involutiva" (conforme a expressão do próprio teórico das "tribos urbanas" (MAFFESOLI, 1998)) que faz reemergir tipos de comunidade que poderíamos ter pensado definitivamente fora de foco, e que voltaram com toda a força a embasar e suportar intentos de criar identidades: desde a simples vizinhança até o sentimento regionalista, desde o companheirismo funcional até o bando fervorosamente lúdico, desde uma referência coletiva a uma vaga tradição até o imaginário forte da "etnia". No clima reativo da Pós-modernidade, todas essas pertenças comunitárias podem ser, em modalidades e graus diversos, associadas a religiões institucionalizadas, inscrever-se nas suas margens ou sua aura, mesmo sem adesão formal ou rigidamente estruturada. Em primeiro lugar, porque o espaço social está ainda muito marcado pela presença de religiões fortes, ontem donas do pedaço; em segundo lugar, porque esse espaço acha-se invadido – na lógica dos fluxos intensos de comunica-

---

12. Não precisa explicitar que essas distinções se inspiram em Lévi-Strauss (1962).

ção, especialmente a dos bens simbólicos – por religiões que lhe vêm de fora (religiões orientais, p. ex.). Enfim porque reconscientizações identitárias e redescobertas de filões históricos, eventualmente recalcados fora da camada de memória coletiva, podem trazer à tona e tornar-se de novo palatáveis e sedutoras religiões, ontem étnicas e hoje desterritorializadas, que os fluxos dominantes tendiam a simplesmente marginalizar (religiões afro no Brasil, cultos andinos) ou tornar radicalmente obsoletas (druidismo ou neopaganismo céltico). Às religiões de qualquer um desses tipos pode-se, sem dúvida, aderir simplesmente e sem ambiguidade. Trata-se então de "religião", no sentido tradicional. No mais das vezes, no entanto – ou ao mesmo tempo –, deixar-se-á que elas marquem do seu signo e à sua imagem os novos surtos de religião primordial, fazendo deles os portadores de uma alusão, retrospectiva ou prospectiva. Alusão mais ou menos longínqua a uma estrutura simbólica, mais do que adesão a uma instituição firmemente delineada, aliás, às vezes escassamente ou em nada presente neste processo.

Tal forma de "religiosidade" não se confundiria então precisamente com aquela de que acabamos de falar: A "religião fundamental" quando penetra nas águas de determinada "religião"? Em parte, sem dúvida. Mas com dois matizes. Em primeiro lugar, muitas – talvez a maior parte – das instituições religiosas aqui envolvidas chegaram de longe ou surgiram da margem e dos espaços sociais ontem silenciados pela dominação. Em segundo lugar, e, sobretudo, o seu sem-número, demultiplicado quase ao infinito pelas bricolagens individuais, acaba conformando um clima qualitativamente novo. O campo religioso está cada vez menos o campo das religiões nas suas institucionalizações históricas. E as manifestações que o invadem tendem a reencontrar, organizadas em torno das injunções concretas de uma vida cotidiana objetiva ou subjetivamente vivida na precariedade, as formas básicas mais longinquamente atestadas da emoção religiosa, da inquirição irrequieta, da comunidade de sentido não organizado nem conceitualmente explicitado, da procura de um laço com a natureza como forma de equilíbrio total, da magia. Uma "religião selvagem"? Em todo o caso, como se, em certos momentos da história, quando rupturas drásticas nos instrumentos padronizados de apreensão do universo e remexidas fundas nas camadas de sentido dos diferentes grupos sociais instauram um hiato civilizacional, esse lastro profundo da religiosidade possa tender a emancipar-se das estruturas religiosas institucionais que o revestiam e que ele alimentava. Ele emerge então, (mais) autônomo e reconhecível, marcando da presença (mais) explícita de suas formas elementares um "momento", que nada indica, com certeza, se é de total e definitiva mudança, de parêntese ou de transição.

Um novo tipo de religiosidade, em todo o caso que escapa, mais ainda que no passado, ao controle efetivo dos aparelhos religiosos. Pode, de fato, dar-se uma intensificação da religiosidade sem que por isso as religiões deixem de ver definhar o seu espaço social. Mesmo se conservarem (ou recuperarem) algo de sua influência, alguma irradiação que contribua a orientar as consciências, é através de um processo (subjetivo) de convencimento, não de imposição (social) dogmática. Desta vez, o fenômeno central do campo religioso bem poderia não ser mais nem "as religiões" nem "a religião", mas sim a religiosidade.

Mais ainda. Enquanto as duas primeiras versões do que seria "religiosidade" pareciam inscrever-se, sem perturbá-lo, no quadro das categorias – e relações entre categorias – que compõem e definem classicamente o campo religioso, desta vez a religiosidade "pós-moderna" chega a ameaçar nossos recortes mais tranquilos e nossos instrumentos conceituais mais tradicionais: religião, ciência, razão e emoção, indivíduo, conversão, verdade, secularização. Um indício eloquente disso é que não mais sabemos, os cientistas sociais da religião, se a *religião* "está voltando" ou se continua a definhar no mundo contemporâneo. Não que tenhamos perdido o uso ou o discernimento de instrumentos de medida para responder a essa pergunta; mas, mais simples e liminarmente, porque não sabemos mais, quando a fazemos, de que queremos – ou podemos – falar.

Da quantidade à qualidade
Como detectar as linhas de força antagônicas de mentalidades em diálogo*

Mais do que os resultados de uma interpretação substantiva, seja sobre catolicismo popular seja sobre festas religiosas, o que me interessa aqui é um experimento metodólogico. Orientado em duas direções. A primeira: Será possível a um antropólogo, sem diminuir a importância estratégica da observação participante e da análise qualitativa que esta permite introduzir efetivamente o questionário na sua bateria, não como um método paralelo, preparatório ou complementar, mas como parte de um procedimento unificado, em que quantidade e qualidade, articulando-se dinamicamente, se matamorfoseiem uma na outra? A segunda: Como destrinchar, com segurança, mas também sutileza, aparentes totalidades ideológicas e detectar multiplicidade – de culturas, mentalidades, visões do mundo – onde se esperava a homogeneidade de certo meio popular, por ser ele restrito, perfeitamente limitado e institucionalmente enquadrado?

Para ser simples, farei surgir o "método" de um exemplo particular. E, para ser modernamente convincente, tentarei desconstruí-lo, contando simplesmente as circunstâncias do acaso em que se impôs a mim sem particular esforço inventivo da minha parte.

Lá se vão muitos anos... Estava acabando uma pesquisa sobre as romarias de Portugal (cf. SANCHIS, 1992) quando apareceu num jornal eclesiástico do Porto um resuminho dos resultados de uma sondagem de opinião realizada pelo Prior (pároco) de Canelas, uma cidade vizinha do Porto, reserva de mão de obra para a capital do Norte, precisamente sobre as festas de santo (as "festas religiosas"), equivalente urbano das romarias. Pelo resumo

---

* *Revista Brasileira de Ciências Sociais*, vol. 33, 1997, p. 103-126.

• 97

entendi que o padre queria suprimir ou transformar profundamente essas festas, prolongando assim – mas com o apoio de parte da população – o combate secular da Igreja portuguesa contra as "festas populares", verdadeira "cruzada para a cristianização das romarias". Contactado, o *senhor prior* confirmou-me sua intenção: a pesquisa não tinha nenhuma pretensão científica, disse-me ele. Instrumento pastoral, ela visava por suas perguntas contundentes a fazer os paroquianos praticantes pensarem e discutirem entre si.

Ele teve assim a gentileza de me confiar quase quinhentos formulários preenchidos. Seria possível extrair com alguma objetividade dos seus resultados o perfil da opinião do meio paroquial ativo sobre festas extremamente significativas na tradição local, mesmo nessas condições tão pouco assepticamente "científicas"?

Seis mil habitantes na cidadezinha, em pleno crescimento por causa da imigração (construção civil) oriunda do Minho, uma região de cultura predominantemente rural e de profunda religiosidade tradicional. Uma pastoral "progressista" ou, como prefeririam dizer, "positiva", orientada pela Ação Católica Operária, uma prática religiosa em declínio, a emigração sistemática das elites para a França ou a Alemanha. Por outro lado, se boa parte da população encontra nas festas o seu último laço com a Igreja, os militantes da Ação Católica não as suportam mais. Vetores principais da "positividade moderna", eles ocupam os postos-chave nos sindicatos e na prefeitura. É neles que o padre se apoia para planejar sua reforma das festas, contra a vontade dos membros das "comissões", que escapam quase que totalmente à sua autoridade. Por isso tudo, o questionário não terá nada de "neutralidade científica".

Desde o início, o tom é militante: "As festas religiosas dão imenso trabalho e são ocasião de gastos enormes [...]. É, pois, preciso uma reflexão séria a seu respeito". Para não deixar dúvidas sobre o pensamento da autoridade paroquial, o questionário vai logo pintando um quadro, que servirá de moldura a todas as perguntas: "Nossas festas comportam em geral a missa cantada, o arraial e a noitada. Poucas pessoas vão à missa (às vezes nem os membros da comissão); muitos comparecem à procissão somente para ver passar o andor do santo, a maior parte contenta-se com o arraial e a noitada. Observam-se ali atitudes pouco decentes, palavras desonestas, bebedeiras;

assiste-se à apresentação de cantos sem nenhum valor musical e de texto duvidoso, por grupos contratados pelas comissões com o dinheiro arrecadado em nome de São João, do Senhor dos Aflitos, do Senhor do Calvário. E, sobretudo, tem muitos foguetes".

É de um quadro assim caraterizado que emerge então a primeira pergunta formal, não sem que a possível resposta seja de antemão qualificada: "Como cristão, que pensa você de tudo isso?" Pergunta esmiuçada em sete pontos, que todos sugerem a necessidade de tomar partido claramente: "Trata-se, *nisto*, de um verdadeiro culto a Deus?" "De uma expressão autêntica de nossa fé?" "De uma expressão legítima da alegria cristã?" Ou de "um negócio interessado por parte de alguns?" Por outro lado: "Estas festas glorificam em verdade Deus e os santos?" "Elas o ajudam a viver a sua fé?" São "o meio adequado para promover a glória de Deus e a salvação das almas?"

Está claro. As respostas esperadas aparecem quase que ditadas pelo teor da própria pergunta. Mas os longos meses que acabávamos de consagrar à observação participante das "festas" nos levavam logo a supor que as categorias mentais através das quais essa população estava sendo interrogada diferiam em boa parte daquelas que lhe eram próprias. Nada provava de antemão que as perguntas tinham sido efetivamente – e por todos – entendidas no sentido em que haviam sido feitas. Nessas condições, cortes verticais de resultados poderiam não passar de uma redução à unidade de resultados substancialmente "outros", operações aritméticas nas quais os sinais, contrários, teriam sido escamoteados. Claro, continuava possível tentar um perfil geral da população, mas com mil dúvidas e reservas.

Desse perfil, só considerarei aqui um dado. Massivo, chocante até quando se pensa que ele constitui a reação ao preâmbulo que acabamos de citar. Esperar-se-ia, depois de um retrato tão negativo das festas e da parte de paroquianos fiéis, uma resposta amplamente negativa às sete primeiras perguntas. Ora, nada disso acontece. Na cara do padre que havia solicitado as respostas – com insistência a partir do púlpito e às vezes mandando recolhê-las em casa – a população se divide. As mulheres até – e, sobretudo, as donas de casa – manifestam-se majoritariamente contrárias ao desejo do vigário: Sim, verdadeiro culto a Deus, autêntica expressão de fé e de alegria cristã, ajuda para viver essa fé e manifestação da glória de Deus e dos santos, as festas são tudo isso (menos, é verdade, um instrumento de "salvação das almas") para a metade da população, apesar da opinião do representante da instituição eclesiástica.

E essa atitude confirma-se por inúmeras outras respostas posteriores[1]. Por exemplo, nas mesmas proporções "amam-se" as festas, "todas elas", aprova-se "o modo como são celebradas". Por isso "a Igreja deve continuar a organizá-las" e, finalmente, poucas são as críticas a seu respeito, a mais importante sendo de ordem financeira.

Mas, na medida em que afundamos na espessura do questionário, a ambiguidade das respostas vai crescendo. Já categorias como "glória de Deus", "salvação das almas", podiam muito bem não soar univocamente. Que dizer então de conceitos aparentemente mais simples, como "diversão", "distração", "divertimentos", "convívio", sobretudo quando o seu uso se acompanha de uma oposição entre um "antigamente" e um "hoje"?[2] Em que sentido interpretar o "apreço" pela missa, a procissão, o *arraial* ou a noitada? A adesão quase unânime ao costume das promessas, por outro lado, teria significação homogênea? Enfim, seria suficiente para chegar à "compreensão" contentarmo-nos com uma bipartição da população, metade a favor, metade contra a posição crítica e modernizadora do vigário?

Ainda bem que o questionário se conclui pela proposição de duas opções centrais, unívocas, elas, perfeitamente concretas, e cuja interpretação não deixa dúvida. A primeira: Aceita-se que as festas tradicionais,

---

1. Do questionário constam 21 perguntas, divididas em duas partes. Na primeira (5 blocos e 14 perguntas abertas), os paroquianos são indagados sobre o valor religioso das festas, o lugar, nelas, da dimensão de divertimento, o papel crítico do dinheiro, as promessas. Na segunda parte (7 perguntas com 22 opções fechadas), esmiúça-se o que seria o seu amor pelas festas, o grau de seu apreço, as suas preferências (11 componentes são sugeridas para serem "apreciadas"), as críticas possíveis. Enfim, as perguntas finais indagam a propósito de uma possível transformação das festas tradicionais, no sentido desejado pelo vigário e seu grupo de militantes. Para responder à totalidade do questionário, o paroquiano era chamado a expressar sua opinião 34 vezes.

2. "Em outros tempos quase não existiam meios de distração. Será ainda hoje necessário que a Igreja continue assumindo a responsabilidade de organizar as festas para o povo, como evasão, diversão e expansão legítima de alegria?" A categoria de "convívio", por sua vez, introduz-se em meio aos componentes concretos das festas na pergunta sobre o que as pessoas mais "apreciam". Entre estes componentes (missa, sermão etc., mas também arraial, noitada, fogos etc.), figuram, no plural, os "divertimentos".

com toda a sua complexidade e ambiguidade, sejam transformadas numa prática unidimensional, uma "festa exclusivamente religiosa, por dentro da igreja?" A segunda: Em caso de resposta positiva a essa pergunta, deseja-se a criação de um "programa de festas de Canelas", festas municipais cujos componentes eventuais, em termos culturais e de divertimentos, o questionário se compraz em enumerar?[3] Duas opções que, cruzando-se, constituem quatro grupos de respostas, (sim/sim, sim/não, não/sim, não/não), grupos que poderiam, quem sabe, permitir-nos identificar as oposições que organizam as representações populares a respeito das festas e, mais amplamente, as mentalidades em diálogo no interior do meio paroquial. Pelo menos a hipótese valia ser testada. Ora, apareceu logo possível, analisando o conjunto das respostas dadas a todas as perguntas do questionário pelos membros dos grupos assim formados, obter quatro retratos sintéticos, que a nossa longa observação participante anterior nos permitiria decifrar com alguma segurança, nas perspectivas weberianas de um duplo método: o dos "tipos ideais" e o da "compreensão".

Cada um desses retratos poderia, de fato, ser analisado como representando uma mentalidade ideal-típica, estrutura diferenciada de determinada atitude profunda frente às festas tradicionais e ao "mundo" por elas conotado. Em direção a esse tipo ideal, "abstrato" por definição, cada um dos membros do grupo orientar-se-ia com mais ou menos rigor, sem nunca incarná-lo na sua integralidade. Por isso deveremos sempre operar uma transmutação do sentido dos números. No interior do grupo considerado, os percentuais nunca serão significativos de um "número" maior ou menor de indivíduos: serão sinal da presença mais ou menos marcada de determinada tendência nessa mentalidade coletiva, uma das quatro "lógicas" que atravessam a visão do mundo dessa população e orientam a sua ação coletiva, sem nunca a determinar.

Temos assim, dividindo o meio paroquial de Canelas, a presença de uma oposição fundamental: de um lado, os partidários da tradição religiosa popular, aqueles que resistem à opinião pressentida da autoridade de hoje,

---

3. "Arraiais em diversos lugares, teatro, grupos musicais, cinema, folclore, concursos, marchas de bairros, desfiles de carros alegóricos; exposições, feira e outros divertimentos."

que se recusam a deixar encerrar no interior da igreja as festas religiosas e não sentem a necessidade de criar outro gênero de festividade. Para eles, as festas tradicionais fazem parte ao mesmo tempo da vida civil e da vida religiosa, existência social total, que eles se recusam a desmembrar. A simbiose do profano e do religioso continua sendo o ideal ao qual não querem tocar. Poderemos chamá-los os "*devotos populares tradicionais*" (não/não). No polo oposto, adere-se à tese de uma secularização legítima. O divertimento faz parte da vida. É preciso, pois, organizá-lo, mas no plano profano, fora do campo religioso. Quanto à religião, ela se expressará doravante em formas mais puras, reservadas àqueles que dão à fé uma adesão pessoal, e celebradas "entre si", no interior do edifício sagrado. Neste sentido, a festa tradicional dos santos, que segue o modelo das romarias, está definitivamente condenada. Mesmo arriscando uma simplificação fora de propósito, chamaremos esse grupo o dos "*cristãos modernos*" (sim/sim).

Cada um desses grupos é ultrapassado, um pela sua direita, outro pela sua esquerda.

Os fiéis discípulos do padre são ultrapassados por aqueles – aliás, pouco numerosos – que o rigorismo moral e uma determinada sensibilidade religiosa tornam hostis a qualquer expansão lúdica: os "*devotos austeros*". Eles querem festas "exclusivamente religiosas", e não aceitam a introdução de nenhuma outra na vida social de sua cidade (sim/não). E os fiéis da tradição são ultrapassados por aqueles que, presos às festas populares de sempre, em que não querem mexer, olham, no entanto com inveja para qualquer ocasião suplementar de fugir dos limites de um cotidiano banal e aborrecido: os *festivos antes de tudo* (não/sim). Um conflito mais "ético" cruza assim a oposição fundamental entre as duas "religiões", de fato os dois modelos culturais.

Não se trata, é preciso insistir – de quatro grupos coesos, possuindo quatro mentalidades efetivas e homogêneas, pois nenhum membro de nenhum dos grupos é portador na sua inteireza de uma das articulações de categorias e valores que vamos tentar reconstituir pelo exame das respostas ao conjunto do questionário. Trata-se, ao contrário, de quatro lógicas que atravessam e polarizam esse espaço social. De cada uma dessas lógicas podemos em primeiro lugar medir a influência global, graças ao percentual atingido, dentro da população[4], pelo grupo – este, real – correspondente ao cruzamento de duas das respostas fundamentais. Eis estes percentuais:

- devotos populares tradicionais: 23,60[5];
- cristãos modernos: 24,30;
- devotos austeros: 6,50;
- festivos antes de tudo: 20,00.

Nesse nível da partição mais global através das opções concretas e precisas, os nossos grupos correspondem a uma *realidade*. Suas opções apontam para determinadas visões do mundo. De cada uma delas poderemos também inventariar com detalhes o conteúdo, comparando todas as respostas que a configuram com as respostas dadas pela média geral da população[6]. Mas teremos de chegar a uma terceira operação, diretamente "compreensiva", que visará a uma rearticulação lógica desses quatro conjuntos de respostas, como quatro estruturas de sentido, quatro sistemas possíveis – mas não gratuitos, já que sempre construídos a partir dos próprios resultados empíricos – no interior dos quais desaparecem todas as ambiguidades prováveis dos "sim" e dos "não". Nesta etapa, guardaremos consciência de lidar com "lógicas" e não com grupos sociais concretos[7], mesmo se nosso ponto de partida é de fato empiricamente constatável, e

---

4. Não falamos numa "amostra" – que não teria aqui representatividade nenhuma. Mas diretamente em "população", a "população" total do meio paroquial ativo que se sente concernido pelo problema das festas.

5. De fato, este "grupo" é mais importante. O grupo dos "indecisos", com efeito, atinge em princípio 24,60%. Mas uns 11,1%, depois de uma resposta negativa à primeira das duas perguntas, inscrevem-se simplesmente na lógica do questionário pela abstenção na segunda ("E, neste caso, ..." dizia a última pergunta). Na realidade, estes 11,1% vêm se somar aos 23,60% dos devotos populares tradicionais, para levar o domínio desta mentalidade até uma percentagem de 34,70%.

6. É necessário perceber a importância deste recurso comparativo. É precisamente enquanto se destaca sobre o pano de fundo geral do pensamento da inteira "população" que a opinião expressa pelo grupo adquire valor de significância. O grupo A, p. ex., pode apreciar as promessas majoritariamente (digamos, dar-lhes 51% dos seus sufrágios). Mas se a média geral do apreço da população for de 70%, na verdade o nosso grupo se destaca do seu meio ambiente por sua recusa (ou menor apreço) das promessas. Uma vez entendido que o meio paroquial como um todo é favorável a esta prática, o grupo A, em situação, é-lhe significativamente contrário.

7. Essa ambivalência – positiva – nos permitirá falar tanto em "grupos" quanto em "lógicas", sabendo que lidamos, de fato, com "grupos lógicos".

se se revelar em seguida possível detectar "afinidades eletivas" entre essas lógicas e determinadas categorias de atores sociais.

Muito rapidamente, vamos a um esboço de tais "grupos lógicos".

1 Os devotos austeros

Claro, não reconhecem nenhum valor religioso às festas tradicionais: "Brinca-se mais do que se reza!", e "Deus é muitas vezes ofendido". Por isso mesmo a Igreja não precisa continuar a organizar, sob o pretexto das festas de santos, os divertimentos populares. Se pequena minoria entre eles acha isto ainda necessário, tal necessidade não corresponde a um desejo seu, mas à constatação de um fato: "o conjunto do povo", apesar da suficiência objetiva dos meios de distração que oferece a vida moderna (só 13,7% pensam o contrário; média geral: 48,9%) não se contenta com ela. Na verdade, para os *devotos austeros*, "a alegria não vem das festas". É sua "sensibilidade festiva" que está sendo enfraquecida: a medida dessa sensibilidade, coeficiente construído com o conjunto das respostas às perguntas mais gerais sobre o amor das festas, despencaria para 17,1 pontos negativos abaixo de um hipotético ponto zero de indiferença à festa, enquanto o resto da população atingiria 22,3 pontos positivos[8]. Aliás, eles são explícitos: ninguém neste grupo ama tudo nas festas, e muitos (25% das mulheres, p. ex., a serem comparadas às 7,1% das mulheres da média geral) não gostam de nada nelas. Quando o questionário convida o inquirido a detalhar seus gostos, entre os onze elementos da festa propostos por ele à apreciação dos paroquianos[9], nenhum atinge, e de longe, o resultado que lhe corresponde na média geral. Isto era previsível em se tratando dos elementos profanos, entre os quais só a música da banda, nota calma de lirismo tradicional, conserva um mínimo de crédito.

---

8. Trata-se aqui de um coeficiente em pontuação absoluta e não de percentagens. Este coeficiente é construído pela agregação das respostas sem matizes (totalmente positivas e totalmente negativas) às perguntas seguintes: "Qual das festas da paróquia prefere: São João, o Senhor dos Aflitos, o Senhor do Calvário?" [soma do número positivo das respostas: "todas" com o número negativo das respostas: "nenhuma"]; "No caso de amar uma festa, gosta também do modo como ela é celebrada? [soma dos "Sim" e dos "Não"]; enfim, :"Que mais aprecia na festa: sermão, missa, procissão, arraial, noitada, fogos, convívio, grupos musicais, ranchos (grupos folclóricos), bandas?" [soma das respostas que declaram sistematicamente apreciar tudo com as que dizem nada apreciar].

9. Elementos cuja enumeração é citada na nota precedente: "Sermão etc."

Mas que dizer da missa, do sermão, sobretudo da procissão que, embora mais apreciados, não atingem aqui a estima que lhes dedica o conjunto da população? Na verdade não é deles *em si* que se trata, mas deles enquanto fazem parte da festa: aparato cerimonial, agitação que acompanha uma missa espetaculosa, sermão peça de eloquência, desenrolar público e teatralizado dos símbolos sagrados diante de um povo de meros espectadores, é isso que o nosso grupo, comparado ao conjunto das respostas, se recusa a aceitar.

Apesar de tudo, uma distinção continua nítida. As preferências vão esmagadoramente aos elementos religiosos, apreciados entre 11 e 14 vezes mais do que os elementos profanos (na média geral, só quase duas vezes mais). Além de sua hostilidade para com as festas, nosso grupo se caracteriza, pois, por uma forte oposição religioso/profano, em favor do primeiro destes termos: nossos "austeros" são também "devotos". Talvez seja até na base dessa devoção que eles constroem, em última análise, sua oposição às festas. Muito mais críticos a seu respeito do que o conjunto dos interrogados, os "devotos austeros" não as rejeitam somente por motivos particulares, como os gastos impensados que ocasionam ou os abusos que se introduzem na sua celebração; mas, sobretudo por outro motivo, mais global e que se aproxima de uma rejeição por princípio: "Deus não encontra prazer nelas!"

Finalmente, mesmo se não comungam exatamente com a posição do vigário atual, eles se mostram particularmente ligados à religião oficial, especialmente na sua dimensão institucional: no caso de ser preciso, apesar de tudo, aceitar a introdução de uma "Festa de Canelas", eles prefeririam que a paróquia tomasse conta dela, em vez da prefeitura (60%, contra 28,4% na opinião dos outros). E a paróquia sozinha. Até a colaboração das duas administrações não está sendo muito desejada (10% contra 15,3% de média geral), já que pode criar uma confusão dos domínios, confusão que precisamente se quer evitar. Finalmente, a autoridade de um responsável eclesiástico pode limitar os abusos, morais, financeiros e religiosos que toda festa, para eles, ameaça acarretar, e manter as atividades lúdicas ao nível do indispensável e do correto[10].

---

10. P. ex.: "Para mim, a única festa devia ser a da "profissão de fé" e neste caso só uma banda seria admitida, junto com alguns foguetes para agradar às crianças". Vários explicitam que a única festa que os interessa é a da comunhão das crianças e que "só a cerimônia religiosa faz a sua alegria".

Grupo minoritário (6,5%) e, sobretudo masculino, em que a presença dos 36 a 45 anos (a geração socializada nos primeiros anos do Estado Novo) e dos velhos é marcante, bem como a dos rurais, os *devotos austeros* não contam nenhum membro da profissão em ascensão (construção civil) nem nenhum estudante. Sua recusa em reconhecer às festas tradicionais algum valor religioso, sua rejeição dos arraiais e dos grupos musicais modernos, sua indulgência em relação às bandas não pode enganar ninguém. Também não as suas sugestões para um melhor uso das somas consagradas às festas: "Os pobres, a caridade, os velhos, as crianças doentes" (64%), numa ótica de assistência e esmola, bem como "o culto" e as "obras paroquiais". De educação, quase não falam, de desenvolvimento cultural, nem uma palavra. Senão quando se trata de lutar contra as promessas, mas então as perspectivas são de "cultura religiosa", de "curso intensivo de religião"...

A mentalidade dos *devotos austeros* nos aparece assim como a herdeira da antiga religião oficial, a que precedeu, em Canelas, o atual estado da pastoral, uma religião moralista do exercício de piedade e do sacrifício, a dessa mesma ideologia de obediência e de ordem que, junto com o "Estado corporativo" havia conseguido "restaurar" a "ordem moral" num Portugal convulsionado.

Essa mentalidade, no entanto, não ficou totalmente estática. A "evolução dos povos" de que fala um dos membros do grupo ensinou-lhe a caducidade de determinadas formas de religião – por exemplo, as promessas, que não aprecia tanto quanto outrora, que agora aceita somente quando são manifestações de "fé" e de "sacrifício" e que gostaria de ver cumpridas ("pagas") fora do dia das festividades tradicionais. Sensibilizou-a também a novos temas, como o do "*convívio*". Afinal, nesses devotos formados na antiga escola da seriedade e da austeridade de uma moral individual centrada sobre a sexualidade, bem poderiam articular-se certa evolução religiosa, acompanhando a da própria Igreja, e certa resistência diante dessa mesma Igreja, cuja evolução, precisamente, os desagrada.

Esta festa da comunhão solene das crianças tinha sido peça mestra da pastoral antifesta dos anos 1920-1950.

2 Os festivos antes de tudo

"Mais festas houver, melhor!" Tal declaração de um homem com idade entre 36 e 45 anos daria com exatidão o tom dessa mentalidade. A sensibilidade festiva deste grupo situa-se no extremo oposto da dos *devotos austeros* (+27,5% contra -17,1%)[11]: nenhum destes, por exemplo "amava todas as festas"; aqui são 50% a fazê-lo. Em contraste, ninguém aqui declara não amar festa nenhuma, contra os 36,4 % do grupo oposto. As mulheres, aliás, são as mais radicais, e também um segmento deste grupo que se recusa a se identificar. Será precisamente o anonimato que lhe permite expressar-se sem constrangimento?

Esses "não identificados", aliás, nas suas respostas às primeiras perguntas sobre o valor religioso das festas, revelam uma dimensão de secularidade que não se detecta no conjunto do grupo. Isto significa que a mentalidade desses *festivos antes de tudo* não é simples. Mas como a essa bipartição não corresponde uma estrutura coerente do conjunto das respostas, não pode tratar-se de uma divisão do grupo em facções nem mesmo da existência dentro dele de correntes que se possam numericamente avaliar. Trata-se, sim de duas componentes no interior da mesma mentalidade ideal-típica. Estas duas tendências entram juntas na sua composição, para coexistir nela, embora de modo contraditório, num equilíbrio dinâmico feito de tensões. No caso, uma tensão essencial à mentalidade deste grupo, entre um tradicionalismo religioso mais marcado do que no conjunto da população e uma visão mais crítica dessas mesmas práticas tradicionais. Uma vontade manifesta de libertar-se delas conservando-as, o que, na prática, leva à sua transformação.

Quando se trata do valor religioso das festas, em todo o caso, esta ambivalência é clara. Se o grupo reconhece ao programa tradicional das festas, com os atos diversos que comporta um valor de culto divino, se vê nele uma forma pré-constituída de expressão da fé e da alegria cristã, em suma um valor religioso "objetivo", mais do que outros ele é consciente de que a sua vida pessoal de fé não tem muita coisa a ver com esse programa. Reverenciam-se então as festas como um monumento da vida religiosa, mas subjetiva e efetivamente não é tanto a "religião" que se vai procurar nelas.

---

11. Lembrar o que foi dito deste "coeficiente da sensibilidade festiva" na nota 8.

Não que os elementos religiosos da festa deixem de receber muitos votos de apreço. Ao contrário, é difícil imaginar que a missa possa receber mais do que os 86,8% que lhe são dados aqui, a procissão mais do que os seus 81,6%, mas a comparação com a média geral mostra que são sobretudo os aspectos profanos da festa que os *festivos antes de tudo* apreciam mais do que o conjunto da população. Especialmente tudo que faz o "clima" de uma festa tradicional, ambiência geral mais do que atividade determinada, aquilo que agita o coração com o frêmito do não cotidiano, o que sempre fez as pessoas dizerem que "vão à festa" porque, logo chegando aos arredores da igreja ou da capela, cada uma acha-se envolvida pela exaltação comum: a música que vem do coreto e que faz dançar, o povo aglomerado, as barraquinhas do arraial, sua permanência até tarde, a possibilidade assim oferecida de andanças noturnas e encontros sentimentais, o espetáculo difuso de cantadores improvisados, de grupos transitando num ritmo próximo ao da dança, enquanto em torno do santuário iluminado os devotos cumprem suas promessas[12].

Que não se veja aqui uma contradição. Nosso grupo é, na verdade, amante de festejos "profanos" – ele quer "alegria e muitos foguetes, porque de tristeza já tem bastante" –, mas ele não os separa, pelo menos aqui, da moldura geral da festa: "Quero a festa e tudo que for preciso para isso". Ora, é em torno de dois elementos cardinais, missa e procissão, que se organiza todo o complexo-festa. Sem eles, só haveria membros disjuntos, em que não circularia a emoção geradora da solenidade, que é uma emoção de ordem religiosa. Emoção religiosa, sim, mas – é preciso dizê-lo – antes de tudo emoção. Pois o testemunho oral do vigário, aliás, explicitado no início do questionário, não nos permite pensar que todos aqueles que dizem "apreciar" a missa a frequentem de fato. Mas, que eles o façam ou não, a missa para eles existe, instituindo um "antes" e um 'depois', um calmo momento de parada e espera, mesmo quando se contentam em ficar por ali de olheiros em torno da igreja, para ver entrar e sair, em trajes de domingo e com gravidade, aqueles que eles constituem neste

---

12. Muitos dos festivos, quando interrogados sobre os componentes das festas de que gostam, respondem sistematicamente num sentido afirmativo para todos os itens sugeridos. É um jeito de bem marcar posição. Mas os que escolhem e discriminam dão preferência aos elementos profanos numa proporção 10 vezes maior do que o faz a média geral.

momento os seus delegados para assuntos sagrados. A missa polariza e consagra o dia, fonte de uma dimensão interior chamada até a derramar-se, de tarde, sobre a própria festança profana, quando a procissão atravessará o arraial.

O conteúdo religioso importa menos. E o sermão – pelo menos tal como deve ser aqui, representativo da tendencia pastoral "moderna" – não é muito apreciado (52,1%; média geral: 56,6%). Pois o que nossos festivos pedem antes de tudo às festas é que lhes propocionem uma retomada do seu sopro vital fora da rotina cotidiana, mesmo se for também que criem neles o sentimento global de viver numa dimensão ao mesmo tempo radical e superior.

Mas, mais uma vez, outra tendência existe neste grupo. Embora não aceite ser privado do complexo festivo tradicional, a novidade não deixa de atraí-lo: ele aceita, ele deseja até que se organizem também umas "festas de Canelas", amplamente abertas a todo tipo de espetáculos e divertimentos, inspirados nas modernas festas urbanas. E se se lhes pergunta quem deverá tomar em mãos esse suplemento de festividades, o mesmo grupo, sempre conforme a sua dialética interna, se pronuncia ao mesmo tempo para uma maior continuidade tradicional na articulação do religioso e do profano ("a paróquia" ou "a paróquia e a prefeitura": 54%, contra 24,5% para o resto da população) e para a instauração de uma transformação radical no sentido da secularização total ("prefeitura" só: 43,4% contra 32,2%).

Sobre um pano de fundo feito da vontade de não perder nada em termos de festas, articulada à de, se possível, ganhar mais, essa mentalidade chega, pois, a conjugar duas tendências antonômicas à primeira vista. É de se crer, aliás, que essas duas tendências sejam contraditórias somente do ponto de vista de certa análise racional: elas coexistem de fato no grupo e chegam a expressar-se juntas nas mesmas respostas individuais. Ao mesmo tempo manifesta-se o apego à tradição de uma festa conjuntamente profana e sagrada e o gosto pelo novo, o moderno, o urbano. Face à religião oficial, mesma ambiguidade: o grupo dos *festivos* resiste-lhe com firmeza enquanto entende não sacrificar nada das festas tradicionais; mas ao mesmo tempo ele adere a seus projetos – senão às suas motivações – prontificando-se a experimentar um novo tipo de festa, secularizada conforme as sugestões modernizadoras dos responsáveis atuais da instituição religiosa.

Essas sugestões, que acompanham o deslizamento cultural do meio ambiente, chegam a induzir no grupo uma análise diacrítica do complexo festivo, aquele mesmo que ele entende, no entanto conservar intocado. Sem dúvida, os festivos afirmam que a Igreja deve continuar a organizar as distrações para o povo, mas essa sua afirmação é muito mais tímida do que seria logicamente de esperar, não ultrapassando a da média geral (57,9% contra 56,7% e, para a negativa, 30,3% contra 32,4%). Podemos ver aflorar aqui duas das ambiguidades fundamentais do questionário. Por um lado, falar em "distrações" não dá conta da maneira como o povo entende e vive tradicionalmente essa festa religiosa, complexo de folguedos enraizado numa base de manifestações sagradas. Assim é que dizer que a Igreja que não deve mais assegurar as distrações populares não é necessariamente desejar que ela se afaste da organização das festas, mas talvez simplesmente que deixe de assumir a total responsabilidade dessa organização. O que nos aparecia até agora como um apego sem matizes às formas tradicionais poderia muito bem não significar outra coisa senão a recusa de ver essas "festas de santo" perderem o seu avesso de folguedos "profanos": "encerrá-las dentro da igreja seria, diz um deles, fazer dormir". Nada então deve ser mudado para o usuário, que deve continuar encontrando, numa efetiva unidade, o complexo profano/sagrado ao qual está acostumado, mas uma novidade importante poderia ser introduzida na produção deste complexo e, mais uma vez, no sentido de uma secularização.

Uma segunda ambiguidade, com efeito, torna-se agora perceptível: Quem seriam esses "não igreja", chamados a tomar conta da parte profana da festa? Ao longo do questionário, o grupo religioso recebe nomes diferentes: "paróquia", "igreja", "nós", "comunidade religiosa", e seus membros são chamados de "cristãos". É o "secretariado paroquial" que toma a iniciativa da sondagem, e ele pede a "todos" – "todos" supostos serem "cristãos" – que eles o ajudem a pensar. Está mais ou menos clara certa dicotomia, a que se exprime pela oposição entre "a Igreja" e "o povo". Por isso, perguntar se "a Igreja" deve organizar as festas "para o povo", equivale a identificar a Igreja com o seu aparelho. Ambiguidade que reforça ainda o fato de que, nas situações concretas de que se trata, a mediação entre Igreja e povo se incarna num grupo intermediário, chamado aqui "comissões", "membros da mesa", a propósito de quem precisamente todo o problema é saber se ele é emanação do aparelho eclesiástico, seu delegado para a organização das festas e totalmente dependente dele – neste caso representaria "a Igreja" como o entende o questionário – ou, ao contrário, é entendido pelo povo como o grupo de seus delegados temporários, organizadores, por ele e em seu nome, de uma festa religiosa que continua dele. Que o aparelho eclesiástico se reduza, no plano local, ao vigário ou capelão do santuário, ou que seja ampliado, como em Canelas, até o grupo dirigente (secretariado ou conselho paroquial) formado e influenciado pelo pastor – e junto ao qual este poderá eventualmente ter um papel moderador na sua "luta" contra as "deformações" da religião "popular" – nada muda na substância do problema. Ora, sabemos que esse problema foi e continua sendo grave em Canelas. As comissões são tradicionalmente formadas por não praticantes, sobre quem o padre não tem autoridade. Para a capela do Senhor dos Aflitos, excêntrica e no lugar dito Megide, nem existe comissão oficial; é um grupo de homens que, há muitos anos, consideram-se "donos da festa" e agem como bem entendem. Sem que o vigário anterior o saiba, eles prolongavam até o antigo costume de dormir na capela (sob o pretexto de proteger as sagradas alfaias), usando dela para suas necessidades. Sem contar o eterno problema do dinheiro e a briga em torno do cofre das oferendas.

Nessas condições, mais um motivo nos proíbe de interpretar como uma simples aceitação das posições do padre as respostas negativas que, vindo desse grupo, acabamos de estranhar. Dizer que "não é mais necessário que a Igreja ofereça as festas ao povo" não equivale necessariamente a uma condenação da festa tradicional. Pode significar simplesmente o desejo de um afastamento da administração eclesiástica, e não só nos termos, modernizadores, de uma distinção das zonas de autoridade e competência. Adotada essa sugestão, as "comissões" populares reencontrariam a liberdade de manobra que uma persistente campanha de arregimentação tinha acabado por suprimir, de novo sacudiriam o jugo das autoridades eclesiásticas e tornariam a fazer do clero, conforme a queixa tantas vezes ouvida da parte de padres mais idosos quando contavam suas antigas "lutas", o corpo de seus "empregados".

Propulsada pelo dinamismo de uma mistura de tradicionalismo e de modernidade, essa mentalidade reencontra, pois aqui, no seio mesmo da inovação que sugere uma constante da tradição: o conflito entre os administradores oficiais do sagrado e uma religião popular que se esforça por existir ao máximo sem eles e por manter a seu próprio serviço o seu potencial de energia sagrada. Sabendo muito bem, aliás, que não poderia emancipar-se totalmente deles, sob pena, de deixar ela própria de existir.

Até as críticas que o grupo dirige às festas, o seu teor e sua intensidade participam da mesma ambiguidade. Em geral mais críticos do que os outros interrogados, sobretudo, em se tratando dos homens, e mais ainda dos "não identificados" (72,75%; média geral: 24,1%), os *festivos antes de tudo* têm também em próprio algumas críticas. Em primeiro lugar, muitos são incomodados pela necessidade de desembolsar pessoalmente o seu dinheiro (24,1% daqueles que expressam críticas, contra 7,3% no restante da população). Os mesmos, aliás, não se queixam da inutilidade do dinheiro gasto. Compreende-se por isso o quanto uma passagem dos divertimentos "profanos" sob a responsabilidade da prefeitura, como aquela que o grupo imagina, poderia aliviar em parte os particulares dessas obrigações financeiras, mas o quanto poria ao mesmo tempo em perigo, com o sentimento global de participação e corresponsabilidade, um dos elementos tradicionais da festa: o *peditório*, essa visita de porta em porta dos membros da comissão, às vezes acompanhados pelo estandarte da confraria e os músicos, visita que estabelece entre as famílias redes seletivas de comunicação, dons e contradons cada ano retribuídos. Mais uma vez aparece aqui a instabilidade do equilíbrio entre o "fortemente tradicional" e o "modernizador" que caracteriza o grupo. Presos ao passado, atraídos pelo futuro, seus membros provavelmente não se dão conta de que modificações parciais podem levar pouco a pouco a verdadeiros transtornos no edifício tradicional. Mas o motivo principal das críticas é outro, não diretamente explicitado, aliás, ("outro motivo": 19,7%, contra os 9,1% do resto da população). Indícios vários permitem, no entanto, adivinhar de que crítica se trata, ao extremo oposto da crítica principal dos *devotos austeros*: nas festas, há ritos explicitamente religiosos em demasia.

Nessas condições, uma conclusão se impõe. A mentalidade dos *festivos antes de tudo* não só, nas suas tendências tradicionais, prolonga a antiga resistência popular frente à ação do clero, não só – e ao contrário – na sua corrente modernizadora, aceita de introduzir no interior do complexo sagrado/profano da festa certa autonomia do profano, mas chega até a segregar uma tendência laicista e propriamente arreligiosa. Não surpreenderá o fato de encontrar nela muitos dos homens da geração 56/65 anos, a "geração republicana", aquela que efetuou sua primeira socialização logo depois da Proclamação da República, durante uns anos de anticlericalismo violento e radical, e de quem uma análise por idade dos resultados da pesquisa mostraria que se afasta das outras gerações por uma indiferença religiosa generalizada. Apesar de leve, essa tendência contribui para dar à mentalidade festiva sua fisionomia própria e fazer do seu deslocamento em direção à secularização algo bem diferente do movimento homólogo entre os *cristãos modernos*.

Essa tendência confirma em particular o eixo essencial em torno do qual se constrói esta mentalidade: "Eu quero festas pra valer!" E, sendo assim, a preocupação utilitária em relação aos gastos festivos será pouco marcante nas perspectivas do grupo, grupo menos composto de assalariados que de artesãos, comerciantes, aposentados. Sem dúvida, as mulheres e os jovens, sobretudo não se esquecem das necessidades elementares dos moradores, mas o espírito dominante continua o da aceitação alegre do *potlatch*[13], que outros julgam escandaloso, uma aceitação em parte feita de negligência, em parte da convicção de que nada finalmente é mais "útil" à comunidade que esses dias de festa em que aprende a respirar à vontade acima dela própria. E pouco importa então se o dinheiro está sendo "queimado" por nada: "O dinheiro das festas é para as festas. E se quiserem outra coisa, que façam outro *peditório* para aquilo".

A festa, finalmente, aparece nessa mentalidade como essencial para a vida social. Outros meios de distração, válidos e legítimos, podem "ser suficientes", como sugere o questionário, "é verdade, mas uma festa é sempre outra satisfação que nos dá". Essa alegria, os *festivos antes de tudo* seriam muitas vezes incapazes de defini-la. Quando o tentam, ingenuamente é a globalidade de sua experiência que lhes vem à boca, numa evocação poética em

---

13. "Muitas festas!" "Festas!" "É preciso festas!" "O dinheiro está bem gasto" "Tudo conservar como até agora!" "Mais festas houver melhor!" Lembra-se o leitor que esta mentalidade atinge mais ou menos 20% do meio paroquial.

que todas as perspectivas se misturam. E os próprios deslizes semânticos são mais eloquentes do que muitos discursos. À pergunta sobre a ajuda eventual que as festas trazem para "viver sua fé", uma avó com a idade entre 56 e 65 anos, para quem "fé" se decifra em chave de confiança e alegria de viver, responde: "Ajudam. Sabe por quê? Eu estreio uma blusa, minhas netas um vestido". É de acrescentar, no espaço inicial da primeira página, esta pérola: "Eu quero Festa (*sic*). Quero que a música comece na quarta-feira. Por mim o mal não vem ao mundo. Quero uma festa que chegue aqui embaixo na aldeia. Para vender alguns copos de vinho e colocar lindas cortinas com estrelas e fazer muitas promessas".

3 Os cristãos modernos

Poderemos ainda falar em "religião popular" a propósito dos *cristãos modernos*? Sem dúvida o grupo (24,3% do meio paroquial) comporta, relativamente à média geral, mais assalariados, operários e empregados, com a quase inexistência das classes média e dominante. Também é pouco representada a "construção civil", enquanto estudantes e, do ponto de vista etário, jovens adultos, são nele super-representados. De fato, carateriza-o a presença dos grupos sociais marcados pela influência do vigário e da Ação Católica Operária. A sua religião, parte de uma consciência reflexiva alimentada através dos sermões, das numerosas reuniões do conselho paroquial ou dos grupos especializados, tende a abandonar as posições tradicionais da religião popular para adotar aquelas, doutrinariamente formuladas, da religião oficial. Da religião oficial de hoje, na sua paróquia. No tabuleiro dos grupos com que nos deparamos em Canelas, são eles que constituem o núcleo das tropas sobre as quais o pastor pode apoiar-se para continuar a modernização religiosa.

Sua indiferença às festas, do ponto de vista religioso, é evidente. 58,5% de suas respostas não lhes reconhecem nenhum valor religioso (mais do que o dobro da média geral, 27,7%), os homens elevando esse percentual a até 68%. Está claro que o que inspira a sua decisão final é um olhar extremamente crítico sobre as manifestações da religião tradicional e uma exigência purificadora da fé tal como eles a concebem ("purificar essa religiosidade"). Eles não sentem mais a "sua" religião implicada nas festas tal como se realizam. E não só por causa de eventuais abusos que de fato as manchariam, mas porque rejeitam *in limine* o seu princípio, um princípio que utiliza o sagrado como pretexto ao que não é ele e acaba "fazendo da religião teatro e saturnismo".

Aliás, para eles não existe distinção nenhuma, como para outros, entre "salvação das almas" e "glória de Deus e dos santos". A sua religião tornou-se mais humanista e de expressão menos exclusivamente ritual. A "glória de Deus" não poderia residir numa manifestação de culto objetiva e grandiosa, "fantochada" e "imitação do paganismo", dizem alguns, que completam: "de que Deus não precisa!"

Nessas condições, compreende-se que a Igreja tenha para eles outra coisa a fazer do que cuidar dos divertimentos populares, para os quais acaba servindo de "fachada". Seu papel é "fornecer atividades religiosas sem foguetes nem arraial". "Quanto às festas, é o povo que deve organizá-las". Nesse ponto, nenhuma hesitação por parte deles (só 2,1% não se pronunciam, contra 10,9% da média geral), apesar de algum toque de nostalgia: os lazeres que oferece a sociedade moderna podem ser, em si, "mais do que suficientes", pensam alguns jovens, "mas uma festazinha não deixa de ser complemento e plenitude para o resto". Assim mesmo mais da metade são taxativos (55,3%: média geral: 26,2%), e somente 15,0% (média geral: 41,7%) aceitam a ideia de uma atividade supletiva da Igreja nesse sentido.

Num ponto, no entanto, a condenação dos *modernos* hesita. Parece ser o dique da tradição, o último reduto diante da evolução das mentalidades religiosas: as promessas. Sem dúvida, muitos aqui as condenam (40,4%, enquanto só o fazem 9,1% no restante da população); e, neste caso, suas fórmulas são especialmente severas: sentenças de condenação moral ("vaidade", "exibicionismo", "exterioridade que não corresponde a sentimentos verdadeiros"), juízos de ordem da cultura ("simples tradição", "velhote e ultrapassada", "ignorância do povo", "besteira", "atraso cultural"), ou da ordem da religião ("fantasia", "fé não esclarecida", "fantochada devida à fé infantil do povo"), reencontrando assim o eterno arsenal linguístico de qualquer religião "oficial" em guerra contra a sua homóloga "popular": "fanatismo", "superstição", "crendices vãs", "bruxaria". No entanto alguns manifestam maior indulgência ("Uma ilusão [...] de que Deus e os santos têm piedade") e, sobretudo, até neste grupo, mais da metade das opiniões (51,1%) continua favorável às promessas, mesmo se com alguma reserva ou se dizendo pessoalmente não adepto dessa prática.

A sua vertente antipromessas, no entanto, permite analisar de mais perto uma dimensão essencial ao grupo: os *cristãos modernos* querem-se agentes ativos de mudança sociocultural. Eles oferecem mais da metade das sugestões capazes de modificar a realização das promessas ou acabar com elas; e a maioria das sugestões conota o exercício de uma influência intelectual ou até de ensino: "aconselhar", "formar o raciocínio", "usar dos meios lógicos"; "cursos", "conferências" "homilias", até uma "comissão de estudos", como o propõe um funcionário de escritório. Nossos *cristãos modernos* fazem confiança às ideias. É através delas que esperam atingir o nível da consciência e "transformar, em longo prazo, as mentalidades, a fim de purificar essa religiosidade" que lhes parece cunhar o seu meio com uma chancela de infâmia cultural: "É preciso que sejamos bem atrasados para aceitar coisas deste tipo!"

A sensibilidade, no entanto, não acompanha totalmente as convicções. Eles continuam a gostar das festas. Menos, é claro, que o resto da população, e sobretudo não gostam de tudo nelas, mas a sua "sensibilidade festiva" mantém-se numa espécie de neutralidade (+2,90, tão longe dos -17,1 dos *devotos austeros* quanto dos +27,6 dos *festivos antes de tudo*). Nesta distribuição dos afetos e das preferências, são os elementos religiosos, sobretudo a missa, que acabam privilegiados (em dobro, se comparado com a média geral), a grande vítima sendo o arraial (18,1% somente, comparados com os 42,2% da média geral), termo ao mesmo tempo globalizante ao máximo e carregado de dinamismo afetivo, símbolo irradiante da festa sob o seu aspecto profano e por isso precisamente tradicional pomo de discórdia entre a Igreja institucional e o povo festivo das romarias. Esse mesmo arraial que polarizava os sufrágios dos *festivos antes de tudo*, o mesmo que rejeitava radicalmente os *devotos austeros*. Continuidade sutil entre a religião oficial de ontem e a de hoje, embora se trate aqui mais de uma exigência de clareza analítica (distinguir entre a fé e aquilo que não é a fé) do que de uma recusa de ordem moral. Sabemos, com efeito, que os *cristãos modernos* desejam, numa outra quadra, os "arraiais em lugares diversos" previstos pelo questionário para as "festas de Canelas".

Esperava-se: o nosso grupo é duplamente mais crítico do que os outros frente às festas. E a sua crítica principal (70,5% das críticas expressas, contra 41,2% nos outros grupos) é significativa: antes de tudo é a loucura dos gastos, e dos gastos sem sentido, do dinheiro jogado pela janela, que revolta. Trata-se de gente séria e realista; esse dinheiro poderia servir para tantas outras coisas, e coisas de utilidade! Lembra-se o leitor que os *festivos antes de tudo* se preocupavam muito pouco com esse problema (9,2% do grupo e 24,1% das críticas expressas), apesar da chamada que constituía a introdução ao questionário. Eles evoluíam mais em clima de gratuidade – o que não quer necessariamente dizer de indiferença para com o dinheiro – em que a utilidade não define o valor das coisas. Pouco lhes importava que as festas "não servissem para nada", se elas contribuíssem para criar felicidade. Nossos *cristãos modernos* têm entrado decisivamente num modelo cultural diferente, feito de racionalidade, de reflexividade crítica e de cálculo. Não estranharemos então se são dominantes entre eles os assalariados dos setores secundário e terciário, se eles contam com quase todos os intelectuais. Aqueles que o vigário chama as "elites cristãs" não recusam a festa por motivos exclusivamente religiosos, mas por uma reação complexa, em que religião e modelo cultural (especificamente, mentalidade econômica) estão implicados juntos. Pois sua religião também virou "moderna", racionalizou-se, aprendeu a fazer contas e preocupa-se com problemas para resolver.

Problemas e soluções, aliás, que revelam aqui um rosto muito próprio. De tipo caritativo e social, sem dúvida, mas menos marcadamente do que na média geral. O que preocupa é mais a própria Igreja, seu culto, a paróquia, as missões, suas obras e, sobretudo, uma categoria especial de obras, que este grupo, de fato, é o único a evocar (17,4%; menos de 1% para a média geral), a de promoção cultural: "teatro", "passeios recreativos", "fundações culturais e artísticas", enfim, tratando-se de religião, "cursos sobre a nova Igreja" mais do que, simplesmente, catecismo. Aliás, o projeto de festas de Canelas, que o grupo apoia, inclui bom número de manifestações desse tipo.

Está aqui um traço fundamental de nosso grupo. Em todos os campos esforça-se para sair do que julga uma rotina e operar uma modernização. Sua ótica dominante é religiosa, mas ela própria sustendida por uma opção de ordem civilizacional. Seus membros sentem-se cada vez menos participantes daquele mundo tradicional que produziu as festas e querem introduzir Canelas no universo da modernidade. Sérios e racionais, nem por isso rejeitam qualquer expressão da dimensão social festiva. A relativa indiferença que já constatamos, a sua massiva recusa das componentes profanas da festa não visava, por princípio, a festa em si; mas, concretamente, à festa tradicional na medida em que opera a mistura do profano e do religioso[14] e utiliza um tipo de divertimentos situado no mais baixo da escala de valores culturais. Já entraram com firmeza – ou esforçam-se para isso – na era das ideias claras e dos conceitos adequadamente distintos. Nesse sentido, o seu recorte da realidade existencial implica uma oposição simples entre o profano e o religioso. Eles não "compreendem" mais a festa tradicional, somente apreendem como reciprocamente autônomos alguns de seus elementos. Entende-se por que o arraial, seu à vontade pitoresco, seu tempo distendido e como que parado, sua anarquia espontânea que não produz nada senão ela mesma, numa efervescência eventualmente criadora neste sentido, nada mais diga a nossos reformadores, enquanto continua a entusiasmar nossos *festivos antes de tudo*. Se ousássemos, diríamos que estes, mais para o lado do profano e da espontaneidade, até na sua tensão capenga em direção à modernidade agarram-se ao universo total e gratuito da festa, enquanto os primeiros, mais religiosos e mais reflexivamente racionais, essencialmente modernizadores, orientam-se em direção ao lazer programado. Sua opção, ao mesmo tempo de purificação religiosa e de purismo cultural, o seu culto pela razão, a lógica e a eficácia os conduzem à secularização em todos os campos: eles tendem a despojar o tempo de seus laços cósmicos e do seu ritmo sagrado[15], os lugares sacros de

---

14. "As festas religiosas não devem ser misturadas com saturnismo", e: "não é através das festas religiosas que o povo deve se divertir".
15. "Pode-se realizar as promessos em qualquer dia": "não são necessárias festas e romarias para marcar o dia de tal ou tal santo": "penso que ninguém espera o dia da festa para divertir-se". Neste sentido, eles vão diluindo a festa em seu aspecto profano no magma do "lazer" cotidiano e a festa em seu aspecto religioso na cotidianidade da "prática".

sua referência comunitária[16], a atividade humana do seu vínculo com a tradição. Eles querem transferir ao círculo profano, com a instituição da grande data-referência do tempo popular (a festa anual) o espetáculo mobilizador e criador de unanimidade: a procissão-encenação-dos-mitos-fundadores tornar-se-ia "desfile histórico".

Se a secularização dos *festivos antes de tudo* parecia encabrunhada, se ela tinha consciência (má?) de subtrair ao religioso parte do seu espaço e se, em consequência, ela se coloria de agressividade, nada de semelhante aqui acontece: nenhuma confusão é possível, mas também nenhuma contradição é percebida, entre um "religioso" precisamente valorizado porque purificado, e um "profano" promovido até seu justo desenvolvimento autônomo. Vê-se em que medida e em que sentido o problema das relações entre religião oficial e religião popular encontra-se assim recolocado.

Não é que nossos *cristãos modernos* ostentem uma estoica serenidade no meio do transtorno sociocultural que modifica as referências e perturba os comportamentos. Se se pronunciam com mais clareza do que outros em todos os campos, se não hesitam, por exemplo, em confiar massivamente à prefeitura a organização das futuras festas previstas (60,6% contra 26%), eles manifestam mais dúvidas do que outros quando se trata de afirmar que, até das festas de que ainda gostam, eles não apreciam a maneira de sua celebração. A sua sensibilidade não se fixou ainda de modo decidido nas posições novas que já são intelectualmente as suas; e não é sem emoção, sem alguma hesitação talvez, que eles se decidem a condenar determinadas formas do passado. No conjunto, no entanto, eles não estão marcados, como outros, por um desequilíbrio e uma ferida. Sem dúvida porque, membros ativos dos movimentos paroquiais, dos grupos sindicais, das estruturas locais de responsabilidade civil, eles tiveram mais ocasiões do que outros para acertar os ponteiros e amadurecer suas opções. Acaba sendo num movimento só que essa mentalidade é levada pela corrente modernizadora em direção a uma nova Igreja, numa nova cultura, no seio de uma nova sociedade.

---

16. "Cumprir as promessas fora das romarias", "ir sozinho aos lugares sacros".

4 Os devotos populares tradicionais

A mentalidade deste grupo oferece uma coerência notável. Surgiria ele do fundo das idades, através de todas as mudanças socioculturais, todas as catequeses intelectualizantes?

Em primeiro lugar, pela voz daqueles, homens ou mulheres, que se identificam, e apesar de todo o condicionamento que antecedeu a pesquisa, apesar do quadro negativo pintado pelo questionário antes da primeira pergunta, ele oferece à festa, do ponto de vista mesmo da religião, um genuíno triunfo. Verdadeiro culto a Deus, expressão autêntica da fé, manifestação legítima de alegria cristã, ocasião, para a maioria do povo, de glorificar a Deus e aos santos e também de melhor viver a sua fé, em todos esses pontos esses *devotos* aduzem seus votos numa proporção que se aproxima ou até ultrapassa os três quartos dos sufrágios. As mulheres são até mais regulares: para elas é a festa tradicional, tal como se realiza em nossos dias, que é dita um grande momento de sua religião (entre 72 e 76%); os homens têm mais matizes: menos afirmativos sobre os grandes princípios (65,2%), eles valorizam sobretudo a sua experiência religiosa pessoal e, mais ainda, declaram-se por ela ajudados na sua vida de fé (78,3%).

É claro que seria preciso poder penetrar o conteúdo dessa "fé" popular, mas nada mais significativo da oposição entre duas "religiões" no interior do mesmo cristianismo do que esses resultados contrastados obtidos junto a dois grupos de cristãos, igualmente numerosos, integrando a mesma paróquia[17], e igualmente fiéis às suas convicções: enquanto só 18,3% dos *cristãos modernos* (homens) declaram serem "ajudados na sua vida de fé" por um conjunto de manifestações como as festas religiosas populares, os *devotos tradicionais*, aqui, dão 78,3% de respostas positivas. Pelo menos materialmente, é das mesmas festas que se trata; mas será da mesma "fé"?

Numa direção semelhante eles manifestam uma adesão quase unânime às promessas, que aprovam com 91% dos sufrágios (70,8% sem reservas ou matizes. Média geral: 66,3% e 51,8%) e condenam somente com 2,2% das opiniões. Um resultado que podíamos esperar. Mas talvez seja mais surpreendente a justificativa que lhe é dada.

---

17. 24,3% de *cristãos modernos*, 23,6% (ou 34,7% cf. nota 6), de *devotos populares tradicionais*.

No conjunto das respostas ao questionário, com efeito, a aprovação dada às promessas baseia-se em três tipos de argumentos: os motivos diretamente religiosos (fé, gesto de oferenda, sacrifício doloroso), aqueles que poderíamos dizer de ordem ética (apreciação da reta intenção, sinceridade, não exibicionismo, respeito pela expressão religiosa de cada um), enfim aqueles que tenderiam mais para o profano (fidelidade a uma promessa, pedido de ajuda na aflição, tradição etc.). Ora, ao contrário do que seria logicamente esperado, a comparação com a média geral situa os *devotos tradicionais* mais neste terceiro campo. Isso nos obriga a nos perguntar enfim qual seria aqui o sentido efetivo da categoria "profano". "Natural" não seria de fato mais próximo da significação nativa? "É verdade!", "Está direito!", "É necessário!", sobretudo; "já que se prometeu, é preciso cumprir", "é uma necessidade nas aflições", "é nossa tradição", "sempre se fez assim", "temos que continuar as promessas". Está claro que para essa gente as promessas não precisam de justificação: elas integram certa ordem do mundo, fazem parte do ser-aqui. Técnica eficaz de remédio para os males da vida, sem dúvida, mas que não funciona a partir de objetos mortos – "instrumentos". Se às vezes têm de manipular objetos, é por dentro de uma relação viva. Elas são prestação de um ator sofredor para outro ator, a fim de que este lhe estenda sua mão protetora. Dentro do universo que abarca Deus, os santos e os homens, a ordem das coisas é feita de dons recíprocos, e é precisamente essa troca que mantém e restaura o equilíbrio vital. Romper com as promessas seria rasgar o tecido mesmo da natureza, que é preciso conservar.

Distinguir adequadamente natureza e cultura é sempre operação arbitrária, e que faz parte precisamente de uma cultura determinada: a nossa. Pois não existe "natureza", finalmente, senão aquela que é dada no interior e por intermédio de uma cultura. Por outro lado, para cada povo, o "natural" é precisamente aquilo que lhe é "cultural". Aqui, e a partir de uma visão "moderna" e "positiva" das coisas, uma redistribuição das cartas se impõe: para nossos *devotos tradicionais*, motivações "religiosas" e motivações "profanas" das promessas não se opõem; juntas, elas constituem a dimensão vertical de um universo de familiaridade e mutualidade, dons e contradons, uma dimensão que a festa virá precisamente expressar, atando-a à sua irradiação cotidiana e à sua extensão horizontal, para revigorá-la periodicamente.

No fundo, é por causa disso que os *devotos tradicionais* se dizem apaixonados por essas festas. O seu "coeficiente festivo" está, de fato, no seu ponto máximo: +35,95 para o conjunto do grupo e +40,50 para aqueles entre os seus membros que se identificam. Notem bem que se trata exatamente da festa tradicional na sua realidade bem concreta. A categoria de "festa", com efeito, não existe dentro de uma cultura determinada senão em referência aos modelos concretos que integram essa cultura. Não se deveria, por exemplo, deduzir da comparação entre os "coeficientes festivos" dos *devotos tradicionais* e dos *festivos antes de tudo* que os primeiros são mais inclinados à distração ou brincadeira que os segundos. Pois se o seu apoio à festa do santo tal como a conhecem é massivo e concentrado, ele não deixa de ser exclusivo e de se reforçar pela rejeição de qualquer outro tipo de festividades, enquanto são precisamente estas "outras" festividades, entrevistas através do questionário, que vêm canalizar parte da "sensibilidade festiva" dos *festivos antes de tudo*. Agora está claro para nós: estes, festivos a todo custo, não são defensores a todo custo das festas tradicionais. Soprem ventos inovadores, sejam-lhes oferecidos substitutos funcionais satisfatórios, eles não resistirão à mudança e deixarão transformar as manifestações tradicionais aos quais hoje se dizem apegados. O seu grupo é antes de tudo um grupo passivo em transição – quer dizer marcado pela anomia – húmus privilegiado onde a novidade cultural pode cravar suas raízes. Ele vê multiplicarem-se os "possíveis culturais", entre os quais suas aspirações, para investir-se, se dispersam. Na apreciação explícita dos *devotos tradicionais*, ao contrário, o que domina são as categorias de plenitude e de totalidade.

Entre eles, 78,9% "preferem" todas as festas (média geral: 41,7%), 87,6% amam, de modo geral, a maneira como são celebradas (média geral: 65,6%). Quando se lhes pede para escolher, entre seus componentes, aqueles que apreciam, cerca de 60% entre eles se recusam a distinguir e marcam sistematicamente todos os elementos que são propostos à sua escolha (19,7% somente fazem o mesmo dentro dos outros grupos). Em outros lugares, os seus comentários às perguntas abertas não deixam dúvida. Muitos se recusam a separar, na festa, o "profano" do "religioso": "Tudo faz parte de sua divindade!", tudo é, ao mesmo tempo, culto, expressão de "fé e de alegria", de "fé e de distração" e a "expansão legítima de alegria cristã" pode residir conjuntamente "na missa, na procissão e no *arraial*". Não existe partição: de um lado "a parte religiosa"; de outro "a distração" e o "divertimento"; existe só a emergência à própria vida do "diferente"[18], realidade única onde todas as dimensões da existência convergem: uma explosão de alegria bem humana que glorifica a Deus, um culto que leva à plenitude todas as potências do homem, até as mais espontâneas.

Com isso, é de modo diferente que se coloca, nessa mentalidade, a questão das relações entre preferências mais profanas e mais religiosas.

Pela primeira vez, a missa (90,1%) vê-se ultrapassada tanto pelo sermão quanto pela procissão (os dois ganham 94,4% dos sufrágios) e é também só neste caso que essas duas manifestações, que um observador estranho poderia considerar como periféricas, chegam ao mesmo grau de apreço. Tudo isso corresponde perfeitamente ao esquema tradicional, tal como universalmente vivido há somente alguns decênios, e tal como existe ainda nas representações que dele fazem os *devotos populares*.

Com efeito, a missa de festa pouco chamava a participação. Era suficiente que existisse, densificasse de seu peso o conjunto da festividade, se revestisse da pompa máxima que os recursos da paróquia ou da confraria pudessem atingir. O que mudava entre o lado da Igreja oficial e o do fiel comum era a intensidade com a qual os vários elementos dessa pompa estavam sendo desejados e esperados. O aparelho eclesiástico tendia a conferir ao rito essencial a máxima solenidade e alguns bispos impuseram a presença de pelo menos três padres no caso de a missa ser cantada com a participação de uma banda, ou até se um arraial estivesse previsto. O povo, ao contrário, esperava, sobretudo, a música da banda. Já que a missa era sem dúvida um momento vivido como essencial ao ritmo da festa, mas com que não se convivia de perto, o importante era que seu eco se tornasse perceptível desde o adro e até as barraquinhas do arraial, onde o povo ficava para vaguear. Quanto ao sermão, ele era desejado por uns e outros. Pelos bispos, como uma ocasião de catequese e, em algumas regiões onde o clero era particularmente numeroso,

---

18. "Quero muitas festas para diferenciar".

como um meio de pleno emprego dos padres. Pelo povo, como um florão a mais na coroa que dedicava a Deus ou ao santo, como um canto de louvor por interposta pessoa, tão pomposo, tão entusiasta quanto possível. Uma das promessas mais clássicas, sobretudo em alguns santuários, consistia em financiar um sermão em honra do padroeiro invocado. Foi só pouco a pouco que, diante da insistência do clero em valorizar a missa, até durante a festa o costume de "pagar uma missa" substituiu a outra, mas sem recobrir ainda totalmente nem sua extensão nem sua função: é mais para os mortos que se manda celebrar uma missa, mais para os vivos, depois, ou antes, de uma graça recebida, que se glorifica o santo por um sermão. A missa está inteira do lado da morte, do além-morte, do numinoso. O sermão – sobretudo se é "oferecido" – realiza e manifesta a presença deste mesmo numinoso à vida dos homens. Se celebrar uma festa é homenagear o santo ou Deus, como se faz para um ser querido no dia do seu aniversário[19], o sermão ocupará o lugar do "brinde", palavra pronunciada que explicita o sentido da palavra vivida ao longo do dia inteiro. Por isso mesmo pede-se-lhe que seja o mais brilhante possível e se espera dele, em vez de desenvolvimentos intelectuais inéditos, uma repetição do já ouvido, uma variação sempre retomada em torno das fórmulas-chave que fazem do santo, ano após ano, um amigo familiar sempre mais próximo e melhor conhecido.

    A música que chega do templo e o sermão ampliado pelos alto-falantes atestam que a comunidade se mostra digna de seu protetor celeste. Por isso, são suportes de sua boa consciência religiosa, um elemento de sua paz festiva e de sua alegria. Como o são também as promessas, os foguetes, os fogos de artifício e bombas de festa, acompanhamento luminoso e sonoro que estoura nas alturas e repercute ao longe a glória ofertada ao santo pela comunidade local. Reencontramos aqui, com os seus 69 pontos de sufrágios (41,7 a mais do que na média geral), o antigo zelo para com os "fogos", tão caraterístico de qualquer festa popular no Norte de Portugal, e que curiosamente parecia fazer falta em Canelas.

---

19. "Se nós, pobres pecadores, temos todos os anos a nossa festa de aniversário, porque não os santos de nosso culto, e, sobretudo Deus?"

Qual é, enfim, a situação da procissão? "Saindo" da igreja logo após a missa, esperando a tarde, para fazer brotar, no meio da bagunça do arraial um oásis de calma e de "respeito", de qualquer jeito ela é sempre uma volta às fontes da festa: a vontade de familiaridade com o divino. O santinho deixa por um momento o seu refúgio sagrado e retribui a seu povo a visita que este lhe fez, logo de manhã ou, se veio de longe, quando de sua chegada. Ele se oferece para ser visto, tocado, acariciado: ele consagra até por sua aproximação ambulante as próprias festividades "profanas". Em contrapartida, ele está sendo envolvido em flores, em rendas, em cores, em ouro e missangas que cintilam debaixo do sol; penduram ofertas a seu manto, acompanham-no ou, pelo menos, param para assistir a seu triunfo, antes de agitar o lenço branco para lhe dizer adeus quando ele transpõe de novo a porta do santuário para desaparecer até o ano próximo.

A procissão, não é só isso, é claro. Ela cumpre outras funções no conjunto da dinâmica social. Mas também essas outras funções: familiais, de estruturação simbólica da comunidade, de manifestação coletiva dos fervores individuais e de afirmação pública da história privada, fundem-se nesta, que lhe é essencial. Se ela constitui o ato maior da religião popular, como o vemos aqui proclamado pelos *devotos tradicionais*, é porque ela realiza a união, num momento e num lugar privilegiados, do profano cotidiano e do sagrado que mora no santuário, o encontro simbólico do santo e de seu povo de devotos, o convívio privilegiado, porque projetado além de si próprio, a hora em que, visivelmente, neste arraial que virou santuário, a tensão imanente à festa popular se resolve na unidade.

Assim é que, entre os elementos explicitamente religiosos, os que são mais apreciados são precisamente aqueles que, para falar do nosso jeito de observadores estranhos, fazem a ponte com o "profano". São eles os mais significativos da essência dessa festa, alteamento do cotidiano, passagem de fronteiras, conjunção na alegria do profano ao numinoso. Entre as componentes mais diretamente profanas, acabamos de ver o sentido, idêntico, dos "fogos". E que pensar do arraial (81,7% de aprovação, 33,3% para os outros interrogados)! Sabemos que a palavra é evocadora de uma imagem complexa e motora, a da festa no seu desdobramento total. Dizer então que se gosta do arraial é afirmar quase que polemicamente que se aprecia a própria atmosfera da festa, que se deseja conservá-la no seu aspecto lento e descansado, na espontaneidade do espetáculo que o povo dá de si a si próprio, no cenário de barraquinhas, de mesas, de barris para ele levantado em torno do santuário, o passeio sem meta, os encontros em liberdade, a espera do pipocar imprevisto de música e de poesia, a dança. Neste grupo tradicional, mais ainda do que no dos *festivos antes de tudo*, é o arraial em si mesmo que é mais votado, pois é a síntese que torna possível todo o resto.

Vale a pena ainda detalhar a análise das preferências que vão a outros componentes da festa? Talvez seja-nos possível desde já apreender o essencial: uma eventual pretensão de nossa parte de distinguir com rigor, nas mentalidades que nos ocupam, o que é "profano" e o que é "religioso" seria voltada ao fracasso. Em particular, nada nos permite comparar, com o instrumento do critério geral de uma oposição entre um "sagrado e um "profano" não específicos, a mentalidade dos *devotos tradicionais* e a dos *cristãos modernos*. Pois não são "religiosos" dentro da mesma "religião" e a determinação daquilo que é ou não é "sagrado" não depende dos mesmos critérios para os dois grupos. O que uns aceitam como "religioso", como especificamente "cristão" até, outros o rejeitam, não tanto como "profano" – já que por outro lado aceitam o profano, distinguindo-o, numa perspectiva de secularização que os primeiros recusam –, mas, em certos casos pelo menos, como "pagão", "paganizado", conforme expressões herdadas da antiga "cruzada para a cristianização das festas". Percebe-se aqui ao mesmo tempo a riqueza e os limites do princípio de reinterpretação. Atrás das aparências de um vocabulário unificado (imposto aqui pelo questionário), são representações em parte divergentes que permitem de fato práticas sociais comuns. Mas acontece – como aqui em certas respostas redigidas livremente – que a realidade aflora polemicamente. Na verdade chegam então a ser duas "línguas", duas grades verbais diferentes, que elaboram diferencialmente um único dado bruto vivido em comum.

Um caso típico de reinterpretação será precisamente o do *convívio*. Parte importante da pastoral moderna em Portugal, essa categoria sensibilizou sem dúvida o meio cultural de Canelas. Na média geral, ela recebe mais sufrágios do que qualquer componente "profano" da festa, grupo do qual parece fazer parte. Sinal de que não significa simplesmente um cotidiano e banal "sentir-se bem estando juntos". Na verdade, o seu resultado de apreço situa-se entre o dos elementos "profanos" e o dos elementos "religiosos", 13,4 pontos acima dos primeiros na média geral. Mas dois grupos se afastam dessa média, o dos *cristãos modernos*, que maximizam a diferença e projetam o *convívio* perto das componentes "religiosas" da festa (+32,7); e o dos *devotos tradicionais*, que lhe são mais indiferentes (+3,9). É que nos primeiros repercute mais positivamente a pregação da dimensão essencialmente comunitária do cristianismo, enquanto que os segundos fazem ouvidos mais mochos às categorias da moderna pastoral oficial.

Para os primeiros, a constituição secularizante de um "profano" autônomo e distinto acompanha-se do reconhecimento, por dentro mesmo deste "profano", de uma dimensão original que o transfigura. Assim é que devemos interpretar a sua opção por uma "Festa de Canelas": sem dúvida "profana" por sua própria densidade, seu conteúdo, sua organização; por isso o "encontro" que deve proporcionar não se dará "en nome de Deus ou do santo", numa perspectiva explicitamente religiosa. Mas poderá, aos olhos desses *cristãos*, revestir-se de outro valor implícito. Além de sua análise diacrítica e dissolvente da manifestação sagrada tradicional, eles nos aparecem aqui como tendendo a reencontrar – mas sobre bases renovadas e numa perspectiva intencional e segunda – uma complexidade sintética que bem poderia representar uma forma nova do sagrado. A secularidade que promovem continua cunhada com o selo da religião.

Os *devotos tradicionais* valorizam também o convívio. Mais até do que os *cristãos modernos*. Mas o distinguem muito pouco das componentes "profanas" da festa. Assim fazendo, eles manifestam mais uma vez que a festa de santo é para eles uma realidade *sui generis*, em que dimensão "religiosa" e dimensão "profana" articulam-se para acederem juntas ao sagrado. Enquanto para os primeiros o sagrado do convívio, intencional e subsequente, existia somente através de uma dimensão interior e secreta do encontro profano, eles não rejeitam a sua intencionalidade visível e sua imediatez. Encontro e convívio são realidades que pertencem a essa festa precisamente porque se dão em torno dos símbolos explicitamente religiosos. Se para eles a festa é "um convívio alargado e diferente", uma "comunicação entre os povos", eles não concebem esse convívio como separado "do arraial ao pé do santuário e na data do santo". É ali que se realizam uma na outra a expressão direta da fé e a união de uma comunidade explicitamente cristã[20].

Por isso mesmo não conseguem imaginar a Igreja se desinteressando da organização das festas, mesmo sob aquele ângulo que o questionário chama de "divertimento": "E quem mais pode encarregar-se delas? Outras religiões?", pergunta um homem para quem a expansão lúdica e festiva é insecável de sua raiz sagrada. Outros, perturbados pela insistência do questionário, concedem que os "lazeres" da vida moderna são suficientes, mas logo se retomando afirmam na mesma frase: "mas as festas são necessárias, [...] senão não as chamaríamos 'festas'". Pois existe mesmo "aquilo que chamamos de Festa", uma realidade que não saberia reduzir-se ao resultado da análise, para eles empobrecedora, que o questionário realiza: "Não acho este questionário imparcial. Ao contrário, parece-me que as perguntas são colocadas para forçar a resposta que desejam".

Seria, então, por que está na origem dessa pesquisa que o vigário é hostilizado pelos *devotos tradicionais*? Só eles, em todo o caso, o acusam amplamente de ser interessado. Pessoalmente? Não é certo! Mais provavelmente porque entende orientar as somas consideráveis recolhidas para as festas – e que esses *devotos* estimam muito bem empregadas (só 3,4% entre eles são críticos neste ponto, pois "o homem não vive só de pão, também precisa de festas!") em vista a outras finalidades. "O sr. prior tanto vai fazer que as pessoas vão perder a fé e passar aos adventistas!"

A palavra-chave, enfim, será aqui tradição. "Tão para trás que eu possa me lembrar, sempre houve as festas". As alusões a esse tema esparsas nas respostas nos permitem afirmar a existência, no meio dos *devotos tradicionais*, de um forte apego à herança de valores e comportamentos significativos que receberam do passado; ao contrário, os *cristãos modernos* criticam essa mes-

---

20. Como não ignoram os temas da pastoral paroquial, eles os utilizam como armas de defesa de "sua" festa: "As festas foram sempre e continuarão a ser um meio para assegurar a comunicação entre as populações e a união da comunidade cristã, de que tanto falam". Como quem diz: "precisamente aquilo de que não cansam de falar!"

ma herança, de que os *festivos antes de tudo*, por sua vez, falam com indiferença e neutralidade enquanto os devotos austeros nem lhe fazem alusão. O que é perfeitamente lógico se, como o pensamos, eles são os herdeiros de um Estado aqui ultrapassado da religião oficial, o das missões moralistas e das associações de piedade. A sua referência valorativa vai, é verdade, ao passado, mas o questionário fala de uma manifestação "tradicional" da religião "popular", que a "sua Igreja" precisamente sempre quiz modificar. A "tradição" que é deles é outra, e não haveria motivo para que lhe façam aqui alusão.

Depois dessa análise dos resultados de uma pesquisa de intenção diretamente pastoral, não continua possível opor simplesmente nem uma religião popular à religião oficial, nem a tradição à Modernidade. Também é impensável pensar que se correspondem dois a dois os primeiros e segundos termos desses pares. Um sistema bipolar não daria conta das pluralidades que acabamos de constatar, tanto no interior do pensamento da Igreja institucional quanto nas margens "populares" que lhe correspondem. Por outro lado, o método que utilizamos não pode pretender a um recorte preciso de grupos sociais, portadores de mentalidades homogeneamente apreensíveis. Só pudemos detectar as correntes de pensamento conforme as quais se organiza o debate de mentalidade que atravessa essa população e restabelecer as suas lógicas.

Ora, essas lógicas, embora se autorrepresentem como opostas entre si, integram na verdade um único universo religioso, respondem à sua problemática endôgena e se articulam em torno da vivência em comum de um mesmo capital ritual[21] e, mais amplamente, social. Mais ainda, constituem-se numa interdependência congênita, no seio de um único processo de transformação cultural que lhes impõe, a todas, um sentido.

A religião oficial, por exemplo, poderia ter-nos aparecido como uma religião do passado, voltada para uma "restauração". Mas vemo-la hoje acei-

---

21. Precisamente a propósito de peregrinações: "Igualmente um culto pode ser visto como constituído por mal-entendidos mútuos, na medida em que cada grupo busca interpretar as ações e motivações dos outros em termos de seu próprio discurso específico" (EADE & SALLNOW, 1991: 5). "A capacidade de um culto comportar e responder à pluralidade" (EADE & SALLNOW, apud VELHO, 1995: 210). Já interpretamos as romarias como "Uma estrutura de compatibilidade" (SANCHIS, 1983: 59).

tar o essencial das formas modernas de lazer. Com efeito, uma religião oficial cujos centros propulsores são em geral urbanos e associados a uma cultura de "elite", implica por definição elementos modernizadores. A demonstração poderia percorrer a história inteira de Portugal, desde os primeiros concílios galicianos condenando a "barbária antiga", passando pelas manifestações das corporações do Porto (1627) contra os costumes "antiquados", até a "cruzada pela cristianização das festas", que ontem clamava, em nome de um "tempo novo", por uma purificação das "festas à antiga". Mas esses elementos de modernidade eram em geral envolvidos no bojo de uma ideologia passadista, a de um Portugal religioso, portador, nas trevas ambientes, da chama indivisa da fé e da civilização[22]. Mais do que de modernidade, tratava-se de elitismo cultural, nacionalista no plano colonial-missionário, antipopular no plano da pastoral interna.

Em se tratando da religião de massa, representada aqui pelos *festivos antes de tudo*, vimos que ela não rejeita as concepções tradicionais, contra as quais não se revolta. Sua evolução não está feita de hostilidade, mas de progressivo abandono: lento recuo, provocado pelo apelo de uma modernidade da qual é incapaz de perceber todas as implicações. Quer-se moderna, sem deixar de continuar tradicional; mas, na verdade, não "sabe" o que é essa modernidade, só sofre a sua atração. Por isso dissemo-la a mentalidade de um "grupo passivo em transição". Não quero dizer assim que, em termos de ação imediata, esse grupo não seja cheio de vitalidade e pronto para responder a todas as iniciativas. Mas essas iniciativas não virão dele. Neste sentido, não se constitui em agente ativo de transição, mas em massa de manobra popular, para quem a "resistência" não se coloca como princípio de ação. A orientação dessa mentalidade é assim duplamente induzida: a partir do fulcro tradicional, ao qual ainda está presa, e a partir do grupo ativo de transformação dirigida que constitui o grupo dos *cristãos modernos*.

Quer isso dizer que, pelo menos dentro do quadro social onde a estudamos, e até não levando em conta a resistência dos *devotos tradicionais*,

---

22. Cf., p. ex., Thomaz e Linchtentalier (1996). Provavelmente, o papel da Igreja Católica, na pessoa do Cardeal Cerejeira, tenha sido, para a elaboração e celebração dessa ideologia nacional, ao mesmo tempo religiosa e política, mais importante do que aparece no texto.

a mentalidade dos *cristãos modernos* representa uma tendência ao mesmo tempo pura e hegemônica? Claro que não! Por um lado, os seus portadores são os herdeiros diretos da religião oficial de ontem, que perdeu as redes do movimeno social, mas continua presente nas suas remanências. Sua preocupação moral em particular colora as franjas da mentalidade nova, como o fez de há muito com a mentalidade popular tradicional. Por outro lado, as orientações que, racionalmente motivados, os "modernizadores oficiais" entendem difundir são recebidas, quando ali penetram, na matriz de quadros mentais diferentes, que lhes impõem uma reinterpretação mais ou menos pronunciada. O resultado é uma síntese nova, também ela mais vivenciada do que intelectualmente elaborada, em que suas próprias sugestões são transformadas e, do seu ponto de vista pelo menos, desfiguradas. Mesmo se a mentalidade que incarnam coletivamente chega a projetar sobre o espaço social de Canelas a imagem de uma classe que se organiza e tende a afirmar-se no seio da comunidade civil, o futuro das festas de Canelas – e, mais amplamente, das manifestações coletivas da vida social – não lhe pertence necessariamente. Pois ela tem de contar, até sem falar numa resistência que perde fôlego, com o fenômeno da reinterpretação popular, verdadeira fagocitose que tende tanto a fazer renascer o passado sob formas novas quanto, num movimento dialético, a transformar qualquer permanência em nova criação[23]. Vimos, por exemplo, como vários *cristãos modernos* não abandonavam sem matizes o apego à festa tradicional; e poderíamos constatar que o perfil dos *festivos antes de tudo*, fruto típico deste processo de embrulhada "modernização", recobre quase que exatamente o da totalidade (média geral) da população concernida.

Isso quer dizer que o que apelidamos a "massa" não é inerte. Nenhuma das mentalidades que analisamos é independente das outras. A mentalidade "tradicional", por exemplo, longe de um puro "em si" intemporal, também é

---

23. "Aquilo que, desde já, se pode ver de um lado ao outro do planeta, é uma mistura, variável conforme os lugares, de modos de ser novos, universais, que as técnicas, e também as ideias modernas, impõem ou arrastam consigo, com modos de ser mais antigos, particulares a uma população ou uma região, que sobrevivem de qualquer modo, mais ou menos vivazes, mais ou menos amputados ou enfraquecidos pela presença dos primeiros ou a combinação com eles" (DUMONT, 1991: 16).

fruto de uma evolução e de um diálogo conflitual, quer dizer de uma dialética. É frente à ofensiva modernizadora do vigário que se constitui, mais como uma reação à "Modernidade" do que como uma simples afirmação reiterada. Neste sentido, ela também é criativa, como qualquer fundamentalismo (GIELSSEN, 1995: 17-19). Simples "momento", então? Sem dúvida. Mas está claro que a ruptura cultural hoje instaurada é mais radical e mais profunda do que todas as que, desde há muito, a precederam: correspondendo à passagem de uma economia de subsistência para uma economia do excedente e de troca monetária, de uma acumulação aberta sobre a gratuidade para um consumo planificado e um investimento produtivo, ela transforma uma aliança vivenciada com um universo social e cósmico numa "visão do mundo" progressivamente conquistada e conquistadora, porque reflexivamente racional. É esse corte entre dois modelos culturais que aparece como decisivo, ele que implica a dualidade das religiões e não o contrário. Vê-se então o sentido muito particular das oposições entre "tradicional" e "moderno", e também entre "popular" e "oficial". A religião oficial identificou-se aqui ao campo da modernização, do espírito de análise intelectualmente positivo e crítico, da acumulação positiva e do cálculo, da planificação, da secularidade. Ela tende a reduzir a parte do "rito" a uma interioridade própria ao grupo social religioso e a abandonar ao "instrumento" (LE COEUR, 1969). O conjunto da vida social, que virou "profana". Ela constitui uma força de transformação, e bem o sabe. Mas pelo mesmo fato os seus representantes arvoram-se em elite dirigente, autoidentificando-se como os vetores da história e se constituindo em totalidade. Assim fazendo, eles se proíbem o entendimento, não só do que as camadas apegadas à tradição vivenciam de fato, mas dos próprios quadros mentais nos quais essa vivência, tornada significativa, é "meditada"[24]. O que pretendem problematizar não é a realidade da vivência popular, mas uma elaboração dessa vivência realizada por eles, a partir de uma grade intelectual que já não lhe corresponde mais. No exato momento em que pretendem estar à escuta do conjunto da população concreta, são as

---

24. Para retomar a oposição heideggeriana entre a "meditação" e o "cálculo" (HEIDEGGER, 1966: 164-167).

suas próprias perguntas que lhe colocam. Daí esse questionário, fechado no lugar sociológico de onde veio, lugar que não é aquele onde vive boa parte daqueles para quem se dirige.

Afinal, quais lições de método nos terá trazido o encontro ocasional com o questionário pastoral de Canelas? Penso poder resumi-las como segue.

Antes de tudo, a convicção de que acrescentar um estudo quantitativo à observação participante pode ajudar decisivamente a situar, no conjunto do espaço social pesquisado, os resultados obtidos. Mesmo se ele visa mais à radicalização universalizante do que à extensão em direção ao geral[25], o método antropológico é sempre suscetível de deixar algum resto: uma dúvida sobre o alcance real e a abrangência de fato de conclusões particularizadas. Nessa perspectiva, uma verificação quantitativa, embora não necessariamente estatística, pode trazer um suplemento apreciável de segurança. Velho problema, que não tenciono retomar aqui em toda sua extensão (cf. MITCHELLI, 1967, 1987). Limitar-me-ei a falar dos procedimentos particulares de que a experiência de Canelas me mostrou as vantagens,

Em primeiro lugar, a aplicação de um questionário tem maior interesse quando feita depois da etapa de observação participante. Para alguns ao contrário, ele se constituiria em instrumento de um primeiro reconhecimento do terreno, mas seria instrumento perigosamente deturpador, já que sabemos de há muito que qualquer recorte categorial *a priori* de representações, valores ou comportamentos pode significar simples confirmação dos estereótipos preconceituosos do antropólogo[26]. Ao contrário, a observação participante lhe terá em princípio ensinado a relativizar as suas categorias, evitar o uso das mais ambíguas, detectar as reinterpretações mais comuns e típicas dos seus "nativos". Isso lhe será preciso em dois momentos: quando da composição das próprias perguntas, e quando da interpretação dos resultados. Graças a uma longa observação participante, penso ter podido, em vários momentos dessa segunda etapa – a única deixada à minha iniciativa em

---

25. "Generalização/universalização" (PEIRANO, 1995: 15-19).

26. "Frequentemente o pesquisador não tem condições para julgar o que é e o que não é essencial antes de sua pesquisa atingir uma fase muito avançada. [...] Então é óbvio que ainda não está preparado para quantificar o seu material" (PEIRANO, 1995: 92).

Canelas – perceber e desfazer até as distorções naturalmente introduzidas, no momento de sua composição, num instrumento de natureza estratégica e pastoral. Determinado tipo de categorias pode, aliás, beneficiar-se especialmente dessa ordem de sucessão nas operações de pesquisa: os dados de identificação, que podem assim adquirir grande sutileza e flexibilidade, bem além das simples características de inserção social, ocupação, idade, instrução etc. habitualmente utilizadas. Pois a observação dialógica, as numerosas histórias de vida terão oferecido ao pesquisador hipóteses mais miúdas sobre recortes de identidade e correlações significativas[27]: tal tipo de família, tal socialização, tal experiência em tal idade, tal encontro, grupo frequentado, institucionalizado ou não, acontecimento vivido etc. O questionário é ocasião de testar e "quantificar" essas hipóteses.

Mas o primeiro achado marcante do questionário foi para mim a presença das duas perguntas finais, aquelas que mobilizavam imaginação, desejo, afetos. Em torno delas – e das três imagens de festa que ofereciam – podiam concentrar-se memória, experiência atual e prospectiva, para articular uma tomada de decisão globalizante. Representação e comportamento, os dois polos rivais da interpretação antropológica de certo modo estavam juntos implicados. Um pouco como quando Malinowski evoca a possibilidade de fazer reagir o "nativo" à evocação de casos apresentados como reais para suscitar seu posicionamento. Os posicionamentos implicados nas respostas às últimas perguntas seriam aqui suficientes para recortar a população em grupos significativos? A experiência mostrou que sim. E que uma partição em função de variáveis identificatórias fornecidas pelas próprias respostas ao questionário pode revelar-se perfeitamente produtiva numa análise "cultural". Com algumas condições, entre outras que as perguntas atinjam o cerne da problemática, tal como se apresenta aos inquiridos – e não ao antropólogo (o que implica mais uma vez que sua escolha seja operada depois de uma longa observação

---

27. Eventualmente mais inesperadas ainda – mas no mesmo sentido – do que aquelas que ocasionaram o progresso metodológico de Nathalie Davis: "As últimas obras de Davis ilustram uma sensibilidade a vários agrupamentos dentro da sociedade; esses grupos podem incidir em categorias socioeconômicas ou podem compartilhar vínculos diferentes, tais como ocupação, idade, sexo, confraria ou lealdade à comunidade de um povoado" (DESAN, 1982, apud HUNT, 1992: 65).

participante). E também com algumas limitações, por exemplo, o fato de que o número de peças do recorte seja necessariamente fixado de antemão através do número e da estrutura das próprias perguntas. Só o resultado pode confirmar se essa escolha condizia ou não com o fato social investigado.

Uma segunda perspectiva metodológica significativa foi se abrindo, parece-me, através dessa experiência, que a situa no cerne da problemática interpretativa contemporânea. O seu resultado articula dinamicamente o "constatado" e o "construído": partindo de dados numéricos reais e concretos, topicamente significantes, nem por isso pretenderá "descrever" uma realidade de grupos portadores de mentalidades monoliticamente definidas. Menos ainda pensará em recortá-los em sub-grupos, pelo esmiuçar das divergências entre seus membros, na ilusória esperança de chegar a um retrato detalhado e realista da população É de uma dinâmica cultural – e política – que o método nos permite aproximar, e ele o fará também dinamicamente, fazendo-nos passar, como já o dissemos, da quantidade à qualidade, do real ao virtual, de grupos efetivos a grupos lógicos.

Tambiah (1970: 40), falando dos "complexos cultuais" (das religiões) em que se reparte a população da Tailândia, "lógicas diferentes" que, no entanto, "não são mutuamente exclusivas em operação" afirma que "eles conformam representações coletivas separadas dentro de um campo singular, e o analista deve tentar entender a lógica de sua diferenciação, sublinhando distinções e relações". O meu "campo" era aqui mais unificado ainda, já que se tratava de um público paroquial limitado, mas pode se extender a lição: uma coexistência tensa de várias lógicas se reparte, nas sociedades, o campo das representações e do comportamento, mas nenhuma delas se exclusiviza necessariamente num grupo social particular.

O caso é mais patente ainda nas sociedades contemporâneas, onde coexistem "diferenças" sem que exploda a "totalidade" que as contém[28]. Uma cultura mais do que nunca é assim feita da articulação dinâmica de diversas versões dela própria ou até de diferentes vetores em certo nível contraditórios. O fato social é processual, somando sempre lábil e provisoriamente as dinâmicas de

---

28. Entre outros, Zaluar (1994, intr.).

encontro, embate, diferenciações e aproximações de diferenças, que se afirmam, se anulam, se reconstituem em planos multivariados e em momentos sucessivos da ação. Sem que nenhum grupo particular esgote alguma dessas lógicas, que nunca se cristalizam em qualquer lugar em estado puro.

Este caráter fluente não deve, no entanto, nos levar a esquecer o outro lado da moeda: o caráter de efetividade também conotado pela palavra "lógica". Pois tal fluxo social não é de todo aleatório, e as "lógicas" plurais que nele moram, se não determinam a história contribuem, no entanto, por seu embate a fazê-la.

"Lógica"... Não uma teoria, uma doutrina, uma síntese explícita e coerentemente sustentada. Mas o reconhecimento pelo analista do laço lógico que, em princípio, mantêm entre si várias afirmações presentes no campo empírico, e a explicitação do raciocínio lógico que, as unindo implicitamente, tende a orientar a ação. Trata-se de um tipo ideal, cuja coerência – eventualmente tensional – é fruto do trabalho do pesquisador. Mas esse "trabalho", é preciso insistir, não consiste numa reconstituição só inventiva, por "lógica" que ela possa parecer. Todos os elementos do raciocínio estão dados, e dados de antemão como agrupados nas respostas empíricas ao questionário, significados pela proporção que atingem essas respostas nos grupos fundamentais que foi possível recortar[29]. "Detecta-se" então uma lógica, ao mesmo tempo em que se a supõe.

Por outro lado, os grupos fundamentais que servem de base ao raciocínio são, eles, efetiva e simplesmente dados pela resposta estratégica às duas perguntas finais. Esses grupos são reais, mas a lógica virtual[30] que o analista reconstitui a partir do conjunto de suas respostas segmentárias não é sustendada na sua totalidade por ninguém em particular. Ela existe enquanto pano

---

29. Pelo cotejo permanente com a média geral, cujo conjunto desenha o perfil geral da mentalidade da população. Esta comparação que, em sentido amplo, é o princípio mesmo da análise fatorial, vai permitir reconhecer as particularidades de cada uma das lógicas cujo embate resulta no equilíbrio histórico que a média geral representa..

30. "Se concebermos o virtual como uma dimensão intermediária e em trânsito entre o real tangível e a pura imaginação, poderemos entendê-lo enquanto um *continuum* no qual, em um dos seus extremos, estaríamos mais próximos à pura abstração e, no outro, à realidade empírica" (RIBEIRO, 1996: 936).

de fundo, precisamente "lógico", que embasa e justifica uma opção global. Por sua vez essa justificação, lógica em tese, não significa na prática cotidiana (as "circunstâncias" de Tambiah, os "acontecimentos" de Sahlins, os "imponderáveis da vida real" de Malinowski, a "ação social" de tantos outros) nem uma adesão unânime do grupo à particularidade deste "argumento", nem uma adesão de qualquer um dos seus membros à inteireza da lógica.

Vê-se então como tal método parece predisposto a ajudar a reconhecer e respeitar a dupla "natureza" da história: por mais "ideal" que seja qualquer uma de nossas "lógicas", tendo sido detectada no campo real das respostas efetivamente dadas a idênticas problemáticas, ela significa uma força social. Através dos homens que, diferencial e imperfeitamente, a suportam, ela tende a levar o fluxo da história em determinada direção, contrariada neste intento pelas outras "lógicas", "ideais" e "reais" tanto quanto ela (i.e., "virtuais" – sabemos hoje o peso de realidade intencional que o termo conota), que vêm pesar sobre a história em outra direção. Pode ser que tenhamos assim em mãos um instrumento de descrição e até de medida para uma mudança social particular. Pois a visão do campo que assim obtivermos, por sincrônica que seja, representa um "momento", visivelmente prenhe de movimento e trajetória, pelas tendências cujo jogo a leva à transformação. Uma transformação de que talvez não seja de todo impossível, em certos casos, prever com plausibilidade as grandes orientações.

Pórtico II

Inculturação?
Da cultura à identidade, um itinerário político no campo religioso: o caso dos Agentes de Pastoral Negros (APNs)*

Provavelmente desde a sua "fundação", o campo religioso brasileiro caracterizou-se pela diversidade e o embate, mas também pela porosidade e a simbiose das identidades. Identidades individuais e até mesmo institucionais. Por isso, o eterno problema do pensamento social brasileiro, o problema da mestiçagem cultural, constantemente recalcado, mas teimoso no seu reaparecimento cíclico[1], tem sua vertente religiosa na questão do sincretismo. Não é propriamente dele que entendemos tratar aqui[2], mas simplesmente, a partir de um exemplo contemporâneo, mostrar como essa problemática tende a inscrever-se num quadro explicitamente político, mesmo quando emerge e começa a manifestar-se em termos religiosos ou inocentemente culturalistas.

O caso em análise poderia, de fato, intitular-se: "Catolicismo e negritude", um título que não precisa muita explicitação para suscitar as perguntas: "Religião"? "Cultura"? "Identidade"? "Política"? São essas perguntas que vamos tentar responder.

I

No início de dezembro de 1965, os jornais de Salvador anunciavam que uma missa seria celebrada na Basílica de São Bento, por ocasião de uma festa de formatura, que utilizaria na sua parte musical temas e instrumentos populares. Explicitava-se a presença de "atabaques, berimbaus", falava-se em

---

* *Religião & Sociedade*, 20/2, 1999, p. 55-72.

1. P. ex., recentemente, Schwarcz (1995).

2. Tentamos elaborar uma concepção do sincretismo além da controvérsia a seu respeito em Sanchis (1994), e dizer algo sobre o Brasil sociogeneticamente sincrético em Sanchis (1995, 1997).

"missa do morro" (*Diário de Notícias*, 11/12/1965). Aludia-se a experiências análogas realizadas na África.

Tais alusões foram suficientes para que, antes mesmo da efetiva celebração, a controvérsia se inflamasse: através dos jornais, na rua, em programas de televisão.

De fato, a presença intencional dos cultos afro-brasileiros impôs-se de imediato à imaginação dos contendores: o tema musical inspirava-se de uma melodia de candomblé[3], os atabaques utilizados tinham sido emprestados por um terreiro amigo e o clima geral da música "evocava – como dizem os adversários na sua correspondência ao jornal – ambientes profanos, festivos e sensuais, licenciosos" (*A Tarde*, 14 e 17/12/65). Ambientes que outros identificam diretamente como sendo os do candomblé:

> Tiveram o impudor de nos fazer assistir à missa do morro, em que instrumentos combatidos pelos verdadeiros sacerdotes de Jesus Cristo, porque são instrumentos utilizados nos cultos e nas cerimônias pagãs, contrários aos sãos e tradicionais princípios da Igreja, viram-se triunfalmente recebidos nos recintos sagrados (*A Tarde*, 17/12/1965).

"Fechando os olhos", escreve outro correspondente, "eu tinha a impressão de encontrar-me no meio de uma floresta africana, ou num terreiro de candomblé, ouvindo as lamentações dos oguns" (*A Tarde*, 21/12/65).

Por isso mesmo, o antigo reflexo de cruzada emerge desses textos[4]: "Culto pagão", "centro e templo das superstições" (*A Tarde*, 16 e 17/12/65):

> Para mim é o candomblé que vai triunfar em toda a linha. Em vez de ver os seus membros converter-se à Igreja Católica, ver-se-á muita gente que nunca a ele assistiu desejar agora conhecê-lo, já que a própria Igreja transfere para dentro dos recintos sagrados suas harmonias e seus instrumentos (*A Tarde*, 16/12/1965).

---

3. Uma invocação a Xangô, recolhida por Mário de Andrade. Curiosamente a sensibilidade de um comentarista de Recife, oponente à missa, dois anos mais tarde detectará espontaneamente tal alusão: "Muitas vezes subia a voz do celebrante, e quando pronunciava a palavra: 'Senhor!', dirigindo-se, é claro, a Jesus Cristo, o ouvinte temia que o padre tivesse dito: 'Xangô'" (*Jornal do Commercio*, 17/01/1967).

4. Às vezes num tom menos ríspido, de galhofa: "E quando acaba o doce canto, quando a missa chega a seu fim. O celebrante, abraçado ao pai de santo, dá graças ao som do tamborim" (*A Tarde*, 05/01/1966).

Ou ainda:
> Os pais de santo devem estar eufóricos, satisfeitos, felizes. Beneficiaram-se de uma propaganda inteiramente gratuita e têm agora a seu favor excelentes argumentos para a conquista de novos adeptos: seus instrumentos e suas músicas têm tanta excelência que são adotados até nas Igrejas... (*A Tarde*, 15/12/65).

Também sob pena dos organizadores ou defensores da missa do morro, o candomblé torna-se bem presente. Evidentemente num outro sentido:
> Quanto à afirmação de que "a missa celebrada no Mosteiro de São Bento poderia ter sido celebrada num terreiro de candomblé", ela representa somente o indício de um espírito anticristão, anticatólico, antidialogal, tal infelizmente que domina ainda em muitas pessoas, esquecidas da afirmação de João XXIII, que marca o Concílio e as reformas por ele promovidas: "O Concílio não foi convocado para condenar, mas para salvar", indicando assim aos homens o caminho da verdade e do amor. Se tivéssemos maior caridade para com os adeptos do candomblé ou de qualquer outro culto, europeu, chinês ou africano, talvez não disséssemos que essa missa poderia ser celebrada num terreiro, mas que muitos terreiros poderiam ser transformados em templos do Deus vivo e único, do Deus que ama todos os homens e os quer a todos unidos no seu amor.

Nenhuma surpresa diante de tal pensamento, apesar da data já antiga (1965...), para quem acompanhasse naqueles anos a atuação do abade beneditino de Salvador, Dom Timóteo Amoroso Anastácio, que veio romper longos anos de hostilidade – ou no melhor dos casos indiferença – da Igreja institucional a respeito do candomblé[5].

Eleito abade em setembro de 1965, de origem mineira, mas monge do mosteiro do Rio de Janeiro, tendo colaborado com a Comissão Nacional de Liturgia da CNBB nesses primeiros anos do Concílio Vaticano II, quando a Reforma Litúrgica começava a se expressar em termos de "aculturação"[6], logo chegado a Salvador, Dom Timóteo entabulou com vários terreiros de

---

5. Indiferença já temperada de respeito pelo Cardeal Dom Avelar Brandão Vilela, anterior arcebispo (FRISOTTI, 1995: 13).

6. O termo precedeu, no *set* de categorias eclesiásticas seminais, a atual categoria de "inculturação". Ele conotava então uma "tradução" da liturgia no vocabulário cultural expressivo dos vários povos. A sua presença, por si só, orientava as preocupações para a área da "cultura" nas perspectivas do culturalismo clássico.

candomblé e suas respectivas mães de santo relações de amizade e de troca, inclusive ritual:

> Você vê que seriedade isso representa. Um ascetismo e uma crença muito grande. Não é uma coisa puramente folclórica, mas é realmente uma experiência de Deus muito autêntica. Então admiro muito e faço o possível para manter esse contato (TAVARES, 1995: 222).

Na época da controvérsia a propósito da missa do morro, no entanto, os seus contatos com o candomblé não tinham atingido o grau de compreensão e de premência que os caracterizará em seguida, e as perspectivas defendidas tanto pelo abade quanto pelo celebrante, pelo autor da "missa" e pelos articulistas ou entrevistados seus defensores – entre os quais o próprio núncio apostólico e Alceu Amoroso Lima – inscrevem-se mais estritamente no tema geral da necessária "aculturação" da liturgia, capaz de dotar o cristianismo da polivalência cultural que o torne realmente "católico". É o próprio abade que o expressa:

> [A "aculturação" não visa somente uma melhor participação dos fiéis]. Este esforço tem um motivo doutrinal mais profundo. Longe de ser puramente oportunista ou demagógico, ele é o postulado da implantação do cristianismo, que não se completa senão quando as culturas dos diferentes povos são assumidas e valorizadas no culto, passando, é claro, pela purificação necessária a todos os valores humanos. Para salvar o homem, o Cristo pode assumir seus valores (*Jornal da Bahia*, 21/12/65)[7].

É, pois, em torno de uma nova relação da Igreja com a cultura que se dará o essencial da controvérsia, e é antes de tudo no interior das perspectivas de uma cultura (1) brasileira e (2) popular que alguns traços das religiões afro-brasileiras serão assumidos ou evocados. Neste sentido, os organizadores e/ou partidários da missa do morro, todos associados de mais ou menos perto ao esforço institucional e reformador da CNBB, supõem a existência de uma "cultura mestiça" brasileira. O sincretismo não é por eles nem pastoralmen-

---

7. Vê-se que o problema essencial que será, mais tarde, o do novo tipo de missão, querendo "inculturar" o Evangelho às civilizações e às religiões que elas implicam, ou ainda, com os APNs, o problema do macroecumenismo, está já colocado: Que poderá significar esta "purificação" do "outro" a partir e conforme os critérios do "nós?" Por outro lado, anos depois, numa entrevista, Dom Timóteo responderá em parte implicitamente a esta objeção, frisando que "também a religião revelada é sujeita a deformações tremendas..." (TAVARES, 1995: 217).

te programado[8], nem de fato negado ou ignorado, muito menos desprezado quando com ele se deparam: "E nós somos católicos!" (TAVARES, 1995: 217)[9]. O universo cultural, em todo caso, onde evolui e através do qual se expressa o candomblé identifica-se com o mundo de expressão, comunicação e sentido que caracteriza um grupo humano na sua globalidade: o da sociedade baiana ou brasileira. Como uma parte deste mundo, a ele bem presente e nele em vários níveis ramificada[10]. Naqueles primeiros anos do regime militar, quando, para os vencidos da véspera, "povo" significava uma totalidade[11] e, para a parte progressista da Igreja, "pobre" começava a se revestir da aura quase sagrada que os famosos textos de Medellín e Puebla lhe conferirão, as expressões de "cultura brasileira", "cultura popular" incluíam, sem distinções nem recortes, todas as manifestações que, juntas, expressavam "o Brasil". A corrente ideológica à qual se filiavam esses militantes da pastoral pós-conciliar coloria-se de nacionalismo unanimista. Culturalmente, o seu Brasil era "sincrético". Curiosamente até, e numa direção que não se compreende senão dentro do contexto das acusações que ele entende refutar, um correspondente afirma: "Em primeiro lugar, não se trata de música inspirada nos ritmos afro-brasileiros, menos ainda de samba" (*A Tarde*, 20/12/1965). Sem dúvida pretende assim negar o caráter particularista e profano que alegam os adversários. Pois de modo geral o pensamento do grupo é mais claro: pretende-se abrir a porta à expressão musical da "alma brasileira", ao "gênio brasileiro" (*Diário de Notícias*, 11/12/1965).

> Os cantos [da missa do morro] obedecem a uma inspiração musical de caráter popular e brasileiro. Os instrumentos também são populares no Brasil [...]. Exorto os assistentes a ver nesses ritmos, nestas melodias, nesses instrumentos [...] uma mensagem sal-

---

8. "Sem pensar no sincretismo", de Dom Timóteo (TAVARES, 1995: 215).

9. Ou ainda: "Uma vez eu perguntei a Dona Olga de Alaketu (uma das importantes mães de santo de Salvador, hoje dona também de uma 'casa' em São Paulo) quem era Olorum. O nome de Deus supremo, este Deus transcendente. 'Oi, Dom Timóteo, é a Santíssima Trindade: Pai, Filho e Espírito Santo'" (TAVARES, 1995: 217).

10. Dom Timóteo, mais tarde, contará esses tempos: tratava-se, para a liturgia, de "esposar a cultura baiana". "E evidentemente não podia deixar de ter um contato com a religião afro-brasileira, que é uma expressão tão eminente da cultura do povo da Bahia" (TAVARES, 1995: 215).

11. Pense-se no nacionalismo Isebiano, nos movimentos de cultura popular, na representação, em toda a parte presente, do sujeito popular como vetor principal da história, na redefinição da totalidade cultural pela emergência englobante da camada "fundamental", no Cinema Novo, na MPB etc.

vadora do Cristo, que [...] nos fala na nossa língua e através dos sinais que constituem o nosso universo mental (*Jornal da Bahia*, 17/12/1965).

Por sua vez, Alceu Amoroso Lima puxa para o lado teológico-pastoral a lição. Mas a mesma lição:

> O Concílio abriu uma era nova para a Igreja, uma nova fase de contato mais direto com o povo e seus problemas. A missa do morro é a concretização de um contato direto da Igreja e do povo. A utilização na celebração da missa dos instrumentos musicais populares é por si só uma integração [...]. A Igreja, sem renunciar a seus dogmas, se une mais ao povo, fala uma linguagem que este entende (*Jornal da Bahia*, 19/01/1966).

Tudo isso permite a determinada militante da base "exultar diante da iniciativa que constitui a missa do morro. Enfim, na nossa terra, conseguem entrar em nosso culto os instrumentos populares, repudiados até então porque se lhes atribuía um caráter pagão" (*A Tarde*, 07/01/1966).

Mas é exatamente essa visão da cultura, da cultura brasileira, da sua cultura, que os adversários da missa do morro recusam apaixonadamente. Nada têm em comum eles, cidadãos de uma capital civilizada, com esses "primitivos", "selvagens", que se referem à África!

"Não somos botocudos do Congo!... [sic]. Respeitem-nos ao menos como um povo menos atrasado do que os africanos!" (*A Tarde*, 14/12/1965).

> Enquanto o governo tenta suprimir o analfabetismo e se preocupa com a elevação cultural do povo, que não pretenda uma ordem religiosa – e precisamente a Ordem de São Bento, depositária fiel das tradições de Solesmes[12], transformar nossa cidade, uma capital civilizada, nossa Bahia, num sertão "selvagem" da África Central (*A Tarde*, 21/12/1965).

Isso seria manifestar uma cultura "selvagem", "primitiva", "atrasada": expressões semelhantes voltam com frequência, na verdade, para caracterizar os elementos populares utilizados na missa do morro. A própria expressão: "missa do morro" faz-se acompanhar de um indignado ponto interrogativo,

---

12. Abadia beneditina na França, célebre por sua atuação numa reforma da liturgia de cunho para-aristocrático, no século XIX, e muito especialmente pela restauração do canto gregoriano na sua pureza.

bem como o nome de alguns instrumentos, "instrumentos e ritmos bárbaros, que eles querem introduzir na nossa religião" (*A Tarde*, 17/12/1965).

Nessas condições, qual poderia ser a tradição cultural que se diz ser a da Bahia, da Bahia religiosa pelo menos, ou que se deseja para ela? É o Mosteiro de São Bento e o canto gregoriano de Solesmes (*A Tarde*, 21/01/1966), são "os grandes compositores medievais, como Pierluigi da Palestrina, Giovani Gabrieli, Orlando di Lasso, Felice Americo Vitoria, e outros" (*A Tarde*, 21/12/1965), ou ainda "as belas e expressivas missas do Abade Perozi e outros compositores inspirados. Por que repudiar essas obras-primas e preferir um conjunto de cordas ou um coral à missa ao som dos atabaques?" (*A Tarde*, 17/12/1965).

O leitor deve ter notado que em nenhum momento se trata dos "negros" da Bahia enquanto tais. Quando os mais benevolentes dos adversários da missa aludem ao "povo", cuja expressão musical utiliza os elementos ditos "africanos", é feita referência a esse povo mais através de uma característica econômica e social: "As classes mais humildes e acostumadas ao candomblé e à macumba" (*A Tarde*, 15/12/1965). Esse artifício conceitual permite a, toda uma agressividade não disfarçada, reduzir os "africanos" a uma espécie de avós longínquos e quase míticos. Para as "camadas mais humildes da população" (*A Tarde*, 14/12/1965), ao contrário, se manifesta uma simpatia preocupada (*A Tarde*, 14/12/1965), pois são consideradas como partes integrantes de uma mesma sociedade, a que tem por modelo cultural homogêneo o de uma "capital civilizada" (*A Tarde*, 17/12/1965), das missas de Perozi ou do canto gregoriano. Em momento algum se parece pensar que a cultura baiana – ou simplesmente brasileira – bem poderia ser fundamentalmente complexa, "ambivalente nos seus contrastes euro-ocidental e afro-oriental" (RODRIGUES, 1966: 112).

Vê-se o tratamento contrastado que recebe, nesses dois grupos sociais, a problemática cultural do jogo de unidade e pluralidade que faz o Brasil; vê-se também a redução cultural do negro à de "homem invisível"[13]. De um lado, uma elite econômica e/ou cultural, inclusive em parte religiosa, se recusa a considerar como digno do nome de "cultura", menos ainda como sua cultura, os elementos expressivos – musicais, emocionais, imaginários e também reli-

---

13. Cf. o título do romance de Ralph Ellison: *Homem invisível, para quem cantas?*

giosos – de que vive a maior parte do grupo social que ela integra. Do outro lado da controvérsia, uma afirmação de "mestiçagem" e "não pureza" pode revestir-se, nessas circunstâncias, de um caráter politicamente progressista, longe das implicações de apologia do "embranquecimento" que parecem hoje a muitos estarem-lhe intrinsecamente associadas.

> As inovações, comenta a *Herder Correspondence*, que consagrou uma longa reportagem à missa do morro e suas congêneres em outras partes do mundo, viraram fofocas da sociedade em seus bailes e *cocktails*, monopolizaram páginas inteiras dos jornais e foram ardentemente discutidas nas ruas. O *establishment* da Bahia declarou que a Igreja de São Bento estava passando ao vodu. Membros do cabido metropolitano e dois monsenhores da arquidiocese, profundamente chocados, exclamaram que era sacrilégio introduzir ritmos voluptuosos na liturgia (*Herder Correspondence*, 1966: 175).

A infidelidade era fundamentalmente cultural, religiosa porque cultural, bem como, no campo oposto, a abertura e a generosidade, mesmo se traduzidas no plano de relações inter-religiosas fraternas, encontravam seu fundamento numa dupla reivindicação, também de ordem cultural: por um lado, o Evangelho clama por se expressar em todas as linguagens culturais, e por outro o grupo social brasileiro, por sua vez globalmente embora desigualmente marcado por traços específicos – entre os quais aqueles de origem africana, cuja matriz local é o candomblé – tem direito a se expressar como cristão sem deixar de ser brasileiro. Do povo negro enquanto tal, de suas raízes culturais que, sendo-lhe próprias, o constituiriam num universo de representações – visão do mundo e *ethos* – "outro", não se fala explicitamente. O "outro" de uma tradição cultural "alienada" é precisamente o "brasileiro", cujo patrimônio cultural é comum: "Agora, sim, nós temos a nossa música litúrgica e nossos próprios instrumentos", exulta o prior celebrante (*A Tarde*, 21/12/1965); e um jornal do Recife, depois de uma entrevista com o autor: "A novidade da missa do morro consiste na utilização da música e dos instrumentos brasileiros no lugar da música sacra tradicional" (*Diário de Pernambuco*, 15/11/1967)[14].

---

14. É claro que isso implica uma refundação da categoria de "música sacra", bem como, mais profundamente, da do "sagrado" em geral (SANCHIS: 1987/1988). Mas o nosso recorte é aqui estritamente delimitado.

Serão precisamente alguns daqueles "monsenhores" da arquidiocese que, surpreendidos nas suas reações no terreno mesmo da cultura, vão nos revelar que aquilo que reivindicavam como *sua* cultura, na verdade constituía o seu projeto estratégico de identidade.

Alguns meses depois da proibição episcopal para a celebração da missa do morro, bem depois de que, a pedido da juventude, ela tinha sido cantada na sessão reinaugural do Teatro Castro Alves restaurado, a diretora do coral que a havia executado naquela ocasião – já que pessoalmente ela havia dirigido sua execução nas duas missas de formatura – foi convidada para assegurar com o seu grupo o canto de uma missa campal, que reuniria parte das autoridades eclesiásticas locais. Na intenção de sondar as sensibilidades e de pôr em cheque as reações contrárias, ela escolheu, sem dar nome nem tecer comentários, a mesma missa do morro, tomando o cuidado de tornar mais discretos os instrumentos "diabólicos", atrás das arquibancadas onde os cantores observariam esmerada compostura. Tocaram violões, atabaques e berimbaus, mas ninguém anunciou explicitamente sua presença. Não houve agressão "categorial", no plano da ideologia.

A missa foi acompanhada com fervor e, na hora da dispersão, os mesmos eclesiásticos que, por sua insistência depois das missas de formatura, tinham conseguido obter do bispo a anterior proibição, aproximaram-se da maestra para cumprimentá-la efusivamente:

– "Dona R., dessa vez a senhora acertou. Isso falava à gente, era realmente 'nosso', e sem os excessos da última vez"!...
– Mas, na época, o senhor assistiu à missa? Estava pessoalmente na Igreja de São Bento?
– Não pessoalmente, mas pelo que me contaram...
– Fique sabendo então, monsenhor, que a missa cantada hoje foi a mesma que naquela ocasião!"

A anedota parece-me justificar a distinção, importante de ser estabelecida, entre o que poderíamos chamar (a) cultura: os elementos de sensibilidade, de *habitus* epistemológico, motor, de valorização ética que, transmitidos pela primeira socialização, depois constantemente e sobre essa base reforçados, redirecionados e transmutados, acabam se identificando dinamicamente com o que o sujeito "é"; e (b) identidade: o que o sujeito pretende ser, aos olhos dos outros e a seus próprios olhos, eventualmente até o que ele se esforça para se persuadir que ele é.

Nossos monsenhores, na sua autodefinição consciente, queriam-se frutos da cultura de uma "capital civilizada", nada tendo em comum com expressões culturais "outras", próprias "[d]as classes mais humildes, acostumadas ao candomblé e a macumba", mas foram surpreendidos na reação espontânea de uma sensibilidade formada desde a infância, até talvez à sua revelia, por uma expressão musical que, uma vez despida dos rótulos de "popular" e "africana" que no caso anterior haviam suscitado sua repulsa, eles reconheciam agora como "deles". Sua *identidade* não queria admitir nenhum "sincretismo", nem mesmo em nível de afinidades culturais, mas a sua *cultura* real resistia a essa estratégia identitária.

Tal não será o caso – eventualmente até o caso poderá ser significativo em direção contrária – com os APNs vinte anos depois.

II

Entre esses dois "casos", com efeito, inserem-se dois "momentos" fontes de amadurecimento e correção de rumos, nos dois registros diferentes da religião e da política. Em primeiro lugar, na década de 1970, a elaboração e a extensão de uma teologia nativa, a Teologia da Libertação. Nela, a mediação entre a fonte da revelação e sua tradução racional em teologia é assegurada, não mais, como nas escolas teológicas tradicionais, por uma filosofia, mas por um trabalho analítico de Ciências Sociais, seu instrumento teórico sendo, em parte, o marxismo. As Comunidades Eclesiais de Base cujo surto a acompanha, "nova forma de ser Igreja", vêm completar esse retorno da fé ao concreto de uma problemática social coletiva e assegurar o mergulho na espessura do político, tanto na sociedade global quanto no seio da instituição eclesiástica.

O segundo "momento", no fim da década dentro e fora da Igreja, vê organizar-se, sob modalidades diversas, o movimento negro, retomado, em termos também diretamente políticos, das associações negras de 1930.

A conjunção dessas duas perspectivas devia suscitar, no interior mesmo da Igreja – especialmente católica – uma reflexão engajada dos negros sobre a sua própria situação, na sociedade e na Igreja.

As primeiras reuniões (1978-1980) foram convocadas pela cúpula da Igreja no Brasil, Linha 2 (Ação Missionária) da CNBB. Um tema as dominou, o que evidencia uma orientação de primeira hora: "ser negro na Igreja Católica do Brasil". Os dois espaços, secular e religioso, ao mesmo tempo distinguidos e unidos, e uma forte conotação de um programa de afirmação identitária: "ser"! Da cultura à identidade, talvez seja essa a trajetória implícita, que acaba aflorando nos resumos conservados das discussões iniciais do grupo, trajetória percorrida pelos militantes negros durante os anos em que o movimento popular católico, por ideologia e método, tendia a desconfiar de qualquer fundamentação do seu olhar em categorias sociais outras que as "classes". Quando se começou a falar em "negro" explicitamente, não se voltou às perspectivas culturalistas anteriores – por mais "populares" e "progressistas" que estivessem suas versões –, mas foi-se além da Teologia da Libertação, sem nada renegar de suas exigências políticas. Posicionar-se existencialmente e de maneira engajada diante da "situação do negro no Brasil", e "na Igreja do Brasil", não era, para esses militantes, afastar o seu olhar do "pobre", mas dar um passo além em direção a sua mais precisa identificação ("descobrir a face concreta deste pobre", dizia-se: um povo negro oprimido e marginalizado).

Nem por isso desapareceu por completo o tema da cultura. Já no terceiro encontro (Brasília, setembro de 1981) a atenção se volta para a "possibilidade de a liturgia católica integrar elementos da cultura africana", elementos que se tenta enumerar: atabaques, danças, músicas de ritmo afro. A evocação da temática da "autenticidade" a propósito desses traços (VALENTE, 1994: 93), se ela lembra as perspectivas do culturalismo tradicional, não chega a esconder as exigências da nova postura: trata-se de "identidade" e de "política". Como o dizem analistas do movimento negro em geral,

> A forte tematização da "cultura negra" remete sem dúvida à construção de uma identidade racial positiva. Nesse sentido, é através da cultura que se procura forjar uma identidade negra, apresentando a cultura, no caso, uma função essencialmente política (DAMASCENO, 1988: 2).

Da cultura à política, pela mediação da identidade

Esse fato será confirmado nos encontros seguintes, bem como nas reuniões intermediárias do grupo de trabalho mais encarregado da elaboração programática. Contestar-se-á, por exemplo, a natureza "pastoral" do novo movimento que, tendo tomado o nome de Grupo de União e Consciência Negra, não quis limitar o alcance político de sua ação e viu por isso rapidamente destacar-se dele um ramo mais dedicado ao horizonte religioso e às tarefas pastorais. Nasceu assim em 1983 o Movimento dos Agentes de Pastoral Negros (APNs) (Anônimo, 1993).

O estudo de seus documentos públicos e o encontro de alguns de seus militantes mostra que seu programa parece ter chegado a certo grau de definição, e na sua consciência três níveis são perceptíveis:

• O da dignidade do negro e de sua cidadania, profana e religiosa (ausência de discriminação no mundo do trabalho e nas estruturas de poder, acesso aos escalões institucionais de gerenciamento do sagrado, reconhecimento da sua capacidade mística). O problema é de *identidade*, e do espaço onde essa identidade possa desdobrar-se em plenitude, na cidade e na Igreja. Este problema é primeiro e seminal.

• Mas essa identidade vai além de uma afirmação formal: ela implica o reconhecimento e a valorização orgulhosa da *cultura* própria, tanto em nível da visão de mundo elaborada pelo cristianismo – e especificamente o catolicismo – (nível da teologia e da ética) quanto em nível do culto: uma liturgia "afro-brasileira". É claro que, nesses dois pontos, complexos, existem divergências internas ao próprio movimento.

• Enfim, nesse terreno da cultura afro (ou afro-brasileira, ou negra), e para alguns como que cristalizando essa identidade, os militantes encontram uma expressão *religiosa* tradicional, que lhes parece ter servido, na história, como instrumento de resistência tanto da cultura quanto da dignidade negras: as religiões afro-brasileiras, especialmente o candomblé.

Identidade, cultura, religião, o grupo se situa assim na encruzilhada de várias tensões, que o definem:

Ele nasceu dentro da corrente da Teologia da Libertação, mas se distinguindo dela na medida em que esta reduzia em um nível único – o das classes, ou, mais simplesmente, da pobreza – os conflitos estruturais na sociedade brasileira. Para os APNs, a variável "negro" (utilizam para expressá-la as categorias de "raça" ou de "etnia"), bem como a variável "mulher" – sobretudo quando se somam – criam outras articulações de conflitos.

Assim, ele se situa no campo do movimento negro, mas se distinguindo dele – e, em certos casos sendo por ele visto com certo receio – não tanto por causa de sua dimensão explicitamente religiosa, mas por ser esta dimensão cristã, diria até insistentemente: católica (à diferença do movimento análogo nos Estados Unidos). Pois se de um lado, pensa parte do Movimento Negro Unificado, a Igreja colaborou com o esmagar histórico do povo negro, de outro lado só o candomblé expressa a negritude no campo da religião (VALENTE, 1994: 126).

Ele se elabora, enfim, dentro da Igreja Católica, aceito pela hierarquia e até integrado por bispos, mas os seus militantes, eventualmente membros de outras Igrejas cristãs, estão preocupados pelo resgate histórico de uma dignidade ferida com a cumplicidade da Igreja e por ela mesma. Por outro lado, a vontade de "inculturação" da instituição, que poderia se traduzir por uma "pastoral" específica (pastoral dos negros) e/ou uma liturgia afro-brasileira, não lhes agrada necessariamente, já que alguns deles, prolongando as hesitações iniciais do Grupo de União e Consciência Negra, se recusam a serem "objetos" de uma pastoral específica (Por que um cuidado especial para com os "negros"? Seriam diferentes aos olhos da fé?) e também a receber, toda pronta e cozinhada no andar de cima[15], uma liturgia própria. Um período criativo e efervescente das comunidades lhes parece mais aconselhado, inclusive para permitir que o empreendimento amadureça, longe de perspectivas meramente expressionistas, espetaculosas, quem sabe até orientadas para a simples procura de um "público" (ROCHA, 1998: 187-191).

---

15. Com o apoio explícito do Vaticano, a CNBB está pensando na preparação de um ritual "afro-brasileiro". Mas Roma entende cercar esta iniciativa de todas as cautelas manobráveis de longe e do alto, como no decorrer de processos semelhantes na África (Zaire, p. ex.). O resultado, para alguns militantes, não poderia representar outra coisa senão uma nova camisa de força, exoticamente colorida.

Enfim, ele encontra o universo das religiões afro. E aí emerge o problema do sincretismo. Temos de nos demorar um pouco nesta análise.

Em primeiro lugar, é preciso lembrar que o encontro do candomblé (acessoriamente da umbanda, facilmente considerada, no entanto como menos "puramente" fiel às raízes) se dá nas perspectivas de uma afirmação de identidade. Se, no tempo da missa do morro, o candomblé, além de uma religião para alguns profundamente respeitável, podia aparecer como um monumento cultural, feito de traços tipicamente expressivos e que se prestavam a empréstimos segmentários, para muitos dos APNs de hoje a sua missão é outra: trata-se de um processo de procura e construção social, dominado pelas perspectivas de uma tarefa a ser valorizada. Veem-se a si próprios como militantes da "negritude", que se querem inteiriços na sua afirmação identitária étnica.

Por outro lado, a comunicação é intensa entre as linhas ideológicas dos vários segmentos do movimento negro. Para alguns dos APNs também o candomblé "faz parte" de uma identidade a ser recuperada nos subterrâneos de uma história por eles meio esquecida, porque censurada pela cultura nacional – e religiosa – dominante.

Enfim, esse encontro da "religião dos ancestrais" reveste-se, para alguns entre eles, de um caráter de descoberta maravilhada. A sua socialização estritamente católica[16] os levou a desconhecer – ou até desvalorizar e – por que não? – diabolizar – uma religião que agora lhes aparece como "também minha", e "tendo muita coisa para nos dar".

Estamos, pois, encontrando um caso quase paradigmático e consciente do sincretismo tal como pensamos que se poderia definir: a transformação de elementos da própria identidade em função do encontro com o outro.

O que torna mais agudo o problema, aliás, é que, até o momento, não parece enfraquecer-se, na maioria dos casos, o reconhecimento da identidade matriz, a católica. Apesar de eventuais dificuldades de militantes com deter-

---

16. Nesse ponto, é necessário introduzir diferenciações geográficas profundas: a socialização "típica" do "negro mineiro" e a do "negro baiano" vão, sem dúvida, resultar em produtos dificilmente compatíveis. Como se expressava o líder de uma sociedade negra de Salvador, a propósito do arcebispo, negro mineiro que, a seu ver, desconhecia a verdadeira situação religiosa da Bahia: "Parece que pretende fazer da Bahia uma província de Minas" (Entrevista, janeiro de 1995).

minados segmentos e níveis da hierarquia, nada orienta o observador para detectar ameaças de cisma ou rupturas. Ao contrário, seja dito, do que aconteceu nos Estados Unidos, onde, seguindo os ditames de uma "cultura denominacional" de origem protestante, um grupo católico negro já se constituiu em "Congregação Católica Afro-Americana" (1989) de estrutura episcopal e logo sujeita a cismas internos ("Rito Católico Afro-americano Independente", 1990, igualmente episcopal) (SHARPS, 1994). No Brasil, as entrevistas parecem ao contrário indicar um reforço – junto com sua transformação – da consciência católica daqueles que fazem a "descoberta" de sua vocação também candomblecista. O problema não ameaça o sentimento de pertença à Igreja, mas leva a um novo desenho de política religiosa intrainstitucional, apontando, naquelas consciências, para uma concepção alargada da "catolicidade", precisamente na sua característica fundamental de abrangência.

A afirmação identitária, aliás, é suscetível de revelar casos extremos de "invenção" ou "reinvenção", em que o impulso para encontrar "raízes" inexistentes, desconhecidas ou violentamente confiscadas, joga uma pessoa ou um grupo numa ansiosa procura, individual e coletiva, que pode culminar, longe de uma descoberta "fundada na realidade", na livre e deslumbrada adoção de uma genealogia sabidamente fictícia. Paradigmático de processos desse tipo – mas fora do movimento dos APNs, o caso desta antropóloga, filha de professor vienense judeu livre-pensador e, pela mãe, neta de rabinos[17]. Privada de contatos com a totalidade da família, exterminada na fossa comum, "era uma judia que não tinha nenhuma relação com judaísmo". "Eu não tinha religião nenhuma, não era batizada, não era judia no sentido de que não conhecia a tradição judaica, então eu me dizia agnóstica, sem saber muito bem o que significava ser agnóstico". Uma "identidade", afinal, "centro-europeia", feita de familiaridade com a arte, a cultura, mas levada pela história longe de tudo que podia ajudá-la a se reconhecer e definir-se. E, de repente,

> Conheci o terreiro dos Eguns na Ilha e eu disse: "O grande ponto de ancestralidade!" E aí começou a crescer, procurando encontrar em mim a ancestralidade, não sabia – qualquer que ela seja. Não conhecia nenhum, não conhecia nenhum – fora papai e mamãe só

---

17. Entrevista com Juana Elbein dos Santos, janeiro de 1995.

conheci um tio muitos anos depois – não conhecia nenhum parente meu porque os parentes de minha mãe foram todos fuzilados na fossa comum, que nem se sabe aonde fica [...]. Então eu não tenho ancestralidade. Minha ancestralidade é o mundo, são as pessoas, os seres humanos, não sei. E o terreiro. *O terreiro me dá uma sensação de, bom, eu tenho um canto, apesar de que sei muito bem que não é o meu* (grifo nosso).
Uma ancestralidade positiva, os ancestrais que vêm, que se vestem com veludos, com espelhos, sabe? Que falam com seus descendentes, que resolvem problemas comunitários, que estão presentes na cabeça da comunidade, é uma coisa extraordinária. Então é isso[18].

Pensa-se no Pai Júlio de Obá, informante de Rita Segato na Argentina (SEGATO, 1991), "uma das pessoas mais brancas que já encontr[ou]", "furiosamente ruivo", e que declara, como uma constatação e um programa: "*Yo soy negro!*", enquanto outro informante, Gustavo, explica: "Aqui na Argentina mataram a raiz. É necessário ir buscá-la onde ainda há, onde ela está forte. É no Brasil onde nós vamos buscar essa raiz, porque lá ainda tem".

Enxerto identitário, nesses casos todos, que, no nível do consciente, põe a nu a mola mestra que comanda o impulso a procurar se definir e situar-se por meio de uma memória. Sutil processamento de *syncresis* entre duas "memórias", uma que se apresenta como "dada" – apesar de ser fruto de processo anterior de constituição –, a segunda inteiramente introduzida pelo encontro do "outro", como aquele do poeta *nesta altura do meio da vida*. Ora, encontramos no meio social dos APNs um leque de situações equivalentes: brancos que se "identificam" mística (e politicamente) com esse povo, querendo sofrer com ele sua triste história e seu aprumo libertador. Mais sonhado, a meio caminho entre uma procura e uma invenção, este depoimento de um padre, fenotipicamente "branco" e participante ativo dos APNs e de suas liturgias: "Não, ainda não sei se sou negro. Descendente de índio, já verifiquei: sou. Mas de negro, ainda não cheguei lá. Mas chego" (Entrevista, março de 1994). Mais ainda para o lado de uma imprevisível "reinvenção", o caminho desse outro padre "filho de italianos e de alemães", absolutamente confundível fe-

---

18. Cf. o caso, análogo e curiosamente oposto do Padre Eric de Rosny (1981) que no decorrer de sua iniciação *douala* teve de invocar seus próprios ancestrais.

notipicamente com o mundo das colônias sulistas, mas que seus encontros pastorais levaram a se lembrar – hoje com paixão: "mas tenho uma *nonna* negra!" (Entrevista, março de 1994).

Até o programa explicitamente redescobridor dos bispos negros norte-americanos: "Chegou a hora de nos reencontrarmos com nossas raízes e de assumir a responsabilidade de sermos negros e católicos" (*Sem fronteiras*, 1990: 39). Raízes duplas, estruturalmente as mesmas que a dos APNs brasileiros, mas concretamente tão diferentes, se se pensar nas encruzilhadas culturais e religiosas até hoje próprias ao Brasil, de que falamos acima.

Poderiam multiplicar-se os casos. Todos diferentes, mas no seu conjunto, emblemáticos de situações bem conhecidas que dão lugar a "sincretismos" de vários tipos, referidos, no entanto à mesma estrutura profunda. E por isso é tão paradoxal que a maior parte desses atores sociais, metidos de modo ontem simplesmente existencial e hoje reflexivo num processo que nos parece tópico, recusem explicitamente de referir esse processo à categoria de "sincretismo"[19] para escapar, eles e "seu povo", da conotação estigmatizante que carrega, religioso e politicamente, o termo nos meios eclesiásticos e pastorais.

E elaborem, para dar conta desses níveis variados de aproximação, relações, eventuais duplas pertenças, a categoria de "macroecumenismo"[20], um passo além do dilema entre um sincretismo que julgam degradante e uma simples justaposição objetivante. Quem sabe o análogo, no plano religioso, do multiculturalismo no plano político: Multiculturalismo: mestiçagem: macroecumenismo: sincretismo.

A chave intelectual (teológica) que lhes abre um caminho para a legitimidade lógica dessa operação é de elaboração recente, e ainda imperfeita. Assinalarei aqui somente, e para terminar, duas vertentes dentro da complexidade emaranhada de suas tendências.

A primeira, que poderia parecer preconceituosamente semelhante às antigas estigmatizações "primitivistas", se não viesse de um profundo conhe-

---

19. Tentamos mapear este campo do "sincretismo" visto pelos APNs em Sanchis (1999).

20. Categoria teórica, à qual corresponderia, num plano mais empírico, a descrição do "ecumenismo popular", uma prática religiosa de fato, plural, cotidiana, e o mais das vezes reprimida ou não reconhecida pelas Igrejas (FRISOTTI: 1992, 1994).

cedor da problemática pós-Lévy-Bruhl, que opta aqui por uma orientação nitidamente pós-moderna na sua relativização do regime da verdade e do papel, neste regime, da "racionalidade". Voltamos a encontrar Dom Timóteo, mas num momento bem posterior àquele que analisamos acima:

> O povo do candomblé não raciocina em termos de lógica propriamente, de racionalidade, mas em símbolos. O instrumento de pensar é o instrumento simbólico, que aliás é de uma riqueza maior do que o conceito friamente racional. É por isso que para eles não há nenhuma incongruência em ser católico – muitos até comungam, aparecem aqui na minha missa – e ao mesmo tempo praticar os ritos ancestrais. Porque na sua mente não há incompatibilidade (TAVARES, 1995: 220).

A segunda nos orienta mais para o território da teologia. Não se trata do regime antropológico da lógica e da verdade, mas do estatuto soteriológico – sem abandonar perspectivas teológicas cristãs – de religiões outras que o cristianismo. Um padre francês, neste caso, é a figura paradigmática. François de l'Espinay viveu seus últimos anos numa dupla pertença conscientemente escolhida, "ministro de Xangô" e convencido padre católico. Um caso evidentemente controvertido e que continua para muitos misterioso, mas sem que nenhum dos nossos entrevistados ponha em dúvida, seja a acuidade intelectual, seja a sinceridade da convicção do ator. Eis a pista que François entregava para o entendimento de seu caminhar, numa confidência quase testamento:

> Você entende, Jesus Cristo histórico ainda é muito branco para os negros. Desde há milênios Deus lhes falou de modo diferente, nos seus corpos e na natureza, pelos espíritos dos seus ancestrais. Como foi possível que nós, a Igreja, tenhamos conseguido riscar tudo isso durante 400 anos, com a boa consciência de possuir a verdade? Temos de ser prudentes quando falamos dessas coisas na Igreja. Mas na minha alma e consciência adquiri agora a certeza de que Deus é maior do que nós imaginamos. Utiliza-se, para se revelar a seu povo, mediações outras que aquelas que conhecemos (Anônimo, 1989: 137).

De fato, está em curso no meio da teologia cristã uma revisão profunda – e longe de ser consensual – da teoria da unicidade da mediação salvífica do Cristo para o conjunto da humanidade. Nessas tentativas de revisão, as religiões "outras" revestem-se de valores insuspeitados até agora nos limites da ortodoxia. Pluralidade de "antigos testamentos"? Pluralidade das modalidades da presença do Jesus, o Cristo da fé, no seu papel redentor, nos vários sistemas de salvação (as religiões)? Pluralidade, enfim, das mediações soteriológicas autênticas para o conjunto da humanidade, restringindo assim o Cristo a *uma* mediação – embora privilegiada – entre outras? O campo das sínteses está ainda num início de semeadura (TEIXEIRA, 1995; MONTERO, 1996). Mas é sem dúvida a partir dele e de seus frutos que o "macroecumenismo" é chamado a se desenvolver – ou não – no espaço das religiões no Brasil.

Aqui chegados, pouco nos importa que os atores sociais aceitem ou não a categoria de "sincretismo" para analisar sua experiência. O nível em que situamos a construção dessa categoria parece-nos fazer dela um instrumento valioso para a análise até de processos sociais que prescindem legitimamente dela para montar sua consciência reflexiva.

Os dados empíricos que nos foi possível trazer aqui nos parecem em todo o caso comprovar duas coisas: em primeiro lugar, os conceitos de cultura e de identidade estão entrelaçados, diferencialmente, mas intimamente, com os processos sincréticos. Em seguida, esses processos revestem-se de importância cada vez maior – e se carregam cada vez mais de um peso claramente político – numa fase da história em que se multiplicam e agudizam os encontros entre os homens e suas esferas respectivas, representacionais (entre elas, as religiosas) e de orientação prática. Nesse sentido, pouco importa o destino "teórico" de uma categoria. Podemos ter certeza que, sob quaisquer nomes que os atores sociais inventarem para dar lógica a suas trajetórias, são chamadas a se multiplicar, diversificar-se e requerer atenção da parte do cientista social, as formas daquilo que, por enquanto, pensamos poder continuar chamando de "processo estrutural sincrético". A problemática do sincretismo e/ou do macroecumenismo desenha, no campo da religião, os contornos do problema – diretamente político e especialmente agudo no mundo atual – do gerenciamento das identidades coletivas. Um dos nomes contemporâneos do problema da paz.

O CAMPO RELIGIOSO CONTEMPORÂNEO NO BRASIL*

Quando se olha para o campo religioso brasileiro contemporâneo, um primeiro fato chama a atenção: a transformação introduzida nele pelo fim da hegemonia – quase que monopólio– católica.

Os anos vão passando, as sondagens se multiplicam, e os números se dispõem na direção de um – aparentemente – **irreversível** declínio: Em 1980, 88% da população se declaram "católicos"; em 1991, 80%; em 1994, 74,9%. Isto, para uma média geral nacional. Certas particularidades regionais seriam mais impressionantes ainda. Citemos tão somente o Rio de Janeiro, a cidade "menos católica" do Brasil, onde não mais de 59,3% se declaram doravante católicos. O que, se comparado com o resultado de sondagens equivalentes em outras regiões (p. ex., Belo Horizonte: 73,3 ou 76,6% em 1991, Minas Gerais: 80,2% em 1994, Ceará: 84,4% também em 1994) introduz a um segundo fenômeno digno de nota: o fato da diversidade.

Parecia haver uma relativa homogeneidade religiosa dentro do território nacional. Aceleradamente as diferenças – e cruzamentos – se manifestam. Diversificação ativa, que multiplica, até no interior da mesma complexa instituição, como a Igreja Católica[1], as instâncias de referência identitária, os sistemas de atribuição de sentido, as famílias de espírito reagrupadas em torno de visões de mundo e *ethos* institucionalizados, as etiquetas religiosas coletivas, os produtos investidos de poder espiritual consensual – por um lado – e, por outro – talvez até sobretudo – as maneiras de aderir a esses consensos, de pertencer a esses coletivos, de compartilhar essas visões do mundo e de adotar a orientação desses *ethos;* as modalidades da crença nes-

---

* ORO, A.P. & STEIL, C. (orgs.). *Globalização e religião*. Petrópolis: Vozes, 1997, p. 103-115.
1. P. ex., em 1994, 4,4% de carismáticos, 1,4% de membros de CEBs, 10,4% de membros de "outros movimentos", mais de 20, cada um com o seu perfil e sua espiritualidade próprios.

ses sentidos e nesses poderes; os modos, exclusivos ou múltiplos, de afirmar e/ou combinar essas identidades, seja em assumindo uma posição estável, seja em tateando num itinerário só ou ainda, simplesmente, em procurando, através de mil caminhos, um horizonte... Uma relativização das certezas, um cultivo sustentado de cambiantes emoções, que, na verdade, tendendo a demultiplicar a primeira diversificação e a redistribuir as tarefas de atribuição de sentido, vem questionar as chaves de inteligibilidade disponíveis para ajudar a mapear este "campo" que pretendemos estudar. "Talvez – diz um cronista agudo de nosso tempo, seja preciso chegar até ao próprio indivíduo, para nele encontrar o verdadeiro fenômeno coletivo: um viveiro de opiniões e gostos diversos, muitas vezes contraditórios... Quem sabe o único 'sujeito verdadeiro' esteja ali?" (DOMENACH, 1987: 113).

Esse fenômeno está agora bem conhecido. Ele aproxima o Brasil do conjunto das sociedades contemporâneas, e talvez não houvesse tanto interesse em repisar simplesmente sobre a sua descrição. Mas um terceiro fenômeno parece-me chamar a atenção. Essa espantosa diversidade religiosa, articuladamente institucional e subjetiva, bem poderia não ser tão nova assim no Brasil. Sem dúvida, o seu grau de intensidade é provavelmente inaudito, suas modalidades representam inflexões criadoras, mas é bem possível que sua brusca emergência seja em parte devida mais a uma troca de nossos instrumentos de observação e análise do que a uma novidade objetiva. Por isso, em vez de descrever simplesmente o panorama que constitui o campo religioso contemporâneo do Brasil, gostaria de percorrê-lo com vocês, sondando o seu chão como o faria um pesquisador de nascentes, armado de sua vareta... Uma vareta tríplice: "as três modernidades" (a "Pré-modernidade", a própria, a "Pós-modernidade"...). Quem sabe esse simplérrimo elemento diacrítico consiga detectar e acompanhar na espessura da história filões encobertos de circulação de sentido, tornar o mapa mais legível – embora à custa de simplificações abusivas – e revelar o que ele tem de específico.

Pré-moderno: vale dizer o "tradicional"; as múltiplas respostas, não necessariamente ordenadas conforme a nossa lógica, que uma sociedade elabora para **tornar compatíveis** no mesmo espaço e, possivelmente, no interior dos mesmos atores sociais, os sistemas simbólicos que a história leva a ali se encontrar – ou se enfrentar. Um universo religioso fundamentalmente **ritual** ("mágico-religioso" como se diz); em consequência dominado pela "obrigação", e imperfeitamente ético para nosso olhar contemporâneo.

Moderno: um nome para conotá-lo: Kant. É a representação ideal do indivíduo portador de uma razão única, de uma decisão soberana, que se exerce nos quadros de uma lógica universal. A consciência – transcendental – no sentido precisamente "moderno".

Pós-moderno: uma construção eclética mais ainda do que um verdadeiro sincretismo, que recorta os universos simbólicos – o do seu grupo e os alheios, todos igualmente "virtuais" – e multiplica as "colagens", ao sabor de uma criatividade idiossincrática ("idiossincrética"...), radicalmente individual, mesmo se se articula em tribos de livre-escolha.

Como podem ver, uma gritante simplificação, apenas digna de ser dita "idealtípica", mas que será capaz, quem sabe, de nos apontar a(s) jazida(s) de onde emerge essa nova religiosidade que tanto desafia o nosso olhar "secularizador". Com uma condição: que não imaginemos o fluxo histórico como dotado de uma duração homogênea, onde se sucedem certo número de "fases", a precedente se encerrando para que possa se abrir à seguinte. Um tipo de evolucionismo, em suma. Trata-se mais de "lógicas", **copresentes** em combinações variadas nas mesmas situações. E é precisamente uma dessas combinações que gostaria de tornar evidente no campo religioso do Brasil.

Pois o Brasil, nesse aspecto, parece-me ter sido sempre plural. Um pluralismo de tipo peculiar, que o caráter encompassador do catolicismo não conseguiu disfarçar. Precisaria, é claro, explicar a origem histórica dessa modalidade de pluralismo, o que não é possível fazer aqui, senão de modo alusivo (SANCHIS, 1995: 123-138).

Primeiro, o catolicismo como estrutura virtualmente sincrética. Em seguida, o Brasil que, nascendo católico, participa dessa tendência ao sincretismo. Mas de modo peculiar. Dois tipos de "sincretismos católicos" são de fato possíveis. Na velha Europa, especialmente em Portugal, um sincretismo secreto, que faz uma identidade consciente e unificadamente "católica" ser efetivamente portadora das virtualidades de suas sedimentações passadas. Aqui, num espaço aberto e sem fim, o encontro dos "diferentes": as identidades de três povos desenraizados. Encontro, sem dúvida, estruturalmente desigual. Mas menos nos importa neste momento o macroprocesso, de dominação, exploração, etnocídio intencional, quase genocídio. Apesar dele, no seu avesso ou nos seus interstícios, deram-se os microprocessos do jogo das identidades. Nunca definitivamente unificadas. Uma pluralidade sistemática, que marca essa sociogênese do Brasil. As bandeiras e a casa-grande, duas relações opostas com o espaço, as duas diferencialmente marcadas por este processo duplo: de um lado a dominação, a exploração, o etnocídio, fatalmente acompanhados pela comunicação deturpada do disfarce e do mascaramento; mas, correlativamente, pouco a pouco, e cada vez mais profundamente, a implantação de umas porosidades e contaminação mútuas. As santidades indígenas (VAINFAS, 1995). As tradições africanas – já profundamente sincretizadas antes de chegar, e introduzidas aqui no caldeirão de uma matriz viva, historicamente ativa e processadora das diferenças: o catolicismo. Nem África pura, nem catolicismo europeu. Do ponto de vista religioso e do ponto de vista cultural.

Até hoje se mantém o confronto das duas matrizes cuja presença marca o campo religioso popular: a católica e a africana. Em certas regiões, presença viva da terceira: região amazônica, por exemplo, com a pajelança indígena. E essas copresenças não se reduzem a uma existência paralela. Elas entram em processo de articulação, tanto do ponto de vista da concepção de um universo povoado de mediações quanto do ponto de vista dos mitos informadores da ação e modelos para ela: da ética. Dois mundos diferentes na sua raiz ritual, na sua intencionalidade simbólica, na ordenação das relações humanas que eles inspiram, mas profundamente – e diferencialmente, conforme os meios, os lugares, as histórias segmentárias – contaminados um pelo outro, tanto no nível da visão do mundo quanto no do *ethos*. Impossível abstrair as religiões africanas no Brasil de certa impregnação "católica", impossível imaginar nosso catolicismo despido de ressonâncias africanas.

Matrizes primordiais, estas, mas às quais outras se juntarão no decorrer de toda a história religiosa do Brasil: penso especialmente no espiritismo. Que também, transformado aqui em "religião", virá se articular às duas outras:

Antes de tudo como um clima, aquele que acaba por criar certa língua franca na visão do mundo real dos brasileiros. Hoje, por exemplo, quase metade dos católicos acredita na reencarnação; mais até, em certos lugares, como Belo Horizonte. E, em alguns casos, através de verdadeira "reinterpretação" daquilo que é fundamental no cristianismo: a própria Ressurreição de Cristo é pensada explicitamente como reencarnação...

Também como uma fonte teórica institucional. Um exemplo paradigmático seria a umbanda. Sincretismo explícito. E de boa parte das tradições religiosas que circulam e se articulam no Brasil: indígenas, africanas, católicas, espíritas, esotéricas, mais recentemente tradições reconhecidamente "orientais" ou de origem japonesa. Um traço significativo: a fonte "africana" da umbanda não tem do bem e do mal uma noção ética voltada para a regulação das relações entre os homens ("bem" e "mal" residem nas relações rituais com os orixás), no entanto a umbanda se constitui eticamente em torno da distinção do bem e do mal marcada pela pedra de toque da "caridade", valor basicamente cristão que recebeu – como estudos recentes o mostram – através do espiritismo (NEGRÃO, 1996). Sem falar de uma cristalização paradigmática: a figura do Exu, não mais, como nas tradições africanas, orixá intermediário entre os deuses e os homens, mas figura ambivalente, contaminada pelo diabo católico, apesar de capaz de se enquadrar no mundo do bem através da purificação e do batismo. Ambivalência típica de articulações e cruzamentos nunca perfeitamente simbiotizados. Universo de duplo sentido, marcado por fronteiras éticas, a "direita" e a "esquerda", onde nem falta a categoria capaz de transitar nas fronteiras e nas margens: os baianos (PRANDI, 1996).

Outro exemplo, desta vez com raízes indígenas (catolicismo, umbanda, esoterismo), seria o santo-daime[2]. Todas as gerações brasileiras veem assim surgir e se institucionalizar um movimento abertamente sincrético e uma identidade religiosa de articulação fluente e plural. Um grande laboratório de mestiçagem cultural, quer dizer, em terreno religioso, de sincretismo. Ao modo da Pré-modernidade.

Mas a permanência dessa Pré-modernidade, que acompanha a história inteira do Brasil, até contribuir para a constituição do campo religioso

---

2. Cf. os trabalhos de E. Mac Ray e, para um exemplo de "encontro" da umbanda e do daime através da mediação do "caboclo", o índio mítico da floresta brasileira, Guimarães (1996: 125-139).

contemporâneo, foi – e está sendo – confrontada por surtos de "modernidade" (racionalismo e exigência de definição conscientemente identitária), que também são recorrentes ao longo da história do Brasil. Dentro do catolicismo, os jesuítas fundadores, a "romanização", correlativa à europeização de fim do século XIX, todas as tentativas de "purificação" de qualquer aderência "sincrética"... As missões protestantes etc. É a modernidade kantiana, exatamente oposta à tradição brasileira das identidades porosas, das verdades simbólicas (uma "intencionalidade de sentido", não uma "definição conceitual") (SPERBER, 1974), das ambivalências éticas. Vejam a apologia – e a condenação – que faz Kant em nome das "Luzes" modernas:

> Importa muito à doutrina dos costumes em geral não concordar com nenhum meio-termo moral, nem em ações, nem em caracteres humanos, dentro da medida do possível, porque em tal ambiguidade todas as máximas correm o risco de perder sua determinação e solidez[3]. Costumamos denominar aqueles que estão vinculados a essa severa maneira de pensar (denominação que pretende exprimir uma censura, mas que na verdade é um elogio): rigoristas; quanto a seus antípodas, podemos denominá-los latitudinários. Estes são, pois, latitudinários da neutralidade, e podem neste caso ser denominados indiferentistas, ou latitudinários da coalizão, e podem ser denominados sincretistas (KANT, 1990: 295).

O endereço até que parece certo: o Brasil tradicional...

É essa dimensão crítica de emergência da Modernidade que se faz vigorosamente presente no campo religioso brasileiro contemporâneo, através do surto pentecostal – e protestante em geral[4]. Talvez seja a primeira vez que, em nível popular pelo menos, um movimento social brasileiro consegue "levar a massa" através de adesões pessoais feitas de rupturas com um *status quo* ambivalente e da convergência de trajetórias individuais. Conforme o princípio radical do protestantismo, é pela opção de fé de cada um (a entrega pessoal) em Jesus – e não pela mediação da instituição, segundo a fórmula católica ("Creio na Igreja") que cada fiel é salvo, muda seu destino e, com ele, muda o

---

3. "Tudo que é sólido desmancha no ar".
4. A pesquisa do Iser: *Novo nascimento* mostra que, no Rio de Janeiro, pelo menos, as Igrejas protestantes tradicionais retomaram, depois de anos de estagnação, sua trajetória ascendente.

mundo. Sem dúvida, "modernidade". E "cabeça de ponte", às vezes agressiva, de toda uma corrente "antissincrética" que hoje atravessa – ao mesmo tempo e contraditoriamente – o inteiro campo religioso brasileiro. Tinha intuitivamente percebido este fato o vendedor de pipocas no Santuário do Senhor do Bonfim, em Salvador, que me dizia: "O bispo não entendeu nada da situação; o inimigo da Igreja não é o candomblé, mas são essas seitas que atacam ao mesmo tempo a Igreja e o candomblé. Estamos no mesmo barco".

Acontece que no interior do campo afro também a "modernidade", como acabamos de defini-la, está presente. Abandono da ideia de "religião étnica" e transformação do candomblé em religião universal, dessincretização (cf. PRANDI, 1991; SILVA, 1995), tentativa de sua "purificação" e "restauração" na sua pureza, liberado de qualquer contaminação "católica", exatamente paralela – embora a partir do seu oposto estrutural: o polo dominado – a movimento semelhante no campo católico. O exemplo de Salvador é significativo: tanto o arcebispo quanto algumas das mães de santo mais eminentes empreendem, com discurso semelhante, sua cruzada "modernizante" pela "purificação". Entre os dois, o povo, que parece continuar tranquilamente o exercício de seu *habitus* sincrético... Até na umbanda, sincrética por autoconcepção, a exigência de "de-finição" se expressa. Uma mãe de santo de umbanda (SANTOS, 1991): "Ser fiel àquela religião. Não pode ser um pássaro avoando"; ou ainda no santo-daime: "agora cada um vai ter de se definir pela sua filiação espiritual" (Paulo Roberto Silva e Souza, psicólogo e representante no Rio da Colônia 5.000 do Acre).

Os exemplos seriam múltiplos dessas tomadas de posição inspiradas pela "Modernidade". Mas uma modernidade que também se articula com a tradição, para expressá-la "modernamente". Numa pesquisa recente (FERNANDES, 1996: 4-15), 16% de convertidos declaram o candomblé/umbanda como sua antiga religião, fato novo de reconhecimento de identidade, se se comparar esses 16% com os parcos 2,5% de fiéis afro-brasileiros que costumavam declarar-se tais ao IBGE. Mas vai-se além: numa pesquisa feita (SANCHIS, 1999), certo grupo de militantes (ou simpatizantes) negros católicos, que, "moderna" e reflexivamente, tomam consciência do que consideram como "suas" duas religiões diferentes (são 20% neste caso), mesmo quando recusam qualificar o seu próprio caso em termos de "sincretismo", julgam que não é necessariamente a religião "católica" que os define principalmente. Para os três quartos entre eles, a religião "católica" é – ou passou a ser – explicitamente a segunda. Seriam também numerosos os exemplos de tais reformulações contemporâneas no campo das identidades religiosas, reformulações que, todas, articulam criativamente uma "moderna" aplicação mais rígida do princípio de identidade com uma "tradição" sincrética. O resultado, como o previa Louis Dumont, é sempre uma forma específica de "modernidade", tributária da Pré-modernidade onde vem enxertar-se. A "Modernidade" é muitas. O "sincretismo" moderniza-se, mas persiste.

Assim, é até no próprio coração da vanguarda "moderna" que reencontraremos as marcas do que a precedeu. Não como sobrevivências, mas como tradição ativa e inconscientemente reinventada. Continua tão real o apelo da dimensão "tradicional brasileira", que as Igrejas da terceira vaga pentecostal, nomeadamente a Igreja Universal do Reino de Deus, passam, ao contrário do que indicaria a sua "lógica" institucional, a reencontrar os processos de intensa ritualização, de mediação institucional e, senão dos "sacramentos", pelo menos dos sacramentais múltiplos, feitos de "signos" cotidianos e naturais: não mais a imagem, que não passa de gesso idolátrico (cf. o caso do "chute à santa"), mas o sal grosso, o óleo, a água... Ao mesmo tempo em que elas mitigam o caráter "transcendental" da opção autônoma, responsável e modernamente constitutiva da pessoa e da consciência, pela importância reconhecida e coletivamente ritualizada do fator demoníaco ("Não é você; é o demônio que está em você").

Mais significativamente ainda, esse lado negativo do mundo, da vida e da ética é cristalizado na figura dos "exus" de candomblé e umbanda, cujo universo de maligno poder não é negado. Em certo sentido, o "terreiro" é reconstituído no interior mesmo do culto pentecostal, quando exus e pombagiras são adorcizados para serem triunfalmente exorcizados. É o mesmo universo, nunca totalmente desencantado, que passa agora a ser assumido como assombrado, numa apropriação com inversão de sentido (BARROS, 1995; ALMEIDA, 1996). Por outro lado, a "escolha de Jesus", que seria normalmente representada como uma "conversão" livre e autônoma, acompanhada de mudança de comportamento (com implicações correlativas de pecado, responsabilidade, decisão de mudança e arrependimento), tende a tornar-se liberação da influência alienante do "outro". De um "outro" bem conhecido dos brasileiros... Enfim, e no mesmo sentido, trabalhos recentes (BIRMAN, 1996) mostram que, ao contrário do que se deveria esperar em termos de "rupturas" entre membros das mesmas famílias, dos mesmos bairros populares, rupturas acarretadas pelas "conversões" ao pentecostalismo, emergem novas formas de empréstimos, passagens, reinterpretações, pontes entre universos simbólicos e rituais que se reconhecem mutuamente sentido e força. Relativização de fronteiras, dessas mesmas fronteiras, teoricamente afirmadas com tanta radicalidade. Um autêntico reencantamento do mundo, muito pouco "moderno", pouco protestante também, mas que fiéis neopentecostais reassumem, junto com e à revelia de sua "modernidade".

Esta articulação de Modernidade e Pré-modernidade me parece particularmente clara, no interior da "Teologia da Prosperidade", na questão do dinheiro – "sacramento" (sinal e sinal eficaz) do sistema capitalista. Vejam só: por um lado, o dinheiro continua funcionando como elemento de uma radical lógica simbólica, imergido numa significação "sagrada". É quando, para os fiéis, no ato da oferta, ele simboliza e realiza a entrega de si a Deus por Jesus, através da Igreja. Meio eficaz para fazer valer a exigência do fiel sobre os "bens" de Deus que o Cristo lhe conquistou. Trata-se, sem dúvida, de um universo totalizante de sacralidade: o dom é consequência de uma experiência do sagrado e, na sua natureza material, é mediador sacramental. Eis o lado "pré-moderno" do papel do dinheiro, bem diferente de sua presença no pensamento de Lutero, ou de Calvino. O que não impede esse mediador de se distinguir nitidamente de outros sacramentos ou sacramentais, sejam católicos, sejam até neopentecostais, de se opor também a seu uso nas "promessas" do catolicismo popular tradicional. Pois não deixa, secularizado, de funcionar efetivamente como o próprio "mediador abstrato universal" bem conhecido na modernidade do capitalismo. O que lhe permite um duplo nível de existência e funcionamento: se, do lado do fiel de que se desprende, ele vive e atua em nível da razão simbólica, do lado da Igreja, onde se concentra, ele começa imediatamente uma carreira racional, plenamente conforme a lógica prática do "sistema mundano" contemporâneo. Ao mesmo tempo sagrado e secular, simbólico e prático, referido a valores "pré-modernos" e totalmente inserido nos embates econômicos da Modernidade.

Provavelmente, grande parte do fascínio da Igreja Universal e congêneres, a fonte da permanência de sua audiência, apesar de e através de todas as campanhas de acusações, vem dessa articulação – genial – entre uma pré-modernidade tradicional e sagrada e a Modernidade. Eficácia assegurada em dois registros: registro mundano do êxito administrativo e econômico, registro sagrado da adesão e entrega pessoal dos fiéis. Uma adesão de fé não abalada pelas acusações, as malversações possíveis. Pois o dinheiro – como a fé – é dado a Deus através da Igreja. Mais um traço não moderno nem "protestante", que aproxima a Igreja Universal da outra universal, a Católica.

A própria implantação dos templos, enfim – não onde haja fiéis, como é o caso das confissões pentecostais tradicionais –, mas onde uma visão racional e administrativa o aconselha; não para expressar uma comunidade local, mas para criar, no mapa da cidade – e do mundo, caminhos visíveis de confluência e fazer nascer, a partir da instituição e de seus hierarcas "consagrados" (como na Igreja Católica) a comunidade dos fiéis. Transfiguração, em termos da Modernidade eficazmente administrativa, do velho *carisma institucional*[5], reivindicado até hoje no cristianismo ocidental pela única Igreja tradicional, Católica.

Poderíamos multiplicar os tópicos, todos significando um reassumir das formas que se combate. Um universo que nega e recapitula ao mesmo tempo os mundos sagrados familiares ao povo: o afro-brasileiro e o católico.

Mas parecemos ter falado até agora só em Pré-modernidade e em Modernidade, numa afirmação de racionalização modernizadora, aliada a uma retomada eficaz de indecisões pré-modernas. Seria pouco. Pois já estamos, com essa aliagem, na Pós-modernidade. Aliás, o campo religioso brasileiro se complexifica hoje ainda em outra direção: a das desarticulações e ambiguidades pós-modernas, que descrevemos no começo dessa intervenção. Cruzamentos multivariados de "lógicas", que não se prendem

---

5. Ou melhor, neste sentido exclusivo, não considerado por Weber, "carisma da instituição".

necessariamente a movimentos, instituições ou até grupos... Tal é o campo que tentamos mapear.

Seria possível neste ponto da Pós-modernidade pintar um quadro "brasileiro" denso. Não o farei. Lembrarei somente o movimento ecológico e sua face religiosa, as feiras esotéricas, a nebulosa polivalente da Nova Era, todos crescentemente presentes no Brasil. Direi, sobretudo que não constituem propriamente – e explicitamente – correntes autônomas, mesmo pouco institucionalizadas, mas que, como um "clima", eles penetram outras vertentes, outras instituições (catolicismo, santo-daime, umbanda etc.), marcando-as de um traço inconfundivelmente pós-moderno[6]. Prefiro ainda insistir no paradoxo neopentecostal. Se se definir – entre outras definições possíveis – a Pós-modernidade como o recentramento da função simbólica sobre uma operação totalizante ("holística") – embora não submetida a um eixo unificador – a partir das aspirações, das necessidades e dos fantasmas de um *self* indissoluvelmente espiritual e corporal, não se pode ficar insensível às vibrações, literárias e psicológicas, que atam a Teologia da Prosperidade deste neopentecostalismo a todas as correntes de "Confissão positiva", *Cristian Science*, "Novo Pensamento", que estão na origem do renascimento esotérico contemporâneo (MARIANO, 1995). Autocultivo, autoajuda, valorização do corpo, da cura, da natureza, da prosperidade enfim, quer dizer de um desejo fundamental, mas adaptado e hierarquizado conforme o realismo das situações sociais. Nessas águas é que se dá uma "reinvenção", particularmente "criativa", da tradição bíblica, especialmente neotestamentária, para o uso do "homem contemporâneo". Decididamente, essa versão tupiniquim e atual do protestantismo e do pentecostalismo traz profunda – e leva agora para o mundo – a marca da tradição "sincrética" brasileira, numa forma *sui generis* de Pós-modernidade.

Assim, vai a nossa varinha detectando as nascentes que procurava. Já tínhamos constatado a presença de uma *modernidade* de recapitulação na inversão (quão longe está o mundo místico dos *gospels*!). Encontramos agora

---

6. Para a Igreja Católica, cf. a comunicação, no Simpósio de B.T.F. de Medeiros: "Nova Era: holismo, individualismo e sincretismos em questão".

uma *Pós-modernidade* precisamente feita da fusão da Modernidade com o que a precedeu. Alguém já definiu a "Pós-modernidade" como a "Modernidade" roída pela "Pré-modernidade". Neste sentido, seria aqui o lugar para introduzir o tema do simbólico, da emoção, inclusive o da magia. Falou-se até, e paradoxalmente, da "magia da ética" que caracterizaria a Igreja Universal, uma Igreja mais "forte" do que qualquer magia, precisamente porque sua purificação ética lhe confere poderes contra os quais toda magia é impotente (MARIZ, 1995).

Conclusão

O que finalmente quis dizer, com esses desenvolvimentos aparentemente complicados, são três coisinhas simples:

A primeira: o campo religioso brasileiro contemporâneo está, como quase tudo que diz respeito ao Brasil, acavalado entre momentos, diacronia que se sobrepõe na sincronia. As três modernidades, logicamente sucessivas, nele se articulam contemporaneamente e trançam-se entre si.

A segunda: Quem sabe amoldar-se a essa *dia-sincronia*, e articular com plausibilidade na sua definição identitária estes três vetores sai ganhando nesta situação. É o que fazem os segmentos mais dinâmicos do campo religioso atual, especificamente a Igreja Universal.

A terceira: Entre os três "momentos" da Modernidade, um, sociogeneticamente fundado, e constantemente confirmado no decorrer da história do Brasil, é dotado – por enquanto e apesar da multiplicação de fatores contrários – de especial permanência. Uma pré-modernidade duradoura e constantemente reinvestida dotou assim o Brasil de um *habitus* (história feita estrutura) de porosidade das identidades. À condição de explicá-la bem, chamaremos essa porosidade de "sincretismo".

Mas "sincretismo" e articulação do diacrônico na mesma sincronia não quer dizer necessariamente tolerância. E é de guerra santa que começa a se falar. Como se essa emergência, no Brasil religioso popular, da dimensão de Modernidade, esse recrudescimento simultâneo de esquemas tradicionais e de sua revisitação pela Pós-modernidade significasse a ameaça de que, no seio mesmo de um universo radicalmente relativizador (o campo religioso contemporâneo) pudessem apontar aspirações ao reencontro de identidades definidas e exclusivas. De novo a dialética!

A modernidade contemporânea privilegia, sem dúvida, o emergente, o "atual", o *happening*, a experiência do momento. Ora, o modelo que se depreende da análise que acabamos de fazer, é também o de um espaço atravessado por fluxos que mergulham suas nascentes nos montantes da história. Fala-se aqui em "identidade", em "filiação espiritual". Encontramos apelo semelhante no santo-daime, nos carismáticos católicos, nas diversas correntes do movimento negro, como no próprio candomblé – paradoxalmente, até na Nova Era: todos procuram a fidelidade aos "ancestrais" e o reencontro das "raízes". Bem sabemos que essas fidelidades trans-históricas nunca se constituem em simples fidelidades, que as "raízes" podem ser "inventadas". A memória coletiva é seletiva, e também o é a "tradição". Mas é notável ver reemergir do húmus moderno a ânsia de se sentir inserido num filão enobrecido pelo seu "tempo longo", a sua "longa duração". Afinal, a característica mais definidora do fenômeno religioso pode ser o fato de ele constituir uma "tradição", cuja referência constrói o ser do fiel que nela se insere (HERVIEU-LÉGER, 1993). A presença ativa de remanências, a metamorfose de antigas certezas também faz parte – e é a condição – de certeira projeção para o futuro. Como ao contrário pode embasar uma volta ao fechamento, à exclusividade e à exclusão que lhe é correlativa. Tal dialética revela sem dúvida uma problemática contemporânea fundamental, quem sabe a problemática essencial do momento: está em jogo no mundo um novo processo de definição e gerenciamento das identidades.

Talvez o exame do campo religioso brasileiro contemporâneo possa ter-nos mostrado, entre as permanências de onde brotam as novidades, a teimosia de uma "tradição" (Pré-modernidade?) brasileira, feita da articulação, nunca reduzida à unidade sistemática, de identidades plurais, porosas e relativamente fluidas. Não que seja simplesmente desejável a pura reprodução deste modelo. Ele foi portador, na história, de horrores demais. Mas, no seu cerne, ele talvez encerre uma virtualidade positiva permanente. É o caso de lembrar mais explicitamente Dumont:

> Aquilo que, desde já, se pode ver de um lado ao outro do planeta, é uma mistura, variável conforme os lugares, de modos de ser novos, universais, que as técnicas, e também as ideias modernas, impõem ou arrastam consigo, com modos de ser mais antigos, particulares a uma população ou uma região, que sobrevivem de qualquer modo, mais ou menos vivazes, mais ou menos amputados ou enfraquecidos pela presença dos primeiros ou a *combinação com eles* (1991: 16, grifo nosso).

Nesse campo, emblematizado pela religião, talvez a história do Brasil contenha "modos de ser mais antigos" cuja lição, articulada às conquistas da Modernidade, mereça continuar a inspirar os desenvolvimentos de amanhã. E são capazes de fazê-lo, num sentido de paz.

As Ciências Sociais da Religião no Brasil*

Não se trata aqui de uma história das Ciências Sociais da Religião no Brasil, nem da indicação de um itinerário bibliográfico, mas de uma simples retrospectiva, muito subjetiva, quem sabe superficial e, sem dúvida, incompleta. Ela pretende simplesmente encontrar um sentido – um dos sentidos possíveis – para uma trajetória que, por outro lado, não almejo desenhar de modo equilibrado: insistirei, talvez demais, sobre momentos que as novas gerações menos conhecem. Uma trajetória, enfim, que não pretendo seja exclusiva do Brasil. Simplesmente, ela pode encontrar, em certos momentos, no Brasil, umas ressonâncias específicas. Por dois motivos: Ciências Sociais da Religião não é independente de Ciências Sociais *tout court*; e "religião", realidade social, não é independente da totalidade social onde se realiza. Em cada caso uma sociedade específica, onde o enfoque da Ciência Social será relativamente próprio. Mas o contrário é também verdadeiro: a trajetória das Ciências Sociais da Religião no Brasil foi também acompanhando sua trajetória internacional. E é por essa dimensão que começaria.

Falarei, então, em "primeira etapa"? Ou primeiro "momento", pois não se trata de etapas perfeitamente sucessivas, mas de momentos em parte sobrepostos uns aos outros, caracterizados por densidades diferentes das mesmas atenções temáticas. Nesse sentido, até o "primeiro momento" teve seus precursores no Brasil. A Antropologia já tinha trabalhado com segmentos religiosos, considerados como "marginais" ("diferentes", exóticos, pitorescos ou problemáticos), tanto com religiões indígenas (muito pouco) quanto (e muito mais) com as religiões afros que, primeiro consideradas como à

---

* *Debates do NER*, vol. 8, 2007, p. 7-20.

parte da sociedade, como uns "nichos" – ou até uns quistos – nela, dignas de atenção segmentária, eram, cada vez mais, descobertas como parte significativa e ativa da cultura nacional... Ao contrário o catolicismo, central na sociedade brasileira, era por isso mesmo objeto de obras significativas de globalidade, mas apologéticas, que visavam a frisar o seu laço genético com o Brasil (a começar pelas famosas *Conferências Anchietanas*, de 1897). Mas existiam já perspectivas analiticamente precursoras. Para citar só três: quanto ao catolicismo, a problematização genial de Gilberto Freire. "Catolicismo brasileiro"? Sim; mas: mais católico, ou mais brasileiro? Quanto ao candomblé, ou ao conjunto das religiões mediúnicas, entre outras as obras de Bastide, por um lado, de Cândido Procópio Camargo, por outro, as tratavam como parte efetivas e ativas do conjunto de transformações, antigas e contemporâneas, deste mesmo Brasil.

Mas comecemos pelo primeiro "momento" do surto quase que institucional das Ciências Sociais da Religião no Brasil. Paradoxalmente, tomou forma primeiro no interior das próprias instituições religiosas: uma "sociologia religiosa", como era chamada. Isso corresponde a uma corrente internacional: a descoberta pelas próprias religiões da Ciência Social Empírica como instrumento de melhoria da sua abordagem pastoral: conhecer a realidade para agir sobre ela, já que "religião" tendia a não mais ser vivida como um fenômeno "natural" ("naturalmente social")... Um olhar vindo de dentro, mas crítico. Grandes pesquisas das próprias instituições, na França, também na Bélgica, entre outros países, com envolvimento massivo do clero. Como um efetivo trabalho pastoral (crítico – e, aliás, muito criticado pelas alas conservadoras), seguido de aplicações concretas: por exemplo, as missões diocesanas, doravante estrategicamente orientadas a partir de um mapa da realidade social. Esta etapa foi importante no surgimento contemporâneo das Ciências Sociais Empíricas da Religião, por dois motivos. Por um lado, representou o início de um amoldamento sistemático (e oficial) das religiões à diversidade do mapa social: a cada grupo social sua modalidade religiosa. Por outro lado, constituiu-se então um primeiro cruzamento de olhares diferentes (pastoral e científico, empírico e normativo) sobre uma idêntica realidade. Isso durante os anos de guerra e de imediato pós-guerra. Nessa empresa, os instrumentos científicos seriam: por um lado a noção de "meio social" (meio agrícola, operário, classe média, industrial etc.), noção que ia buscar sua inspiração mais em *Le Play* do que no marxismo; por outro lado, uma metodologia predominantemente sociográfica: descrição quantificada, levantamento de comportamentos ("práticas", i.e.: "a prática", medir a prática ritual para aferir a qualidade da vida religiosa), projeções – abertas a intervenções institucionais e estratégias pastorais. O resultado era um recorte do "catolicismo" em camadas diferenciadas, tanto do ponto de vista social ("catolicismo popular") quanto do ponto de vista do envolvimento do fiel na sua vivência (católicos praticantes, católicos nominais, católicos "sazonais" – um tipo de religião natural – das estações da natureza e das estações da vida – revestido de catolicismo). Visão nova, interna e utilitária, mas cheia de descobertas (p. ex., a deste fundo antropológico da relação "sazonal" com o sagrado, mais radical, sólido e durável, que as suas formas canônicas de "prática católica").

Os mesmos promotores desse gênero de pesquisa implantaram-na na América Latina. O Padre Houtard (peça mestra dos Institutos de Pesquisa Sociorreligiosa da Universidade Católica de Louvain e que mais tarde será assessor do governo Sandinista na Nicarágua) empreende uma pesquisa internacional (com a participação, no Brasil, do departamento de Estatísticas da Conferência dos Religiosos do Brasil – CRB) sobre as transformações sociais e religiosas na América Latina (1958-1963). Um livro conclusão virá marcar as novas perspectivas: *Elementos para uma sociologia do catolicismo latino-americano*, do Padre Emile Pin (Bogotá, 1963). Não fala explicitamente em "religião popular", ou "catolicismo popular", mas aponta para este vasto continente sociorreligioso que a(s) instituições pareciam ignorar.

Inspirada por ele e na esteira deste movimento, aqui no Brasil, a CNBB monta, no bojo de sua crise pós-conciliar, e no início do governo autoritário, um programa de pesquisas – históricas e sociológicas – sobre a realidade religiosa, especialmente popular. As perspectivas já são críticas e reformistas: reconquista para um catolicismo "autêntico" do espaço do catolicismo popular, sem dúvida. Mas esse "autêntico" pós-conciliar, não seria mais o conservador tradicionalista.

Pois uma chave diacrítica emergia então para distinguir duas vertentes do "popular" (o popular "autêntico", aceitável pela pastoral moderna porque potencialmente conscientizador nas perspectivas cristãs, e o popular deformado, a ser transformado): o engajado e o alienado. Isso no horizonte de uma sociabilidade de desenvolvimento integral e convivência igualitária.

A partir dali as duas perspectivas, pastoral e acadêmica, começam a se articular, através de relações pessoais, de pesquisas conjuntas, de assessorias. Por exemplo, o programa de pesquisas organizadas pela CNBB foi em parte realizado pela Associação Latino-Americana de Sociologia (sediada em Santiago, mas com a sua biblioteca no Rio, dirigida pelo Professor Manoel Diegues), em que trabalharam vários jovens sociólogos mais tarde conhecidos. E nascem organismos em que possam se juntar institucionalmente as duas vertentes. Do lado católico, fundado por um padre – hoje bispo – formado em sociologia na Universidade de Louvain, o Ceres, Instituto de Sociologia Religiosa, diretamente ligado à CNBB. Do lado protestante, num primeiro nível o movimento ecumênico se organiza, dotando-se de uma vertente sociológica (vários militantes ou pastores são sociólogos e fundam o que até hoje se tornará o movimento *koinonia*), num outro nível – e outro momento – uma reunião informal, pouco a pouco formalizada em termos de instituição, de pastores, teólogos e militantes intelectuais em dificuldades com suas denominações (momento da ditadura, e de seus efeitos em várias congregações protestantes), rapidamente tornada duplamente ecumênica: primeiro pela presença de católicos, também teólogos, sociólogos e pastoralistas, em seguida pela participação crescente de intelectuais, universitários (sociólogos, antropólogos, filósofos, historiadores), não necessariamente religiosos, mas pessoalmente interessados pelo destino e a influência sociais da religião: essa "encruzilhada" da vivência religiosa e do olhar acadêmico sobre a religião se tornará o Iser ("Instituto Superior de Estudos da Religião", mais tarde, sinal de sua natureza não propriamente acadêmica: "Instituto de Estudos da Religião"). Caixa de ressonância (uma das...) de uma reflexão que se espalhava nas universidades, em torno de um olhar possivelmente renovado sobre as relações entre razão e religião, ciência e religião (não se falava muito, como mais tarde, de razão e fé).

A partir dali, de fato, e no decorrer de um *segundo momento*, afirma-se um movimento de autonomização deste pensamento relativamente às matrizes religiosas denominacionais.

Mais uma vez, numa analogia com a Europa. Para citar somente as correntes que influíram mais diretamente no Brasil, na França, por exemplo, pela iniciativa de vários intelectuais religiosos secularizados (Desroche, Séguy, Poulat...) nasce o *Groupe de Sociologie des Religions de l'Ecole des Hautes Etudes en Sciences Sociales*, com sua revista: *Archives de Sociologie des Religions* – e não, como inicialmente entrevisto, "*de sociologie religieuse*" ou "*de sociologie de la religion*". Evolução dos títulos, bem significativa de uma diversificação, um alargamento, uma neutralidade progressiva. Finalmente: *Archives de Sciences Sociales des religions*. O próprio grupo se transformará no *Centre d'Etudes Interdisciplinaires des Faits Religieux* (Ceifr, CNRS/Ehess). Num outro ramo do CNRS (equivalente do CNPq...), *Groupe de sociologie des religions et de la laïcité*. Com seu paralelo na Ephe (*Section des sciences religieuses*): *Institut d'études des religions et de la laïcité*, cujo diretor foi por muito tempo titular de uma cátedra: *Chaire d'histoire et sociologie de la laïcité*. Isso tudo numa universidade laica, sem influência eclesiástica institucionalizada.

Na Bélgica, é no seio de uma universidade católica, a de Louvain, que a mesma evolução vai se processar. A revista *Social Compass*, por exemplo, que tinha começado como uma publicação de sociografia do catolicismo, órgão de um Instituto Socioeclesiástico Católico (Iska), passará sob a regência da Feres (*Fédération Internationale des Instituts de Recherches Sociales e Socio-religieuses*), antes de adquirir o seu estatuto definitivo de revista científica, sob a égide do *Centre de Recherches Socio-religieuses de l'Université de Louvain* e a chancela da *Société Internationale de Sociologie des Religions* (anteriormente: *Conférence Internationale de Sociologie religieuse*).

Um terceiro caso seria o da única universidade oficial francesa, sob regime concordatário, em Estrasburgo, onde existem estatutariamente programas explícitos de religião e faculdades de teologia. O tema, ali, não só sofre maior ampliação, tanto temática quanto geográfica (Europa), mas se insere mais organicamente no *corpus* acadêmico. Surge o Prisme (*Politique, Religion, Institutions et Sociétés: Mutations Européennes*) resultado da fusão sucessiva (e recente) de três unidades de pesquisa, todas sobre sociedade, direito, Europa, política e religião.

A Revista *Archives*, doravante perfeitamente acadêmica, acaba sendo da responsabilidade das três instituições francesas, situadas nos dois tipos de universidade.

No Brasil, a novidade foi o projeto da Universidade de Brasília, de Darcy Ribeiro, que incluiria uma faculdade de Teologia. Não se realizou. Mas a iniciativa levantou um problema: como articular, na academia, um duplo estudo da religião: a partir de dentro (teologia) e, a partir de fora, com o instrumento objetivante da Ciência Social. Fé e razão... Problema de vários rostos, e que continua atual, com o surto, nas universidades, de centros de estudos da religião, de visada em geral claramente objetivada, e, mais recentemente, de programas de pós-graduação em estudos da religião que, de mil maneiras, procuram uma convivência ativa e epistemologicamente produtiva entre as duas perspectivas, incluindo a teológica. O que ocasiona ainda hoje um rico debate, inclusive do ponto de vista da administração acadêmica (Capes).

Em todo caso, vê-se que, nessa trajetória toda, trata-se não só do assunto "religião", sob forma singular ou plural, mas também de suas adjacências, eventualmente contraditórias: "religioso sem religião", "ateísmo".

O grande problema, no desdobramento desta etapa (*terceiro "momento"*) e na encruzilhada dessas duas vertentes, será precisamente – particularmente, mas não só, no Brasil – o da "religião popular". Objeto novo, para os de dentro, objeto "independente" para os de fora, que lhes permitia entrar no universo das religiões sem passar pelas ortodoxias e as instituições... Diálogo e controvérsias... O que seria, de fato, uma religião popular? Rapidamente, impõe-se a constatação de que religião popular não é simplesmente religião "outra", mas é inteiramente religião "relativa". Ela integra um "campo", no sentido de Bourdieu, opondo-se dinamicamente. A quê? Na totalidade do campo, pode ser a outras religiões (ou outra religião), dominante(s): existem religiões institucionalmente populares nesse sentido. Mas, também no interior de uma denominação, correntes "populares" existem, que se opõem (ou se articulam com) a religião oficial da instituição. Duas vertentes de definição, às vezes dificilmente conciliáveis: o popular referido a classes sociais populares, e o popular referido às relações de autoridade no interior das instituições. De qualquer jeito: um popular definido como enfrentando (e enfrentado por), mesmo em meio a toda uma rede de simbioses, uma realidade social de elite. E assim, preso numa dialética. O "popular" é cada vez menos visto como compondo uma realidade "em si", muito menos uma realidade social autônoma. Neste sentido é que, para alguns – até hoje – o problema da religião popular teria sido um falso problema. Mas ele é polo de um embate relacional, uma dialética que formata e reformata as realidades sociais em função das metamorfoses das relações sociais de autoridade. Uma religião popular não substantiva, mas relativa.

E por isso mesmo *política*. Será essa a dimensão em parte secretamente dominante nas Ciências Sociais brasileiras do seguinte período (*quarto momento*). No cerne dessa fermentação descobre-se que o fator religioso também pode ser socialmente ativo, num sentido de resistência e de libertação. Falo em "descoberta", pois até então a dimensão religiosa tinha chamado pouco a atenção no meio acadêmico das Ciências Sociais. Uma tese recente ilustra o fato pelo caso de um grupo de estudantes de Ciências Sociais, numa universidade de Belo Horizonte, indo fazer pesquisa no Vale de Jequitinhonha, e não atribuindo maior peso significativo ao profundo veio religioso das populações. Visão de mundo e motivações que lhes pareciam não ter impacto notável sobre a realidade da vida social. Cegueira quase que programada, poderia dizer a autora, porque esses cientistas sociais não possuíam, no instrumental teórico recebido, uma grade capaz de outra apreensão. Mas a situação política brasileira (a ditadura militar) imporia logo a descoberta. Lembro-me de um psicanalista – ex-pastor e professor de Filosofia – que me dizia em 1976, a propósito da Teologia da Libertação como corrente de religião popular: "Este governo descobriu que o 'pobre' da Teologia da Libertação é mais perigoso para ele do que o 'proletário' do marxismo".

Na verdade, tanto no esforço analítico interno às religiões – que os cientistas sociais observavam – quanto nas realidades sociais populares que eles pesquisavam, estas duas dimensões do "povo" se articulavam efetivamente: dimensão analítica (de fato, marxista) e dimensão bíblica (costumava dizer-se).

Durante anos, a Ciência Social das Religiões no Brasil concentrou-se assim na relação entre "religião e política", a dominante deste quarto momento. Ao longo do caminho vislumbravam-se outras perspectivas. Mas eram parênteses – eventualmente ricos – e a pergunta perdurava: Em que medida a visão do mundo e a vivência religiosas, especialmente num caso como o do Brasil, onde elas são "de massa", podem contribuir para a criação disruptiva de nova sociedade, sociedade de equidade e liberdade, justiça e não exploração?

As respostas eram as mais diversas, até no nível das comprovações empíricas. Lembro-me de um debate quente, na UFMG, por ocasião do lançamento de um número de *Religião & Sociedade*, a revista do Iser, que tinha por título: "Marxismo e religião". Mas o problema estava subjacente aos diálogos. Mais uma vez orquestrado em parte em referência a outros diálogos, internacionais desta vez, que mobilizavam autores paradoxais, criativos na ponte que ofereciam entre o tema da religião e a teoria marxista. Foi significativo, por exemplo, a intensidade com que se usou o pensamento de Gramsci (em certa ocasião os alunos indicaram como tema de um curso desejado por eles: "Gramsci e os movimentos messiânicos brasileiros", esses mesmos movimentos que, no plano nacional Douglas Teixeira Monteiro – outro precursor – acenava como fonte de um autêntico projeto político popular, em função mesmo do seu conteúdo religioso).

Quinto momento: a democratização. Ocorreu-me essa palavra quase que automaticamente... Sem dúvida, ela não constitui um tema nas Ciências Sociais da Religião, mas sua irrupção no discurso aponta para um paralelismo entre estado global da sociedade, vivência efetiva da religião e enfoques da Ciência Social sobre a mesma. A "democratização" liberou o fiel da exclusividade da relação entre "religião" e "política" (com bemóis de relativização diante de cada um desses termos), e impôs aos analistas sociais uma refocalização de suas lentes.

Surpresa para alguns cientistas sociais, mais especialmente aqueles seduzidos pelas perspectivas de uma eficácia sociopolítica "progressista" da religião. Assim, a religião importa para as pessoas em função de outros interesses, talvez, aliás, os mesmos (saúde, felicidade, subsistência e nível de vida, experiência de ultrapassamento do cotidiano concreto etc.), mas numa dimensão individual e limitada a esse mesmo cotidiano. Esta dimensão era antiga, já tinha dado lugar a pesquisas e livros importantes (sobre cura, p. ex.). Mas ela vira central, enraizada numa "experiência religiosa", que encontra nela própria sua justificativa, mesmo quando se institucionaliza no surgimento de uma multidão de grupos, de comunidades, de Igrejas: os "novos movimentos religiosos".

Mais uma lembrança: a daquele colega estrangeiro, diante de quem numa reunião recente eu havia evocado a hipótese de uma restauração da Igreja Católica num sentido pietista tradicional, como no século XIX, sendo que tinha descartado toda possibilidade disso no mundo atual, e que, de repente, no meio de uma viagem ao Brasil, me telefona: "Observei, conversei... Não o imaginávamos, mas está em toda parte..." Em toda parte do espaço "religioso", queria dizer: mundo pentecostal, mundo carismático. Tal invasão de campo bastava para oferecer novo objeto às Ciências Sociais da Religião, mas também para impor-lhes um tipo de olhar novo. O fenômeno exigia um tipo de atenção específica. Tanto mais que, cada vez mais intensamente, ele transbordava, além de suas próprias fronteiras, sobre o espaço público, através – entre outros – dos meios massivos de comunicação.

Uma pergunta, pelo menos implícita, vai então dominar este *quinto momento*, aquela do que se convencionou chamar de "secularização". Este surto de religião que parecia paradoxalmente acompanhar a Modernidade, seria real ou ilusório? Fruto de uma onda estrutural ou de provisórios contingenciamentos conjunturais? Mais uma vez, afluíam as referências teóricas e analíticas internacionais, mas uma rica jazida nacional estava sendo oferecida à pesquisa empírica. Teoria e empiria se cruzavam, de maneira às vezes complexa e que suscitava todo um jogo de interpretações. Qual era a natureza deste "sagrado" que, ao mesmo tempo em que estava sendo expulso, dava a impressão de "voltar"? Para alguns, era a própria religião que a Modernidade havia inexoravelmente começado a expulsar, do campo da determinação social e do campo da plausibilidade epistemológica. A aparência contrária era simples atraso. Para outros, ela tinha perdido somente o seu papel, fundamental é verdade, de raiz estruturante do mundo social – ou até mesmo das identidades pessoais –, mas tinha conservado – podendo inclusive ampliá-

-la – sua presença na construção das experiências subjetivas, individuais e, até certo ponto, coletivas. Para outros, enfim, a repercussão da Modernidade sobre o papel da religião nas trocas sociais estruturantes e estruturadas não se poderia uniformizar e generalizar. Haveria sociedades em processo de secularização acelerada, mas outras em que se instituía uma modernidade até certo ponto religiosa.

Secularização, em todo o caso, era o tema instigante e o instrumento de explicação. Mas chegou-se afinal a certo consenso, pelo menos implícito. Não se deveria, talvez, indagar até que ponto desaparecia, ou permanecia, ou até voltava, o fenômeno religioso, mas em que termos a Modernidade o transformava. Metamorfose incontestada, ela.

Mais um *momento* (*o sexto*), de interesse, de estudo, de fascínio, depois do embate da Modernidade, para e pelas formas novas, "pós-modernas" da religião. Estaremos ainda vivendo este momento? Não de novidade absoluta, está claro – pois isso neste campo nunca existiu. Mas novidade e metamorfose serão os lemas deste momento. Não detalharei, pois o tema está presente na memória de todos os leitores dessa literatura. Emergência definitiva do indivíduo, critério mais de experiência do que de verdade, recusa da fixação e da "de-finição". Andança peregrina e procura. Por isso tudo, perda de influência das instâncias definidoras: desinstitucionalização, trânsito, relativização e fluidez das identidades. Como dos conceitos. Cultivo de um universal simbolismo. Hibridismo.

Um "estado das mentes" portado por uma onda que, não podendo ser dito "movimento", é fluxo polimorfo e polivalente de modo de pensar e de ser, suficientemente denso e autonomamente assumido para ser objeto de auto e heterorreconhecimento: A Nova Era; mas também suficientemente difusivo, comunicativo e dialogal para atingir, penetrar, colorir e até reformatar identidades coletivas institucionalizadas. Marca universalizável, parecia aos cientistas sociais.

Ao mesmo tempo, no entanto, ou como consequência reativa dessa agudeza de percepção, frequentemente nos mesmos autores, emerge outro *momento* lógico (*o sétimo*), aquele que vai estar sensível à resistência das instituições. Apesar da fluidez em contrário, identidades se afirmam vistosamente, às

• 183

vezes umas contra outras. Toda uma literatura descobre realidades de revivescências em religiões tradicionais, às vezes como duas tradições (identidades) articuladas (o toré com a missa), estruturas novas se afirmando em toda parte ou então, no seio das próprias estruturas antigas, movimentos introduzindo nelas um dinamismo que, começando no segmento (dos jovens, p. ex.), acaba levando o todo a uma visibilidade social significativa, recuperando aspectos tradicionais (aumento do número de seminaristas) e revestindo-os de uma expressividade moderna (carismáticos); ou ainda fermentações pontuais (aparições marianas) que cristalizam pouco a pouco em coletivos institucionalmente regulados; nas margens das instituições, grupos aparentemente heteróclitos, em grande parte espontâneos, e que acabam entrando na esfera das Igrejas, legitimados porque canalizados mais ou menos explícita e consentaneamente. Enfim – acontecimentos recorrentes, como a viagem do papa, a Marcha para Jesus, que ocupam os meios de comunicação e mobilizam as massas, serviriam, entre outros, de exemplo – não faltam afirmações institucionais de vigor e tamanho nunca alcançado... Nem o nível das estatísticas fica fora da onda: institutos de pesquisa de opinião obtiveram recentemente resultados que poderiam assinalar um momento de pausa (?) – de parada (?) ou de ritmo mais lento (?) – no recuo sempre comentado da instituição ontem hegemônica. Resistência das instituições.

E com isso, estamos no hoje. Provavelmente não seja inútil aqui frisar de novo que o que chamamos de momentos não são períodos adequadamente sucessivos. Momentos essencialmente lógicos, embora se sucedam insistências contrastadas na literatura.

Para terminar, poderei evocar agora uma prospectiva, ulterior momento para as Ciências Sociais da Religião no Brasil? Falamos das instituições, de sua perda de centralidade e de sua correlativa resistência. Mas de que tipo de instituição doravante se tratará? As mesmas que definham serão as que se reafirmam? E de que serão feitas as relações que manterão com elas os fiéis que nelas buscarão a referência de sua identidade?

Se pudesse imaginar para o *momento de amanhã* o tipo de sensibilidade temática que irá marcar as Ciências Sociais da Religião no Brasil, indicaria dois pontos:

O primeiro é a indagação sobre o novo modelo de arranjo que o indivíduo religioso, definitivamente afirmado, saberá encontrar para suas relações com sua instituição. Sem dúvida, a afirmação institucional de ontem, definidora e criadora de identidades totais, não se reproduzirá simplesmente. Os laços de adesão, de conformidade, dogmática e ética, de expressão ritual provavelmente sofrerão um processo de diversificação relativizadora.

E o segundo ponto decorreria de uma teimosa pluralização. "Relações com sua instituição", dizia. Mas cada vez mais essa instituição não é única a lhe dizer respeito. Consciente ou inconscientemente. Sob as categorias da religião ou sob as formas da cultura. Quantas encruzilhadas marcam hoje as múltiplas passagens entre os dois níveis da construção interior, religião e cultura? A pluralidade religiosa (o pluralismo religioso, na verdade), acaba constituindo, não só um "campo religioso" conflitual, mas também um "campo cultural" tendencialmente consensual, ou, pelo menos, em que o consenso constitui o problema. Nele se encontram as religiões, e a influência de cada uma delas é mais larga do que o raio das adesões religiosas aos seus dogmas e ritos. O seu imaginário, cosmológico, ritual, mítico, ético, perpassa o cotidiano em amplas camadas da população: muitas vezes não se sabe onde começa a religião e onde acaba a cultura. E a vivência cultural brasileira é feita – e será cada vez mais feita – desses encontros e dessas transmutações: O que é, nela, cultura católica, cultura espírita, cultura afro? Como nela convivem, se estranham e se articulam catolicismo-religião com culturas afro e espírita, espiritismo com cultura católica e cultura afro, candomblé com culturas espírita e católica?

Tal momento de atenção – se de fato ocorrer – poderá recapitular todos os outros, reativar suas potencialidades de indagação. Por um lado, as religiões que, muitas vezes, vimos tratadas como universos separados, estarão aqui articuladas, dinâmica e misteriosamente. Pois várias delas existem dentro da cultura brasileira e se expressam – e se constituem – através dela. Dois exemplos: a da mãe de santo fervorosa adepta da corrente antissincretista no candomblé e admiradora da Mãe Estela, líder dessa corrente, que me contava tranquilamente do batizado dos seus netos. Diante da minha surpresa: "Ah! Mas isso é outra coisa. Não é religião. Faz parte de nossa cultura brasileira". Ou, num sentido diferente, a deste jovem negro, militante católico e secretário de paróquia, que descobre de repente numa sessão de candomblé o "seu" Deus, o "Deus de nosso jeito", Deus vivo que se celebra pela vida – mas que não muda por isso de afiliação religiosa. Até onde se distinguiam ou identificavam o Deus da sua cultura, o Deus de sua fé?

Por outro lado, as ênfases de todos os momentos que levantamos também estão aqui, com suas dominantes, seus lemes, seus vieses. Está aqui a injunção, para cada religião, de uma visão crítica de si – mesma a partir de dentro; está aqui uma volta à pedra de toque do "popular", sendo, por exemplo, necessário, para evitar projeções classistas nossas, identificar a possível existência de uma Nova Era popular específica; está aqui a política, com as reivindicações das instituições por sua visibilidade no espaço público, tanto cultural quanto político; está aqui a secularização, dessa vez pela presença explicitada da cultura contemporânea secularizada, no bojo da qual as instituições religiosas e as vivências individuais dos fiéis são instadas a decidir-se pela inculturação ou a contra-aculturação... – ritual, noética e ética. Inclusive em estado de mútuo afastamento ("religiosos sem religião", i.e., sem instituição religiosa). E assim dos sucessivos temas, retomados em nova chave a partir do enfoque: Pluralismo cruzado de cultura e religião, de culturas e religiões.

Termino, pois, simplesmente sugerindo que as Ciências Sociais da Religião no Brasil não parecem ter acabado de descobrir e propor achegas enriquecedoras ao fenômeno que elas estudam.

Falei do próximo futuro com as expressões: "Sem dúvida", "está chegando...", "irá marcar..." Talvez devesse dizer mais timidamente: "provavelmente...", "quem sabe..." Pois nesse campo também, e apesar das teorias dos cientistas sociais, brasileiramente "o futuro a Deus pertence".

Religiões no mundo contemporâneo
Convivência e conflitos*

Não importa o que, na verdade, aconteceu na minha percepção. O significativo é que, julgando dever interpretar o título dado por vocês ao nosso encontro em meros termos de "relações entre as religiões", acabei por traduzi-lo espontaneamente na categoria de "conflito" – uma categoria que na realidade já fazia parte, afinal, da sua proposta... Isto é sinal da existência de um problema agudo no mundo contemporâneo. Se esse problema chama assim a nossa atenção, provavelmente seja porque a situação para a qual ele aponta destoa daquilo que era a regra nos tempos clássicos, quando cada religião constituía a expressão de um povo, de uma civilização, referida que era a um espaço social determinado. Naquela altura, o mundo recortava-se entre as religiões. Mas o mundo se movimentou: houve deslocamentos, divisões e expansões; houve encontros, encaixes e recobrimentos. Hoje é necessário – e difícil – que as religiões aprendam a *conviver* umas com as outras.

Os aspectos deste problema são muitos. Escolherei três para iniciar o nosso diálogo.

1) Em primeiro lugar, quero dizer que esses encontros de religiões não se dão num espaço social vazio de outras relações, e como que reservado a eles. São conjuntos que se encontram, inextricavelmente feitos de geografia (geopolítica), de interesses econômicos, de história, de psicologia coletiva, de cultura – e de religião.

O problema é, aliás, tanto mais candente quanto no imaginário dos povos – um imaginário mais ou menos fielmente histórico – os espaços culturais e religiosos tendem a ser confundidos com espaços geográficos, territo-

---
* *Ilha*, 2002, p. 5-23.

riais. "O que nós somos está debaixo dessa capoeira – os ossos dos nossos ancestrais", dizia um sérvio do Kosovo, mostrando as ruínas dos antigos mosteiros, para ele emblemáticos da origem do seu povo. Muitos conflitos atuais estão assim marcados pela referência étnico-religiosa a um território, referência viva, exclusiva e muitas vezes em processo de avivamento e radicalização (pense-se em Israel e nos Palestinos, mas também na Caxemira e na Índia em geral, no Tibete, no Sudão, na Chechênia, nas Irlandas etc.). É, no entanto, importante não confundir essa mescla de vários fatores com a afirmação de que a religião não passaria de um pretexto, de uma máscara que escondesse "realidades" mais palpáveis e concretas. A sua presença nesses conflitos é muito mais do que "ideológica". Ela é parte constituinte dos conjuntos em presença, e está articulada com outras dimensões que, segundo os casos e conforme os momentos, se revezam com ela nos planos mais visíveis ou mais ocultos da relação. Trata-se de um jogo multiforme, do qual a religião é só uma parte, mas uma parte real.

Alguns casos típicos podem ajudar a mapear esse campo.

Em tempos de secularização, falou-se muito em "religiões analógicas", "religiões de substituição" (SÉGUY, 1999: 98), quando o dinamismo psicossocial normalmente investido na procura do sagrado é mobilizado para a promoção de instâncias que nada teriam a ver com ele: a pátria, a nação, a revolução, o partido, uma experiência estética radical – ou, por que não, um simples time de futebol. Mas de maneira inversa, é às vezes o próprio sagrado explícito, ou a religião institucionalizada, que substitui dimensões outras, proibidas de se manifestar. Não o faz para servir de máscara, nem como o instrumento de uma estratégia (como seria o caso de uma prática religiosa fictícia, por motivos de interesses matrimoniais ou políticos), mas como a proclamação ritual sincera de uma identidade religiosa que, neste caso, não implica a fé, e por isso não é assumida religiosamente. Parece ter sido essa a situação de alguns intelectuais poloneses ateus que se puseram a "praticar" no tempo do *Solidariedade*; eram "praticantes sem fé", cuja vida ritual completa significava, mediada pelo universo simbólico da fé cristã a que se referiam (diziam-se "cristãos" com sinceridade), a adesão à identidade nacional em processo de recuperação. O rito era nesse caso bifronte. Apontava, sem artificialidade nem separação possível, para a adesão sem fé a um universo religioso, e para a restauração de um imaginário nacional definidor. Por isso, o signo se desfez quando passou a crise.

Neste caso, não se encontravam duas "religiões", senão, por um jogo de espelho, duas imagens dela: uma imagem política (marxista), substitutiva da religião, e outra religiosa, substitutiva da política. Mas mesmo em casos de presença há muito tempo assentada de várias religiões num mesmo espaço nacional, acontece de este espaço acabar por ser marcado, no decorrer da história, pelas características dominantes de UMA (e uma só) dentre elas. Esta religião segregou à sua imagem uma cultura que, por sua vez, marcando com os seus traços o grupo nacional, tingirá o modo de ser das outras religiões presentes neste grupo. A relação entre elas faz-se aqui *através* da cultura. A Alemanha, por exemplo, apesar de hoje ser *também* católica do ponto de vista demográfico, não deixa de ser culturalmente protestante, e o próprio catolicismo alemão está marcado por traços mais próprios do protestantismo. Mais ainda: as origens protestantes dos Estados Unidos deixarão marcas na cultura política americana, marcas que virão colorir o próprio catolicismo local, em que pese a sua natural reação identitária de minoria (o caso dos militantes negros católicos que, apesar das dificuldades tradicionalmente sofridas no seio da instituição, no Brasil não pensam em sair dela, enquanto nos Estados Unidos já fundaram, por sucessivos processos de cissiparidade, várias denominações "negras católicas"). Assim, o protestantismo francês ou italiano e o pentecostalismo brasileiro (SANCHIS, 1997: 123-126)[1] poderão, por inserir-se em sociedades de cultura católica, aceitar (e reinterpretar) progressivamente feições "catolicomorfas"[2].

Em outros casos, essa dominância no campo cultural pode acompanhar-se de uma marca em contrário do ponto de vista político. Tal é o caso do período das colônias, por exemplo. Nele, grandes espaços culturais tradicionalmente entregues a uma tradição religiosa determinada e exclusiva (países

---

1. No Brasil, a cultura religiosa básica talvez seja, mais do que católica, "católico-afro-espírita". E será essa tinta a colorir o neopentecostalismo.

2. A mesma problemática foi assinalada no campo dos valores políticos (INGLEHART, 2000). Agradeço a Valéria Paiva pela indicação dessa referência.

muçulmanos ou a África tradicional, entre outros) foram dominados militar e politicamente por outra sociedade, que se fez presente nesses espaços com o seu poder estatal, a pretensão da sua cultura e também da sua religião. Aqui, o encontro, desigual, é mediado pela política.

Enfim, no mundo contemporâneo, é possível que situações consolidadas – essas e outras, as radicalmente tradicionais ou as recentemente constituídas – estejam sujeitas a tentativas de reversão, de tipo variado. Um exemplo disso é o da descolonização, ainda que com repercussões tardias (a Índia, a Nigéria, o Sudão). Outro exemplo são as sucessivas guerras na ex-Iugoslávia, sendo típico o caso da Bósnia, onde a convivência plurirreligiosa tradicional – nas famílias, através dos casamentos e no cotidiano da participação na vida de vizinhança – ameaçou ceder o espaço a agressivas procuras de hegemonia. Questionamento análogo – com mais brandura – pode ser feito relativamente ao Brasil, seja quando grupos étnico-culturais (indígenas ou negros) recuperam, juntamente com o sentido da sua história, a religião que tradicionalmente fora a sua, sem deixar de se definir através daquela que a história nacional lhes impôs, seja quando a identidade nacional religiosa tradicional, a do "Brasil católico", está em vias de se transformar (sem deixar de ter significado globalizante) em outra, a de "Brasil evangélico". Nestes casos todos, cultura e política estão presentes no encontro, mas quem o organiza e lhe dá forma é a procura ou a recuperação de uma identidade (BIRMAN, 2001: 59-86).

Os exemplos poderiam multiplicar-se. Acabariam por mostrar como, quando emaranhada com os outros níveis da existência coletiva ou determinada instância social, a religião, aparentemente destinada a "congregar", "religar", estabelecer "a paz na terra", pode tornar-se fator de divisão, de confrontos, de rivalidade e mútua ambição – enfim, de guerra. Das quarenta e cinco situações de conflito atualmente em curso, quase todas têm a ver em certa medida – às vezes primordialmente – com a religião.

Falou-se em "identidade". De fato, em homologia com a religião, encontramos na identidade o exemplo de uma realidade que, tradicionalmente mais unificada, passou no mundo moderno para um regime plural – até mesmo no interior de um mesmo sujeito individual. Escreve Domenach: "Talvez seja preciso [hoje] ir até ao próprio indivíduo para encontrar nele o verdadeiro fenômeno coletivo: abundância de opiniões e de gostos diversos, às vezes contraditórios... Quem sabe se, de fato, o único 'sujeito verdadeiro' não está aí?" (DOMENACH, 1987: 113). Outros falam em partição, em fragmentação da consciência ou da identidade, fenômeno típico da condição humana nesta passagem de século. No entanto, e apesar da homologia, há uma diferença neste ponto entre identidade e religião. A solução, para a identidade, é cada vez mais apontada em direção à soma: *As identidades mortíferas*, eis o título do livro recente de Amim Maluf, um escritor de origem e nacionalidade libanesa, e de cultura e nacionalidade também francesa. As identidades mortíferas, diz ele, são aquelas que se pretendem limitadas a uma pertença única. Pois é preciso, hoje, que o indivíduo humano "assuma todas as suas pertenças". É mais difícil encontrar o mesmo conselho a propósito da religião. Por quê? A resposta constituirá a segunda reflexão que quero propor.

2) Quero sugerir, com efeito, que a pluralidade religiosa acarreta um problema específico, precisamente na medida em que a religião põe em jogo um absoluto. E que é difícil imaginar a "soma" ou convivência pacífica de vários absolutos.

Sonho vazio, então, e esforço vão? Parece pensá-lo Salman Rushdie, que a propósito da atual situação na Índia escreveu recentemente um artigo intitulado "O veneno das religiões". E já Virgínia Woolf constatava: "Nenhuma paixão é mais forte no peito humano do que o desejo de impor aos demais a própria crença". Claro que não compete ao cientista social apontar caminhos, no sentido de "dar conselhos". Mas podemos olhar em torno de nós e – em meio a reiterações dramáticas de fundamentalismo, integrismo, intolerância e hostilidade – indicar o sentido da inspiração dos esforços através dos quais, no interior das religiões, homens religiosos estão também empenhados na procura de mais convivência, mais comunhão, mais paz. Indicarei rapidamente cinco direções neste sentido:

A primeira: Em vários pontos tenta-se levar a sério o pluralismo. Jogar o jogo. Isso significa, antes de tudo, uma exigência, no plano político, de autêntica liberdade de consciência. Não foi nem tem sido sempre assim. Um olhar sobre alguns dos "outros" (cf. um artigo recém-publicado em grandes diários internacionais sobre a situação na Arábia Saudita), mas também sobre nós (o caso das religiões afro, há pouco tempo ainda, no Brasil) nos convence disto. Mas avançou-se indubitavelmente, no campo das Igrejas cristãs, por exemplo, desde as campanhas inquisitoriais da Idade Média e o princípio *cujus regio* e *ejus religio* dos tempos da Reforma. Na verdade, só o Iluminismo e a Modernidade liberal conseguirão propor com clareza a ideia – mesmo assim hostilizada, nunca inteiramente recebida – da liberdade de consciência. Na Igreja Católica a ideia conservou-se por muito tempo como uma concessão hipotética, limitada e concreta ("para um mal menor"), longe de ser a afirmação "em tese" de um bem universalmente legitimado. Até ao Concílio – e à carta de João Paulo II para o Dia da Paz, em 1º de janeiro de 1991:

> Na sua relação com a verdade objetiva, a liberdade de consciência encontra a sua justificativa, enquanto condição necessária para a procura da verdade digna do homem e da adesão à verdade quando esta foi conhecida de modo apropriado. Isto supõe que todos devem respeitar a consciência de cada um e nunca tentar impor a outrem a sua própria verdade, guardando o direito de professá-la sem desprezar quem pensa de forma diferente. *A verdade não se impõe senão por si mesma* (p. 5).

E. Poulat, o grande sociólogo do catolicismo – e da Modernidade em seu embate com o catolicismo –, julga que esse documento "marca data na história da Igreja"[3]. Acrescento: e também na história das relações entre as religiões no Ocidente. Estes princípios serão ilustrados e orquestrados nos dois encontros das religiões em Assis, sob a própria iniciativa do papa. Estes acontecimentos contemporâneos, inauditos na história das religiões no Ocidente, respondem a sonhos utópicos de visionários, e a tímidas tentativas nos Estados Unidos no século passado, condenadas, aliás, por outro papa, Leão XIII.

Em segundo lugar, nesses encontros emblemáticos – excepcionais por natureza – e, sobretudo, em alguns dos encontros rudes e mais cotidianos da vida, as religiões – alguns segmentos de algumas religiões – estão aprendendo a respeitar o outro. Em vários níveis e de mil maneiras esse esforço se revela hoje criativo, engendrando atitudes novas. Uma dessas: reservar para

---

[3]. Depoimento pessoal.

o confronto global das grandes sínteses o caráter definitivo e absoluto de contradições eventualmente reais.

As sínteses, com efeito, enquanto teóricas, apresentam-se como absolutas. Na concretude da existência, elas são vividas na relatividade. Entre o edifício teórico e a vivência concreta, há precisamente o espaço do encontro e da (re)interpretação. Os princípios matriciais, basilares, originários constituem sem dúvida um horizonte específico de cada família (grupo, instituição), que não se trata simplesmente de confundir na pretensa base indiferenciada de um sagrado genérico. Talvez seja precisamente uma filiação assumida a determinada tradição religiosa na sua espessura histórica o que constitui o traço sociologicamente característico de uma identidade religiosa (HERVIEU-LÉGER, 1993). Mas é a modalidade da construção dessa filiação que pode, respeitando o seu caráter absoluto, reconhecer também como tal o absoluto do outro, um absoluto relacional, como dizem os teóricos dessa atitude – a única, pensam estes, capaz de assegurar a convivência e o diálogo entre universos, em princípio, enclausurados na sua asseidade.

Neste diálogo, as especificidades e as diferenças não são negadas. Trata-se, antes, de uma tomada de consciência de que as grandes sínteses, como lógicas secretamente presentes e definidoras das identidades, não geram necessariamente uma adesão fundamentalista e reiterativa a um completo edifício de verdades pretensamente imutável. Ao contrário: essa consciência pode-se transformar na descoberta, por parte de cada ator social, tanto no âmago da sua própria "narrativa" quanto na do "outro" concreto que ele encontra, de um valor fundamental – e, sim, insubstituível – a ser reconhecido, na descoberta de um pendor a ser respeitado, de um "gênio" a ser acolhido[4]. Ao observador externo, uma atitude deste tipo parece satisfazer as condições para que, num mundo cada vez mais globalizado, possam ser salvaguardadas as diferenças, penhor de maior riqueza humana para os grupos sociais, sem que essas se transformem em causas e motores – pretextos – de conflitos. E isto, mesmo se continua a vigorar, no interior de cada um dos filões religio-

---

4. Algo dessa atitude – reconhecimento em cada grande tradição religiosa de fundamentos específicos "constitutivos de verdade" – se encontra já em 1928 num acordo redigido em Jerusalém numa reunião de Igrejas protestantes (cf. SOUZA, 1994: 53).

sos e culturais, a exigência de fidelidade ao cerne da tradição que representa. Pois deve tratar-se de uma fidelidade "radical", e por isso mesmo criativa, uma fidelidade vinculada a uma atitude de respeito para com a tradição do outro, que acabe transformando em mútuo desafio a descoberta progressiva de zonas de possível abertura e aproximação – e, portanto, de transformação interna. Weber falava em "tipos ideais", modelos que nunca se realizam literalmente no espaço social concreto. Quem sabe o diálogo religioso ganhe em densidade se cada um considerar o interlocutor como portador, não de uma verdade que se quer minuciosamente completa e definitiva, mas de algo como um "tipo ideal" à procura de mais uma realização criativa, na relação precisa criada por esse "encontro". Um intérprete de Weber, falando, é verdade, de outro tipo de encontro, o do pesquisador com o seu campo, escreve:

> Com o instrumento do tipo ideal "o espírito do pesquisador [para o presente caso, do grupo portador de uma religião que aceita a relação ativa com um "outro"] nunca consegue apreender o objeto de seus esforços [no nosso caso: a religião do outro] de modo plenamente objetivo e como que sem resto [...]. A consequência é uma insatisfação que permite manter em aberto o caminhar no processo do saber (SÉGUY, 1999: 53).

Acrescentaria duas outras consequências. Nessas condições, nem o "outro" concreto que se constitui como o meu interlocutor pessoal ou midiático, nem o conjunto de sua tradição religiosa poderão ser confundidos com a rigidez teórica manifestada por aqueles membros mais "fundamentalistas" que pretendam representá-los. Só com a prévia clareza dessa distinção um encontro – e eventual diálogo – pode ser semente de descobertas, transformações recíprocas e aproximações. Pois toda religião se realiza na história.

Pode até acontecer que os valores nucleares que são revelados a um dos interlocutores pela aproximação com essa "diferença", que para ele constitui o "gênio" do outro, acabem por lhe parecer como um outro lado de si, presente também na sua própria tradição, mas de que lhe faltava (re)tomar consciência, esmaecida no decorrer do processo histórico. Quem dirá que, entre protestantes, católicos, muçulmanos, candomblecistas ou cultores da Nova Era, a problemática da recusa ou aceitação da imagem, da supressão ou do cultivo das mediações, da importância fundamental do pecado, da oposição entre fé e religião, da relação entre a perspectiva religiosa e o espaço público e da experiência cósmica religiosamente plenificante não possa trazer a cada um algum enriquecimento – e revivescência – do seu universo simbólico próprio pela revelação dos pontos fortes da sensibilidade insubstituível do outro? Isso sem falar da necessária introdução, neste diálogo múltiplo, de outra "diferença", muito presente na sociedade contemporânea: aquela da experiência religiosa da recusa da religião... Conservar e cultivar as diferenças consiste exatamente em envolvê-las numa dinâmica de complementaridade e relativa convergência.

Quem pensasse aqui simplesmente num "debate" empobreceria a problemática. A "religião" não constrói o seu domínio fundamentalmente com ideias. O "crer" tende a se opor à "religião nos limites da razão". Não se argumenta neste diálogo com o jogo contrastado de conceitos. A convicção não obedece às leis de uma lógica estritamente "racional". O crer não se confunde com o saber. E essa distinção pode revestir-se de duas dimensões, opostas.

Por um lado, o absoluto da convicção é assim sublinhado, já que não é dependente de uma troca de argumentos para se modificar. Este é um caso "diferente", e difícil, da sociedade da "ação comunicativa" de Habermas[5].

Por outro lado, mais do que confrontar ideias (as famosas grandes sínteses – ou "narrativas" – de que falávamos), esse tipo de encontro se realiza pelo cotejo de experiências[6]. Crucial, aqui, é a dimensão "mística". Uma flexibilidade maior está sendo introduzida pela ferramenta do símbolo, análoga à da poesia (BRÉMOND, 1916-1936, 1926a, 1926b), que pode ser amplamente comungada, por baixo (ou por cima) dos sistemas conceituais (comunhão *in sacris*, na Alemanha, de responsáveis de denominações cristãs que se opõem entre si no plano doutrinal, mesmo a respeito da própria Eucaristia; reuniões regulares na Bélgica de cristãos de todas as origens que pretendem viver o seu cristianismo em comunhão com diversas tradições religiosas orientais, concretizando-se, essa comunhão, sob diferentes formas: empréstimo de processos espirituais e técnicas de oração, participação em crenças e atitudes profundas ou simplesmente nas visões do mundo que forneceram a essas crenças o

---

5. Ou da "Democracia deliberativa" de Joshua Cohen.
6. Não os "sistemas", mas os "mundos vividos", diria aqui Habermas.

seu húmus histórico – modalidades todas elas abertamente expostas, compartilhadas e submetidas à crítica de espirituais experimentados e de teólogos).

Vê-se com esse exemplo que mística não exclui reflexão – e de alto nível teórico. Mas está mais em jogo uma reflexão *interna*, não um "debate" contraditório. O "outro" estaria respeitosamente à espera do resultado dessa reflexão para, por sua vez, alimentar a sua própria reflexão e o futuro diálogo. O exemplo pertinente é aqui o do grupo de aprofundamentos e debates à procura das grandes linhas de um islã ocidental, capaz de assimilar o quadro social da democracia moderna sem perder a sua identidade, grupo mantido por intelectuais muçulmanos na Europa, observados com atenção pelos seus homólogos dos países árabes – e acompanhados por intelectuais ocidentais, que se recusam assim a enfeixar o islã na figura exclusiva dos seus extremistas islâmicos.

Em terceiro lugar, este jogo entre o rigor do conceito e a fluidez da imagem (do símbolo) realiza-se de vários modos – e nunca como uma simples oposição. Nas categorizações teóricas atualmente em uso, talvez isto esteja em parte ilustrado por uma oposição, bastante presente na literatura, entre sincretismo e macroecumenismo[7]. Trata-se de duas categorias de aproximação, que na verdade podem corresponder mais a dois níveis de reflexão do que a duas atitudes fundamentalmente diferentes: uma, sincretismo, no campo da religiosidade; outra, macroecumenismo, no campo da religião (das religiões). Com efeito, a interpretação habitualmente dada à categoria de sincretismo – sobretudo pelas instituições e os seus teóricos oficiais – é depreciativa, porque pretende detectar nele, como se desprezasse qualquer rigor analítico e conceitual, simples manifestações de mistura e degradação. Mas é possível ter-se outra "definição". Uma delas veria no sincretismo um processo universal na história dos grupos religiosos que se deparam com os seus homólogos: a tendência a utilizar relações apreendidas no mundo do outro para ressemantizar o seu próprio universo. Outra definição ainda de sincretismo poderia ser: o modo pelo qual as sociedades (os grupos sociais, aqui os grupos religiosos) são levadas a entrar num processo de redefinição da sua própria identidade, quando confrontadas

---

[7]. A expressão parece ter surgido em reuniões latino-americanas de pastorais. O seu uso ultrapassa hoje a sua região de origem. R. Panikar, o teólogo do diálogo com o hinduísmo, promovia, já nos anos 1960, o que chamava de "ecumenismo mais ecumênico".

com o sistema simbólico de outro grupo ou de outra sociedade (SANCHIS, 1994: 4-11)[8]. Ora, tal definição da estrutura do sincretismo vai ao encontro das grandes linhas da descrição do que recentemente alguns vêm chamando de "macroecumenismo". De acordo com a sua definição, trata-se de um ecumenismo que, por um lado, não diz respeito somente aos grupos cristãos e que, por outro lado, consiste em aproximar-se com respeito, sabendo – esperando, desejando – que algo que a experiência do "outro" me permitirá descobrir aproximar-me-á, não do Deus desse outro, mas do meu próprio Deus.

Fica em aberto, nesse processo de "aproximação", a possibilidade (a "legitimidade", dirão as instâncias de ortodoxia dos grupos religiosos) de um compartilhamento efetivo de experiências religiosas. O "ser ao mesmo tempo" isto e aquilo, tão familiar na vivência concreta tradicional do campo religioso no Brasil, não encontrou ainda o seu estatuto epistemológico. No entanto – seja ele chamado sincretismo, ecumenismo popular ou macroecumenismo, segundo as representações que dele fazem para si as consciências religiosas – as suas formas contemporâneas constituem um problema contraditório e lentamente elucidado no espaço entre as determinações institucionais e a vivência concreta dos sujeitos religiosos. Penso em missas afro, iniciação de sacerdotes católicos aos cultos afro-brasileiros, transes rituais de religiosas, celebrações conjuntas no interior da diversidade cristã, nas franjas do cristianismo ou entre cristãos e não cristãos – mas, por outro lado, também resistências na hierarquia das Igrejas, antissincretismo, "africanização" e procura ciosa de autenticidade da parte de segmentos do candomblé – ou ainda trânsitos sucessivos entre fruições religiosas de diversas origens e de sentido eventualmente divergentes... Trata-se de vivências – e decisões de vivências – contraditórias, eventualmente por parte dos mesmos atores. Esse é um campo em plena efervescência no Brasil e que ainda não pode ser interpretado com segurança, seja como potencialmente diluidor, seja, ao contrário, como reforçador ou, quem sabe, articulador de identidades.

---

8. Mais do que de "definição", preferimos neste artigo falar de "estrutura", em sentido tendencial e dinâmico.

Convém em todo o caso frisar, num quarto ponto, a existência de um instrumento privilegiado que permite esses deslizamentos, essas pontes, essas experiências ao mesmo tempo compartilhadas e dissonantes; um instrumento, senão próprio da religião, pelo menos proximamente afim a ela: o símbolo. Flecha que atravessa, numa determinada direção, as espessuras de um tecido de sentido, o símbolo não impõe de modo limitado e precisamente definido nenhum desses sentidos em particular. Essa polivalência, ainda que orientada, permite o dinamismo de um rito processual e intencionalmente comum, mesmo se portador de significações divergentes. Além daquelas concelebrações de que já falamos – e que irmanam, num único rito, ministros de Igrejas que se opõem no respeitante à sua significação – citemos dois exemplos empíricos brasileiros. Um seminarista, organizador de celebrações "afro" com os APNs (Agentes de Pastoral Negros), insistia sobre o fato de que, em tal missa, não se programa evidentemente uma dança para os orixás, mas que a própria dança, naturalmente expressiva, mas indefinida quanto ao objeto da sua expressão, permite aos participantes, eventualmente de várias religiões, preencher o rito mudo de um sentido que lhes seja próprio: "dentro de uma celebração litúrgica, quando se dança, não se referenda nenhum orixá nem ninguém propriamente dito. Se dança simplesmente para Deus. Agora, você pode coreografar, criar uma maneira – a dança – onde todas as pessoas podem sentir a vontade de expressar, através da coreografia, o que cada um sente".

E um padre, relatando-me a organização do espaço da igreja pelas militantes negras da paróquia, explicava assim a presença no altar de uma imagem da escrava Anastácia: "Ela ocupa um lugar tão importante quanto o lugar de Nossa Senhora, enquanto símbolo de resistência das mulheres [...]. Elas mesmas dizem: nós não sabemos se ela existiu, se ela foi escrava, mas para nós ela é um mito, um símbolo que intui força, e que nos dá força".

Enfim, para concluir esta parte, é preciso mencionar, na mesma linha, dois outros fenômenos, bastante observados na globalidade do campo religioso contemporâneo, e que vários autores chegam a detectar hoje no catolicismo. Em primeiro lugar, há um processo um tanto generalizado que eles chamam de "metaforização". As crenças, os ritos passam a ser interpretados por meio do que um analista chama de "chave antropológica" (VALLIN, 2001: 475), o que nos faz lembrar daquela religião "analógica" de que falávamos no início. O diálogo, aqui, provavelmente tenso, ocorre entre a experiência dos fiéis e o discurso oficial das instituições[9] – tanto mais que esse deslizamento se desdobra num outro processo, igualmente diversificador das sínteses herdadas e reaproximador das diferenças históricas: o fenômeno da *bricolage*. Esse fenômeno leva parte dos fiéis a compor de maneira autônoma, sem necessariamente renegar determinada filiação institucional, o seu próprio universo simbólico por sucessivos (ou simultâneos) empréstimos tomados junto a universos ainda ontem alheios[10].

Assim, todos os grupos religiosos vivem em perpétua negociação da sua identidade, entre a sua palavra fundadora[11] e a história, negociação mediada pelas suas autoridades institucionais, pelos seus "profetas" e aqueles que, intelectuais orgânicos, assumem dentro deles uma responsabilidade de reflexão. É, por exemplo, significativa, e uma surpreendente novidade, a maneira pela qual um desses intelectuais, teólogo católico, organiza a ideia da presença do judeu-cristianismo na história do Ocidente, da qual constitui a matriz religiosa. Essa presença teria passado por três etapas, cuja duração singularmente desigual é por si só significativa da novidade que estamos atualmente vivendo: a longa etapa da tradição, na Antiguidade, o tempo multissecular da "Modernidade", no Renascimento e na Reforma, e finalmente o advento abrupto do que se chama "relativismo", a partir da década de 1960. Esse "relativismo" tem dois sentidos: a quebra de rigor das "grandes narrativas" (éticas ou doutrinais), por um lado, e por outro a multiplicação de relações entre as religiões. Já falei, apoiando-me em outro autor, de um "absoluto relacional", que se assume como tal no próprio reconhecimento do absoluto do outro (cf. GEFFRÉ, apud PEDREIRO, 1999: 132)[12]. Nenhuma religião pode hoje se considerar como

---

9. Será revelador acompanhar, p. ex., os debates internos ao campo católico em torno da reedição por uma editora confessional de um livro intitulado: *A metáfora do Deus encarnado* (HICK, 2000).

10. Sem necessariamente chegar ao caso extremo de institucionalização do desinstitucionalizado que representa a *Universal Life Church*, na Califórnia (a *Left Coast*...), "cujo credo é simples: você pode determinar o que é bem para você", e cujos pastores são nomeados, a pedido, por simples correspondência (GASSÉE, 2002).

11. Não necessariamente consignada num texto.

12. Outros autores falam da "unicidade relacional" de Jesus como salvador "único, mas não exclusivo caminho da salvação".

solta no universo do sagrado – ou de outras instâncias, que também pretendem criar significações (PLOUX, 1999). Afinal, revela-se fundamental para o nosso tema a palavra utilizada no título desta mesa: no mundo contemporâneo, a situação básica de qualquer religião é uma situação de relação.

3) A despeito da sua riqueza, conseguiriam ainda as experiências de que falamos abrir a brecha de uma esperança, se cotejadas com as tragédias de que estão repletos os meios de comunicação? Talvez por isto seja útil, em conclusão, mostrar, com a história, que não é impossível um progredir em direção ao diálogo e ao enriquecimento mútuo através dos caminhos, paradoxais em terreno religioso, de uma aparente des-absolutização. Para isso, queria sobrevoar o percurso de uma das Igrejas mais propensas a se pensar como homogênea no seu decurso histórico, a própria Igreja Católica. Sucessão telegráfica de imagens, cujo enfoque, limitado e pontual, não fará justiça à riqueza cultural e humana das etapas que ela sobrevoa...

A imagem que se me ocorre para inaugurar, pelo mais perfeito contraste, este percurso, é a da Inquisição. Ou ainda, contemporânea desta, a das Cruzadas. Imposição a ferro da única verdade da Revelação. É emblemática, nesse sentido, a palavra atribuída ao santo Rei Luís IX, ordenando aos seus cavaleiros que enfiem a espada até aonde esta puder entrar na barriga de quem desdiz a lei cristã[13]. Mas também é significativo de um início do deslocamento da problemática o fato de que, anos depois, o mesmo rei, prisioneiro dos "infiéis" e chamando Deus por testemunho, declara ao sultão, seu carcereiro, que desejaria nunca mais voltar ao seu reino se com isto pudesse ganhar para Deus a sua alma e aquela dos seus povos – sem armas e por convencimento. O carisma de São Francisco já tinha atravessado o século. Passam alguns decênios e não é com mais uma expedição simplesmente missionária que sonha o franciscano catalão Raimundo Lúlio. Nas condições culturais próprias à Espanha, aonde os franciscanos chegavam a convidar aos seus conventos rabinos e ulemás para que revelassem aos possíveis missionários cristãos os princípios do seu universo religioso, é uma aproximação

---

13. Dito possivelmente forçado pelo biógrafo Joinville. A atitude do rei parece ter sido mais complexa (cf. LE GOFF, 1996: 787, 811).

prolongada que ele planeja, para descobrir e aprofundar os segredos místicos do "outro". Quanto ao bispo de Cusa, Nicolau, já no século XVI o seu livro *Sobre a paz da fé* instaura algo como um parlamento imaginário das religiões, no qual todos se "encontrariam" no diálogo. No mesmo passo, o seu *Exame do Alcorão* pensa reconhecer na fé islâmica implicações consoantes com dogmas fundamentais do cristianismo.

Essas são vozes isoladas, é verdade. Virão as grandes descobertas e a ocasião perdida de uma convergência enriquecedora. Põe-se então o problema da salvação dos "pagãos". E a resposta dominante afirmará que "fora da Igreja não há salvação", uma Igreja que Belarmino descreverá como" tão visível quanto o ducado de Veneza"[14]. Exclusivismo. Mas este tempo é também o tempo "moderno" da emergência do indivíduo. É preciso, mesmo conservando exclusivo o papel da Igreja, coletivo de salvação, preservar o poder decisório da consciência individual: se ignorar sem culpa o Cristo e a Igreja, o homem reto será salvo. Tal convicção ganhará mais força e mais ampla aplicação na medida em que o contato missionário se vai libertando das amarras estatais – e também institucionais.

"Deus ama os pagãos!", escreverá enfim Jacques Dournes (1963), missionário na Ásia, num livro que encontrei, já em 1965, nas mãos de intelectuais da Bahia, antropólogos que repensavam o problema das relações entre Igreja (Estado) e candomblé.

Pois tinha vindo o Concílio Vaticano II. Em quatro dos seus documentos, algumas frases longamente discutidas e que, não reiterando somente a universalidade do desejo divino de salvação; mas, além disso, dizendo encontrar nas religiões não cristãs "lampejos da verdade definitiva", "verdadeiro patrimônio espiritual da humanidade", não ousam, no entanto, avançar muito no reconhecimento de um valor salvífico dessas religiões. Apesar disso, graças a esses textos o debate toma forma em publicações, encontros de teologia e colóquios oficiais. Se for certo que o não cristão de vida reta e de intenção pura é salvo, a pergunta que se impõe é se ele será salvo, individualmente, por uma referência

---

14. Sem ignorar as tentativas – algumas do próprio Belarmino – para relativizar a "exclusão": "Fora da Igreja" não poderia traduzir-se por "sem a Igreja"?

implícita ao Cristo, o único e universal caminho de salvação ("ele era cristão e não sabia") ou pelos "elementos de sobrenatural" contidos na sua própria tradição religiosa e exercitados no interior do seu culto e de sua profissão de fé.

Está claro que não se trata aqui de sugerir qualquer encaminhamento teológico do debate. O antropólogo, no entanto, não pode deixar de sublinhar o fato de que, além do reconhecimento *ad extra* da liberdade de consciência, de que já falamos, um processo de revisão interna vem trabalhar também as convicções a respeito das relações entre o povo de Deus e os povos dos deuses. Depois de séculos de "exclusivismo"[15], as perspectivas de um "inclusivismo"[16] mais generoso e universalista e as de um "pluralismo"[17] aberto (são essas as três categorias que parecem mais comuns entre os teólogos) repartem as opiniões num imenso debate que constitui uma das arenas mais vivas da reflexão cristã (e mais amplamente religiosa) contemporânea. Um novo capítulo desta reflexão, o qual veio responder à situação de pluralismo que descrevemos no início deste texto, pode ser encontrado na "Teologia das Religiões"; capítulo provavelmente impensável ontem, pelo menos desde que o cristianismo triunfante modificou o mapa religioso do Ocidente. Até que ponto essas religiões serão consideradas como simples preparações para a verdade e a graça definitivas, ou também como caminhos (relativamente) autônomos de salvação? Será Cristo o mediador universal da graça e será Jesus o único Cristo que a história conheceu? O fulcro da empresa salvífica concentrar-se-á exclusivamente em torno desse Cristo (cristocentrismo) ou em torno da vontade de um Deus que salva, oferecendo aos não cristãos outros caminhos (teocentrismo)? Alguns até se perguntam se não seria o caso de situar a própria salvação no centro da perspectiva (soteriocentrismo), sendo então possível o diálogo com religiões que sequer a figura de Deus reconhecem[18].

---

15. A salvação exclusivamente no seio da Igreja visível.

16. Qualquer salvação se opera em referência, por implícita que seja, ao poder redentor de Cristo, mediador universal.

17. As mediações salvadoras correspondendo ao desígnio divino de redenção universal são múltiplas. Religiões não cristãs também salvam.

18. Literatura já imensa, que inclui alguns grandes nomes da teologia contemporânea. Sugestivas sínteses se encontram em Teixeira (1993, 1995) e Pedreiro (1999).

Nessa "Teologia das Religiões" parece assim desembocar todos os temas que encontramos na nossa exposição: pluralismo de propostas de salvação, absoluto relacional, existência de tradições e filões históricos, identidades. Por isso, para o cientista social da religião, esta reflexão é parte ativa da nossa história contemporânea.

Mas o laço bem poderia configurar-se mais em nível da problemática que ela levanta, do que – pelo menos por enquanto – das suas possíveis conclusões. Estas estão em aberto, e não somente do ponto de vista da sua natureza teológica, que não é do nosso alcance. Sobre esse aspecto, é provável que especialistas, responsáveis institucionais e simples fiéis venham a debater longamente. Mas também do ponto de vista da antropologia as opções, com os seus significados culturais e as suas consequências políticas, não estão ainda claramente delineadas. Também – e talvez, sobretudo – no campo da religião o debate atual entre identidade e pluralismo não seja passível de simplificações apressadas. Embora por um lado o panorama contemporâneo torne patente que a reafirmação obsessiva de uma identidade ancorada na terra e na história é, no limite, empobrecedora e perigosa, porque não abre espaço para o diálogo, ele mostra também, por outro lado, que esmagar identidades sem defesa sob o peso de um pluralismo inorgânico pode lançar grupos sociais inteiros na insegurança e na tentação do fundamentalismo agressivo. Do mesmo modo, introduzir um grau intenso de pluralismo num determinado espaço social sem ao mesmo tempo instaurar (e institucionalizar) o diálogo é fatalmente criar as condições do conflito. Ajustamento e enriquecimento mútuos exigem reflexividade crítica, flexibilidade e abertura.

Religião e política... Recentemente, alguns observadores apressados julgavam observar um recuo dessa articulação, em proveito de uma mais pura espiritualidade. Esse não era o nosso tema hoje, mas é impossível concluir sem dizer que esta outra forma de política para o exercício da qual são convocadas hoje as Igrejas e as religiões – ou seja, o gerenciamento das suas identidades e o seu ajustamento mútuo – constitui uma modalidade fundamental para a felicidade, e talvez a sobrevivência, do nosso mundo.

O CAMPO RELIGIOSO SERÁ AINDA HOJE O CAMPO DAS RELIGIÕES?*

Paradoxos da história... Estudar a atualidade talvez implique um olhar insistente sobre o passado, tanto quanto uma sondagem nas nuvens de um futuro cujo desenho já bem pode esboçar-se sob nossos olhos. "O tempo de hoje data simultaneamente de ontem, de anteontem, de antanho", dizia Braudel (1972: 29). Em outra perspectiva, teríamos de acrescentar: "também de amanhã!"

Por outro lado, um campo religioso constrói-se e reconstrói-se constantemente, nas reações entremeadas das instituições, dos grupos, quase-grupos e indivíduos, diante do jorro dos acontecimentos. Neste sentido, é a sua atual dinâmica que é decisiva. Mas tais atores não estão soltos no espaço-tempo: suas relações, já criadas na e pela história, tendem a pré-moldar hoje as suas reações. E quanto aos acontecimentos, eles não emergem num vazio de fatos, de traços e lembranças de fatos, de produtos de fatos anteriores. O cenário de uma história *em se fazendo* não é outro senão o da história já feita, o instituinte emerge do instituído, articulando-se a ele, mesmo se é para inflecti-lo, deturpá-lo, negar algumas de suas potencialidades mais visíveis, criar em cima dele. "Mitos, emblemas, vestígios" dizia já Ginzburg, subtitulando, em consequência: "Morfologia e História" (1989).

Por tudo isso, seria impossível tentar uma análise do campo religioso contemporâneo sem passar pelas raízes que, em parte, o explicam. Por outro lado, seria também ilusório querer fazer do presente uma simples projeção do passado, reprodução obstinada daquilo que foi "marcado". Teremos de articular, balancear em termos realisticamente empíricos as remanências teimosas e também criativas do passado com as emergências inovadoras e

---

* In: HOORNAERT, E. (org.). *História da Igreja na América Latina e no Caribe 1945-1995*. Petrópolis: Vozes, 1995, p. 81-131.

transformadoras da atualidade. Modernidade? Pós-modernidade? Tradição? Será sempre preciso lembrar a advertência fundamental de Louis Dumont:

> Aquilo que, desde já, se pode ver de um lado ao outro do planeta, é uma mistura, variável conforme os lugares, de modos de ser novos, universais, que as técnicas, e também as ideias modernas, impõem ou arrastam consigo, com modos de ser mais antigos, particulares a uma população ou uma região, que sobrevivem de qualquer modo, mais ou menos vivazes, mais ou menos amputados ou enfraquecidos pela presença dos primeiros ou a *combinação com eles* (1991: 16, grifo nosso).

Além do mais, ter-se-á notado, nessa citação, a articulação às distinções diacrônicas das localizações "particulares a uma população ou a uma região". É dizer que a globalização contemporânea – e correlativamente também as análises de qualquer uma de suas realizações – tem de levar em conta não só as recapitulações temporais, mas também as diferenciações locais.

Para tratar do campo religioso contemporâneo, teremos, pois, de nos referir, não só à atualidade, mas a uma sociogênese[1] que enraíza essa atualidade em "outros tempos"; não só a um espaço global, que tende hoje a se universalizar, mas à relação com este espaço do espaço especificamente brasileiro.

1 Um campo religioso em universal transformação

Não se trata simplesmente de alargar ao mundo inteiro, antes de chegar ao Brasil, as qualificações de um campo religioso "moderno"; mas, mais radicalmente, de situar esse campo nas perspectivas englobantes da atualidade cultural e institucional. Neste quadro, as religiões constituem tão somente um caso particular – apesar de talvez paradigmático – de *articulações de diferenças*, que atingem com intensidade todos os níveis da realidade social. Qualquer monolitismo parece destinado a desaparecer no fluxo permanente que caracteriza a Modernidade contemporânea[2]. Neste sentido, "totalidade"

---

1. Importância desta noção em Elias (1975) para qualquer explicação sócio-histórica de uma realidade social.
2. "Modernidade contemporânea", "Pós-modernidade", algumas vezes simplesmente "Modernidade", não entendemos utilizar estas expressões com estrita e exclusiva referência. Para nós, com efeito, a Pós-modernidade", na medida em que existir, é ao mesmo tempo a exacerbação e o con-

(pensemos, já: "catolicismo"?), para o homem de hoje e mais ainda de amanhã, tenderá a não poder ser definida – muito menos valorizada – fora das perspectivas de uma rede ativa de compatibilização e articulação de diferenças, reconhecidas e cultivadas.

Vejamos, por exemplo, o nível *político*. Com o fim dos blocos estanques, que proporcionavam a cada grupo social a possibilidade de se autodefinir, "tomando partido" e opondo-se, o outro doravante passou a fazer parte de cada um dos mesmos, com resultados de incerteza, de anarquia classificatória, de transformação constante dos campos, de maleabilidade das fronteiras identitárias, de reconsiderações, revisões e novos feixes de alianças, às vezes profundamente perturbadores[3]... Não se trata mais, como nos belos tempos de macarthismos tupiniquins, de caçar e perseguir qualquer alteridade no interior do seu próprio espaço nacional, mas sim de suscitar – ou, pelo menos, reconhecer – essa alteridade, até para que um diálogo se estabeleça capaz de impedir o monolitismo achatado da mesmice triunfante. Não vencer a qualquer custo, impondo o desdobramento exclusivo de sua própria versão, mas saber que essa versão deve articular-se a outras para encaminhar um roteiro plausível. Os integrismos, tanto do "neoliberalismo" quanto do "socialismo", não seduzem mais os melhores, mas sim a nova certeza de que, sem abandonar suas convicções, é doravante possível e produtivo relativizá-las – e enriquecê-las – ao contato das do opositor. Com todas as controvérsias fecundas que esse "encontro" implica (IMBERT, 1995)[4]. E na consciência política do maior número acaba implantando-se um gosto pela alternância na ocupação do poder.

---

traponto de determinadas tendências que pertencem à "Modernidade" (cf. SANCHIS, 1992). Por outro lado, explicitaremos mais abaixo o quanto essa Pós-modernidade, quando rompe com a Modernidade e a ela se opõe, reencontra lineamentos fundamentais – num outro nível da espiral, é verdade – de uma Pré-modernidade por sua vez diversificada. Nem por isso achamos sem significação e importância o jogo conceitual que se pode estabelecer entre estes três momentos civilizacionais, mas enquanto puras alusões típico-ideais e sem que seja possível, por enquanto, apertar o cerco de uma referência concreta efetiva.

3. Uma versão-limite – e no limite negativo – de tal situação, em Guéhenno (1994). Tento interpretar *a contrario* as potencialidades da mesma situação.

4. A propósito: "Mas o fim da cultura revolucionária de tipo jacobina (ou leninista) não significa o fim da divisão esquerda-direita. Ela suprime o que há de extremo na dicotomia, não a dicotomia em si" (FURET, 1995: 36).

No nível *cultural*, o das visões de mundo e de *ethos*, essa pluralização tende a radicar-se no ponto mais definidor das aspirações, dos desejos, das motivações e predisposições, dos comportamentos; da memória social, da autorrepresentação, enfim, dos *próprios grupos*. Nesse nível onde se articulam as identidades coletivas, já está obscuramente presente a consciência da não unicidade e do necessário compartilhamento do único espaço social disponível. O que implica imediatamente uma reinterpretação dos laços sociais e das relações mantidos com a memória social, a tradição e a visão de mundo dos *outros grupos* que também ocupam ou vierem a ocupar aquilo que o mais brutal integrismo político-racial chamava ontem de "espaço vital". O desafio posto ao homem contemporâneo resume-se então na exigência – difícil e nova criação! – de que a afirmação de identidade possa traduzir-se, de modo ambiguamente rico e perigoso, pelo "encontro" de um *outro*, não mais e simplesmente pelo confronto com um *antagônico*. Tal ambivalência problemática, nos Estados Unidos, por exemplo, é antiga, simplesmente exacerbada na atualidade[5]. Mas, na Europa, ela passou a emergir como fundamental, premente e ameaçadora para o laço social mais radical. Criando perplexidade, nos melhores dos casos (p. ex., no caso desses professores italianos, que têm dificuldade para encontrar a linguagem cultural capaz de atingir seus alunos, italianos do Sul – antigamente pensados como simplesmente "populares", isto é, simplesmente "decalados no tempo", mas cuja representação hoje se impõe como a de "diferentes" –, iugoslavos, romenos, turcos, tunisianos...). Ou angústia e dilaceramento no interior dos grupos religiosos e nas consciências individuais dos que os compõem. O problema das *diferenças*. Problema complexo, que não se soluciona simplesmente, em plano ético, pelo propalado "respeito às diferenças"... Pode-se ler, por exemplo, esse grau de complexidade num comunicado da Comissão Episcopal Francesa (*La Croix*,

---

5. "Na mesma rua, nos Estados Unidos, podem ser encontrados lado a lado: uma família de negros batistas, cujas raízes estão na África; um casal cambojano que fugiu da Indochina, conservando intacta sua fé budista; uma família judia que veio a nosso país para escapar da discriminação na União Soviética; refugiados poloneses e latino-americanos que procuram um lar na paróquia católica. Esta rua, apesar de sua diversidade assombrosa, é a força típica da América", disse Dom John May, bispo católico, numa reunião de cúpula em Roma (*Documentation Catholique*, 1989: 431).

22/02/1992) que criou polêmica nos arraiais católicos: "Numa sociedade pluralista, as populações que vieram de outros lugares devem poder encontrar o seu lugar (i. e., é necessário acolher o outro, a lição que, para De Certeau, era o próprio cristianismo, por definição acolhimento do *totalmente Outro*)". "Mas isto supõe", continua o texto, "que elas adiram aos valores universais sobre as quais repousa o pacto social e aceitem viver sob a lei comum" (*no fundo, que deixem de ser "diferentes", pois existe uma universalidade, que representamos nós...*). Por sua vez, "isso exige, para ter êxito, que a sociedade inteira torne vivos esses valores universais que ela invoca como fundantes". Neste sentido, "pôr acima de tudo a identidade da nação (a 'diferença' que também nos constitui enquanto nação particular), é exatamente fazer dela um ídolo" (*Não exacerbar, pois, as diferenças...*). Como se vê, uma complexa dialética entre um "universal" e uma "diferença", que parecem tropeçarem juntos na corda bamba de seríssimos problemas sociopolíticos. Não se trata de analisar aqui esses problemas, mas simplesmente de emoldurar aquele que nos ocupa diretamente, o do pluralismo no interior do campo religioso contemporâneo, pelas suas coordenadas mais gerais, culturais e políticas[6]. E esse simples aceno permite-nos, desde já, pressentir a centralidade e a gravidade deste problema.

Problema demultiplicado, aliás, por sua projeção ao nível *psicológico*. A bela unidade do sujeito transcendental poderia significar hoje uma experiência rarefeita. Sondagens ativas no inconsciente de cada um revelam-lhe a multiplicidade de seus "eus" de reserva[7], prontos para substituir a personagem que ocupa o palco ou, pelo menos, exigindo sair do "não dito" e participar do diálogo que faz o drama: "Talvez seja preciso [hoje] ir até o próprio indivíduo para encontrar nele o verdadeiro fenômeno coletivo: pululamento de opiniões e de gostos diversos, às vezes contraditórios... Quem sabe se, de fato, o único 'sujeito verdadeiro' não está aí?" (DOMENACH, 1987: 113).

E chegamos enfim ao próprio nível *epistemológico*. Assiste-se neste campo a um exorcismo generalizado da unicidade da verdade. Toda verdade passa a ser encarada como construída, e construída pelo encontro

---

6. Ilustração bem documentada das dificuldades, até conceituais, para a análise e o encaminhamento de tal problemática, em Stolcke (1993).

7. Conforme a noção de "personalidades satélites" de Morin (1969).

articulador entre um objeto e um sujeito socialmente situado. Por definição, tal verdade é então histórica e plural – o que alguns traduzem por "necessariamente relativa". Tanto mais que o acordo entre o pensamento e a realidade se apresenta como mediado irremediavelmente (quer dizer, no caso, definitivamente amoldado) pelos jogos de linguagem que, longe de simplesmente expressá-lo, o constituem. Verdades, pois, plurais, que não se deixam subsumir na totalização de "grandes narrativas" quaisquer, e cujo acesso, para os mais radicais, não é reservado aos amantes do "raciocínio". Em certo sentido a convicção é gerada mais pelo intercâmbio de experiências e a retórica de um testemunho do que pela administração de uma "prova" logicamente articulada. Pluralismo da própria "razão", cujas formas extremas confinam ao terreno da "fé"[8].

É precisamente num tal quadro que se inscreve o campo religioso contemporâneo, o que vale dizer: que se coloca o problema do pluralismo religioso.

Este pluralismo reencontra o seu homólogo no campo da cultura em vários níveis.

Em primeiro lugar, pela emergência recente de uma surpresa analítica. Estava assentada há muito para os observadores e sociólogos da religião a convicção ("crença" secularizada?) de que a "religião" tinha deixado de conferir sentido às totalidades sociais. O próprio processo de secularização definia-se em parte por essa componente. Uma função que, tradicionalmente, competia à religião – criar sentido para a vida coletiva – estava sendo acuada a refluir, se não desaparecesse, para o campo individual. Ora, a atualidade obriga a articular esta tese com a sua contrária: assiste-se a uma nova emergência das religiões como candidatas a *emblemas* de sociedades, de culturas e nações: ex-Iugoslávia, Irlanda, Líbano, Índia, Sri Lanka, Polônia, Grécia, ex-União Soviética, Irã, Argélia (hoje e suas ramificações nos países de imigração islâmica) estão vivendo essa violenta e problemática identificação de uma forma religiosa a um grupo social e da afirmação identitária deste grupo

---

8. Rápido esboço, alusivo tanto aos teóricos ou estudiosos dos teóricos da Pós-modernidade: Lyotard (1986); Harvey (1992) Wittgenstein (1975; 1953); Oliveira (1994); Rouanet (1993; 1987). Quanto a pesquisas empíricas cf., p. ex., os artigos do número da revista *Terrain* (1990): *L'incroyable et ses preuves*".

através de sua religião. Longe de caminhar para o pluralismo, nestes casos todos, a religião passa a criar problemas quando ameaça fazê-lo.

Em segundo lugar, isso não significa o desaparecimento da outra figura dessa mesma relação, num sentido mais sutil e exatamente contrário, na medida em que, apesar dessas reemergências pontuais de um antigo modelo, continua sendo verdade, no nível da vida cotidiana, que no conjunto dos ambientes marcados pela Modernidade não é mais a religião que define, expressa e imputa o "sentido global da vida coletiva". Radical substituição funcional, e não simples pluralização[9]. Mas constata-se também neste caso que até as instâncias que substituem a religião nessa função – "religiões de substituição", "religiões seculares" ou ainda "religiões no sentido metafórico" (SÉGUY, 1990), de caráter o mais das vezes político – também elas se fragmentam e se diversificam. Nesse sentido, há pluralismo "religioso" radical, já que coexistem legitimamente e competem entre si *instâncias diversificadas de imputação de sentido para a vida*, coletiva e individual.

Quanto à vida coletiva, pense-se simplesmente no destino atual da "religião civil".

Sob esse nome entende-se precisamente a instância – variada conforme os casos – que substituiu a religião confessional na função de infundir a uma coletividade social (concretamente uma nação) o sentido último e global. Para o caso da França a "religião civil", depois das tentativas propriamente revolucionárias[10], foi a da laicidade militante[11]. Durkheim, por exemplo, havia percebido que uma sociedade fundada sobre outra coisa que um tipo de "religião" seria inviável enquanto sociedade. Daí, no seu itinerário teórico, a "volta da religião" como paradigma analítico, ainda que sob uma forma

---

9. "A pluralidade dos mundos religiosos é uma consequência da Modernidade e não o seu contrário. A sociedade moderna é, na sua essência, politeísta. No entanto, esta multiplicidade não deve ocultar um fato anterior. No mundo contemporâneo, a religião deixa de ser uma filosofia hegemônica de compreensão e de entendimento das coisas [...]. Os cultos, as seitas, as crenças se preservam, mas sem a capacidade de articular organicamente o todo das relações sociais" (ORTIZ, 1994: 218).

10. Lembradas por Durkheim como paradigmáticas (cf., AULARD, 1892; MATHIEZ, 1904).

11. Cf. *Archives de Sciences Sociales des Religions*, 49, 1990, número inteiro ("Relire Durkheim") sobre Durkheim e a religião, ou ainda a entrevista publicada em *Esprit*, 1989, 5 (VALADIER; GAUCHET & LINDENBERG, 1989).

que competiria à história e à vida precisar. No caso, pois, "houve um messianismo republicano da 'pátria dos direitos humanos', que pôde funcionar um tempo como verdadeira mística civil" (GAUCHET, apud VALADIER, 1989: 58). É isso que talvez esteja lentamente a acabar neste momento, com a revisão do conceito de laicidade (POULAT, 1987; BAUBEROT, 1990) e a implantação de um espaço político-religioso (e não só "religioso") abertamente plural. Para o caso dos Estados Unidos, as opiniões dos cientistas sociais são hoje divididas sobre a vigência atual e, em todo o caso, o futuro do "messianismo do Novo Mundo", que parece ter funcionado como "religião civil" com muita eficácia[12]. Para uns, revivescências formal e explicitamente religiosas tendem recorrentemente a invadir o espaço político daquela nação[13]; para outros, ao contrário, o mito da "Cidade sobre a colina", realização social decisiva do sonho de Deus, está a desaparecer das consciências. E com esse fim de reino introduz-se a fragmentação, o necessário debate entre alternativas ideológicas. Começo de um novo conjunto de problemas, entre os quais precisamente a persistência de alguns a basear sua fé política nos mitos de uma religião única, ainda que "civil"[14].

Resta, de um modo geral, um refluxo da função doadora de sentido – função "religiosa", mas não necessariamente cumprida pelas "religiões" – em direção a uma instância tendencialmente individual.

Em terceiro lugar, é nesse nível do "individual" que reside precisamente o problema. Pois, se existe hoje uma lenta transformação civilizacional que *prolonga* a Modernidade do sujeito transcendental além dela própria, e ao mesmo tempo *abole* a mesma Modernidade neste preciso sentido, é esse deslizamento que constitui exatamente a Pós-modernidade no campo da religião: a absolutização do indivíduo como raiz, núcleo e origem da própria

---

12. Análise clássica, desde o famoso artigo de Bellah (1967), orquestrado no livro subsequente: Bellah (1975) e ampliado em Bellah e Hammond (1980). Sobre o tema, encontra-se rica bibliografia em Lehmann da Silva (1985).

13. Hoje, sob a forma da nova direita, da maioria moral, de certo *pool* evangélico (cf. ELLIO, 1988).

14. "O que acontece quando a história separa 'América', o plano divino e tudo mais nos Estados Unidos? Não muito: apenas relativismo; o duro trabalho cotidiano; as realidades da fragmentação" (BERCOVITCH, 1988: 156). O Brasil não ficou imune ao fenômeno. Pelo lado do Estado, cf. Azevedo (1982) e, pelo lado da religião difusa, Drooger (1987).

vida social, como átomo legítimo de análise, enfim como critério único da verdade salvífica. É a partir deste indivíduo, e em torno dele – de suas necessidades, de suas aspirações, de suas *experiências* –, e não mais em torno e na esteira das instituições religiosas, depositárias e distribuidoras legítimas do acervo dos bens de salvação, que inúmeras pesquisas recentes, dispersas em várias sociedades e nações, mostram que vão se construindo, se desfazendo e se reconstruindo os conjuntos de ideias, convicções e práticas religiosas identitárias, que por isso mesmo não mais poderiam chamar-se de "sínteses". "Bricolagem" é a categoria que está se impondo para descrever essa operação, ao que tudo indica muito generalizada.

Comecemos por citar três casos, que suas semelhanças a partir de diferenças tradicionais tornam emblemáticos da mudança.

Na Suíça, tradicionalmente imune às confusões denominacionais, e até caracterizada por certo ranço histórico "pré-ecumênico", Roland Campiche (1991a), constata que "abundância, pluralismo e individualismo são três traços que marcam a sociedade suíça contemporânea", isto se traduzindo, no plano da religião, pelo fato de que "a identidade religiosa não corresponde necessariamente a uma identidade prescrita por uma organização religiosa e não se confunde necessariamente com o fato de pertencer a uma" (CAMPICHE, 1991a: 1). O processo que escora tal evolução é evidentemente o da individualização, por sua vez parte ativa da secularização. Mas o exemplo nos permite chamar a atenção sobre o fato de que "secularização" não significa simplesmente o desaparecimento nem mesmo o recuo geral da religião, mas uma transformação na sua função societária. Ela não constitui mais a mediação global entre os indivíduos e sua identidade social mais abrangente; nem mesmo, como num período intermediário, depois da secularização do Estado moderno, a definidora de subsociedades segmentárias[15], abertas ao indivíduo como distintos universos comunitariamente diferenciadores. Mas na medida em que, desde os anos 1950/1960, diminui

---

15. Em todas as sociedades nacionais oficial e recentemente secularizadas, as instituições religiosas costumaram segregar organismos de educação e formação, de lazer, de escolarização, de cultura, cuja rede acabava formando uma contrassociedade no interior da qual, por um fenômeno de cidadania paralela, os fiéis podiam desenvolver todas as suas dimensões.

ou desaparece a importância dessas subsociedades como intermediárias acolchoadas entre a sociedade global (o Estado) e o indivíduo, a religião entrega-se ao processo de individualização que, latente desde o início da Modernidade, adquire enfim as dimensões avassaladoras de um fenômeno de massas[16]. E então, recapitula Campiche:

> Na sua procura de identidade, o sujeito é confrontado tanto com o pluralismo reinante na sociedade quanto com o pluralismo interno às próprias organizações religiosas. Atravessadas de correntes múltiplas, estas organizações não oferecem uma vitrine com um único produto. Em consequência, o indivíduo *constrói* sua identidade religiosa. Ele se apropria dos elementos necessários à satisfação de suas necessidades em termos de comunicação e semântica religiosa. Ele escolhe, entre os elementos que lhe são propostos, aqueles que melhor lhe convêm (1991a: 4).

Isso significa "a individualização do crer nas nossas sociedades" e "permite explorar as combinações referenciais operadas pelo sujeito [...]. Um protestante ou um católico, por exemplo, pode ser membro de uma paróquia, adepto da meditação transcendental e ler cada manhã seu horóscopo no seu jornal costumeiro" (CAMPICHE, 1991a: 4). Tal situação, "que acentua o pluralismo" (p. 6), explicita Campiche, é "*nova e relativamente recente*". Ela constitui um processo em curso, especialmente na jovem geração (CAMPICHE, 1991a: 12), evidenciando "a possibilidade de combinar diferentes tradições religiosas, quer dizer o advento de uma religião inclusiva" (CAMPICHE, 1991a: 12). Nessas condições, Daniele Hervieu-Léger pode perguntar-se se "não se poderia projetar [para a Suíça] desenvolvimentos novos e acelerados de uma dinâmica 'ecumênica' capaz de escapar quase totalmente à regulação das organizações eclesiásticas" (1991: 5)[17].

Isso tudo no interior de um campo cristão, influenciado no gerenciamento de sua diversidade por certo esforço ecumênico institucional; mas as constatações de Jean-François Mayer (1991) alargam ainda esse quadro à "situação de pluralismo" criada pela "religiosidade paralela", ou "latente",

---

16. P. ex., e continuando a analisar a situação religiosa da Suíça, Voll (1991).

17. Cf. tb. Campiche (1991b) e, numa perspectiva de análise semântica dessa nova situação, Kruggeler (1991).

ecletismo embebido de "referências extracristãs", em grande parte vindas do Oriente ou de antigas tradições esotéricas.

Pois não se trata da simples transformação de determinada sociedade, de há muito biconfessional, mas de uma evolução geral, que repercute no interior do campo religioso um estado novo e generalizado (a "globalização") das comunicações. A situação de "Modernidade", tal como descrita por Durkheim e Simmel já no fim do século XIX, com a sua multiplicação de papéis e funções para o mesmo indivíduo, havia criado para este indivíduo a necessidade de compor-se numa figura única, na confluência e no recorte desses papéis e dessas funções. Com ela definir-se-ia um "mundo-para-si". Mas hoje essa necessidade da "privatização do ato decisional" (Luhmann) radicaliza-se por causa da multiplicação dos modelos (identidades, valores, sistemas epistemológicos e éticos) oferecidos simultaneamente pelo fluxo das comunicações. É entre esses modelos – ou entre elementos desses modelos – que o indivíduo é instado a escolher, para compor, operando a sua própria combinatória, o seu universo autodefinidor e significativo. No interior do campo religioso, aliás, e sob este preciso aspecto, parecem diminuir cada vez mais as diferenças entre a figura das "religiões alternativas" e a das "religiões normais", isto é, institucionalizadas. Em um e outro modelo, fora e dentro das instituições que enquadram o "religioso", o analista detecta um intercâmbio crescente de "atitudes, práticas e conceitos religiosos" (STOLZ, 1991). Um fenômeno que muitos se arriscam a chamar de "sincretismo"[18] ameaça assim reorientar o campo religioso inteiro[19].

Esse exemplo suíço nos permitiu aludir a componentes de uma situação muito geral, e bastante radical. O segundo exemplo, mais matizado, virá da Itália. Falando tanto dos novos movimentos sociais quanto dos novos movimentos religiosos, e atingindo os grupos "neo-orientais", os da "Nova Ecologia", e outros, Mario Diani (1990: 5) mostra que, pelo menos no plano

---

18. "O sincretismo como horizonte da religião contemporânea" (STOLZ, 1991: 1).
19. Pois é evidente que o tema do sincretismo está também fortemente presente em outro tipo de análise, mais orientado para fenômenos específicos, a "Nova Era", p. ex. Frente ao sagrado institucionalizado, Bastide (1974a; 1974b) falava em "sagrado selvagem"; frente a um sincretismo que visa a "síntese", alguns falam hoje em "sincretismo selvagem" (PACE, 1991: 4) ou sincretismo "anárquico" (AMARAL, 1993: 25).

dos valores, a Modernidade desses movimentos repousa na dialética que eles estabelecem entre a comunidade e o indivíduo como "fonte última do sentido e da legitimidade das decisões que concernem a vida dos aderentes". Isto introduz nova dimensão num panorama que parecia até agora dominado pelo exclusivo individualismo. Não se trata, no entanto, da recondução das "instituições" no centro do nosso raciocínio. A "comunidade" de que se fala é menos caracterizada pelos seus traços organizacionais do que pela presença viva de certa dimensão coletiva que realimenta permanentemente o carisma. A propósito de casos italianos precisos, em particular de 100 histórias de vida que ele recolheu, Enzo Pace insiste sobre a percepção da instituição (no caso a Igreja Católica) como "expressão de condicionamento, uma limitação e um obstáculo para um crescimento espiritual livre" (1991: 4). "Supremacia da subjetividade sobre a instituição", constata ele, em função de uma definição renovada da própria religião: "a procura espiritual de uma relação com o sagrado, e não um processo de identificação com um conjunto de regras rituais e normativas de uma Igreja" (1991: 18).

Falando da França, enfim, ao termo de uma imensa pesquisa de opinião, dessa vez exclusivamente sobre o catolicismo, os autores – especialmente Jacques Sutter (1991) – concluem que, mesmo tratando-se da definição a cada um dos inquiridos de sua identidade confessional, "a instituição deve aqui ser considerada não como a norma de referência, mas como um dos elementos entrando na composição da identidade católica". Essa identidade, afinal, manifesta-se como particularmente problemática: muito além do tipo de pluralidade interna que sempre acompanhou a história do catolicismo, "constata-se que a população dita 'católica' segmenta-se cada vez mais de modo heterogêneo. Frente a essa heterogeneidade e ao pluralismo que revela, qual sentido pode se dar à qualidade de católico?" (1991: 214). O leitor terá percebido, aqui também, a insistência sobre o deslizar contemporâneo ("cada vez mais") que acaba fazendo o autor constatar que a França estaria chegando, nos últimos anos, ao quase desaparecimento de sua "cultura (o coletivo, unificando o grupo social) católica" (Entrevista particular).

Essa insistência, comum aos três exemplos citados, sobre "a etapa", o "atual", o "novo e relativamente recente", é significativa. Ela marca a existência de um "momento" de civilização, do qual ela observa as consequências ou manifestações no campo religioso: identidade segmentada a caminho da individualização radical. E esse deslizamento conota o pluralismo pelo menos em quatro dimensões: 1) existência, num mesmo espaço, de várias "religiões", sínteses *institucionais* oferecidas à adesão de fiéis potenciais (o que costuma receber o nome de "mercado religioso"); 2) multiplicidade de agrupamentos no interior de cada uma dessas instituições, em função do caráter seletivo da adesão de tais fiéis. Estas "tribos" (MAFFESOLI, 1987 e 1992) de composição eletiva e que articulam a vertente individualista à dimensão comunitária, atualizam a adesão de cada um a uma família espiritual pela mediação de verdadeiras "comunidades emocionais" (CHAMPION & HERVIEU-LÉGER, 1986; HERVIEU-LÉGER, 1990)[20], fortemente dependentes de carismas individuais, e que, mesmo quando inscritas no espaço institucional de uma "Igreja" ou tradição organizada, nunca se confundem simplesmente com ela; 3) fora das instituições – e, muitas vezes, em oposição a elas –, a existência do mesmo tipo de "comunidades", efetivas ou intencionais, que permitem aos indivíduos reunir num espaço social minimamente definido traços por eles livremente escolhidos a partir de diversas tradições, de diversas instituições, de diversas "ortodoxias", e de realizar nesta base uma procura experimental em comum; 4) enfim – e talvez mais radicalmente – pluralidade, no interior de qualquer um desses agrupamentos, das modalidades do próprio ato, ou processo, de participação, que tende assimptoticamente para uma construção individual, bricolagem permanentemente considerada como provisória, em função de uma relativização, tanto da "verdade" do objeto de crença ou do princípio ético que dele decorre quanto do caráter acabado e sintético da construção; ou ainda em função da índole lábil e vulnerável do gênero de engajamento proporcionado por uma adesão de tipo-crença. Relativização da "crença", tanto na sua vertente objetiva quanto na sua vertente subjetiva[21].

---

20. Às vezes a experiência, "banalizada no seio da Igreja", passa a se representar mais claramente como uma imagem da grande Igreja (COHEN, 1990: 154).
21. A propósito da Comunidade do Cântico (Itália), Pace fala em "precariedade" da experiência. "Os membros da comunidade 'entram e saem', sem sentir-se envolvidos num projeto de conquista do mundo ou de refundição da igreja numa perspectiva de organização em grande escala; eles

> Finalmente, trata-se de uma modalidade de pluralismo perfeita e logicamente inscrita "na imagem" da sociedade "pós-moderna", "caleidoscópica", onde os vários fragmentos só ganham sentido ao pertencer a um conjunto que, entretanto, não admite centralidade, relevos ou pontos de fuga. Ao deixar de lado a questão do futuro das sociedades, os pós-modernos retiram da ação política [neste texto, de Ruth Cardoso, fala-se de política e não diretamente de religião] a dimensão mística e heroica e desqualificam as práticas que, orientadas para o Bem Comum, formavam o que se costumava chamar de "religião civil". E era esse o contexto no qual a participação, vista como dever do cidadão, se tornava a pedra angular do ativismo político (CARDOSO, 1988).

É preciso, no entanto, ir além, perguntando-nos em que medida essa situação é total e se, neste sentido, é realmente nova.

A primeira pergunta nos permite fechar o círculo de nossa descrição, reencontrando perspectivas que evocávamos no começo. Este movimento civilizacional em direção a uma religião sempre mais radicalmente individualizada coexiste em tensão – e não é certo que seja tensão dialética – com o vetor contrário, radical ele também, feito, em planos distintos, de comunitarismos, nacionalismos e fundamentalismos. Nesse sentido ameaçam imperar cada vez mais as versões "integristas" no interior das instituições historicamente portadoras das grandes tradições religiosas. E mesmo em espaços sociopolíticos ontem emblemáticos de tolerância, pluralismo e coexistência harmoniosa[22]. O que complexifica o processo de pluralização, evidenciando, por um lado, que uma época nunca se define por um fluxo civilizatório simples; mas, por outro lado, deixando suspeitar que mesmo as correntes em contrário poderiam inscrever-se na mesma problemática fundamental. De fato, se elas alargam e atiçam o problema da convivência, elas o fazem radicalizando paradoxalmente o pluralismo pela introdução no campo religioso de versões *hard* que, por definição, se pretendem únicas. Todas essas versões, sem dúvida, não são suscetíveis do mesmo tipo de análise, mas a hipótese é

'entram e saem' para compartilhar de uma experiência, participando, pois, sem sentir-se militantes em tempo integral (ao contrário dos militantes da Renovação Carismática)" (1991: 18).

22. Penso aqui na Bósnia, tradicional terra de convivência e de casamentos mistos, onde a agressão externa criou em retorno uma onda, armada política e militarmente, de sectarismo fundamentalista.

plausível de que todas elas, de uma forma ou de outra, sejam resultado de uma experiência – real ou imaginária, pouco importa – de marginalização ou exclusão. Relacionadas com um processo de criação e reformulação de identidades em resposta a condições adversas, elas são sintomas, dramáticos e desafiadores, e nenhuma resposta é possível senão à altura do problema, multidimensional na sua premente atualidade, que as faz brotar. "Estes movimentos religiosos", diz Gilles Kepel, o sociólogo autor de *A revanche de Deus*, "não são produtos de um desregramento da razão nem de uma manipulação por forças obscuras. Eles são testemunhas de um mal-estar social profundo que é preciso decriptar e ao qual temos que responder" (Entrevista em: *Le Nouvel Observateur*, 3-9, 1991, p. 12).

Resta a segunda pergunta, sobre a real novidade desta situação. Sem dúvida, o deslizamento de que falamos tem seu ponto de origem em panorama bem diferente e parece significar uma transformação bastante radical. Mas, mesmo nas tais "outras" épocas, de plenitude da função social "tradicional" da religião, quando esta parecia unificar o tecido social inteiro, não terão existido, em qualquer sociedade, modalidades menos visíveis de pluralização no interior do campo religioso? Os estudos históricos, em todo o caso, tendem cada vez mais a descobrir, em períodos de "unanimidade" religiosa, nichos de disparidade ou praias submersas de não adesão[23]. Haverá diferença, então, entre o processamento dessa pluralidade em épocas de "religião institucional forte" e o tipo de pluralismo que acabamos de detectar na Modernidade contemporânea?

É aqui que eu gostaria que um olhar retrospectivo nos ajudasse a melhor situar o presente no que tem de reprodução do antigo e no que tem de emergência do novo. Sobretudo se articularmos a essa diversidade diacrônica uma diversificação sociogeográfica. Pois é possível que a história do Brasil tenha criado aqui condições específicas para fazermos face a este problema do pluralismo. E que essas condições do passado, sem determinar o nosso presente, constituam, no entanto, uma chave para seu entendimento.

---

23. Para citar somente dois autores, a obra de Carlo Ginzburg e a de Jean Delumeau que não contradizem necessariamente Lucien Febvre (1947), mas o complementam.

2 Como o Brasil aprendeu a declinar-se no plural

Luiz Fernando Dias Duarte identifica três processos possíveis de encontro de religiões no mesmo espaço social: a reinterpretação; a inclusão/combinação; o "discurso mimético" (1993: 14).

Três maneiras de concretizar o pluralismo religioso. Digamos, para exemplificar simplesmente e em termos bem breves: "reinterpretação" dos sacramentos como meios de cura física, por certos católicos populares ("O meu remédio é a confissão de Nosso Senhor"), que permite a convivência pacífica, numa prática vivida simultaneamente em dois ou mais registros. "Inclusão/combinação" que a Igreja Universal do Reino de Deus realiza dos exus e pombagiras da umbanda, chamados no seu culto para serem submetidos ao ritual de exorcismo. "Discurso mimético", por exemplo, dos carismáticos relativamente aos ritos de cura pentecostais, ou ainda, na Antiguidade tardia, da Igreja Católica relativamente aos cultos mistéricos que a partir do Oriente invadiam o Império Romano e, hoje no Brasil, do candomblé fechando seus terreiros durante a quaresma católica, representada como o tempo da volta dos orixás à sua Roma africana.

Três modos de convivência das diferenças. Três modalidades de um mesmo processo, em geral presente tão logo exista o *encontro* de universos simbólicos diferentes, e que chamaremos de sincretismo: um *processo* muito geral, que faz cada grupo se redefinir constantemente em função do encontro com o outro. Este problema do sincretismo mereceria um tratamento à parte. Apesar do descrédito em que parece ter caído entre nós essa categoria, desvalorizada analiticamente por suas aderências históricas a situações de dominação e sectarismo, gostaria de tentar reabilitá-la. Num trabalho anterior (SANCHIS, 1994), interpretei-a como uma estrutura, que preside dinamicamente qualquer encontro de culturas ou de religiões. Nessas perspectivas, o sincretismo deixa de ser uma diferença relativamente à norma, uma deformação e uma impureza, para constituir-se na moldura de definições identitárias em processo de transformação. Sempre que as relações entre grupos sociais, entre indivíduos ou entre instituições tomam novas figuras. Uma forma de presença da história no nível das estratégias de resposta aos desafios constantes de permanência/transformação.

Mas quem diz história, estratégia, transformação, diz política. Pois de política estão carregados todos os caminhos desses encontros – e é até por isto que tanto movimentos quanto cientistas sociais brasileiros repugnam hoje utilizar a categoria de "sincretismo", por conotar situações marcadas pelo uso da violência e do poder. Nessa direção, Alba Zaluar acrescenta à tipologia de Luiz Fernando Dias Duarte uma outra, que torna explícita essa dimensão política. Ela distingue também três maneiras possíveis de articular as diferenças "sem cacofonia nem unanimidade", retrabalhando em perspectiva de poder os mesmos conceitos da reinterpretação, da inclusão, do mimetismo (1994: 23-24). Estes modos, modalidades históricas que para nós inscrevem-se nas virtualidades estruturais do sincretismo, seriam: primeiro, a incorporação forçada de uma voz pela outra, provocando assim o que Habermas chama de "falsa identidade". Violência simbólica da palavra que, do exterior, ressemantiza – requalifica – o outro, trazendo-o com isso e contra a sua vontade ao interior de um universo simbólico onde só pode fazer triste figura. Seria, por exemplo, a ofensiva dos pentecostais atuais no Brasil contra o mundo afro-brasileiro ou ainda a de São Martinho de Dúmio em Portugal do século VI contra os deuses e *genii* pagãos (SANCHIS, 1983), reproduzida na de Anchieta contra o *anhangã* tupi (BOSI, 1992). Em todos esses casos dá-se a demonização do diferente, prática bastante comum para qualquer empresa missionária[24]. Frente a investidas deste tipo, é sempre possível ao "dominado" responder a uma reinterpretação por outra. Pois entre a boca do pregador e o ouvido do povo pode sempre haver o espaço de uma transmutação de signos: "Demônios os nossos deuses? Então o diabo não é tão negro quanto o pintam..." É até "a continuidade deste hiato [entre o falante e o ouvinte], escreve Alba Zaluar, que permite a permanência do diálogo, em que ambos se modificam no processo de entendimento" (1994: 24). O segundo modo implica ao contrário uma concordância voluntária e não forçada, que inclui os vários pontos de vista numa unidade superior. Em termos de história do cristianismo, seria a criação da síntese recapitulativa que tanto o

---

24. Para o Brasil, cf. "Humanidade: predominância da demonização" (SOUZA, 1987) e sobretudo "O conjunto da América diabólica" (SOUZA, 1993).

teólogo Bultman (1950) quanto o sociólogo Parsons (1968) pretendem mostrar que a nova religião tem realizado entre o judaísmo e a cultura greco-romana, ou ainda o tipo de "síntese" que alguns teóricos da umbanda almejam realizar, entre as variadas fontes de sua doutrina[25]. Enfim, uma terceira modalidade é ainda possível, marcada ao cunho de particular ambivalência. E é precisamente a ela que eu desejava chegar: "um constante empréstimo e reinterpretação de elementos de diferentes tradições ou sistemas culturais", escreve Alba, "para formar novos sistemas, como acontece no sincretismo brasileiro, *em que nunca se chega a uma verdade unificada*" (1994: 24).

A partir daí, talvez seja possível reordenar as variedades de soluções que acabamos de apontar para o problema do pluralismo no campo religioso em duas grandes categorias. Dois modos, historicamente diferenciados, cuja ilustração tentaremos encontrar em duas sociedades, ou conjuntos de sociedades, que nos dizem diretamente respeito. Quem sabe se a sociogênese do sincretismo no Brasil, que poderemos assim decifrar, não nos ajude a ler o mapa do campo religioso brasileiro contemporâneo?

Gostaria de não ser mal-entendido. Longe de mim a ideia de opor uma forma de cristianismo "pura", vivido na velha Europa, emblematicamente em Portugal, a um catolicismo brasileiro "sincrético", fruto do transplante colonial... Bem sabemos hoje o quanto as formas do cristianismo permaneceram mescladas, durante séculos, na Bacia Mediterrânea e no resto do continente, às vivências, crenças e comportamentos que as precederam; mais ainda que essas formas se amoldaram frequentemente, para poder se implantar, à matriz preexistente, adotando às vezes sua morfologia, reinterpretando as suas significações. Sabemos também o quanto podiam diferir as representações teológicas oficiais dos conhecimentos, interpretações e vivências subjetivos dos dogmas e dos ritos[26]. Seria, pois, inoperante, situar a oposição entre os

---

25. "A umbanda é, portanto, resultado da evolução do polissincretismo religioso, existente no Brasil, no qual influíram motivações diversas, inclusive de ordem social, que colaboraram na sua cristalização como uma nova religião à moda e feição brasileira num aspecto de síntese [...]. 'Síntese' que se diz construída, tanto em torno do Evangelho quanto na base da 'concepção espírita'" (BANDEIRA, 1961: 133-134).

26. Somente para orientar o pensamento, citemos relativas a duas diferentes épocas, igualmente chaves, as obras de Le Goff e de Delumeau.

dois catolicismos no grau de pureza, autenticidade ou ortodoxia. Dois sincretismos, sim. Mas possivelmente – é, pelo menos, a hipótese que gostaria de propor – dois processos sincréticos que se articulam à revelia um do outro, mesmo se com elementos semelhantes, em parte comuns, e sob o mesmo juízo das instâncias de ortodoxia.

De Portugal, falarei como etnógrafo, tributário da impressão de evidência que deixa ao pesquisador a observação do Portugal interior e, sobretudo nortenho: até hoje (ou talvez até ontem). Um catolicismo vivido a partir de e no cerne do grupo social local, a *aldeia*. Possivelmente impor-se-ia impressão semelhante em qualquer canto da Europa tradicional; mas, ao contrário do que podem fazer para outras regiões dominadas pelo catolicismo pré-tridentino, os historiadores atuais de Portugal insistem sobre a antiga importância religiosa da aldeia, *situs* de fixação das populações bárbaras, que se tornou "paróquia" na época carolíngia, definitivamente implantada como estrutura fundamental do catolicismo nos séculos XI-XII. Até hoje, ou quase, no seu quadro geográfico, real e imaginário, com seu conjunto de atividades associadas aos ciclos naturais, suas redes próprias de sociabilidade. Uma aldeia da qual o complexo "católico" (que está longe de reduzir-se à crença ortodoxa e à prática oficial da Igreja[27]) aparece ao pesquisador como a expressão (ou seria melhor falar simplesmente em "uma das expressões privilegiadas"?) e o princípio de organização, ao mesmo tempo em que ela própria, na sua realidade social total, constitui-se em princípio de organização do catolicismo. Um catolicismo *enraizado* numa *identidade local*.

É claro que nada permite, a partir de uma observação contemporânea, qualquer projeção retrospectiva precisa. Mas é este princípio que convém reter, o de um catolicismo enraizado numa identidade local[28], princípio ilustrado até hoje por denotações claras: referências históricas inscritas na topografia, as narrativas familiais, as genealogias, os patronímicos, que ar-

---

27. Estudamos estas relações de difícil compatibilização entre "religião popular" e "religião oficial" a propósito das romarias e do culto dos santos, em Sanchis (1983). Para outras práticas, p. ex. da bruxaria, cf. as pesquisas atuais de Frederikson (1994).

28. Para elementos para ancorar na história medieval nossas constatações mais recentes, cf. Mattoso (1985) e tb. Sanchis (1983), capítulo II: "A lição da história, uma estrutura de compatibilidade" (p. 59-82).

ticulam, através do casamento, essa identidade local a outras de mesmo tipo no interior de uma rede regional, mais do que a uma identidade regional propriamente dita; cristalizações simbólicas de tipo emblemático, de natureza eminentemente – embora não exclusivamente – religiosa: o vigário, a igreja, os santuários de *romaria* e os caminhos que levam a eles, santuários e caminhos que marcam todos o mapa imaginário e sentimental da região, o calendário, "os trabalhos e os dias" locais, as festas que os acompanham; o próprio santo, o "padroeiro", quase inscrito nas tábuas genealógicas da comunidade, a confraria, que recapitula os vivos (presentes ou ausentes por emigração) e os mortos, os vivos, aliás, enquanto futuros mortos (as missas encomendadas com antecedência); as festas, enfim, *romarias* ou não, operadoras da articulação entre a comunidade local e o espaço regional, com toda a sua espessura de tempo religioso. As religiões anteriores ao cristianismo – romana, celta, pré-celta – são pontualmente reassumidas e transfiguradas nos santuários rurais onde o *genius* vira o santo e o templo do "ídolo", conforme as recomendações de São Gregório, passa a abrigar o altar cristão. É todo um processo de fagocitose, do qual seria preciso detalhar as modalidades e também as consequências, e que vai fazer que, ao longo dos séculos uma *pluralidade* de experiências "outras" continuem sendo compatibilizadas num único culto, formal, atual e conscientemente vivido, na própria diversidade que ele implica, como "católico". Não temos tempo para demorada análise, mas o importante para nós hoje é ver como essa identidade religiosa – e mais amplamente social – constitui-se sobre a base ao mesmo tempo do *local* (*topos*) e do passado, num processo *unitário* de sincretismo, um sincretismo "diacrônico" e "cumulativo", ao termo do qual a Igreja é vivida como *autóctone*, nascida dessa terra, identificando-se com ela e com suas raízes históricas.

A identidade que resulta deste processo histórico é sem dúvida uma identidade formalmente unificada e organicamente construída, tanto no plano institucional quanto no nível psicossocial efetivamente vivenciado. Mas a construção mesma dessa unidade *não deixa de ser secretamente plural, nesse sentido sincrética*, pelo reassumir, a cada etapa, da *pluralidade* dos estratos anteriores de sua definição. Processamento dessa pluralidade num sincretismo diacrônico totalizador. Finalmente, uma identidade que, sincreticamente, "*pro-vém*".

Ora, o sincretismo que vamos encontrar no Brasil é de gênero bem diferente. A esse enraizamento opõe-se o desenraizar. O catolicismo arranca-se do seu húmus, do seu solo, do quadro de sua história local, para se projetar num outro hemisfério. Ruptura com uma implantação ecológica já orgânica, com a continuidade entre o tempo sagrado de sua liturgia e as estações: a ressurreição de Deus não corresponde mais à ressurreição da natureza, e a experiência espiritual da Páscoa aliena-se da experiência humana da primavera. Ruptura equivalente com o grupo social local, sua escala e sua história, para *ad-vir* a um espaço novo, desmensurado, cuja escala transforma o olhar, desassossega a definição identitária, frustra qualquer esforço para compatibilizar com essa "natureza" a "cultura" de que se é portador. Bem o analisa Roger Bastide: "O Brasil agiu sobre a sociedade portuguesa que se lhe queria implantar à maneira de uma carga de dinamite que fez essa sociedade explodir em pedaços [...]. As forças centrífugas predominam sobre as forças de coesão" (1971: 56-57). Num primeiro momento, tenta-se a implantação de uma "Nova Lusitânia" no litoral, e encontra-se, de chofre, "o outro". A presença do indígena é incontornável – pluralidade doravante sincrônica – e o escambo com ele tem de passar, ao menos em parte, pelo diálogo. Pluralismo? Vêm os jesuítas. Poder-se-ia pensar, mesmo em perspectivas estratégicas de expansão, numa política religiosa visando a implantar, nas próprias tabas, um cristianismo "inculturado", num processo de transmutação e processamento da pluralidade semelhante àquele que acabou dando, na Europa e singularmente em Portugal, uma religião "católica". Mas tal tentativa não irá além de três tímidos anos e os jesuítas vão sistematicamente desenraizar também os indígenas, para chapear neles, em "aldeamentos" artificiais, um catolicismo pré-moldado (AZEVEDO, 1966: 140-164).

Sobretudo, rapidamente, a voragem da imensidão atrairá esses batalhões de duplamente desenraizados, lançando em *bandeiras e monções portugueses* e índios mansos no desconhecido de um território que era representado como vazio. Neste espaço, enfim, a abertura indefinida para uma expansão sem raízes, comandada e regulada por duas entidades abstratas, o Estado e a Igreja. O Estado: não mais a totalidade aldeana concreta, concentrada sobre sua identidade unitária, mas a mola de um povoar difusivo, que redistribui sem parar as cartas da sociabilidade, no *isolamento de um espaço desmesuradamente alargado*, em constante expansão[29], sem que seja a ninguém permitido – até hoje em alguns casos – de parar e pensar em deitar raízes, sem possibilidade de construir redes de vizinhanças que compartilhem um passado comum. Mesmo na época em que, mais tarde, irão estabelecer-se duas relações fundamentalmente diferentes ao espaço, a da "bandeira" e a da "casa-grande", os pontos de fixação continuarão marcados por

> Esta disseminação pasmosa e sem paralelo que afasta e isola os indivíduos, cinde o povoamento em núcleos esparsos de contato e comunicações difíceis, muitas vezes até impossíveis [...]. Daí a instabilidade da população, com seus reflexos no povoamento, determinando nela uma mobilidade superior ainda à normal dos países novos (PRADO JÚNIOR, 1969: 37, 69).

Uma mobilidade que se revestirá, em algumas circunstâncias, de uma grandiosidade totalizante digna das contemporâneas migrações tupis em busca da "Terra sem Mal". "Havia bandeiras que eram cidades ambulantes, conduziam milhares de pessoas, iam fazendo roças, se fixando, e depois se deslocando" (RIBEIRO, 1981). E nessas bandeiras, rezadores, eventualmente sacerdotes, altares portáteis e imagens de santos, índios, escravos negros.

Pois um terceiro povo de desenraizados tinha vindo *encontrar* os dois primeiros e complexificar a pluralidade das identidades religiosas em copresença. Etnias e culturas misturadas desde o embarque nos navios negreiros, estrategicamente mescladas nos mercados de escravos e nas fazendas para evitar os perigos de reconstituições identitárias, o negro, como o português, como o índio manso, tinha sido arrancado à matriz – topológica e social – do seu universo de significação e, como eles e com eles, estava disponível para os encontros transformadores: "A vida íntima do brasileiro", dirá Buarque de Holanda, "não é bastante coesa, nem bastante disciplinada, para envolver e dominar toda a sua personalidade, integrando-a, como peça consciente, no

---

29. O "tipo humano do aventureiro", que marcou decisivamente a nossa vida nacional, "vive, escreve Buarque de Holanda, dos espaços ilimitados, dos projetos vastos, dos horizontes distantes. [...] Uma concepção espaçosa da vida é característica deste tipo" (1936: 12).

conjunto social. Ele é livre, pois, para se abandonar a todo o repertório de ideias, gestos e formas *que encontre em seu caminho, assimilando-os frequentemente sem maiores dificuldades*" (1976: 112, grifo nosso). Nem unidade nem pluralidade pura, mas "pluralismo", sob a forma de um sincretismo que "ad-vém", tornando porosas, através de todas as opressões e além de todas as resistências, as identidades, e relativizando, neste sentido, a força propriamente definitória do princípio radical da lógica, o princípio de identidade. Pois se aprende, nessa escola, a ser ao mesmo tempo isto *e* aquilo[30]. Ecoa com antecedência nesses encontros, que contribuíram para "fazer" o brasileiro, a proclamação antropofágica de Oswald de Andrade: "Nunca fomos catequizados. Fizemos foi carnaval" (1959: 195).

Este tipo de sincretismo, senão próprio, pelo menos particularmente afeito ao Brasil, instaura-se então como um dos modos possíveis de convivência plural dos "diferentes": em contraposição ao modo da reassimilação diacrônica, o "encontro" dos "ad-ventícios concomitantes", resultando numa identidade fluente e compósita, que não admite um "centro", eixo organizador e recapitulador (FERNANDES, 1989). Articulação das diferenças enquanto diferenças, que não desaparecem como tais no ato de se articular. Não se trata da criação, a partir de uma pluralidade de sedimentações, de uma identidade formalmente unitária, processo que acabamos de constatar na Europa[31]. "*Circumdata varietate*" (LUBAC, 1983, 1986), sim, mas não mais pelo revestimento retoricamente variegado da unidade substancial de uma visão de mundo, nem pelo reassumir totalizador de diferenças ultrapassadas, mas pela enunciação, constantemente gaguejante e lábil, mas constantemente retomada e levada adiante, de um *sintagma* inacabado. Até hoje.

---

30. "[...] a característica básica de nossa religiosidade de então: justamente o seu caráter especificamente *colonial*. Branca, negra, indígena, refundiu espiritualidades diversas num todo absolutamente específico e simultaneamente multifacetado" (SOUZA, 1987: 88).

31. Estevez (1984) acena para uma diferença entre o sincretismo na Europa protocristã e o que imperou na América Latina. Mas esta diferença é, para ele, de simples ponto de vista. Pensamos ao contrário que é possível retirar de suas análises um princípio que confirme a nossa tese: os elementos simbólicos alheios podem ser introduzidos dentro de um sistema: 1) enquanto entram, por um processo de retranscrição redutiva, na "totalidade" do sistema; ou, 2) como formando com os elementos do próprio sistema um sistema novo, policêntrico.

Não sei se deu para notar, nesta exposição, uma coincidência impressionante. Lembrem-se, por um lado, da descrição de Roland Campiche do momento atual da religião na Suíça ou da definição já citada (Ruth Cardoso) da Pós-modernidade contemporânea, "caleidoscópica, onde os vários fragmentos só ganham sentido ao pertencer a um conjunto que, entretanto, não admite centralidade, relevos ou pontos de fuga", por outro lado da descrição, também citada (Alba Zaluar), do sincretismo brasileiro: "um *constante* empréstimo e reinterpretação de elementos de diferentes tradições ou sistemas culturais, para formar novos sistemas, como acontece no sincretismo brasileiro, *em que nunca se chega a uma verdade unificada*". O paralelismo é surpreendente. O pluralismo *contemporâneo*, tipicamente pós-moderno, reencontra linhas de força fundamentais do pluralismo *tradicional* brasileiro. Por isso vários analistas sociais do Primeiro Mundo acreditam hoje não ser impensável encontrar modelos para o tratamento dos seus problemas atuais na "sabedoria" (?) secular com a qual o Brasil (alguns dizem: a América Latina) soube conviver com a procura, sempre frustrada, de sua identidade. A Pós-modernidade daria assim a mão à Pré-modernidade...

Por cima da Modernidade? Tudo parece indicá-lo: indefinição, ambiguidade, ambivalência, porosidade e inacabamento das identidades, caráter pontual do empenho, ausência de projeto totalizante e até de *telos*, sistema de articulação de diferenças, mistura até. O *pré* e o *pós* se juntam, para fazer face ao projeto kantiano de Modernidade: "Importa muito à doutrina dos costumes em geral, dizia o filósofo do sujeito transcendental, não concordar com nenhum meio-termo moral, nem em ações, nem em caracteres humanos, dentro da medida do possível, porque em tal ambiguidade todas as máximas correm o risco de perder sua determinação e solidez. Costumamos denominar aqueles que estão vinculados a essa severa maneira de pensar (denominação que pretende exprimir uma censura, mas que na verdade é um elogio): rigoristas; quanto a seus antípodas, podemos denominá-los latitudinários. Estes são, pois, latitudinários da neutralidade, e podem neste caso ser denominados indiferentistas, ou latitudinários da coalizão, e podem ser denominados sincretistas" (KANT, 1980: 275). Na verdade, bem poderia ser o projeto moderno do Eu transcendental, racionalmente autônomo e logicamente responsável, que teria de antemão sido enfrentado pelo "modelo brasileiro". E que continuaria a sê-lo[32].

Mas tender para uma exclusão da moderna dimensão do sujeito racional e autônomo da vida religiosa brasileira seria, sem dúvida, cair numa simplificação abusiva. Insistimos, na Introdução, ao mesmo tempo sobre a importância e a permanência – o mais das vezes inconsciente – das marcas criadas e deixadas pela sociogênese, e sobre o fato de que essas marcas interagem dinamicamente com os acontecimentos para que se escreva a história. É neste sentido que, para descrever o campo religioso tal como hoje parece apresentar-se no Brasil, temos agora que examinar como, do ponto de vista do pluralismo religioso, se entrecruzam criativamente Pré-modernidade, Modernidade e Pós-modernidade neste espaço social.

3 O campo religioso no Brasil contemporâneo

É necessário repeti-lo agora: nenhuma vida social deixa-se subsumir numa única dimensão. Sem dúvida, acredito que o vetor que, talvez ironicamente, acabamos de chamar de "modelo brasileiro": propensão à não definição, ao sincretismo de covivência, ao cultivo de um tipo específico de articulação das diferenças, seja fundamental para entender a dinâmica histórica do Brasil. Do ponto de vista do campo religioso, essa tendência chegou mesmo a se institucionalizar: Não pretende ser a umbanda uma religião eminentemente sincrética, recolhedora ativa da herança da África, do Ocidente cristão ou espírita, de correntes orientais, esotéricas ou, simplesmente indígenas? E por isso mesmo não se apresenta como a "religião brasileira" por excelência[33]? Mas tal dinâmica não poderia ser absolutizada nem mesmo genera-

---

32. Contrapontos interessantes em "Antropologia e moralidade sob o signo da crítica" (SOARES, 1994: 97-124) e "A crise do contratualismo e o colapso do sujeito universal" (SOARES, 1993: 109-125).

33. Falo em "instituição". De fato, o modelo institucional da umbanda, apesar dos esforços dos seus responsáveis e intelectuais, continua mais próximo da nebulosa do que da constelação em forma de sistema. Para muitos de seus teóricos, sua cosmovisão constituiria uma "síntese". Mas não há dúvida de que ela é vivida, até no plano institucional real, como uma articulação não totalizadora de "diferentes".

lizada[34]. Duas perspectivas, reenquadrando-a, vêm precisar e limitar o seu alcance. Uma, diacrônica, outra mais estrutural.

Diacronicamente, é o próprio desenrolar da sua história que modulou a identidade do Brasil, especialmente do ponto de vista religioso. Um Brasil colonial – o de *Casa-grande e senzala*[35] – ao catolicismo português e/ou medieval e festeiro, santeiro e pesadamente – embora liricamente – envolto na exuberância de uma natureza tropical e nas trocas sociais de um cotidiano fundamentalmente sádico e por isso mesmo voluptuoso; um catolicismo – e uma vida coletiva – estruturado na própria afirmação/negação do pecado, muito especialmente do pecado da carne; uma porosidade dos respectivos universos de valores e visões do mundo dos grupos sociais que efetivamente conviviam, apesar de se definirem contrastiva e conflitualmente num espaço público violentamente desigual. Época seguida de outra – *Sobrados e mucambos* –, a de Pombal e da cultura de Coimbra, a do império, da europeização, enfim do catolicismo da Contrarreforma efetiva e da romanização. A razão, a Modernidade, a consciência ética, a organização e institucionalização, estatal e religiosa, a difusão de um ideal "universal" de identidades pessoais e grupais coerentes e de um projeto de identidade nacional sem ambiguidade nem sincretismo. Kant!

Dois momentos, duas épocas, que continuam igualmente presentes no desenho do campo religioso contemporâneo, e que mantêm relações opostas com a representação e a realidade do pluralismo.

Mas essa dualidade não se esgota na oposição de duas épocas. Em *qualquer momento* de sua história, a espessura social do Brasil ficou sendo trabalhada por um *conflito estrutural*, com instâncias, grupos sociais, instituições ou influências orientadas no sentido da Modernidade racional, organizadora e burocrática, eficazmente técnica. No plano da religião, e desde o início, os jesuítas representaram essa vertente, mais tarde, e cada um no seu tempo, no

---

34. Até geograficamente, certas regiões parecem em boa parte escapar-lhe – por motivos, aliás, historicamente diferentes: Minas Gerais, Rio Grande do Sul etc. Por outro lado, no campo mesmo do "espiritismo" onde se abriga a umbanda, vemos consolidar-se, frente ao sincretismo umbandista, a "pureza" do espiritismo kardecista, atualmente em processo de franco desenvolvimento.

35. Para simplesmente evocar a controvertida interpretação de um autor cuja riqueza o comentário de Ricardo Benzaquen de Araújo relembra (1994).

seu lugar e no seu nível, os bispos reformadores, as congregações estrangeiras, os grandes colégios religiosos, o protestantismo educacional ou de missão, a implantação das estruturas administrativas, paroquiais e diocesanas, as missões populares – todas forças suportes e difusoras do *sujeito* moderno e racional, de uma "Modernidade" evidentemente não unívoca nem unidimensional.

Tendências e pressões por sua vez acrescidas das constantes importações religiosas que acompanhavam as imigrações (alemãs, italianas, polonesas, espanholas). Imigrações que, por sua vez, e através das vocações sacerdotais vindas das "colônias" e da formação reproduzida nos seminários, repercutiram em sentido mais amplo e geral, no âmbito de regiões inteiras e, transversalmente, em toda a espessura do "catolicismo" nacional[36].

Estas influências, atuando sobre o pano de fundo do "modelo" inicial, acabam criando uma fundamental dicotomia, que atravessa os séculos. Duas atitudes opostas frente à pluralidade e mais ainda ao sincretismo: de um lado a da instituição eclesiástica enquanto tal, de suas instâncias de reprodução e dos grupos mais estreitamente submetidos à sua influência direta; de outro lado a de amplas camadas de fiéis, com graus variados de envolvimento em pertenças religiosas múltiplas e em reinterpretações criativas...

Hoje essa oposição se mantém, com matizes da parte da instituição. Em geral, uma política de estratégia ou real ignorância frente às misturas, às duplas pertenças, às identidades múltiplas, às combinações as mais variadas. Atitude muito pouco "moderna" e "lúcida", mas que bem poderia cristalizar certa sabedoria pastoral. De vez em quando, um surto de "descoberta", de tomada de consciência e um abrir dos olhos, que tanto pode se traduzir por endurecimento distanciador (anteontem a campanha antiespírita de Frei Boaventura Kloppenburg) quanto por aproximação (ontem François de l'Espinay, hoje o movimento dos APNs[37]). Do lado "popular", a continuidade de uma tradição de tranquilo pluralismo ou de uma alternância, que respeita as diferenças sem fazer delas oposições. O paradigma dessa atitude sendo possivelmente a

---

36. Agradeço a L. Benedetti que chamou a minha atenção sobre esse aspecto.

37. "Agentes de Pastoral Negros", movimento de bispos, padres, religiosos(a)s e militantes leigos cristãos, no mais das vezes católicos, que querem ver reconhecida a sua negritude na vida – teológica, ritual e organizacional – da(s) Igreja(s).

figura da Mãe Menininha: as duas identidades religiosas assumidas explicitamente, no entanto sem confusão, dentro do respeito às competências, aos lugares, à especificidade dos ritos e da experiência de "sagrados" teoricamente incompatíveis[38]; em outros casos, simples e não problematizada mistura[39].

Mas não se trata de pintar simplesmente a situação atual, prenúncio da de amanhã, como a simples reprodução de uma estrutura bem conhecida e já tradicional. A situação move-se e se transforma, desenham-se as linhas de um confronto mais consciente e mais deliberado entre os três vetores relativos à Modernidade (as três "Modernidades", no sentido em que Mussolini dizia existir na vida somente "juventudes": a primeira, a segunda, a terceira). Mas trata-se de um confronto de *lógicas*, em que, muito à maneira pré ou pós-moderna, os campos não serão recortados pela exclusiva adequação efetiva de grupos sociais ou de instituições a uma ou outra concretização das lógicas em pauta.

O universo tradicional do "sincretismo", neste caso emblematicamente pré-moderno, tende, ele sim, a se reproduzir. Tudo indica que, pelo menos em muitos lugares, constitui a camada mais funda da vivência religiosa popular (a catequista ou a militante paroquial que corre ao terreiro depois de suas obrigações na Igreja; a presidente do grupo da Legião de Maria que mantém um terreiro de umbanda na própria casa, onde se realizam também as reuniões do movimento legionário; o líder das romarias a Nossa Senhora Aparecida que reúne a "Santa" aos orixás no seu peji doméstico; a convertida pentecostal que lembra: "no tempo em que eu era católica, frequentava muito o centro espírita", ou simplesmente a missa do sétimo dia que não pode faltar depois do *axexé*, a "romaria" depois da iniciação da *iaô*). Ainda que a ação pastoral da Igreja "romanizada" tenha deixado sulcos profundos, eventualmente de caráter antissincrético explícito, na sensibilidade popular, sobretu-

---

38. Teorização atualizada desta posição em Birman (1992).

39. Como nos terreiros do Maranhão, estudados por Ferreti (1991). Em Salvador, e nos meios das casas de candomblé, estas duas posições coexistem. Poder-se-iam cristalizar em torno das respostas a duas perguntas, uma "dogmática", outra de cunho ritual: 1) "Iansã é Santa Bárbara?"; 2) "Os atabaques eventualmente utilizados na celebração católica poderiam ser emprestados de um terreiro (i.e., ter sido 'consagrados' no candomblé)?" Sondagem recente mostra que as posições se distribuem desde a aceitação entusiasta da ideia ("ficaria feliz de ver minha religião valorizada!") até a uma distinção sutil, mas firme: "Participo dos dois, mas não se deve misturar".

do – mas não só – em cidades médias. Citarei somente neste sentido a reação, bastante comum, tanto em Salvador quanto em cidades de Minas, de fiéis paroquianos, até negros de aparência e/ou de ideologia, a propósito de manifestações perfeitamente católicas, mas que fazem parte, como diria Bastide, do "catolicismo dos negros", nomeadamente a Congada: "Isto é macumba!" Vê-se que certa sensibilidade religiosa foi aguçada para detectar "o outro", mesmo onde ele não está. Nesse sentido, uma educação para o pluralismo deveria começar desfazendo montagens antigas e liberando as sensibilidades para o mero reconhecimento do diferente no interior mesmo do idêntico. A segunda anedota, significativa mais ou menos no mesmo sentido, conta que grupos de jovens, de uma favela carioca desta vez, se recusaram a escutar até o fim a gravação do canto da missa num ritmo e com um acompanhamento que evocavam o candomblé, explicitando a sua recusa pela mesma frase: "Isto é macumba", mas dita desta vez com um malicioso sorriso. O que nos permite acrescentar que um jogo afirmado de posição identitária consciente e – diria – estratégica, não corresponde necessariamente a uma sensibilidade cultural arraigada. O *homo religiosus* profundo não "é" sempre aquele que seus pastores lhe ensinaram que ele é. Sobre esse hiato também não faltam as observações: faz parte do campo religioso brasileiro o conjunto de representações explicitamente elaboradas que as agências e seus agentes esforçam-se por difundir entre os fiéis, e que penetram as camadas das sensibilidades até um nível diversificado. Não é incomum que sensibilidades bloqueadas por tais operações de violência simbólica reconheçam-se de repente em manifestações que sua ideologia explícita lhes fazia considerar como longe de expressar algo de sua identidade. "Cultura" e "identidade" poderiam aqui ser analiticamente distinguidas com vantagem para a compreensão dos processos em curso[40]. Como poderia ajudar esta distinção na discussão da problemática sem fim sobre a natureza do sincretismo afro-católico na sua

---

40. No decorrer de uma celebração, p. ex., representantes de uma elite clerical local aprovavam espontaneamente com entusiasmo ("Isso é realmente nosso!") umas músicas expressivamente ritmadas e acompanhadas por intensa percussão e instrumentos populares, as mesmas músicas que, sem sabê-lo, eles tinham severamente condenado como "africano", "popular", "instrumentos utilizados nos candomblés".

origem colonial. O argumento da "autenticidade" acaba destituído de qualquer valor, diante do emaranhado de influências, de inculcações, de pressões socializadoras, que acabam, reproduzidas de geração em geração, criando *habitus* complexos à revelia de uma lógica cartesiana (cf. VERGER & CARYBÉ, 1985)[41]. "Estratégia de defesa e resistência contra o dominante" ou "verdadeiro sincretismo"? E por que não os dois, ao mesmo tempo ou, em todo o caso, sucessivamente? Nesses assuntos, a lucidez passa, sem dúvida, pelos caminhos de múltiplas distinções.

Mas hoje o campo religioso brasileiro, mesmo em seu nível popular, não está mais simplesmente entregue a essa vaga de fundo tradicional, que leva a construir um sistema simbólico por um processo de aglutinação e porosidade de identidades. A Modernidade das oposições duais e das definições excludentes está doravante bem presente nele, opondo-se às dinâmicas sincretistas a partir de fontes que não são mais unicamente "católicas". No interior do mundo afro, por exemplo, essa Modernidade é representada por lideranças, religiosas ou simplesmente intelectuais que, às vezes na esteira do movimento negro ou em relação com ele, reivindicam a especificidade total do candomblé e a necessidade de liberá-lo de todas as máscaras deformadoras que o passado colonial e escravista o obrigou a enfiar. Tal movimento de "dessincretização" parece alastrar-se na capital da modernidade brasileira, São Paulo. Ali reconhece-se cada vez mais no candomblé não mais uma religião "negra", a religião dos negros brasileiros, a ser articulada à "religião geral" do Brasil, mas uma religião universal, rival do cristianismo no seu próprio terreno "ecumênico" ("católico"), e simplesmente referida à África como a uma origem dignificante (PRANDI, 1992). Em Salvador também figuras exponenciais do candomblé adotam posição análoga – mas sabendo que continua duvidoso que os fiéis dos seus próprios terreiros as sigam nesse movimento segregativo (entrevista com Mãe Estela).

Finalmente, e em muitos casos, poder-se-ia considerar esses rebanhos fiéis, duplamente fiéis, como cercados duplamente por seus "pastores". De um lado e de outro as instituições entregam-se a uma dinâmica de defini-

---

41. Para o caso do *batuque* rio-grandense, esta socialização é finalmente descrita por Corrêa (1992).

ção, que pretende introduzir na vida dos fiéis determinada exigência, para eles propriamente incompreensível e desprovida de plausibilidade. Mas em outros casos a exigência de coerência do sujeito moderno já penetrou nas mentalidades simples. Testemunho do fato – mas também da aderência dessa nova convicção a vincos antigos – esta afirmação de um popular num botequim de Salvador: "A lei está dentro de você. Se você se sente bem, há de fazer. *[E diante das tentativas de 'separar'?]* Você fica até certo ponto dividido. É dois pontos de vista. Se você segue esta religião, você está dentro daquilo, você tem mais é que seguir. As religiões, todas, escravizam o homem. Mas se você já se dispôs a ser um católico, a ser protestante, a ser do candomblé, se você já se dispôs àquilo, tem de seguir aquelas normas. Se você já tá escravo, tem de acompanhar pelo resto da vida [...]. Então acho que isto tem de ser certo. Se você é católico mesmo, tem de ser católico, se você é protestante [...]. Não pode misturar. Tem de ser assim. Só que eu já acho que você tem de fazer o que você se sente bem. *[E se você se sente bem misturando?]* É, tem mais é que ficar. Se se sente bem misturando, tem mais é que ficar. *[E aqui na Bahia?]* As pessoas se sentem bem, muito bem, em geral se sentem realizadas. Eu acho que seria muito difícil você tentar separar essas duas coisas. O pessoal, a maioria não iria aceitar. Porque já é tipo uma religião essas duas coisas aí. Já misturou ali..."

Um observador já tocado pelas Luzes: 1) as religiões escravizam o homem; 2) tudo depende de uma opção, que deve ser lúcida e racionalmente coerente. Mas a sua finalidade não deixa de referir-se, no fundo, ao que faz o indivíduo sentir-se "bem", realizado. Em tese, pois, seria preciso ser lógico até o fim com a sua opção. Mas se a "realização" individual exige que se seja infiel à lógica objetiva e se "misturem" as coisas, sem dúvida é então a mistura que passa a ser a solução... Não nos apressemos em falar em "samba do crioulo doido". Trata-se de um sincretismo, sim, mas entre os três momentos civilizacionais que aprendemos a distinguir; sincretismo cuja construção é afinal comandada pelo absoluto individual da forma contemporânea de Modernidade. Apenas emergida, a "modernidade" da lógica identitária está sendo reinterpretada pela sua "pós", reencontrando através dessa reinterpretação as soluções que tradicionalmente a precederam.

Na mesma direção de uma modernidade identitária, situam-se, no campo católico, as Comunidades de Base, com seu projeto articulado de "fé e vida", "fé e política", cuja atitude frente a nosso problema não passava até há pouco propriamente pelo caminho do pluralismo "religioso" (cf. MARIZ, s.d.). Muito antes pelo contrário. Situação que parece atualmente modificar-se, em função, entre outras, da existência no seu seio, ao revés de uma lógica da "modernização", do Movimento dos Agentes de Pastoral Negros que, pagando o seu tributo à Modernidade pela recusa enfática do vocabulário e da categoria de "sincretismo", bem poderiam, no entanto, orientar-se, mais existencial do que teoricamente, em direção a uma identidade virtualmente plural e articulada de modo complexo. Também aqui não está excluído que uma atitude "pós-moderna" possa reencontrar os caminhos da Pré-modernidade tradicional.

Confesso que não sei se deveria situar mais para o lado da Pré-modernidade ou da Pós-modernidade – ou talvez simplesmente da Modernidade – outra atitude, também ela "popular", que os pesquisadores parecem encontrar com cada vez maior frequência. Trata-se de uma racionalização explícita, mas que pretende justificar a recusa de uma opção religiosa excludente. O Deus – o mesmo – é Deus de todos. Recusa da pluralidade pela radicalização do pluralismo da experiência religiosa legítima[42].

Mas, paradoxalmente, o grande fator de introdução da modernidade identitária e ética nas camadas populares é constituído hoje pelo movimento pentecostal. Talvez seja a primeira vez que, em nível popular pelo menos, um movimento social brasileiro consegue "levar a massa" através de adesões pessoais feitas de rupturas e da convergência de trajetórias individuais. Sem dúvida, "modernidade". E "cabeça de ponte", às vezes agressiva, da corrente "antissincrética" (STEWARD & SHAW, 1994) que hoje atravessa – também e contraditoriamente – o campo religioso brasileiro[43]. Significativamente, no

---

42. Entre outros, Santos (1991), para a Baixada Fluminense.

43. "Dessincretização", "Antissincretismo", provavelmente os termos admitem nuanças que os contrapõem no interior da mesma corrente. Citemos um *fait divers* significativo do leque de posições representadas nesta corrente: "A Igreja parece não entender das coisas, dizia-me um vendedor de pipocas no santuário do Senhor do Bonfim, em Salvador. Ela não sabe ver quem é o seu verdadeiro inimigo. Não deveria atacar o candomblé, mas se unir a ele contra as seitas que o atacam. Atacam a

entanto, mesmo nesse caso continua tão real o apelo da dimensão "tradicional brasileira", que as Igrejas da terceira vaga pentecostal, nomeadamente a Igreja Universal do Reino de Deus, passam a reencontrar os processos de intensa ritualização, da mediação institucional e, senão dos "sacramentos", pelo menos dos sacramentais múltiplos. Ao mesmo tempo em que elas mitigam o caráter "transcendental" da opção autônoma, responsável e modernamente constitutiva da pessoa e da consciência, pela importância reconhecida e coletivamente ritualizada do fator demoníaco (significativamente cristalizado na figura dos "exus" de candomblé e umbanda)[44]. A mudança de comportamento que poderia ser representada como uma "conversão" autônoma, com suas implicações de pecado, responsabilidade, decisão de mudança e arrependimento, tende a tornar-se assim *liberação* da influência alienante do "outro".

Assim, dos afro-brasileiros aos pentecostais, parece que nos encaminhamos para uma situação em que, junto com a pressão crescente em direção a uma racionalização modernizadora, surge um tipo de movimentos religiosos, periféricos às instituições ou até fora delas, e dos quais é difícil dizer se os caracteriza o tipo conservador de sincretismo tradicional ou o reencontro com ele através das desarticulações pós-modernas.

Nessa mesma direção de ambiguidade (ou "síncrese"), é preciso pelo menos aludir aos movimentos neo-orientais. Vários provavelmente poderiam proclamar de si próprios, embora de um modo menos absoluto, o que Bahgwan Rajneesh dizia do seu movimento: "Religião sem religião, sem dogmas, sem cultos e sem sistema de crença; somente uma qualidade de amor, de silêncio, de meditação e de oração" (PACE, 1991). Chegamos assim à constelação plurivalente da Nova Era.

A Nova Era parece-me realizar o modelo "sincrético" pós-moderno até uma perfeição de caricatura. Ela não recupera tão somente tradições exóticas, não cristãs ou acristãs, às vezes interpretadas num sentido anticristão (o que

---

ela ao mesmo tempo". Ora, e como para confirmar paradoxalmente esta análise, depois de ter sido testemunha, quase diante de sua residência, de uma "briga" entre candomblecistas e membros da Igreja Universal, o cardeal arcebispo, tido habitualmente como figura representativa da corrente "antissincrética", colocava-se pelos jornais ao lado do candomblé contra a agressividade de que tinha sido vítima.

44. Cf., p. ex., a recente tese de Barros (1995).

a faz tratar de diabólica por católicos menos "pluralistas"[45]...), mas consegue "pós-modernamente" conjugar a exacerbação das três "modernidades" sob os auspícios da terceira. Nesse sentido, ela – ela e suas adjacências – representa provavelmente, uma cristalização modelar dos paradoxos atuantes no campo religioso contemporâneo, por constituir, no interior da própria *ipseidade*, o jorro do mais radicalmente diferente. Vejam o que diz dela uma pesquisadora:

> Esses "*religiosos*" – atores socializados pelo modelo individualista moderno – apropriam-se de elementos originários de uma tradição cultural contrastante (oriental, hindu, indígena etc.) por um processo de seleção e reinterpretação. A vivência comunitária e a concepção holista dramatizariam a descoberta de vínculos que se tornaram invisíveis com a "*Modernidade*". A experiência com o "sagrado" permitiria a sensação de recomposição de uma unidade cósmica que fora rompida, em contraste com o desconfortável sentimento de fragmentação da vida cotidiana. Todavia, por um processo de seleção e reinterpretação, esses elementos são reinventados, tendo-se, ainda, como eixo orientador e ordenador desse encontro cultural os princípios mais profundos da cultura moderna: o projeto moderno de emancipação. Mas é por esse mesmo processo – diríamos de mão dupla – que se torna possível a elaboração de uma contraimagem da "Modernidade", apresentada a seus atores como a sustentação de sua autocrítica" (AMARAL LUZ, 1993: 30).

É interessante o fato de que, a propósito da Nova Era, a autora explora com ênfase a "metáfora da 'cidade nômade'", exatamente uma daquelas que nos pareceram embasar o surgimento da dimensão "sincrética", fundamental à sociedade brasileira inicial.

O movimento ecológico, enfim. Ele tangencia tão somente o universo religioso ou, mais provavelmente, se situa significativamente dentro dele, precisamente porque é portador de uma nova noção de "religião", articulada moderna e pós-modernamente com uma nova noção de "ciência".

---

45. Sem, contudo, chegar sempre ao radicalismo de Frei João Wilk (1993). "Agora é o tempo de Lucifer" (satanás). "A 'Nova Era' pretende ser uma super-religião, comandada por um poder central e um sistema político-social-econômico-religioso único que dominará o mundo inteiro" (1993: 22). Conforme este artigo, a Nova Era teria sido fundada por Helena Blavatsky que também teria sido possuída durante dez anos por um espírito demoníaco... O jornal *Estado de Minas* citava no mesmo ano o próprio papa falando em "incompatibilidade absoluta [do panteísmo da Nova Era] com a Sagrada Escritura e com a Tradição católica".

Em termos de uma forma de se relacionarem com o sagrado, os ecologistas apresentam as mesmas características dos grupos que conformam o fenômeno genérico da chamada "nova consciência religiosa": o antimodernismo, a anti-institucionalidade, a errância, a religiosidade livre, centrada na conexão possível entre o homem e a divindade, o ecletismo, a crença na positividade de todas as religiões, o experiencialismo, a valorização da fé, da intuição e não das crenças racionais/racionalizadoras etc., enfim todos os elementos constitutivos de uma atitude religiosa pós-moderna (CRESPO, 1994)[46].

Será suficiente, e suficientemente plural, essa amostragem? É preciso juntar-lhe um fenômeno que traspassa as fronteiras dessa semi-institucionalização, desenrolando o mapa de um universo multivariado[47]: por um lado o esoterismo[48], em pleno crescimento, aqui como no resto do mundo; por outro lado a "feira mística". Para traduzir a sua densidade – e o seu desafio às religiões institucionalizadas e burocratizadas – com somente três palavras, direi que se caracteriza por oferecer, sob formas múltiplas e renováveis, três dimensões: experiências, ultrapassagem, comunicação com o além – um além do corpo, da sociedade, do tempo em seu segmento presente e atual, um além "total". Como se vê, o tipo da ambição totalizadora, mas que precisamente se realiza através da fragmentação, do trânsito, de uma combinatória de adesões[49]. O que não impede – exemplo significativo da permanência e recrudescimento de esquemas tradicionais revisitados pela Pós-modernidade – que, no seio mesmo desse universo relativizador emerjam aspirações ao reencontro de identidades definidas: "Esta é a hora. Nada vai ficar escondido.

---

46. As confluências destas dimensões "Nova Era" e "Ecologia" podem, aliás, interpelar as Igrejas desde o seu próprio interior. É o caso, p. ex., da procura teológica do "Eco-feminismo holístico" da teóloga católica Ivone Gebara. Os temas essenciais da Nova Era tendem a reencontrar os da Teologia da Libertação no interior de um universo ecologicamente totalizado, para "relativizar o cristianismo", nas perspectivas do que poderia ser uma nova versão da teologia negativa. (cf. GEBARA, 1993: 22-26; 1994: 6-8).

47. Magnani desenvolveu uma pesquisa sobre "as relações que as práticas esotéricas estabelecem com a cidade – com a paisagem, o ritmo, as instituições e as dinâmicas urbanas". Mostrou o quanto o "mapa" de que falo no texto serve de orientação a "modos de vida diferenciados e claramente identificáveis na metrópole" (1994: 3).

48. Para as fontes do esoterismo moderno, Carvalho (1993).

49. Na confluência destas quatro tendências, e quase apontando para a "nebulosa místico-esotérica" de que fala Champion (1990), cf. o brilhante artigo de Soares (1989): "Religioso por natureza".

Todo mundo tem uma fé, mas não tem identidade espiritual definida. Mas agora cada um vai ter de se definir pela sua filiação espiritual", declarava a um jornalista Paulo Roberto Silva e Souza, psicólogo e representante no Rio da Colônia 5.000 do Acre (santo-daime). Sintomaticamente, ele acrescentava: "Nunca vi coisa parecida em minha vida: esta aliança de linhas espirituais tão diversas", pois, se é necessária uma afirmação sem dobras de identidade, não se pode tratar de identidades que, por definir-se, se isolem.

Uma última notação torna-se possível, aliás, a partir desse depoimento. A Modernidade contemporânea privilegia o emergente, o "atual", o *happening*, a experiência do momento. Ora, o modelo que se depreende dessa última fala, simplesmente mais acentuado do que em tantas outras, é também o de um espaço atravessado por fluxos múltiplos, que mergulham suas nascentes nos montantes da história. Fala-se aqui em "filiação espiritual", também as diversas correntes do movimento negro, como o próprio candomblé, procuram a fidelidade aos "ancestrais". Bem sabemos que essas fidelidades trans-históricas nunca se constituem em simples fidelidades. A memória coletiva é seletiva, e também a "tradição". Mas é notável ver reemergir do humo moderno – e sem as conotações integristas e fundamentalistas às quais costumamos associá-la – a ânsia de se sentir inserido num filão enobrecido pelo seu "tempo longo". Afinal, a característica mais definidora do fenômeno religioso pode ser que ele constitua uma "tradição", cuja referência constrói o ser do fiel que nela se insere[50]... A presença ativa de remanências, a metamorfose de antigas certezas também faz parte da projeção para o futuro. Pois essa "tradição" não se confunde necessariamente com a instituição que a representa no espaço sócio-histórico, e a relativização de uma não significa a rejeição da outra.

Convém falar, enfim, de um "clima". O fator mais imponderável, o menos definível, pouco particularizado, mas radicalmente matricial: o que vários analistas – e também "praticantes" – chamam de "religiosidade difusa". Ele não cristaliza, não se ritualiza nem se autoproclama, mas é de capital importância por que é ele, por sua difusão capilar, sua impregnação socialmente

---

50. É a tese de Hervieu-Léger (1993).

abrangente, que permite que uma série de manifestações, dentro do mundo da arte, da comunicação (novelas), da educação (Paulo Coelho nas aulas de literatura e no vestibular) e da reflexão científica (psicologia transpessoal), possam doravante emergir ao espaço público – elas que, nas perspectivas da "Modernidade", teriam feito referência exclusiva ao espaço privado e particular – com naturalidade, plausibilidade, legitimidade, aceitação e credibilidade generalizada. Um círculo epistemológico instaura-se então entre "obras" sem muito prestígio e/ou audiência, mas que contribuem coletivamente, engrossando a cauda de um cometa de maior brilho, para generalizar um imaginário social característico, transformado por sua vez na matriz de plausibilidade das perspectivas difusas de que essas mesmas obras são portadoras. Mas à maneira fantasmática, de quem nunca ou raramente assume um rosto, declina um nome, diz a que veio. Ao oposto, por exemplo, de um programa televisivo pentecostal, de pressupostos e metas perfeitamente definidos. Imperceptivelmente, determinado tipo de imaginário social vai assim substituindo outro[51]. Nas mesmas consciências individuais? Em segmentos populares diferenciados?

Por isso parece-me residir aqui um dos problemas fundamentais para o pluralismo religioso de amanhã. Se se podia vislumbrar, para o embate de identidades a que aludimos no início desta palestra, uma solução em direção a um estado de convivência dialogal, com quem finalmente pode cada um dialogar quando o outro se reduz a um "clima" – daqueles, sim, com que se fazem as *culturas*, mas sem voz articulada –, não é "ninguém"? Radicaliza-se aqui o problema de processamento da "identidade".

Tal panorama parece-me apontar em direção às linhas de força principais que organizam – para hoje e para, pelo menos, o próximo amanhã – o campo religioso. Sem dúvida, outra sensibilidade, outro nível ou tipo de informação teriam detectado nervuras diferentes, feito surgir outros fantasmas, aberto outras pistas de intelecção. Mas provavelmente não teriam afirmado outra

---

51. Aqui se radica, parece-me, o problema dos tão falados 63% de católicos belo-horizontinos que acreditam na "reencarnação" (ANTONIAZZI, 1991: 9) ou ainda deste estudante que interpretava "naturalmente" em termos de "reencarnação" a encarnação fundamental do *kerigma cristão*. O problema, aliás, não parece próprio ao Brasil. Para a Europa, cf. Stolz (1991).

dominante. Sob a forma de mil matizes, exposto a reações pontuais, contracorrentes em certos tempos e lugares vencedoras, é em torno do problema do absoluto da individualização que se organizam os declives e contravertentes da paisagem contemporânea. Pluralismo até no interior dos indivíduos, mas também individualismo das coletividades. Essa dialética significa que está em jogo *um novo processo de definição da identidade*, chamada, para não se renegar a si-própria, mas também não se afirmar como um impenetrável fundamentalismo comunitário, a articular, no interior mesmo do *idem*, o um e o múltiplo. Talvez minha fala tenha conseguido mostrar que houve historicamente várias maneiras de realizar essa tarefa[52], e que o Brasil bem poderia ser portador de um modelo chamado a prolongar além da Modernidade – a sua e a de outros – as potencialidades de sua tradição "sincrética", pelo menos se souber enxertar dinamicamente nessa tradição a corrente que atravessa o presente de nossa história. Identidade porosa e plural, sujeito moderno e individualidade exacerbada poderão evitar o aniquilamento mútuo e projetar-se no futuro, só se formos capazes de conjugá-los numa articulação criativa de suas três virtualidades. Seria a realização daquele tipo de modernidade que descreve Dumont, detonada a partir de um passado específico, que, mesmo em parte renegado, contribui para amoldar o "novo".

Por outro lado, esse mesmo problema põe em jogo a função das instituições. E já que estamos reunidos para refletir mais uma vez sobre a história de uma delas, é preciso dizer-lhes que, mesmo se o "campo religioso" não é mais simplesmente hoje o "campo das religiões"[53], o papel das instituições religiosas pode ser fundamental no equacionamento pacífico do questionamento contemporâneo das identidades. Pois atrás das disposições próprias ao campo religioso perfilam-se diretamente as do campo político, nacional, étnico, finalmente global: os binômios integração/exclusão, e participação/marginalidade, chaves parciais para a afluência ou a penúria, dependem, no

---

52. Pluralidade que pode até ser logicamente anterior ao "modelo" de que estamos falando aqui e, neste caso, deve articular-se com ele. Para a riqueza e a atualidade desta dimensão na "tradição africana" aqui presente (cf, p. ex., SEGATO, 1993).
53. "'Religiões', o que são, a quem importam? Práticas, ensaios, conversões, elaborações religiosas de grupos humanos determinados, experimentações, isso importa" (SOARES, 1994: 262).

plano cultural – e religioso – em que nos situamos, do tratamento dado às identidades. Uma das caraterísticas do campo religioso atual, dizem alguns analistas, seria certa ruptura entre religião e política: "o círculo virtuoso das coerências entre a escolha da fé e das pertenças religiosas e as escolhas políticas está rompido" (PACE, 1991: 18). Seja! Mas, através do combate para encontrar, todas juntas, o novo equilíbrio entre a necessária afirmação das identidades e a sua maleabilidade, a começar exemplarmente pela própria, num mundo que lhes pede doravante mais inspiração do que enquadramento, as instituições religiosas estão desafiadas a engajar-se na criação de uma sociedade em que um jogo aberto de identidades possa, em se afirmando, abrir espaço para uma multidimensionada diversidade. O que não deixa de ser, na clave da religião, um novo tipo de tarefa política[54].

---

54. Entendendo "democracia" como o tipo de sociedade acima caracterizado, "afinal, a democracia continua sendo ao mesmo tempo uma forma de coerência tão criadora de laços quanto a mundialização, e uma fé secular potencialmente tão inspiradora quanto a 'guerra santa'" (BARBER, 1992: 63).

Pórtico III

A religião dos brasileiros*

Há setenta anos, uma expressão como "A religião dos brasileiros" apontaria, quase sem mais, para o catolicismo. Isso mudou. Hoje o catolicismo vai cada vez mais se constituindo como uma das religiões, entre outras, dos brasileiros. E num movimento diversificador que se acelera[1]. Não se trata só de números (já bem conhecidos e a que farei alusão mais adiante), mas de algo qualitativo, de um problema identitário. O "grupo", a "etnia", a "nação" brasileira, quando se lhe pergunta: "Do ponto de vista da religião, quem é você?" "Qual é o seu nome?", não responde mais de uma só voz: "Católica!" O clima que impera no seu espaço social mudou. Uma senhora, belo-horizontina de seus oitenta anos e antiga pastora metodista, contava-me que, durante muitos anos, se sentiu "estrangeira" na sua própria cidade, "corpo estranho" na cultura local – a sua! Hoje, pelo contrário, em Belo Horizonte, duas grandes manifestações coletivas marcam a Semana Santa (a "Semana Santa Mineira"!), duas manifestações que mexem com o trânsito, mobilizam a polícia, impõem a sua presença no cotidiano da cidade: a missa da consagração dos santos óleos no Mineirão, na Quinta-feira Santa e, na Sexta, a Concentração Evangélica (realizada, por ironia, na Praça do Papa). E essa convivência é sentida como "natural" pela opinião pública.

"À moderna", a identidade religiosa brasileira tornou-se, pois, múltipla. Isto, do ponto de vista do clima cultural. Mas o fenômeno se traduz (e/ou se enraíza) em dois níveis fundamentais: o nível estatístico e o nível político.

A estatística revela um deslizar constante na direção de um irreversível declínio institucional do catolicismo. Em termos mais globais, em 1980,

---

* *Teoria & Sociedade*, n. esp., 2003, p. 16-51.
1. Este texto retoma, pelo outro lado da luneta, algumas das observações expressas no texto anterior "As religiões dos brasileiros", *Horizonte* (PUC-MG), vol. 1, n. 2, 1998. Uma visão ligeiramente diferente deste texto saiu publicada, sob o título homônimo, em *Teoria & Sociedade*, n. 4, 1999: 213-246.

88% da população se declaram "católicos"; em 1991, 80%; em 1994, 74,9%. Isso, em termos de média nacional. Mas certas particularidades regionais seriam mais impressionantes ainda. Citemos tão somente o Rio de Janeiro, a cidade "menos católica" do Brasil, onde não mais de 59,3% se declaram doravante católicos.

Mas isso significa, também, no plano político, o fim de uma situação de hegemonia. Não só hegemonia religiosa, mas hegemonia no campo da política em nome da religião. São as relações já tradicionais entre a dimensão política e a religião que estão mudando. Estas relações, depois da separação da Igreja e do Estado e na lógica da secularização moderna das instâncias reguladoras da vida social, tinham passado a serem tácitas, embora bem reais. Eis que tornam a manifestar-se visível e explicitamente, mas a partir de outro polo religioso. Com as abertas investidas eleitorais de Igrejas pentecostais em peso, a constituição de "bancadas" no legislativo (a "bancada evangélica"), a barganha de votos denominacionais, inclusive para a eleição dos poderes executivos, estaduais e nacional, o projeto de fundação de partidos confessionais, a evocação, enfim, cada vez mais frequente em reuniões, cultos, programas de rádio e televisão, do horizonte de um Brasil politicamente "evangélico" (contraponto do que foi a ideologia do "Brasil intrinsecamente católico", manuseada politicamente pela Igreja desde o início do século XX até muito recentemente). E tudo isso repercutindo no interior do campo plural das denominações evangélicas, infiltrando nele, com a inexorabilidade de um processo vital, um combate pela hegemonia interna: Afinal, qual denominação vai poder liderar a construção dessa nova identidade brasileira? Religião no campo político, política no campo religioso. Ao mesmo tempo e simetricamente, no interior da Igreja ontem hegemônica, a própria autoridade institucional se debilita, ou, pelo menos, se reformula: ontem, certo monolitismo institucional imperava, deixando subsistir um só corte fundamental entre o catolicismo popular e o catolicismo oficial. Hoje, a relação dos grupos católicos ao arcabouço institucional de sua Igreja se diversifica, os conflitos internos entre tendências e movimentos abrem, também, lugar para a construção de um processo dinâmico de hegemonia – mesmo se a hierarquia institucional se propõe a administrá-lo em proveito da continuidade estrutural da instituição como um todo. É a própria "identidade católica" que se diversifica. Pense-se – além da permanência de um catolicismo devocional que nem por ser de rotina é necessariamente destituído da espessura de uma experiência pessoal significativa[2] – nas Comunidades Eclesiais de Base e nos Carismáticos, mas também nos vicentinos e nos Cursilhos de Cristandade, em dioceses tão paradigmaticamente diferentes como a de Campos dos Goytacazes (RJ) e a de Goiás (GO) nas missas afro e nas missas "espetaculares" do Padre Rossi, para não adentrar nas sedimentações e redes da própria Conferência Nacional dos Bispos do Brasil, nos votos que se contam e se disputam nas suas assembleias, nas relações de densidade e toque comunional desiguais, que esses grupos mantêm com o Vaticano.

Por outro lado – talvez se possa dizer, hoje, sobretudo –, a mesma grade de diversificação se impõe como instrumental de compreensão quando a análise se desloca para o campo do indivíduo: diversificação e pluralismo interno, no reconhecimento e na construção de identidades, nas trajetórias e nos eventuais deslizamentos. Também, na relação de cada um com sua agremiação, seu movimento, sua denominação, sua corrente ou sua Igreja: são diversas as maneiras de aderir a consensos institucionalmente criados, de conceber o seu pertencimento a esses coletivos, de compartilhar dessas visões do mundo e de fazer sua a orientação desses *ethos*; são várias as modalidades da crença nessas significações e nesses poderes; diferem – e até se opõem entre si – os modos, exclusivos ou múltiplos, de afirmar, distinguir e/ou combinar essas identidades, de jogar com a própria diversidade que os caracteriza, seja assumindo sem matizes uma posição estável, seja tateando num itinerário só, ou ainda, simplesmente, procurando, através de mil caminhos, sucessivos ou simultâneos, um horizonte... Níveis vários de diversidade, que se reduplicam, cruzando-se. Como ainda falar de "uma religião" dos brasileiros?

---

2. "De outro lado, o que existe é uma espécie de explicação renovada para um modo universalmente consagrado de ser católico, que consiste (como vimos) em uma individualização da experiência e do retrato com que a pessoa se vê sendo e vivendo o seu catolicismo. Estranho que estudos e escritos sobre a Igreja Católica no Brasil com frequência esqueçam o lugar e a importância dessa 'massa católica'. Uma presença por certo muitas vezes maior do que as pequenas frações militantes a quem eles com razão se dirigem" (BRANDÃO, 1992: 61).

Pois de todas essas constatações ressalta uma evidência maciça: o campo brasileiro de hoje é feito de muitas religiões. Tantas assim? Sem dúvida, as referências institucionais são muitas. Mas talvez seja possível agrupá-las em subcampos, ou melhor, em correntes dinâmicas, portadoras de lógicas específicas, que ora se aproximam ora se distanciam. Quais seriam elas?

Duas constituem o filão mais tradicional e quase que substantivo da história religiosa do Brasil. O cristianismo – senão, mais especificamente, o catolicismo – e o universo genericamente referido como "afro", de experiências e tradições que acompanharam ritmicamente as levas de escravos, como o seu único bem, seu tesouro até hoje inalienável.

Como já afirmado, o cristianismo no Brasil, é doravante plural. Já falamos do catolicismo, presença modulada, mas ainda maciça; a seu lado é preciso frisar a diversidade – e modéstia tradicional – do mundo protestante dito "histórico", que o alarido pentecostal poderia nos fazer esquecer. Ele está bem presente, no entanto, portador de um apelo contrastivo eficaz, sobretudo em algumas de suas denominações e para determinadas camadas da população, mais afeitas ao jogo autônomo da razão e para quem o dogmatismo institucional católico cria um mal-estar religioso. Sem dúvida, a representação mais corriqueira do universo protestante histórico é de estagnação quase mumificada, menos talvez em regiões de colonização suíça ou alemã, onde calvinismo e luteranismo constituem quase que religiões "étnicas". Só dois caminhos se abririam para ele: entrar no avivamento e "renovar-se", ou desaparecer. Mas essa representação está errada ou, pelo menos, ultrapassada. Recentes pesquisas no Rio de Janeiro mostram que, depois de terem ficado efetivamente próximas da estagnação até uma dezena de anos atrás, as Igrejas protestantes tradicionais (sem falar daquelas que entraram no movimento de renovação pentecostal) são Igrejas vivas e que recrutam, até na juventude. Em certas regiões, a sua vitalidade é hoje comparável à dos batistas e da Assembleia de Deus.

Mas é claro que o fenômeno mais visível no campo cristão brasileiro, é o da entrada massiva dos pentecostais. Não só na arena religiosa em geral, mas nos seus pontos de alta visibilidade. Especialmente popular.

A densidade deste fenômeno: Foi muito comentado o achado de pesquisas recentes do Iser (FERNANDES et al., 1995; FERNANDES et al., 1998): no

Grande Rio, entre 1990 e 1993, foram fundados cinco novos templos evangélicos por semana, um por dia útil. O crescimento do número dos adeptos (que perfazem atualmente entre 10 e 15% da população) parece acompanhar esse ritmo, mas é sobretudo a densidade da participação semanal às reuniões de culto (85% dos fiéis pentecostais; a frequência mensal atingindo 94%) que torna o fenômeno uma novidade em nosso campo. Desde já se pode pensar que, no Rio, entre os religiosos que, pelo menos uma vez por semana, tornam-se participantes ativos de reuniões religiosas, a maioria é pentecostal. E o Rio não parece ser exceção.

O ritmo de sua história. Ramo revivalista do protestantismo, o pentecostalismo entrou no Brasil já no início do século XX, vindo do exterior. E é o seu caráter de ruptura com as tradições religiosas brasileiras que, num primeiro momento, marcou sua visibilidade. Longamente retida, a explosão pentecostal deu-se durante as décadas de 1950 a 1960, sob a forma de missões intensivas, verdadeiras "cruzadas de evangelização", organizadas a partir mesmo do Brasil. E estamos presenciando hoje uma terceira onda pentecostal, bem brasileira e que parece jorrar em consonância – embora conflitual – com traços profundos da cultura religiosa popular tradicional. Pois as camadas sociais mais densamente atingidas continuam sendo, desde o início, as camadas populares. Hoje ainda, apesar de uma nítida presença em outras camadas e de certa ascensão social dos grupos pentecostais primitivos, o padrão pentecostal mais comum, se corresponde ao perfil geral brasileiro quanto à população de renda média baixa (entre 2 e 5 salários mínimos), inverte a sua pirâmide nessa relação quando se trata dos dois extremos: renda baixa e renda alta. Os resultados seriam semelhantes quanto à escolaridade e quanto à cor. Uma religião de pobres.

Veremos mais tarde o que bem poderia significar essa opção preferencial pelos pobres, aparente trânsito do catolicismo ao pentecostalismo, mas que, na verdade, e, pelo menos, em muitos segmentos sociais populares, tende a articular essa passagem com um ambivalente trânsito entre duas culturas: a tradicional, católico-afro-brasileira, e uma cultura moderna da escolha individual.

Pois o jogo fica complexo – pelo menos, repito-o, em amplos segmentos, paradigmáticos, da sociedade brasileira, com a presença do universo religioso afro, cujos fios estão até agora intimamente trançados com a experiência do catolicismo no universo popular da "religião". Precisamente aquele universo ao qual o pentecostalismo (neste ponto condizente com a tradição protestante) vem opor o mundo da "fé".

Candomblé e umbanda. Duas modalidades de fidelidade criativa – e "brasileira", quer dizer também "católica" – a tradições radicadas em outro mundo, que souberam arrancadas de sua matriz geográfica e sociopolítica (matriz "topológica", com tudo o que esse vocábulo significa de determinações para a sociologia contemporânea da religião), reelaborar no Brasil, primeiro o seu universo simbólico, mais tarde, suas organizações comunitárias, enfim, hoje, uma proposta religiosa universal, independente de nação, de etnia, de raça ou cor. Três etapas aqui grosseiramente indicadas do que foi a trajetória histórica daquele processo que Bastide descrevia como o desprendimento de uma superestrutura a partir da infraestrutura que a modelou, sua autonomização migrante por cima do oceano e sua reimplantação num outro embasamento socioeconômico, onde ela consegue segregar espaços e recortar novas formas, em constantes metamorfoses.

Ao contrário de certa visão folcloricizante, o mundo religioso afro no Brasil não constitui somente permanência, cópia ou repetição. Também ele vive, quer dizer se recria constante, dinâmica e conflitualmente, segundo um eixo, complexo, de representação identitária que, algumas vezes, o faz reivindicar a autenticidade dos "fundamentos" de sua tradição, outras vezes o joga nos caminhos da assimilação de outras influências, latentes ou ativamente presentes no espaço religioso do Brasil.

Por exemplo – tanto na umbanda quanto em múltiplos grupos compósitos, acavalados, na sua autorrepresentação, entre ciência e religião e em que o problema da cura torna-se matricial – essas tradições se articulam com um outro filão religioso – o terceiro –, outro universo simbólico que, infiltrado mais tarde no Brasil, veio reativar latências antigas, articular-se a elas e marcar assim tão profundamente o campo que alguns analistas (CARVALHO, 1999, p. ex.) se perguntam se a cultura religiosa brasileira fundamental, mais ainda do que católica, não deveria ser dita cunhada por ele: o espiritismo. Grande articulador em todo o caso, e de uma presença multiforme no campo religioso nacional. Seja suficiente aqui afirmar que é em grande parte pela mediação do espiritismo, feito religião, e religião altamente ética, no Brasil – o que não era necessariamente na sua origem, versão ética do cientificismo moderno –, que a caridade, valor evangélico, entrou na constituição da umbanda (NEGRÃO, 1996).

Quarto filão, e quarta família, de introdução mais recente, mas já "brasileiramente" assimilada em certas correntes umbandistas, a dos cultos de origem oriental. Budismo nas suas várias obediências, hinduísmo de Krishna, grupos japoneses do seicho-no-ie, da Perfect Liberty ou da Igreja Messiânica etc.

Sem falar de correntes menos institucionalizadas, de penetração capilar, que fazem mais propriamente parte do quinto universo simbólico a que quero aludir, o universo tipicamente contemporâneo da Nova Era. Exuberante proliferação de ramificações, encontros, fusões e superposições, tradições particulares e sedimentações universais, a Nova Era – bem como a tradição esotérica, explicitamente presente no Brasil desde o século passado, que ela reencontra e com que se cruza – representa ao mesmo tempo a contundente afirmação e a radical negação de uma modernidade individualista, racional e dessacralizadora, a tentativa de recapitular no que tem de global (espiritual, carnal e cósmico) o caminhar do homem para uma completude nunca atingida porque nunca fechadamente concluída, espiritual e sobrenatural só à custa de se querer totalmente e plenamente "natural". Nesse caminhar feito de experiências e descobertas, os tropeços dos indivíduos constituem mais um atraso na transformação iluminadora do que uma culpa clamando por um redentor. Se, por conseguinte, Cristo está presente, não é como redentor, mas como o – eventualmente supremo – iluminador.

Mil formas, mil caminhos, mil instrumentos, autorreflexivos ou externos, mil referências históricas (LUZ, 1998), algumas delas, aliás, autointerpretadas como a negação do cristianismo. O que leva algumas correntes cristãs a julgar que se trata de uma volta ao "paganismo" desculpabilizador[3]. A feira mística, de fato, propõe ao homem contemporâneo uma imagem aproximada do seu próprio rosto: a multiplicidade de olhares e de perspectivas, armando-se, para se concretizar, com instrumentos finalmente "téc-

---

3. Posição matizada em Libanio (1998).

nicos", intercambiáveis e suscetíveis de somar-se (a lei da magia...), constituindo em conjunto o clima de uma magia espiritual capaz de desvendar o mistério do futuro (tarô, I-Ching, búzios), de sanar o corpo e fazer dele o aliado da mente, de reencantar o mundo e de construir, nele, um destino. "Neopaganismo"? Provavelmente, mas à custa de um refinamento na definição dessa categoria[4].

Enfim, na esteira dessa "novidade" feita da redescoberta do antigo, é bom inserir o que quer ser uma reemergência contemporânea da mais antiga raiz religiosa brasileira, a doutrina do santo-daime, talvez menos visivelmente atraente hoje nas nossas zonas sulistas, mas que já assumiu a tarefa de conjugar, numa experiência espiritual forte e continuada, segmentos das camadas sociais mais representativas da Modernidade: intelectuais e artistas, ao estrato mais radical do Brasil historicamente primevo (o indígena) e topologicamente profundo e vegetal. Bons observadores detectam, aliás, hoje no Acre uma fermentação religiosa ímpar, em torno das dezenas de grupos oriundos das matrizes daimistas clássicas.

Falei: "Enfim". Mas integra também o campo religioso do Brasil uma última categoria, a daqueles que declaram não ter religião. Quase 5% no conjunto do Brasil, um pouco mais de 5% em Belo Horizonte, mais de 11% no Rio de Janeiro (9,4% no Estado do Rio), mas 6,2% somente na cidade de São Paulo e 4,9% no Estado de São Paulo; o que mostra que o crescimento dessa categoria não acompanha sem mais as linhas de maior "modernidade". Bom número de brasileiros procura assim fora das religiões um sentido para sua vida, apesar de que, tomando o exemplo de Belo Horizonte, 91,2% dos "sem religião" acreditam em Deus. Problema complexo de coerência epistemológica sobre o qual teremos de voltar.

Como se vê, mesmo ficando no nível quase "ideal típico" de tendências, sem pretender propriamente classificar os numerosos grupos que emergem sem parar, estamos longe de um monolitismo religioso. "As religiões dos brasileiros" diferem e, em alguns casos, profundamente se opõem. No entanto, já pudemos perceber que não formam blocos estanques. Existem pontes, relações, transfe-

---

4. Alguns dos termos do debate em: Andrea, Weill e Hortal (1998).

rências de sentido. Nesse caso, o título, no singular, escolhido para esta conferência deve oferecer-se como instrumento válido para alguma observação.

Não entendo aqui esse sentido unificado como um denominador comum: um conjunto de "elementos básicos" de que todas as correntes religiosas compartilhariam – mesmo dando-lhes uma organização diferente – pelo fato de situar-se no espaço brasileiro (FERNANDES, 1982)[5].

Também não no sentido de uma "religião civil", que conseguiria criar, por baixo de todas as denominações e fora delas, um feixe de valores que permitiriam a todos os cidadãos brasileiros investir juntos suas energias de origem e natureza religiosa num idêntico alvo: a construção de um ser político, uma nação politicamente viável (AZEVEDO, 1982).

Ainda não como uma "religião mínima", aquela que se exprime sistematicamente em lugares públicos e através dos meios de comunicação de massa, feita de poucos princípios, na verdade, uma "postura" básica independente tanto das Igrejas quanto do Estado; algo como uma cultura, praticamente impositiva para que a comunicação seja possível no âmbito da sociedade nacional (DROOGERS, 1987).

Não que eu negue a existência desses processos ou dessas instâncias. Mas não são elas que quero descrever ou analisar aqui.

Em certos pontos, o que viso talvez esteja mais próximo do conceito de "religião brasileira" de Pedro Ribeiro de Oliveira (OLIVEIRA & FERNANDES, 1983), como daquele de "elementos mínimos presentes na religiosidade brasileira", utilizado por Lísias Nogueira Negrão[6], embora ainda seja diferente o nível em que quero me situar.

Não entendo, com efeito, falar do conteúdo da "religião dos brasileiros", mas perguntar se, no seu conjunto, as suas manifestações não revelariam,

---

5. "Os principais elementos são do conhecimento geral: natureza, seres humanos, almas dos mortos, divindades, positivas e negativas, um Deus soberano. Com estes elementos básicos um mundo comum é composto; mas o relacionamento entre as partes varia segundo as diferentes visões, cada uma arrogando-se o privilégio de reduzir as demais aos seus próprios termos" (FERNANDES, 1982: 135).

6. "A crença em Deus e nos espíritos, a manipulação destes últimos e das demais figuras sagradas intermediárias entre Aquele e os homens, dentro de um contexto moral cristão constituiriam, pois, os elementos mínimos presentes na religiosidade brasileira" (NEGRÃO, 1997: 72).

nas modalidades do jeito de se constituírem, analogias e oposições, complementariedades, ativadas preferencialmente à margem das instituições, que acabariam fazendo deste seu conjunto um autêntico "campo" religioso, com partes componentes mutuamente referidas; e por isso um campo religioso reconhecível, porque determinado e particular. Entre outras possíveis, escolherei aqui seis dessas modalidades.

A primeira delas – pelo menos como hipótese – é a existência de uma referência generalizada ao cristianismo, talvez mais ainda: ao catolicismo. Referência, sem dúvida, fruto de uma história e que aqui não significa reverência ou adesão. Alguns falam em "matriz", categoria provavelmente significativa do fenômeno[7], a condição de entendê-la como um universo simbólico cuja marca é em toda a parte detectável, porque é dentro dele, a partir dele, ao longo dele, na sua sombra, mas também face a ele e frente a ele que as identidades religiosas, mesmo quando vêm de fora, se definem no Brasil. É bastante comum os pesquisadores ficarem impressionados por essa presença continuada, sem dúvida polivalente conforme as regiões geográficas e sociais, de uma pregnância da qual a problemática religiosa no Brasil só agora começa a escapar.

Impossível – de fato, não de direito, pelo menos de direito autoproclamado – pensar, por exemplo, o mundo religioso afro no Brasil como "puramente" africano. Afro-brasileiro, sim, entrelaçado com a religião brasileira de origem, o cristianismo. Restringir-me-ei a três evocações.

A primeira: a cosmovisão espontaneamente expressa, durante um culto ao ar livre fora do terreiro, por um filho de santo de um dos mais antigos terreiros de Belo Horizonte, jovem adulto adotado como filho por sua mãe de santo e que vive no espaço mesmo do candomblé. Não que a sua referência identitária consciente inclua uma eventual pertença à Igreja Católica, como no caso de muitos de seus correligionários (todas as pessoas se lembram das declarações da Mãe Menininha, p. ex.). O que precisamente torna o caso significativo é o fato de que, distinguindo-se claramente dos católicos ("Somos

---

[7]. "Mais pesquiso, mais me parece que a grande matriz religiosa brasileira é o catolicismo" (Anaisa Virgolino, depoimento oral, Belém, 1997). Para outros, a "matriz religiosa brasileira" constitui "um substrato religioso-cultural" mais amplo do que o cristianismo (BITTENCOURT, 1996: 45).

como irmãos que não moram na mesma casa [...]. Todo o mundo é filho de um Deus só. Nós agimos assim. E eu acho que o católico também está chegando, estão chegando nisso também. E no fim das contas, no fim de nosso compromisso aqui, terreno, não vai ter católico, não vai ter espírita não vai ter nada. Vai ter um filho de Deus só"), no entanto o seu *habitus* religioso (cosmovisão e *ethos*) revela uma referência católica indubitável: "Zambi, bom Deus, Zambi meu Pai, o Zambi, Pai seu, o meu [...] uma pessoa, que fez o céu e a terra, e esse mundo, o universo bonito que [...] estamos nele. Por nos ter dado tudo, com amor". [Até aqui, estamos frente a declarações, sem dúvida, pouco "africanas", mas bastante genéricas. Mas a fala continua, referida – lembremo-lo – a Zambi.] E por isso tudo pagou caro, que morreu numa cruz. Graças a ele estamos vivendo. Por duas vezes, o pesquisador tenta então verificar o grau de clareza da presença do fato cristão nesse universo religioso teoricamente "africano". Quando ele pergunta, primeiro: "Zambi? Mas Zambi não desce, não é?", o discurso desliza com naturalidade das "descidas" no transe ritual à "vinda" cósmica na lição da escatologia evangélica, como se a série, histórica e cotidiana, das primeiras constituísse um ensaio para a realização totalizante da segunda: "Ele vem um dia, ninguém sabe a hora. Quando for os sinais dos tempos... Aquele que ver os anjos, tocando a trombeta nos quatro cantos do mundo, o dia final, o dia do juízo. Aí é dia que a terra vai ter de prestar conta a Deus dos povos que ela deu". "Mas isto é da Bíblia!", insiste o pesquisador, como para chamar a confirmação de uma distinção entre as duas identidades. Ao contrário a resposta, sobre o fundo sonoro dos atabaques e o quadro visual das danças rituais:

> Compadre, mas se nós não viver conforme está na Bíblia, somos [...] ateu. Ateu. Herege.
> Vocês então têm a Bíblia como um livro sagrado?
> A Bíblia sempre foi um livro sagrado. A Bíblia é o primeiro livro, uai. Não tem jeito não. A Bíblia é o primeiro livro. Nós caminhamos, nós nos movemos, julgamos alguém e julgamos a nós próprios pela Bíblia. Sem ela ninguém não é ninguém.

Quero tomar essa frase, de um filho de santo em plena ação ritual, frase que fala de identidade, como paradigmática do que quero dizer aqui: "Sem a Bíblia ninguém não é ninguém".

Cristianismo genérico então, simplesmente conotado pela referência ao texto sagrado dos cristãos? Nem só. Trata-se do padre, de pedir celebração de missa, de frequentar romarias: "Eu frequento romaria demais. Inclusive amanhã vou a Nossa Senhora da Piedade, na Serra da Piedade [...]. Em Congonhas, eu fui, [...] eu vou sempre. [...] Olha, a romaria católica é mais força, mais luz e mais compreensão de nós, e é mais um meio de nos entrosar com o povo católico".

A Bíblia como definidora de identidade, a romaria católica como jeito de o povo de santo se conhecer melhor.

Como segunda indicação, basta pensar na importância de que se reveste a "caridade" na umbanda. Lugar central de um valor cristão, que, sem dúvida, não fazia parte, nessa posição de relevo, do elenco de valores tradicionalmente africanos. Mais ainda, diz um trabalho recente, "choca-se profundamente com duas práticas tradicionais dentro do universo mágico no qual ele se constituiu: a cobrança pelos serviços religiosos prestados, e a demanda, ou combate mágico a inimigos e desafetos. [...] A reinterpretação se impõe" (NEGRÃO, 1996: 370-371). E, de fato, opera-se, muito provavelmente, como já dissemos, pela mediação do espiritismo.

Quanto às noções de "pecado", e à correlativa, de "salvação" – será nossa terceira evocação –, elas fazem aparecer a dupla vertente dessa realidade matricial do catolicismo a que já nos referimos. Com efeito, em certos casos pelo menos, rejeita-se esse invólucro para construir, no candomblé, uma identidade explicitamente contrastiva com o catolicismo. Na lógica do que os estudiosos declaram ser a síntese teológica mais genuinamente africana (da África): "São duas religiões. Quer ver? Para eles (os católicos) o pecado é importante. Mas não existe pecado para nós. A religião não tem nada a ver com a vida particular". Em outros casos, no entanto, a referência católica é ao contrário evidente. Como nesta resposta de outra mãe de santo: "É claro que o mal existe. E o pecado também! [...] Sim, há pecado. Há o céu e o inferno".

Se sairmos do campo afro e passarmos, com a Nova Era, para uma quadra mais tipicamente contemporânea, esses mesmos marcos do pecado e da salvação vão nos permitir levantar uma dúvida sobre a generalidade e a permanência dessa situação de referência ao catolicismo. Deixo, a mais entendidos do que eu, a resposta à pergunta: "Desenvolvendo uma cosmovisão que, de modo geral, exclui a noção de pecado e de salvação fora do mundo, os adeptos da Nova Era têm consciência de que esse processo os situa frontalmente face à versão mais clássica do catolicismo? Ou essa referência já não lhes ocorre mais?"

Estaria tentado a pensar que, tanto para a Nova Era quanto para as religiões orientais (religiões japonesas, Hare Krishna), mesmo quando a construção teórica dos seus respectivos universos simbólicos não se refere em nada ao catolicismo, a experiência individual dos seus fiéis brasileiros continua se desenrolando em referência (num gradiente de positividade e negatividade[8]) a essa matriz. O que permite pensar, em médio prazo, na continuidade de certa contaminação ampliada do campo total pela referência ao catolicismo[9], ao mesmo tempo em que num enrijecimento de polos autônomos em crescente oposição.

Tal parece também ser o caso, já fora de qualquer âmbito institucionalmente religioso, da atitude frente à religião dos cientistas estudados por um psicólogo social da USP: religião, para eles, torna-se significativa através da memória de suas experiências biográficas – católicas (PAIVA, 1993).

A segunda modalidade que me parece marcar o campo religioso do Brasil não está sem relação com essa presença "católica" lancinante.

Distinguimos famílias, filões, identidades institucionais. Importa dizer agora que essas diferenças são muitas vezes vividas sob forma de indecisões, de cruzamentos, de porosidade e pertença dupla, de contaminação mútua. E essa característica deve ser explicada pela história.

Com efeito, a espantosa diversidade religiosa de que falamos no início deste texto, articuladamente institucional e subjetiva, bem poderia não ser tão nova assim no Brasil. Sem dúvida, sua riqueza e o seu grau de intensidade

---

8. Também gradiente de intensidade, a alteridade referencial estando desigualmente presente nestes movimentos religiosos, conforme Paiva (1998).

9. Um detalhe: na pesquisa sobre religiões e eleições presidenciais de 1994, de Pierucci e Prandi, os fiéis de cada religião têm, de fato, o seu candidato próprio (mais exatamente: preferencial). Mas a média geral dos católicos tradicionais (i.e., não membros de CEBs ou de movimentos) coincide exatamente – e significativamente – com a média geral da população (PIERUCCI & PRANDI, 1996).

atuais são provavelmente inauditos, suas modalidades representam inflexões novas e criadoras, mas é bem possível que sua brusca emergência seja em parte devida mais a uma troca de nossos instrumentos de observação e análise do que a uma novidade objetiva.

Pois o Brasil, nesse aspecto, parece-me ter sido sempre plural.

Um pluralismo de tipo peculiar, que o caráter encompassador e dominante do catolicismo conseguiu até ontem disfarçar – enquanto, paradoxalmente e na verdade, é ele que em parte o explica.

Precisaria, é claro, esmiuçar a origem histórica dessa modalidade de pluralismo – ao mesmo tempo modalidade de sincretismo –, o que não é possível fazer aqui, senão de modo alusivo. Maiores explicitações em Sanchis (1995b).

Falemos primeiro do catolicismo como estrutura virtualmente sincrética.

Entre as versões ocidentais do cristianismo, a vertente católica parece-me, de fato, especialmente propensa ao processo sincrético. Em primeiro lugar, porque, ao contrário do protestantismo, por exemplo, que na sua origem tende a absolutizar e como isolar um dos vetores do cristianismo primitivo, na verdade o fundamental, aquele que fazia dele uma "fé" (adesão individual, autonomamente responsável, dentro do movimento da graça, ao fato salvífico de Cristo), o "catolicismo"[10] tende a articular essa dimensão com a do aparelho institucional que acompanha a "religião" como fenômeno antropológico. Uma "fé", sim, mas em forma de "religião". Daí que sua estrutura organizacional, sua visão de um universo mediador do sagrado, seu culto carregado de presença corporal e cósmica o condicionam a cotejar-se, no seu próprio espaço e em nível equivalente, com outras religiões, com as quais, naturalmente, reinterpretações mútuas poderão ressemantizar elementos de uma e outra identidade. Em segundo lugar, porque sua afinidade com a dimensão mítica, operacionalizada na liturgia, o predispõe a privilegiar a expressão simbólica, que, flecha de sentido, orienta os espíritos numa determinada direção sem necessariamente, como faria o conceito, definir fecha-

---

10. Entendido aqui como uma dimensão específica, no interior do filão cristão histórico, dimensão que não se reduz à Igreja Católica, apesar de encontrar nela sua cristalização mais evidente.

damente um significado. Nessa plurivalência semântica, uma ampla gama de encontros torna-se possível.

Ora, essa predisposição estrutural para os cruzamentos e as porosidades das experiências religiosas de seus fiéis, o catolicismo poderá inscrevê-la na história de diferentes maneiras. Duas nos interessam hoje aqui. Aquela mais comum no velho mundo, concretamente para nós em Portugal. Uma religião que se implanta em um *topos* já religiosamente ocupado (em Portugal, religiões pré-celtas, celtas, romana), e que vai haurir das sedimentações que abrigam a sua raiz os elementos culturais – e religiosos – dos quais vai nutrir sua identidade. Uma identidade, sem dúvida, consciente e unificadamente "católica", mas efetivamente portadora das virtualidades das camadas religiosas que prepararam sua eclosão. Nasce de um determinado lugar, prolonga um passado específico. Um sincretismo diacrônico. Uma identidade recapitulativa. Mas outro tipo de sincretismo é possível. E é precisamente aquele que vai caracterizar o Brasil. Arrancado do húmus particular que assegurava seu crescimento antropológico, o catolicismo português vê-se jogado num espaço aberto e sem fim, onde encontra, sincronicamente, estruturas simbólicas diferentes, através da forçada aproximação das identidades de três povos desenraizados. Encontro, sem dúvida, estruturalmente desigual. Mas não quero insistir neste momento sobre o macroprocesso, de dominação, exploração, etnocídio intencional, quase genocídio. Apesar dele, no seu avesso ou nos seus interstícios, deram-se, nos níveis individuais ou de grupo, em nível coletivo até, mas nunca entre as instituições, os microprocessos do jogo das identidades. Identidades correlatas, cruzadas, justapostas, articuladas, nunca definitivamente confundidas.

Uma pluralidade sistemática marca essa sociogênese do Brasil, logo traduzida em porosidade e contaminação mútuas. Nem multiculturalismo de simples justaposição, nem supressão das diferenças. Basta lembrar, desde o início, os movimentos compósitos das "santidades" indígenas[11], basicamente suportados pelo grupo social dos *mamelucos*, mas envolvendo logo lideran-

---

11. Cf. Vainfas (1995), sobre a santidade de Jaguaribe, conhecida através do processo que lhe intentou a Inquisição. Quantas outras devem ter eclodido, que os documentos do polo institucional dominante não nos permitem conhecer.

ças indígenas, colonos lusitanos e "negros da Guiné"; depois, as tradições africanas – já profundamente sincretizadas antes de chegar, e introduzidas aqui no caldeirão de uma matriz viva, historicamente ativa e, pelo menos em nível da vivência "popular", processadora das diferenças: o catolicismo. Nem África pura, nem reprodução simples do catolicismo europeu, nem continuidade intocada das religiões "nativas". Do ponto de vista religioso como do ponto de vista cultural.

Trata-se de um início. Sociogênese, diria Norbert Elias. Não pretendo, como é evidente, que o início de um fato social determine sua história. Mas, sim, que ele contribua para montar no sistema sociocultural e psicossocial, que caracteriza os seus atores, um *habitus*[12] que tenderá por sua vez, a marcar a "longa duração" de sua presença. Quero dizer, então, que, desde esses primórdios a que simplesmente aludi, na história brasileira – e não só na do campo religioso do Brasil –, pesa a presença de uma predisposição estrutural à porosidade – mas não à confusão – das identidades.

Inaugura-se, assim, um grande laboratório de mestiçagem cultural, quer dizer, em terreno religioso, de sincretismo. Ao modo da Pré-modernidade. Mas de uma Pré-modernidade particular.

Já que se trata de um *habitus* ancorado em sociogênese, talvez seja enriquecedor voltar aos primeiros ocupantes do que era o Brasil, os índios tupi, para arriscar uma sugestão quanto à explicação da terceira modalidade que me parece caracterizar o campo religioso brasileiro contemporâneo.

Com efeito, o meio religioso brasileiro, sobretudo o popular, mas não exclusivamente, vive e continua vivendo *em certo clima "espiritualista"* – que parece compartilhado – e modulado – por várias "mentalidades" segmentárias no Brasil. Conforme essa representação, não somente existe um Deus (99,3% na Região Metropolitana de Belo Horizonte em 1998, mesmo sendo de 5,7% os "sem-religião"), mas também o ser humano está envolvido num universo povoado de forças, de espíritos, de influências pessoais, que mantêm relações com os homens. Parece haver sempre um diálogo entre esses

---

12. Tal como Norbert Elias o utilizou para o estudo de certa tradição alemã (ELIAS, 1996), isento de qualquer ranço substantivista e determinista.

"outros" e a própria pessoa, que se constrói precisamente no processamento dessa relação... Orixás para alguns, mortos, santos ou entidades para outros, Nossas Senhoras que aparecem e vêm conviver com os homens, anjos, espíritos, forças cósmicas, demônios – ou tudo isso ao mesmo tempo –, Espírito Santo, enfim, para pentecostais e carismáticos. A presença dessa terceira dimensão do mundo é em toda parte detectada. Maléfica ou benfazeja, ela diz respeito diretamente à existência dos homens, à sua inteireza corporal ou espiritual, às relações que mantêm entre si, eventualmente à sua consciência ética e a seu destino espiritual. Presença, aliás, cósmica ou corporalmente sensível: "sentir Deus pelo corpo". Nesse sentido, o fenômeno da possessão ("Eu é um outro")[13] não representa senão a forma mais evidente de um processo pervasivo e quase onipresente de complexificação e polissedimentação da personalidade. Notou-se que para mais ou menos a metade da população brasileira, a verdadeira identidade é dada, ou plenificada, pela invasão do outro, ou a assunção do outro a si. Mundo encantado – ou assombrado! Em todo o caso plural, até no interior de seus átomos individuais.

Ora, o que alguns dos mais recentes estudos sobre os Tupinambás (CASTRO & CUNHA, 1985) põem em relevo é um processo específico de criação de identidade que bem poderia embasar analogicamente – em "tempo longo" – o *habitus* cuja existência acabamos de constatar: um processo "construtivista", enraizado no futuro (e não num passado tópico), e projetado não na ansiedade de uma identidade acabada, mas na realização sempre renovada da relação antropofágica do sujeito com o outro. Um povo do "futuro", não definido pela inscrição topológica. Ao contrário, marcado de uma ânsia congenital do espaço, "em busca da" Terra sem Mal. Uma estruturação social leve, quase inexistente, mas um princípio estruturante quase único: a vingança, que se traduz pela antropofagia. É esse princípio que retoma sem cessar o fio de uma história de reciprocidade constantemente reconstruída. Ao mesmo tempo, a vingança é a procura da definição da identidade: a minha e a do outro, que entra em mim. Uma identidade de memória e de nome, inteiramente

---

13. Gilberto Velho (1982, 1994) há tempo insistiu sobre a difusão destes processos de manifestação de espíritos através dos indivíduos em toda a sociedade brasileira (cf. tb. BIRMAN, 1995; AUGRAS, 1983; SEGATO, 1995).

relativa: eu sou precisamente porque passei a ser um eu conferido por aquele que matei e comi. Entrou em mim: sou ele.

É o momento de recordar a insistência de Darcy Ribeiro (1995), segundo a qual o Tupinambá é a matriz cultural do brasileiro, fundido e desaparecido nas sedimentações da cultura nacional, mas até hoje presente nelas.

Articulando estes dois últimos traços: porosidade das identidades e permanência de uma multiplicidade de processos de construção de um sujeito plural, assistimos, então, à formação de um campo religioso em que às diferenças e eventuais oposições entre universos simbólicos e cosmovisões institucionalizadas não correspondem necessariamente às experiências religiosas individuais, segmentárias e isolantes. Instaura-se assim, em torno das componentes "sincréticas" da cultura, uma verdadeira dialética. Será o nosso quarto ponto.

Duas distinções devem, com efeito, intervir aqui. Uma, que acabamos de evocar, entre as posições institucionais, muitas vezes estrita e fechadamente definitórias de identidade, e a comunicação no cotidiano entre os sujeitos portadores das sínteses religiosas que vivenciam por sua própria conta – e podem articular mutuamente dentro de si mesmos, sendo ao mesmo tempo "isto" e "aquilo"[14]. Outra, que acompanha a primeira ao longo da história, entre dois movimentos que puxam dialeticamente o campo religioso brasileiro em uma ou outra direção: a flexibilidade das fronteiras identitárias e até institucionais[15] ou, ao contrário, um enrijecimento das identidades e das instituições, que corresponde às tentativas de alargamento do campo da racionalização, da lógica formal, da organização, do rigor classificatório. Pois aquele *habitus* de porosidade entre as identidades não funcionou simples e soltamente, sem contrapeso, em nenhum "momento" da história do Brasil. Seria simplificação primária fazer, sem mais, dessa história uma saga de sincretismos.

Já na pré-história brasileira, os Tupinambás não caracterizavam sozinhos o seu espaço social. A seu lado, frente a eles, os Jê, com um *self* coletivo muito mais forte, topicamente enraizado e articulado em organizações sociais

---

14. Por isso mesmo um colega podia ironizar, propondo ainda outro título para uma terceira conferência: depois de "As religiões dos brasileiros" e "A religião dos brasileiros", também "As religiões do brasileiro".
15. Haja vista, p. ex., a umbanda.

muito mais estruturadas. E logo, junto com o povinho português, vieram os jesuítas ["este prodígio de racionalização que conseguiram os padres da Companhia de Jesus nas suas missões", como diz Sérgio Buarque de Holanda (1976: 11)], veio a Inquisição, mais tarde Pombal e o Iluminismo, os colégios protestantes, a romanização, os seminários tridentinos, a reforma católica com o Centro Dom Vital, as transformações modernizantes da sociedade brasileira (e do campo religioso no Brasil), através das imigrações, as universidades e a primeira onda pentecostal, movimentos como os Cursilhos de Cristandade, a Teologia da Libertação, todas tentativas de introduzir ou fazer vencer no Brasil, no nível das elites, mas também no das camadas populares, a modernidade kantiana do sujeito racional, identitariamente autodefinido e autônomo, modernidade kantiana exatamente oposta à tradição brasileira das identidades porosas e múltiplas, das verdades simbólicas, das ambivalências éticas (KANT, 1980: 295). Talvez o "pentecostalismo clássico" represente a primeira vez[16] em que, no nível popular pelo menos, um movimento social brasileiro consegue "levar a massa" através de adesões pessoais feitas de rupturas com um *status quo* anterior frequentemente ambivalente entre magia e religião. Conforme o princípio radical do protestantismo, é pela opção de fé de cada um (a entrega pessoal) em Jesus – e não pela mediação da instituição, segundo a fórmula católica ("Creio na Igreja") que cada fiel é salvo, muda seu destino e, com ele, muda o mundo. Sem dúvida, "Modernidade". E "cabeça de ponte", às vezes agressiva, de toda uma corrente "antissincrética" que hoje atravessa também o inteiro campo religioso brasileiro, atingindo de cheio o candomblé, e até – paradoxalmente – a umbanda e o santo-daime.

Por isso, a história do campo religioso brasileiro é a do embate destes dois vetores: a persistência do tradicional *habitus* flexibilizador, que, sem suprimir as diferenças, pode levar a certa forma de sincretismo, e sua resistência às investidas, também reais, das sucessivas racionalidades "modernas", aquelas que, como dizia Kant, longe dos "meios-termos" e das "ambiguidades", asseguram a todas as máximas "determinação e solidez" (KANT, 1980: 295).

---

16. Uma revisão da ação sertaneja do Padre Ibiapina, no fim do século XIX, poderia levar a matizar esta afirmação, conforme Barros (1984).

Afinal, o "campo" que no momento tentamos descrever – e, seria preciso acrescentar, o campo das tendências de sua interpretação socioanalítica, mas esse não é hoje o nosso assunto – está precisamente feito dos resultados contemporâneos dessa dialética. É ela que contribui para embaralhar categorias, analogias, oposições e paralelismos, revelando-nos relações nada simplistas e reservando-nos frequentes surpresas. Aqui vão algumas, a título de exemplos, como uma pincelada de traços miúdos que nos ajudem a compor um quadro geral mais realista do que o esperado pelo senso comum.

Comecemos pelos antagonismos. O próprio arranjo das representações dos sistemas institucionais nas consciências populares pode agrupar os espaços antagônicos ("Quem está com quem, frente a quem?") num mapa de desenho inesperado. É assim que, falando da ofensiva neopentecostal contra as religiões afro-brasileiras, e evocando a atitude do arcebispo, também sentida pelos filhos de santo como agressiva, um pipoqueiro candomblecista de Salvador, diante do santuário do Senhor Bom Jesus, atribuía o que poderia parecer uma aliança das forças cristãs contra uma forma de paganismo, a um simples equívoco do arcebispo: "Este bispo não entendeu quem são os inimigos da Igreja. Não somos nós. São aquelas seitas que atacam ao mesmo tempo a Igreja e nós. Estamos do mesmo lado". Do lado, gostaríamos de acrescentar, e se nossa análise anterior é exata, do lado da "religião".

Muitas vezes, aliás, só uma consideração móvel, inserida na diacronia, dará conta do surgimento histórico de tais paradoxos. A partir da simples análise das cosmovisões institucionais, por exemplo, e dos sistemas simbólicos que presidiram aos primeiros momentos da ofensiva pentecostal no Brasil, quem teria previsto, na lógica desses sistemas, o surgimento de uma terceira onda pentecostal (a chamada "neopentecostal", emblematizada hoje pela Igreja Universal do Reino de Deus), de que numerosos estudos atuais convergem para interpretar o significado como o de uma progressiva assimilação antropofágica dos princípios da reforma (ou do pentecostalismo clássico) pelo *habitus* brasileiro de identidades porosas e de familiaridade com um universo encantado (ou assombrado) que serve de mediador – para o bem, para o mal. Abrasileirou-se o pentecostalismo.

Às vezes, ao contrário, são aproximações e paralelismos estranhos que acabam se revelando. Entre essa mesma Igreja Universal e as religiões afro, por exemplo, a luta – sabemo-lo – é aberta. Uma luta que implica como já penetrou o senso comum da interpretação, uma cosmovisão compartilhada: as mesmas entidades são adorcizadas por umas, exorcizadas por outra. Por isso pode ser curioso descobrir entre elas mais um terreno comum, em um domínio teológico mais inesperado, lendo este depoimento recente de um missionário católico no Benin...

> A finalidade do vodum, qual é? É beber bem, comer bem, ter filhos, ter saúde, ter dinheiro, e isso eles não escondem de ninguém [...].
> Eu fiz perguntas para eles a respeito do caori, porque no início da cerimônia da libertação coloca-se na boca seis caoris, enfileirados e presos por uma fibra de palmeira, que eles conservam na boca. Perguntei por que colocavam caori na boca. Eles me responderam: porque caori é dinheiro, é riqueza. Isso mostra que só o vodum é possuidor da riqueza, que ele pode dar aos homens.
> Aliás, quando vão fazer escarificações sobre o corpo, principalmente sobre os ombros, eles vão a um lugar secreto, vão a uma casa chamada "casa da prosperidade", "da riqueza", e eles dizem que é o vodum que dá o dinheiro, que dá a riqueza. Aliás, as questões de dinheiro têm muita importância, [...] cada vez que você vai vê-los no terreiro, é sempre preciso dar um pequeno presente [...]. Eles não têm receio de pedir[17].

Não se enganem, essas observações – talvez em forma de preconceitos, mas pouco importa aqui – falam do culto dos voduns e de seus sacerdotes, e não, como poderia parecer, da Teologia da Prosperidade, do chamado "Sacrifício de Isaac" e dos pastores da Igreja Universal!

Outras vezes, quando o confronto das cosmovisões institucionais nas mesmas famílias faria logicamente esperar oposições drásticas e dramas domésticos, é o cotidiano de coexistência dos fiéis, é o entrecruzar das trajetórias de cada um dos membros da casa que permitem não só a convivência, mas uma complementaridade das funções sagradas e de proteção mágica, cada um

---

17. Agradeço a Renato Barbieri a comunicação desta entrevista.

juntando, com os outros, suas forças sobrenaturais, apesar dos trânsitos, das "conversões", das "traições", das passagens ao (teoricamente) inimigo[18].

Em sentido análogo, mas num outro plano, mais coletivo, parece que, sub-repticiamente e ao abrigo da intimidade dos lares, está se implantando um intenso – e inesperado – fluxo de comunicação interdenominacional, que escapa ao alcance da eventual vontade institucional de audiência exclusiva. Com efeito, uma pesquisa recente em Belo Horizonte parece indicar que, de modo crescente e especialmente nos meios populares, através das rádios, da televisão, através dos jornais e até das revistas, generaliza-se na sociedade brasileira um campo comunicacional marcado por intensos cruzamentos de fluxos de caráter religioso. Nesse campo enraíza-se e confirma-se crescentemente um *habitus* de abertura das audiências à mensagem do "outro", abertura que prenuncia um tipo novo de porosidade das próprias identidades religiosas, precisamente quando o recente crescimento pentecostal fazia pensar numa ruptura no filão dessa tradição (SANCHIS, 1997).

Os programas (rádio e televisão) do arcebispo Dom Serafim Fernandes de Araújo são assistidos semanalmente por 49,1% dos espíritas kardecistas, e a maior parte desses ouvintes (56,9%) os acha "bons" ou "ótimos". Só 22,8% dos católicos os ouvem com a mesma frequência, achando-os bons ou ótimos, é verdade, quase por unanimidade (81%).

Em contraposição, são também 20,2% dos católicos que assistem diária ou semanalmente as transmissões evangélicas na televisão, 29,4% que ouvem com a mesma frequência os programas evangélicos de rádio (mais 25,6% que as ouvem ocasionalmente, como 30,2% assistem ocasionalmente aos programas evangélicos de televisão). Em um e outro caso, rádio ou televisão, 50% dos espectadores ou ouvintes católicos acham a programação "boa" ou "ótima".

Para os fiéis de "outras religiões cristãs", também a frequência a esses programas atinge os 50% (rádio) ou 75% (televisão), subindo aos 100% para as "outras religiões não cristãs".

---

18. Como o ilustram, no caso da Igreja Universal e dos cultos tradicionais de possessão, as ricas análises de Birman (1994).

Quanto aos pentecostais, 34% deles frequentam semanalmente o programa de Dom Serafim, de que gostam (30,4%). Fato mais inesperado ainda, 33,4% acompanham diariamente a programação da Rede Vida, metade ouve diariamente a Rádio América, sendo que a outra metade a capta "ocasionalmente". E gostam. Muito (63,7% de "ótimo" e "bom"). Quase tanto quanto os católicos (82,6%).

Que não se pense, no entanto, numa corrente confusional de ondas indiferentemente "religiosas". Estabelecem-se fluxos privilegiados, seguindo afinidades eletivas, onde as identidades continuem reconhecendo-se. Os espíritas, por exemplo, se são em parte fiéis a Dom Serafim, não frequentam os programas pentecostais. Nem o fazem os fiéis de candomblé ou de umbanda. Mas esses também não escutam o arcebispo, nem participam da missa pela televisão ou de outra programação católica. A sua "dupla pertença", quando existe, situa-se provavelmente no nível do rito efetiva e diretamente presenciado, e não da palavra. O que se confirma, em sentido oposto, pela crescente "dupla pertença" de membros de grupos militantes católicos. Em outra recente pesquisa em Belo Horizonte, num determinado círculo de fiéis católicos influenciados pela mística dos Agentes de Pastoral Negros, 20,8% das pessoas declaravam uma dupla pertença religiosa assumida, sendo que para metade deles o catolicismo perfilava-se atrás de outra religião (SANCHIS, 1997).

No limite, enfim, essa articulação de trocas em vários níveis, pelas ondas e pelos contatos da convivência cotidiana, pode desembocar numa instabilidade acentuada do quadro das referências imaginárias e axiológicas.

Nesse caso, tal intercomunicação entre os sistemas simbólicos gerais pode acabar perdendo o rumo a ponto de chegar a uma caricatura de si mesma. Não se contenta em suscitar reinterpretações e inversões valorativas, as mesmas que vão doravante atingir as relações no interior do campo religioso: orixás viram santos, anjos viram demônios, santos, ídolos, o espírito uma entidade entre outras, mas permite também que se estabeleça um "clima" cultural, especialmente nos instrumentos da comunicação de massa, onde tudo é plausível – tudo vale, porque suscitará de antemão receptividade e simpatia – em termos de mundo encantado/assombrado. E em sentido oposto à presença crescente desse avesso a-histórico do mundo, a transmissão social ampliada dos mitos históricos da tradição cristã, suporte cultural da identidade brasileira tradicional, tende a escassear nos meios de comunicação de massa. Numa Sexta-feira Santa recente, e num programa frequentado por centenas de milhares de crianças brasileiras, Angélica declarava: "Hoje é dia muito especial: a grande Festa da Páscoa, dia do coelhinho e de comer chocolate, muito chocolate"... Enquanto, no próprio domingo da Ressurreição do mesmo ano, e num dos grandes jornais de cultura erudita, nenhuma palavra sobre o sentido da festa – nem sobre a existência de uma festa naquele dia, aliás...[19] Em compensação, numa chamada televisiva: "Tenha uma Páscoa sensual! Presenteie com presentes eróticos!"

Isso nos leva, enfim, à situação imediatamente contemporânea do campo religioso brasileiro. Que poderemos resumir em duas constatações.

A primeira atravessa hoje a quase totalidade do espaço social da religião – mesmo se desigualmente – uma atitude subjetivante que caracteriza o ator religioso – ou simplesmente social – contemporâneo: uma relativização das certezas, um cultivo sustentado de emoções cambiantes, que, na verdade, tendendo ao mesmo tempo a acentuar e a abrandar a diversificação de que falamos no início deste ensaio e a redistribuir as tarefas de atribuição de sentido, vêm questionar as chaves de inteligibilidade disponíveis para ajudar a mapear esse "campo" que pretendemos estudar. De fato, é menos de "verdade objetiva" que se trata, na procura contemporânea do sentido religioso da vida[20], e mais de uma emoção "que tenha o som da verdade". Como diz um adepto de Shree Rajneesh: "Não dá para explicar as emoções. Hoje eu trabalho minha energia, minha dança (meditação) [...] a gente tem de sentir;

---

19. Dois índices da ambiguidade histórica de tamanha mudança cultural: em Brasília, uma diretora de pré-escola "laica-empresarial", pessoalmente católica e convencida da importância da dimensão religiosa na educação, estima, no entanto, que o cultivo desta dimensão é da responsabilidade da família. Por isso, nessa escola, por ocasião de um centro de interesse focalizando a Páscoa, "nenhuma referência foi feita [...] sobre o significado religioso da data, mas se falou dos coelhos e dos ovos da Páscoa", cujo "aspecto consumista foi ressaltado" (REIS, 1999: 142-144). Por outro lado, o mesmo jornal acima citado, apresentava, no dia da Páscoa do ano posterior, dois artigos em plena página sobre o tema religioso da festa, por expoentes de duas tendências internas à Igreja Católica. Autocrítica da redação? Resultado de alguma pressão do público? Simples acaso sem significação?

20. É provavelmente por isso que tantos contemporâneos não se reconhecem nas afirmações reiteradas de um texto oficial da Igreja Católica, como a encíclica *Veritatis Splendor* de João Paulo II (p. ex., KAHN, 1993).

não com a mente, só dá com o coração – aí tudo se torna luminoso!" (apud ABREU, 1990: 211).

Três dimensões nessa primeira faceta do fenômeno:

Antes de tudo, a primazia da emoção sobre a razão raciocinante ou científica. Emoção que desemboca numa plenitude humana, o que implica que não seja desprovida de repercussões epistemológicas. "Crer", nesse sentido, constitui uma atitude da mente humana que, antes de tudo, deve ser contrastada com outra dimensão: a do "saber". Saber é afirmar a verdade de uma proposição, afirmação para a qual a mente se capacitou através do manejo de provas racionais, que a levaram a uma conclusão de caráter objetivo. Ao contrário, quando o religioso contemporâneo diz: "creio", afirma a sua adesão a uma proposição, adesão que, normalmente, foi fruto de um processo de convencimento, inscrito no horizonte de caminhos não estritamente "racionais": o testemunho, a "experiência" existencial (de cura, p. ex.), plenificante, mas talvez provisória, a afirmação de alguém em quem confia, um reconhecimento de plausibilidade retoricamente conquistado, a opção emocional e voluntária em consonância com a de um grupo com quem se estabeleceu laços em profundidade etc. Trata-se do assumir de uma atitude subjetiva. Não que o caráter de "verdade" intrínseca da proposição possa ser desprezado, mas não é ele que está diretamente envolvido. De certo modo, voltamos, mas não só no âmbito da religião, à idade do "crer".

De fato, segunda dimensão do fenômeno, esta mais tipicamente "pós-moderna", a "verdade" está mais num projeto simbólico do que no cerco de definições conceituais acabadas. O homem religioso moderno parece disposto a proclamar, como o antropólogo:

> A evocação [através do símbolo] nunca é totalmente determinada; sempre sobra para o indivíduo uma parte considerável de liberdade. O simbolismo cultural focaliza a atenção dos membros de uma mesma sociedade nas mesmas direções, determina campos de evocação paralelos e estruturados da mesma maneira, mas deixa ao indivíduo a liberdade de conduzir ao seu prazer sua evocação [...]. O que sempre incomodou os homens de Igreja e de Estado, fabricantes de ideologia, alienadores obstinados do simbolismo (SPERBER, 1974: 147).

É bem provável que tenhamos aqui um dos motivos pelos quais o "campo religioso" é hoje, cada vez menos, o "campo das religiões" (SANCHIS, 1995)[21], pois o homem religioso, na sua ânsia de compor um universo-para-si, sem dúvida cheio de sentido, mas de sentido-para-si, subjetivo, tende a não se sujeitar às definições que as instituições lhe propõem dos elementos de sua própria experiência. A metáfora do "mercado religioso" que serve muitas vezes para descrever essa situação da religião nas sociedades contemporâneas parece ainda por demais definitória. Pois, num mercado, o consumidor compra, prontos e acabados, os produtos que as empresas lhe propõem. Aqui, neste mercado aberto dos produtos simbólicos, o homem contemporâneo tende a adquirir elementos das várias sínteses que se lhe oferecem, para ele mesmo compor seu próprio universo de significação. Um universo, aliás, no mais das vezes não definidamente articulado, em constante refazer e de acabamento sempre protelado[22].

Esse fenômeno, por relativamente generalizado que seja, conhece, no entanto, pontos de concentração bem marcados que, por serem socialmente próximos de nós, arriscam-se a nos induzir em erro de generalização abusiva. Globalmente falando, de fato, o fenômeno acompanha linhas de classes sociais ou de formação acadêmica[23]. Mas é também verdade que a sua extensão não deixa de criar surpresas. Como testemunha esta rápida entrevista de um popular num botequim de Salvador: o ponto de partida do raciocínio está longe do que o senso comum esperaria do *habitus* tradicional de pendor para o sincretismo. Poder-se-ia até falar de uma mistura de iluminismo e de modernidade kantiana: "As religiões, todas, escravizam o homem. Mas se você já se dispôs a ser um católico, a ser protestante, a ser do candomblé, se você já se

---

21. Está em jogo aqui a relativização contemporânea da "competência" das instituições religiosas para definir a "identidade" de seus fiéis ou formar o seu *habitus*.

22. Não é simples localizar estatisticamente esta tendência no mapa do campo religioso do Brasil. Deveríamos provavelmente procurar do lado daqueles que declaram não ter religião, mas acreditar em Deus. Em Belo Horizonte, p. ex., só 1,1% da população se define como tal, mas o cruzamento das duas respostas, quando independentes, mostra que 91,2% dos "sem religião" declarados acreditam, no entanto em Deus (i. e., 5,2% da população). Aliás, existe a posição contrária à daqueles que "não acreditam em Deus", mas "têm religião". Ambiguidade da categoria: "religião", entre uma dimensão da vida pessoal e uma pertença institucional.

23. Ainda em Belo Horizonte, os "sem-religião", que representam 5,7% da população, atingem 14,3% entre os possuidores de diploma superior.

dispôs àquilo, tem de seguir aquelas normas. Se você já está escravo, tem de acompanhar pelo resto da vida [...]. Então acho que isto tem de ser certo [...]. Não pode misturar. Tem de ser assim". Mas logo intervém o tempero de uma nítida relativização, marcada ao cunho da Pós-modernidade: "só que eu já acho que você tem de fazer o que você se sente bem. [...] A lei está dentro de você. Se você se sente bem, há de fazer". É nesse quadro que o entrevistador quer falar do tradicional sincretismo baiano. E pergunta: E se você se sente bem misturando? Ele suscita, assim, uma resposta que reafirma a tradição, mas em nome da mais pura modernidade contemporânea:

> É, tem mais é que ficar. Se se sente bem misturando, tem mais é que ficar. [Aqui na Bahia], as pessoas se sentem bem, muito bem, em geral se sentem realizadas. Eu acho que seria muito difícil você tentar separar essas duas coisas. O pessoal, a maioria não iria aceitar. Porque já é tipo uma religião essas duas coisas aí. Já misturou ali...

Não falávamos do sincretismo, na sociedade brasileira, como de uma dialética?

Segunda característica dessa pós-modernidade religiosa. Ela reencontra, num desenvolvimento em espiral – por conseguinte sem que se trate de simples repetição do já visto –, momentos civilizacionais antigos. Fato instigante de uma pós-modernidade que Maffesoli qualifica de "involutiva" e que obriga a temperar o espanto diante do "novo" e a matizar os prognósticos para o futuro. Tudo indica que o movimento que faz – como vimos – se referirem uns aos outros os múltiplos segmentos sociais do mesmo campo religioso sincrônico estabelecem também comunicações e correspondências entre momentos históricos e períodos sucessivos. Até com certa ironia. Ao acaso, alguns poucos exemplos.

Ouvindo falar das comunidades ou quase comunidades Nova Era, mesmo com suas características de provisoriedade e abertura (p. ex., AMARAL, 1998: 26-50), é difícil não ouvir o eco de toda uma literatura sobre a plêiade de movimentos utopistas do século XIX, precisamente concretizados, sobretudo nos Estados Unidos[24], em múltiplas realizações comunitárias [shakers

---

24. "O continente predestinado da utopia" (RÉMOND, 1962: 63). E.H. Desroche (1972b: 193), falando da metade do século XIX: "A América tornou-se o reino de um deus icariano, abrandado por esses sincretismos e recuperando a antiga nostalgia de W. Penn para uma religião social experimental".

(DESROCHE, 1955), quakers, cabetianos, Oneida etc.]. Um conjunto de realizações cujas ênfases eram, sem dúvida, diferentes das da Nova Era contemporânea, mas que têm com ela tantos pontos em comum, seja na sua história (paralelismo preciso de trajetória, p. ex., entre os falanstérios cabetianos e o *Rashneshpuram*), seja na sua inspiração [no último dos grandes utopistas, Fourier (DESROCHE, 1972a), é pela articulação mutuamente compensatória das emoções e das paixões – e não sua supressão ou seu abafamento – que a procura do *self* se realiza na vida "comum"]! Mas a "história oficial", finalmente canalizada pelo pensamento marxista ou pelo pensamento liberal capitalista, acabou por abafar a memória de uma realidade que encheu parte do século XIX, realidade de quem, apesar de renegá-la, as duas correntes constituíam a filiação. E isto pode dar-nos a impressão do totalmente novo.

Ainda a propósito da Nova Era. Já falamos da concepção novaerista do pecado e da salvação. A seu respeito mantém-se toda uma controvérsia da parte de tendências católicas mais conservadoras, que querem ler no movimento uma empresa demoníaca operando através da desculpabilização do homem. Tal supressão da culpa anularia finalmente a necessidade da redenção, tornando assim inútil o mistério do cristianismo. Curioso é constatar que o problema, praticamente nesses mesmos termos, não é de hoje. Seria o caso de relembrar uma controvérsia atualmente bem esquecida, cuja evocação tem, além do mais, o mérito de confirmar o quanto as raízes da Nova Era encontram-se indubitavelmente em solo americano. Em 1893, com efeito, instaurou-se nos Estados Unidos um "Parlamento das religiões", novidade chocante para o mundo religioso tradicional[25], mas à qual aderiram o Cardeal Gibbons e outro bispo, reitor da Universidade Católica de Washington. Dois anos mais tarde (08/09/1895) o Papa Leão XIII reagia e, numa carta a seu representante nos Estados Unidos, escrevia: "Parece mais prudente que os católicos celebrem seus congressos à parte". Mas o conflito era ainda brando. Ele tomou ímpeto alguns anos mais tarde, quando o sucesso da tradução francesa de uma biografia do Padre Hecker, fundador dos "Paulistas" americanos, suscitou uma reação romana contra o que se chamou então de "ame-

---

25. Mas que lembrava, por sua vez, o projeto utópico de Nicolau de Cusa, no séc. XV.

ricanismo". Em 22 de janeiro de 1899, o próprio papa mandava ao arcebispo de Washington a carta *Testem Benevolentiae*, que condenava, entre outras orientações, visíveis na nova espiritualidade "americanista": a tendência a silenciar as definições da fé, as restrições à autoridade e vigilância da Igreja, suscetíveis de cercear o desenvolvimento das iniciativas dos fiéis, a repulsa a qualquer orientação dada "de fora" àqueles que inspiram de seu instinto o Espírito de Deus, o desdém para as ordens religiosas institucionalizadas e seus votos, o privilégio das virtudes ditas "ativas" em prejuízo das virtudes julgadas "passivas". E o detalhe das chamadas de atenção prenuncia nitidamente aquela corrente de espiritualidade que começava a surgir no horizonte da Modernidade e ao charme da qual os católicos americanos estavam prestes a sucumbir – conforme o medo da hierarquia católica central.

Fala-se hoje em "tribos urbanas", os agrupamentos limitados em número, de adesão livre e muitas vezes provisória, baseados numa comunidade emocional e que se tornam fonte de sociabilidade para um homem que se recusa a receber seu ser identitário das instâncias estruturais da sociedade e do Estado. Ora, seria instigante comparar a essa constatação os textos em que historiadores dos séculos VIII e IX descrevem fenômenos análogos de sociabilidade naquelas épocas. Por exemplo: "Desde a política até a religião, a Alta Idade Média é a época forte das individualidades, da recusa do abstrato e dos grandes horizontes, dos pequenos grupos e das comunidades de calorosa afetividade". E o texto prossegue por evocações que a observação contemporânea pode preencher de imagens familiares: "A instintividade constitui o valor primeiro [...]. A natureza parte para o assalto da cultura. O animal fascina o homem. O corpo é venerado; mutilado ou torturado. Só a violência permite sobreviver. A morte está atrás de todos" (ROUCHE, 1994: 528).

Mais ampla, em todo o caso, e igualmente característica, esta outra passagem que parece falar dos problemas da pós-modernidade religiosa quando na verdade ela descreve a mentalidade nos arredores do ano mil...

> Que atitude se devia tomar então para que as mentalidades passassem do sagrado ao sacramento?" [E fala de um] "retrocesso ao sagrado pagão". "Entendo por sagrado neste contexto, explica então o autor, um amálgama de forças cósmicas que envolvem o mundo

e o homem e podem ser utilizadas ora de maneira benéfica ora de maneira maléfica pelo e para o solicitante, graças a práticas rituais eficazes em si mesmas, segundo o princípio de uma rigorosa troca de oferendas e favores.

E a explicitação generalizante:

> Assim, apesar de tudo, a cristianização [...] não conseguiu eliminar esse conglomerado de crenças subjetivas que chamei de sagrado pagão. O saber pré-lógico, as intuições femininas, as receitas mágicas, poções, filtros e outros, giram em torno das mesmas obsessões: o amor, a morte, o além. [...] A consciência pessoal emerge lentamente, pois, da ação contraditória da Igreja...

> Finalmente: "O amor e a morte passaram, ao longo dos séculos, do sagrado pagão aos segredos cristãos, sem desaparecer a mentalidade primitiva" (ROUCHE, 1994: 502-527 passim).

Surge daí o que será nossa pergunta final: O campo religioso contemporâneo representaria então – pelo menos em parte – uma volta à "mentalidade primitiva"?

Muitos o pensaram – o pensam – dentro e fora das Igrejas oficiais: em 2000 como em 1000, o problema seria a ambivalência do caminho, para uns "passagem", para outros "volta" – entre o sagrado pagão e o segredo cristão, o sagrado e o sacramento, a consciência ritual exterior e a consciência interior responsável, os medos irracionais e a "religião dentro dos limites da razão", como dizia Kant. Por outro lado, não há dúvida de que a descrição que faz o texto do "sagrado pagão" parece apontar para boa parte dos traços reconhecíveis nas religiões afro. Enfim não faltariam, em tal quadro, quem celebrasse, com as redescobertas contemporâneas da Nova Era, a superação do sagrado cristão opressor e a redescoberta libertadora do paganismo.

Como escapar, neste nosso olhar sobre "a religião dos brasileiros", de uma visão tão linearmente evolucionista, positivista na sua concepção, possivelmente repressiva na sua tradução política?

Gostaria de sugerir aqui um tipo de olhar diferente sobre o fenômeno. Um olhar que transforme o "primitivo" em "fundamental", em "primevo" e "primordial"; reconhecendo a "permanência" dessa dimensão religiosa na história da humanidade e sua reemergência cíclica, sempre articulada a outra dimensão, cada vez mais marcadamente racional, ética e transcendente. Uma atitude tendendo assimptoticamente à radicalidade a-histórica, modalidade *virtual* de uma "vivência" do mundo – nem "visão do mundo" conceitualmente articulada nem exercício efetivo de uma qualquer "religião" – que tampouco se confundiria com alguma "cultura tradicional", por mais próxima de "origens" que pareça. Simplesmente – ou radicalmente – uma componente estrutural que, para existir como realidade histórico-social empírica, tende necessariamente a deixar-se modelar e modular por forças de civilização, por experiências acumuladas, feixes de trocas sociais, relações de poder, racionalização e acumulação de conhecimento, emergindo assim à história em forma de "religiões".

Pois todas as religiões têm de se haver com esse fundo básico, cuja presença assegura seu enraizamento natural e carnal – humano; cuja ausência significaria para elas um definhamento vital e um empobrecimento cerebral na evacuação de qualquer mistério; cuja sublimação, enfim, sob formas, modalidades e dosagem sempre diferenciadas, faz se constituírem no que cada uma tem de específico. Algumas delas são mais próximas do que outras desse fundo primevo; nenhuma pode cingir-se a ele só, e não o processar dinamicamente; mas nenhuma também pode ignorá-lo, repudiando a fonte permanente de vitalidade que ele constitui.

Enfim, em certos momentos da história, quando rupturas drásticas nos instrumentos padronizados de apreensão do universo e remexidas profundas nas camadas de sentido dos diferentes grupos sociais instauram um hiato civilizacional, essa fonte pode tender a emancipar-se das estruturas religiosas que ela alimentava. Ela emerge então, mais autônoma e reconhecível, marcando de sua presença explícita determinados momentos históricos. Encontramos alguns nos textos de historiadores que citamos.

Em termos análogos, e a propósito do mito, dizia um antropólogo, amigo e, mais tarde, sucessor de Mauss – aliás, missionário protestante na Nova Caledônia: "O mito corresponde a um modo de conhecimento afetivo, paralelo a nosso modo de conhecer objetivo, desenvolvido pelo método. E esses dois modos não se excluem um ao outro". Dois "primitivismos" (no sentido negativo) são então possíveis, os dois caracterizados pelo uso *exclusivo* de uma das modalidades de pensamento: ou somente o pensamento "mítico" – que, "privando o homem da balança dos dois modos de conhecimento, o conduz às aberrações", ou somente o "modo de conhecimento fornecido pela racionalidade", que poderia levar "sua construção lógica até o esgotamento, a náusea e a morte" (LEENHARDT, 1987: 98).

Roger Bastide falava da existência, anterior à dos mitos em forma de narração desenvolvida, de "um fundo, que é o do pensamento mítico ainda não formulado, como preso nas participações místicas e nos gestos elementares" (1974). Um momento pré-analítico de uma atitude, epistemológica e ética, voltada para a globalidade do universo, empírico e metaempírico. Mas por que não existiria outro momento (outros momentos), simétrico(s) ao primeiro, que sucedam a uma fase histórica de explicitação dos mitos e da visão do mundo, dos sentidos rituais, das injunções valorativas, numa palavra, das "religiões"? Momento(s) de reviviscência da "religião fundamental", envolvida nesse caso no que sobra das religiões quando se tende a esquecê-las: uma compreensão "mítica" do universo, uma atitude sacralizadora a seu respeito, uma emoção globalizante e não conceitualmente elucidada, uma expressão ritual eventualmente próxima ao "grito primordial".

Tal emancipação da dimensão religiosa fundamental – e fundante – é impossível na sua radicalidade, pois o instituinte toma necessariamente forma e limite através da instituição. No entanto, nessa perspectiva, tanto as religiões populares como modalidades internas a certos universos religiosos quanto, em qualquer tradição, os *reavivamentos* emocionais com os seus fenômenos rituais, por exemplo, de glossolalia, bem como os filões religiosos tidos por ordenados pela lógica do mito ou a presença das forças da natureza, ou ainda o recurso a tradições exóticas e a nebulosa em perpétua criação da Nova Era, podem ser considerados como protestos implícitos (HERVIEU-LÉGER, 1997), contra uma excessiva deriva racionalizante das grandes religiões do Ocidente. Religiões do Livro, da metafísica sagrada, da ética reflexiva, finalmente "religiões nos limites da razão", como anunciava a modernidade kantiana, elas arriscam-se a um esquecimento da dimensão simbólica, um desvirtuamento do "sagrado", que algumas delas até se propõem explicitamente expulsar[26].

---

26. Seria produtivo aproximar desta linha interpretativa as sugestões de ordem menos estrutural e mais histórica de Edênio Valle (1975, 1976), lembradas por Antoniazzi (1997), bem como o pensamento de Fernando Pessoa (1986) comentado por Segato (1995), a respeito do "paganismo

Em nenhum campo, talvez, a "Pós-modernidade", apesar de confirmar a modernidade do indivíduo racional e autônomo, veio mais claramente dialetizá-la: na própria religião, o fundamento permanente da emoção, do sagrado e do simbólico tende hoje a reinvestir – ao que parece sem anulá-lo, embora os exemplos aberrantes se multipliquem na atualidade internacional – o domínio que um único tipo de razão – e de razão religiosa – pretendia monopolizar. Nessa mesma medida, a Pós-modernidade parece reencontrar simplesmente os paradigmas pré-modernos (afetividade, participação, encantamento, magia). Na verdade, ela não pretende os reproduzir, mas restaurá-los num movimento em espiral de reequilíbrio dialético.

O campo da "religião dos brasileiros" parece-nos assim em plena mutação. Não só se modifica o mapa das religiões; mas, quem sabe, a própria "religião" perde sentidos tradicionais e antigas funções, enquanto adquire novos. Talvez, no entanto, em certo nível, essas mutações continuem acompanhando os lineamentos de uma antiga lógica.

Duas dialéticas parecem assim competir para orientar hoje o campo da "religião dos brasileiros", dialéticas que se recobrem em boa parte. A primeira, entre uma reafirmada diversidade institucional e, no nível da experiência, certa homogeneidade de problemática, de relações, de modalidades articuladoras. Outra, entre, de um lado, vertentes tradicionais de sincretismo, porosidade sem simples confusão, pluralismo interno e indecisão de identidades, constituição de um espaço comum para essa articulação, todas vertentes tradicionais, hoje reatualizadas pelos surtos de pós-modernidade também crescentes no Brasil, e, de outro lado, as afirmações, também sempre presentes em outro nível e condizentes com o universalismo da "modernidade" iluminista, de identidades definidas e excludentes, que tendem a se repartir, recortando-o, o espaço social.

---

que sempre houve", do "elemento humano" que convive "embora obscuramente" com todas as religiões, que não se opõe ao cristianismo porque existe lado a lado com ele. O tema, aliás, fazia parte do ideário fervilhante da época portuguesa imediatamente anterior, com o movimento poético de Teixeira de Pascoaes, a revista *A Águia*, e um livro explícito: *Jesus e Pan* (1903), sobre a conjunção do cristianismo com os deuses gregos da volúpia (SANCHIS, 1997: 15, nota 10).

Nesse sentido, as três "fases" do pré-moderno, do moderno e do pós-moderno, idealtipicamente sucessivas ao longo do tempo ocidental, no Brasil se sobrepõem sincronicamente.

No entanto, entre estes três "momentos" da Modernidade, um, sociogeneticamente fundado, e constantemente confirmado no decorrer da história do Brasil, é dotado – por enquanto e apesar da multiplicação de fatores contrários – de especial permanência. Uma radicalidade duradoura e constantemente reinvestida dotou assim o Brasil de um *habitus* (história feita estrutura) de porosidade das identidades e de ambivalência dos valores, de uma tendência, sempre frustrada, mas em permanência retomada, para a conjugação do múltiplo numa unidade nunca atingida. Com a condição de situá-la claramente no seu nível estrutural e de explicitar a especificidade da versão local que ela representa, continuo achando produtivo epistemologicamente chamar essa porosidade de "sincretismo".

Mas "sincretismo" e articulação do diacrônico na mesma sincronia não quer dizer necessariamente tolerância[27]. A modernidade contemporânea privilegia, sem dúvida, o emergente, o "atual", o *happening, a* experiência do momento. Ora, o modelo que se depreende da análise que acabamos de fazer, é também o de um espaço atravessado por fluxos coletivos e institucionais que levam a uma reivindicação ciosa da identidade. Fala-se aqui em "autenticidade", em "filiação espiritual". Encontramos apelo semelhante no santo-daime, nos carismáticos católicos, nas diversas correntes do movimento negro, como no próprio candomblé – paradoxalmente, até no interior da Nova Era: todos procuram a fidelidade aos "ancestrais" e o reencontro das "raízes". Este momento de enfraquecimento e relativização do domínio das "religiões" sobre seus fiéis é também, paradoxalmente, um momento de reafirmação institucional[28]. E não só no Brasil. São tantas as imagens que nos oferece o mundo contemporâneo, do surgimento de segmentos fundamentalistas em várias religiões: islamismo, cristianismo, judaísmo, até o hinduísmo, afirmações que, quando associadas à reivindicação de uma relação privilegiada a determina-

---

27. Para a Índia e Sri Lanka, p. ex., cf. De Veer (1994).
28. Cecília Mariz e Maria das Dores Campos Machado insistem na evidência empírica da coexistência atual, no campo religioso brasileiro, dessas duas tendências aparentemente opostas.

do território, chegam a desencadear conflitos abertos ou sérios problemas de convivência dos grupos sociais.

Articular diferenças e universalidade, gerenciar em comum suas identidades, talvez esteja ali um dos problemas fundamentais que enfrenta o homem contemporâneo. Quem sabe seja útil aprofundar as lições – sem dúvida também elas ambivalentes – do "modelo histórico brasileiro" em relação a essa problemática[29]. Imagino que isso, direta ou indiretamente, estará presente no horizonte de nossa reflexão durante os próximos dias. E gostaria de pensar que as proposições e hipóteses muito gerais que acabo de delinear possam em alguma medida ajudar neste nosso trabalho.

---

29. Inclusive em perspectivas comparativas, o que faz, p. ex., com muito proveito, R. Segato (1997).

Portugal e Brasil: influências e metamorfoses*

"Portugal, razão e imaginário... Influências e metamorfoses." Hesitei muito em pretender dizer algo sobre um tema tão grave, que envolve duas realidades tão polivalentes e complexas. Qual Portugal? Qual Brasil? Existem quantos Portugais? Quantas dezenas de Brasis? É ainda possível, nas perspectivas da ciência social contemporânea, envolver realidades tão multifacetadas e tão historicamente volúveis em alguma afirmação totalizante e que aponte para permanências?

Acabei convencendo-me de que "algo" poderia ser pelo menos sugerido. Com a condição de manter a consciência de um discurso entre mil outros possível, e que diria respeito a aspectos e fragmentos de Portugal e do Brasil. "Meu" Portugal, talvez não seria o da grande cultura e dos expoentes históricos, mas aquele que conheci nos interiores, o aldeão no seu cotidiano e nas suas festas, quem sabe próximo ao grande número daqueles que povoavam as caravelas, mais tarde os paquetes, daqueles que afinal começaram a fazer o Brasil.

E o "meu" Brasil? Muito simplesmente, seria aquele do meu imaginário, na sua trajetória modestamente biográfica. Quando aqui cheguei, já se vão longos anos, pensei ingenuamente descobrir um Brasil diferente, marcado por traços exóticos, feito de cor, de ritmos, de dengos e gingados, de um modo de ser que pensava poder identificar: África! Um Brasil africano que – parecia-me – naquele momento a consciência coletiva dos brasileiros com quem conversava sobre o Brasil, recalcava. Enquanto aqui fiquei, dificilmente me abria sobre essa minha impressão/convicção, que só expressava fora do país – por exemplo, quando voltei, um pouco mais tarde, à Europa. Mas então, e depois de alguns anos na França, conheci Portugal. O choque

---

* *Convergência Lusíada*, vol. 14, 1997, p. 15-22.

foi total. Nova conquista e nova descoberta: "Que África? O Brasil todinho está aqui. Isso é que é chave para a compreensão do Brasil". Preparava-me para comunicar dessa vez, de volta a ele, a amigos, colegas, alunos, minha nova convicção maravilhada – mas o clima intelectual aqui havia mudado. Emergia a África. Reconhecia-se a negritude no (do?) Brasil. Mas não havia espaço para falar em Portugal. De novo, calei.

Até um dia em que, no decorrer de uma reunião da Associação Brasileira de Antropologia (ABA), encontros ocasionais e conversas sucessivas acabaram pelo mesmo insistente: "Você também?" E colegas me contaram que, no seu campo de pesquisa, boa parte do que ontem lhes parecia "africano" revelava-se finalmente "português"... Sem falar de encontros mais recentes e da emergência em nosso meio de uma reavaliação da colonização portuguesa e da especificidade de seu projeto.

Ou seria o Brasil ao mesmo tempo "africano" e "português"? Vindo da África através de Portugal, de Portugal tendo passado por Angola? Os exemplos começaram então a se multiplicar para mim, especialmente no campo do estudo da religião "popular". Aprendi a "ver, como dizia Renato de Almeida, não só o que haurimos de Portugal, mas por igual o que haurimos por seu intermédio. [Pois] a penetração dos fatos através de Portugal, concluía ele, é de uma grande importância" (1974: 28).

Mais ainda, talvez tudo não estivesse tão simples... Afinal, aquele homem português que eu havia encontrado no seu torrão interiorano, cioso de sua diferença, cultor de sua tradição, amante de seus monumentos, por profunda que fosse a marca trazida e deixada por ele nas manifestações e, quem sabe, no universo simbólico – especialmente religioso e popular – daquele que seria o brasileiro, diferia profundamente, nessa sua relação com a espessura do tempo e com a história, do povo que agora eu reencontrava no Brasil. Duas anedotas me pareciam simbolizar o contraste:

Quanto a Portugal, a do emigrante alentejano encontrado no trem que o leva de volta à Alemanha, portador, para os três dias da viagem, de um pão alentejano e um pedaço de queijo: "Então os senhores gostaram dos nossos monumentos... Que beleza, não é? Vou dizer uma coisa aos senhores. Se me falassem: 'Você escolhe; pode ganhar 10.000 contos ou conhecer todos os monumentos de Portugal', não hesitaria um instante. Escolheria os monumentos"... Em contrapartida, no Brasil, um amigo compositor de música sacra popular me contava que, no decorrer de uma reunião de jovens em que grupos estaduais garantiam, toda noite, a organização da vigília festiva, um desses grupos anunciou, um dia: "Vamos agora cantar um cântico a Nossa Senhora, tradicional na nossa região". E cantar uma de suas próprias composições, que não tinha mais de dois anos de idade.

De um lado, uma tradição permanentemente reconhecida nos monumentos de um passado cujo imaginário nunca abandona a consciência do grupo; de outro lado, uma história que começa cada manhã, uma "tradição" quase que ancorada no futuro. É difícil ler nessas duas relações ao tempo a mesma estrutura do imaginário. Falaremos então de "influências" ou de "metamorfoses"? Em um e outro caso, em que sentido?

Gostaria de propor-lhes precisamente uma tentativa de solução dessa antinomia. Solução abrangente na aparência, mas que pretende somente indicar um vetor da relação que une Portugal e Brasil, um vetor entre outros que, relativo à sociogênese inicial do Brasil, deve ser visto como constantemente relativizado por outros no decorrer da história, mas que, assim mesmo, acompanha essa história com alguma teimosia. Tal é, pelo menos, minha hipótese.

Quero crer que a relação contrastada que acabamos de ver Portugal e Brasil manter com o tempo – quero dizer: portugueses e brasileiros, camadas populares de portugueses e de brasileiros ou ainda segmentos significativos das duas populações, pois talvez seja só nesse sentido que se pode falar em termos genéricos do "português" e do "brasileiro" – seja fruto de uma inversão da relação que os mesmos mantêm com o espaço, inversão que precisamente é fundante do Brasil.

Está se tornando cada vez mais comum na literatura contemporânea a alusão à problemática do espaço: a relação com o lugar de sua inserção (o *topos*) contribui para definir a vida social de um grupo humano. Velha problemática da geografia humana, que a História de há muito assumiu (*O Mediterrâneo*, de Braudel) e que parece impor-se hoje às Ciências Sociais: o nicho ecológico onde se insere o homem, a dimensão, a extensão, a proporção... e a desproporção, o equilíbrio ou a desmedida, o definido e o sem fim.

Ora, o que minha experiência de campo me sugere sobre essa problemática em Portugal, poderia ser resumido em dois pontos.

Antes de tudo, o português (do Norte e Centro) que conheci é o homem de sua aldeia. Acabo de encontrar, na obra recente de um antropólogo português – sobre o Alentejo, é verdade – estes dois subtítulos significativos na mesma direção: "A terra natal como umbigo da história" e "história de vida, história de aldeia" (ALMEIDA, 1995). É de fato ali que se enraízam – e se particularizam – os dois universais que, em outro plano, o abrem para o mundo: o sentimento de sua pátria, a adesão à sua religião. Português e católico, o aldeão, antes de tudo, é filho de sua terra. "Mandar os nossos rapazes combater no ultramar, não!, diziam-me durante a guerra colonial. Ainda se fosse para defender nossa aldeia..." Quanto ao catolicismo, sobretudo no Norte ou Noroeste, de onde terão saído os futuros brasileiros, é um catolicismo visivelmente enraizado numa identidade local, mais presente em muitos casos do que o da identidade regional ou nacional. Referências históricas inscritas na topografia, as narrativas familiares, as genealogias, os patronímicos, que articulam, através do casamento, essa identidade local a outras de mesmo tipo no interior de uma rede regional, mais do que a uma identidade regional propriamente dita; cristalizações simbólicas de tipo emblemático, de natureza eminentemente – embora não exclusivamente – religiosa: o vigário, a igreja, os padres aposentados que voltaram a viver em casas de suas linhagens, os santuários de romaria e os caminhos que levam a eles, santuários e caminhos que, todos, marcam o mapa imaginário e sentimental da região, o calendário, "os trabalhos e os dias" locais, as festas que os acompanham; o próprio santo, o "padroeiro", quase inscrito nas tábuas genealógicas da comunidade ("O São Bento daqui é primo de São Tirso"; ou ainda: "São Torquato apareceu [o corpo dele, reencontrado intacto, está ali exposto], São Bento não o pode porque ainda tem irmãos vivos" [uma alusão aos membros da "irmandade" local de São Bento...]; "São Bento, não, não conheci; já não é do meu tempo"...); a confraria, que recapitula os vivos (presentes ou ausentes por emigração) e os mortos – os vivos, aliás, enquanto futuros mortos (as missas encomendadas com antecedência); as festas, enfim, romarias ou não, emblemas, às vezes agressivamente fechados, da comunidade local ou, ao contrário, operadoras da articulação entre a comunidade local e o espaço regional. Uma identidade religiosa – e mais amplamente social – que se constitui sobre a base ao mesmo tempo do local (*topos*) e do passado num processo unitário ao termo do qual a Igreja é vivida como autóctone, nascida dessa terra, identificando-se com ela e com suas raízes históricas.

E esse passado, essa história, também impõe a imagem localizada de uma aldeia. Sobre ela insistem hoje os historiadores, *situs* de fixação das populações bárbaras, que se tornou "paróquia" na época carolíngia, definitivamente implantado como estrutura fundamental do catolicismo nos séculos XI-XIII. Sem dúvida, não é simples, a partir das paróquias suévicas reconstituir a implantação, em Portugal, de tal tecido geográfico-social e demográfico. Uma trama que articula e trança, de um lado, o fio das comunidades locais, com a sua tendência para a organização autônoma muitas vezes apoiada pelo poder real; de outro lado, os fios variados das forças de senhorialização, com as relações de dependência, em nível militar, judiciário e religioso, que elas conseguem pouco a pouco difundir. Mas, em todos os casos, é em referência a um espaço determinado ("chão", domínio, terra, território, denotação de um acidente geográfico) que se constrói uma identidade comunitária e, ao lado do castelo, junto com ele ou contra ele, é a paróquia, com sua igreja e seus santuários, que se constitui em centro, fulcro difusor, emblema e cristalização dessa identidade local.

> Mesmo quando os paroquianos perdem o direito de eleger o seu cura, nem por isso a Igreja deixa de constituir, afinal, um dos principais vínculos da solidariedade campesina. É nela, pertencente ou não ao senhor, que todos os habitantes da freguesia se reúnem para celebrar coletivamente os ritos de passagem, de entrada na vida e na morte, aí que pedem a bênção divina para os filhos, os animais e as searas, aí que se refugiam quando chegam os cavaleiros para praticarem violências e abusos (MATTOSO, 1985: 294).

Palavras de historiador, referidas à Idade Média. Mas pouco deveria mudar o etnógrafo, para falar do hoje – ou quase – de muitas aldeias, ou melhor, freguesias (paróquias), no seu quadro geográfico, real e imaginário, com seu conjunto de atividades associadas aos ciclos naturais e suas redes próprias de sociabilidade. Um Portugal medieval, outro contemporâneo, os dois construídos na base dessas redes de identidades locais, topologicamente determinadas, delimitadas. Como não pensar então, entre esses dois momentos, no Entre-Douro-e-Minho do século XVI, celeiro das primeiras levas portuguesas que implantarão o Brasil?

Porque é preciso acrescentar a esta primeira característica da relação portuguesa com o espaço outra, aparentemente contraditória. Um Portugal inclinado em anfiteatro para o mar, território pequeno, cercado pela Espanha e situado na extremidade da Europa, não tendo outra possível expansão senão o mar. Por isso, o homem da aldeia é também o do oceano. "A força atrativa do Atlântico, esse grande mar povoado de tempestades e de mistérios, foi a alma da nação e foi com ele que se escreveu a história de Portugal", diz Jorge Dias (1971: 15). Num primeiro momento, essa força atrativa faz se acumular no litoral as aglomerações urbanas, ao contrário da vizinha Espanha que implanta no seu centro a sua capital. Mas esse passo é só primeiro: o mesmo português aldeão, preso a um horizonte marcado, balizado pela história, diferenciado até o detalhe, pouco globalizado e todo voltado para o círculo interior, é também atraído pela voragem do não marcado, do imensamente aberto, do sem limites.

De costas para – mas sempre preso à – origem que o sustenta, o nutre por dentro, mas o lança rumo ao desconhecido, ele precisa, mesmo neste arrancar ativo a si mesmo, da continuidade do laço que define e identifica... Um enraizado, mesmo se viajante, ou então, se ficou, aquele cuja permanência se articula sempre à referência a uma parte de si que se foi. Desde que se conhece por gente, Portugal sonhou com os seus que o deixaram – sem deixá-lo, pois eles o levavam consigo.

E continua até hoje.

Mas na imensidão não marcada do mar é só possível traçar caminhos. Impensável nele criar raízes, novas raízes, para substituir aquelas que foram arrancadas lá. No mar, era impossível implantar um novo Portugal. Em terras, apesar de infinitas, oceano florestal, era pelo menos pensável.

Aqui se situa a metamorfose. Melhor, talvez, a inversão. Um desenraizado, errante longe de suas referências, mas encostado ainda, no seu imaginário, ao passado de seu torrão natal, encontra um horizonte onde – utopicamente – ele pode pensar em criar novas raízes. Do seu *topos* tradicional à *atopia* do mar, o português; da *utopia* da floresta infinita em direção ao *topos* de novo assentamento, o brasileiro. Movimentos arrevesados, que desde há séculos não acabam de acabar.

Num primeiro momento, imagine-se o espanto que a descoberta do espaço brasileiro criou em tais viajantes! Da aldeia e dos santuários familiares para um mundo sem limites, onde a imensidão geográfica implicava impartida por um Estado e uma Igreja pouco presentes no cotidiano, uma tarefa desestruturadora. Pouco mais de um século depois, constata Caio Prado Júnior:

> No Tratado de Madri (1750), já as fronteiras atuais do Brasil foram quase que definitivamente fixadas, em nome da povoação efetiva: "Cada parte há de ficar com o que atualmente possui". Isso já nos mostra, *a priori*, que de fato a colonização portuguesa ocupara essa área imensa que constituiria o nosso país. [...] Obra considerável, não há dúvida, daquele punhado de povoadores capazes de ocupar e defender efetivamente [...] um território de oito milhões de quilômetros quadrados [...], mas, ao mesmo tempo, ônus penoso que pesará sobre a colônia e depois sobre a nação, provocando como provocou essa disseminação pasmosa e sem paralelo que afasta e isola os indivíduos, cinde o povoamento em núcleos esparsos de contato e comunicações difíceis, muitas vezes até impossíveis (PRADO JÚNIOR, 1969: 36-37).

Se for dentro do quadro de determinado meio cósmico socialmente assumido que se elabora uma visão do mundo, estrutura-se um universo de valores e implanta-se a segurança afetiva e psicológica dos indivíduos, através de uma rede de relações que definem o grupo e o inserem em perspectivas que o ultrapassam, este primeiro contato com o continente novo devia funcionar, como o dirá Bastide: "À maneira de uma carga de dinamite que fez essa sociedade [portuguesa] explodir em pedaços [...]. As forças centrífugas predominam sobre as forças de coesão" (1971: 56-57).

A escala também mudou. O tempo linear substituiu definitivamente a repetição cíclica. Até as estações não são mais repetitivas – a Páscoa não é mais, ano após ano, alimentada pela seiva da primavera; não é mais o mesmo pedaço de terra que é solicitado, estação após estação, para responder a um cuidado atento e indefinidamente repetido. Uma terra inesgotável, um espaço aberto ao infinito implica um nomadismo constante – em pequena ou larga escala – que reencontra, no sistema produtivo, tanto os costumes indígenas de agricultura de "queimadas" quanto as grandes migrações tupis atrás da utopia paradisíaca reinvestida.

Logo intervêm as tentativas de reagrupamento. Mas marcadas todas por um duplo fator: mobilidade, mistura. É nas bandeiras que se delineia o Brasil, vetores de penetração, marcas num mapa imaginário, cotejo do homem com um espaço que lhe é desproporcional – e, ao mesmo tempo, instrumentos de contato com a presença humana neste espaço.

Mas a ocupação dinâmica do território e a relação ao espaço que implica tinham tomado rapidamente duas formas distintas. O enraizamento também viria na história do Brasil: bandeira e casa-grande opõem-se como duas modalidades de relacionar-se com um *topos*, que determinaram também na historiografia duas linhas interpretativas opostas da realidade nacional (AZEVEDO, 1989), exemplarmente representadas por Cassiano Ricardo e Gilberto Freyre. O primeiro, intérprete de um Brasil "conquistado pedestremente" para quem a bandeira, "fenômeno 'espacial' e 'étnico'", "geografia em função política" é que acabou dando ao brasileiro a "alegria do espaço", "esse nosso apego à liberdade física de ir e vir", mobilidade física que se identificou, nesse começo, e apesar de todas as opressões políticas, culturais e religiosas, com essa "incrível mobilidade com que o bandeirante caminha no espaço que vai entre sua cultura de origem e a do selvagem, pra ser índio à hora que bem entende e voltar a ser branco quando bem lhe apraz" (RICARDO, 1970: 61, 66, 68, 111).

O segundo, o intérprete da *casa-grande*, teórico da fixação espacial e até de certo enraizamento autocentrado, que implanta miniuniversos e permanentes dinastias. Mas é preciso matizar a simples oposição em vários pontos. Em primeiro lugar, é possível insistir sobre cortes diacrônicos no manejo dessa relação fundamental ao espaço no Brasil. Veio primeiro o espaço da aventura expansionista criativa e do encontro ocasional/sistemático de "outra natureza" ("Terra e homem estavam em estado bruto") (FREYRE, 1983: 24) que é então transformada. Num segundo momento, o assentamento que daria à casa-grande, pelo menos em algumas regiões específicas, o caráter gerador de um grupo social solidamente fixado a seu espaço, suas terras, sua casa, os círculos concêntricos que, a partir desta, tornam o *cosmos* significativo.

Duas relações com o espaço, nenhuma delas reencontrando o laço primitivo do aldeão comunitário com o *topos* atávico. Mas carregadas, as duas, de um sentido "missionário". Entendo: de uma missão, uma tarefa, uma construção a definir, uma passagem a realizar, da *utopia* ao *topos* nacional. O mesmo português metamorfoseado em brasileiro. A história lá como trampolim aqui como seta. A tradição de um passado que se deixou, a ambição de um "país do futuro". A mesma saudade, em todo o caso, que acompanha todas as etapas dessa metamorfose, como um ambivalente sonho lírico, "ânsia permanente da distância, de outros mundos, de outras vidas que pode, pela concentração obstinada do desejo sobre as mesmas imagens, levar a realizações duráveis, mas também fazer parar o *elã* do ser no ruminar do inelutável, futuro fatídico ou passado abolido para sempre (DIAS, 1971).

Restaria a completar essa breve sugestão. Tal mudança da relação ao espaço e, consequentemente ao tempo, acompanha-se de uma transformação da relação à própria identidade. Transformação, ela também, construída numa certa continuidade invertida. Não insistirei: como essa identidade se define na relação ao "outro", o tópico nos faria passar ao assunto desta tarde: "canibalizar ou excluir". Direi simplesmente que uma identidade secretamente plural no recesso de sua definição conscientemente unitária transforma-se num encontro múltiplo nunca totalmente reduzido à unicidade da consciência identitária. No Norte de Portugal, como diz J. Leite de Vasconcelos, "os celtas celticizaram o que cá se lhes deparou, como depois deles os romanos romanizaram o que era céltico e indígena, e em seguida os cristãos cristianizaram o que era romano" (1913, II: 90). Um sincretismo recapitulativo, numa identidade que se pensa como puramente cristã, das sedimentações sucessivas que, nesse *topos* e no passado, precederam o cristianismo. Um sincretismo que "pro-vém". No caso brasileiro, na mesma linha e ao contrário, certa porosidade das identidades que, do encontro dos "três povos" desenraizados, compõe um universo simbólico – visão do mundo e etos – numa certa medida plural. Sem que essa pluralidade chegue a desaparecer da consciência. Um sincretismo que "ad-vém", pelo encontro do outro num espaço visto como não sendo de ninguém.

Nos dois casos, abertura à alteridade e construção da complexidade, mas segundo modos diferentes, comandados pela passagem, de um *locus* determinado e carregado de sentidos historicamente acumulados, a um espaço aberto, onde os sentidos "outros" são encontrados no dinamismo da mobilidade.

Resta dizer para concluir que essa projeção "sociogenética" do tempo das origens mereceria ser acompanhada até nossos dias. Para matizar suas formas subsequentes, mas também para confirmá-la através dos séculos.

Portugal ciclicamente continua se esvaindo. Mas por um lado os portugueses imaginam levá-lo consigo para onde vão. Assim dizia esta velha senhora, mestre-escola durante toda a sua vida numa aldeia de Beira Baixa: "A bandeira de Portugal está sendo muito honrada nos Estados Unidos". Por outro lado, trazem até ele, quando voltam, os sinais do seu nomadismo em meio ao "outro" – pensa-se, nos estudos atuais, sobre a reprodução em Portugal daquilo: arquitetura, nomes, cores, bandeira estrangeira até, que os emigrados encontraram na sua emigração e, mais ainda, na capacidade que os portugueses demonstram – únicos entre os imigrados num país como, por exemplo, a França – de seduzir e trazer a Portugal, para as *vacances*, os próprios "patrões"...

E o Brasil continua terra do nomadismo e da migração. Em 1980, 40% dos brasileiros não residiam no município de seu nascimento. Como se a tarefa – também portuguesa – de criar saudades e de plantar raízes mais além nunca acabasse... Com todas as consequências que esse nomadismo comporta em termos de "porosidade das identidades".

Conjuntamente, pois, "influências e metamorfoses" do Portugal no Brasil. Inversão na continuidade do movimento de arrancar-se e reimplantar-se, que acaba fazendo do espaço o lugar do encontro; de si – mesmo e do outro, de si – mesmo no outro. Uma tradição que, finalmente, bem poderia constituir um programa para a Modernidade.

A CAMINHADA RITUAL*

Entre as manifestações que costumam polarizar ao máximo a sensibilidade religiosa popular, na maioria dos países de tradição religiosa católica, encontra-se a procissão. Ora, tal manifestação religiosa, deitando raízes na mais antiga tradição bíblica, foi oficialmente reassumida pela Igreja desde o século IV e situa-se até hoje, sob modalidades diversas, não só entre os atos devocionais oficialmente aprovados e regulados, mas também entre os rituais mais estritamente "litúrgicos". Manifestação, pois, de religião popular ou de religião oficial? Terreno de confluência e de concórdia ou, mais provavelmente, de enfrentamento e rivalidade, campo aberto a uma luta entre "hierarquia eclesiástica" e "povo cristão" para ocupar, ampliar, organizar e orientar o espaço simbólico correspondente a uma ou outra religião?

Essa dialética aparece no Brasil desde os primeiros tempos da missão jesuítica, quando os índios estavam sendo "convidados" a integrar o cortejo triunfal da nova fé, misturando às sobrepelizes litúrgicas os seus cocares de penas e aos hinos em latim o som dos seus maracás – os mesmos que eram tocados nas solenidades antropofágicas. E ela perdura até hoje, bastando citar a procissão de São Jorge no Rio de Janeiro, que concretiza numa única manifestação, eminentemente "popular" sem deixar de ser "oficial", as ambiguidades de uma reinterpretação mútua graças à qual a convivência e a compatibilidade de duas religiões se tornam possíveis.

Dentro desse campo de aproximação e compatibilização de contrários, os dois casos acima citados situam-se num dos polos de um gradiente de diferenciação crescente entre os dois elementos religiosos envolvidos numa única manifestação. Pois se trata, em verdade, de duas religiões

---

* *Religião & Sociedade*, vol. 9, 1983, p. 15-26.

constituídas e até institucionalizadas: a católica, de um lado, e, de outro, a indígena e o complexo religioso afro-brasileiro de umbanda/candomblé. Mas esses exemplos extremos talvez revelem a verdade contida em outros, aparentemente menos radicais. Interessante seria aplicar a mesma chave interpretativa a outras procissões, inteiramente contidas, segundo as aparências, dentro do âmbito católico e eclesiástico, para verificar se uma dialética semelhante – ou, quem sabe, idêntica – não estaria nelas funcionando. Já que as grandes procissões urbanas que marcaram a vida social dos séculos clássicos estão atualmente reduzidas a uma dimensão de menor impacto, talvez se devesse privilegiar o caso das romarias, que começam a ser estudadas entre nós do ponto de vista de sua significação sociológica e antropológica[1].

Mas a procissão, como a romaria no seu conjunto, veio ao Brasil a partir de Portugal. Para ajudar a traçar o quadro das romarias brasileiras pareceu-nos por isso importante recuperar o sentido dessas manifestações na sua matriz histórica. Limitar-nos-emos aqui ao estudo das procissões, pois, mais ainda do que a missa e até em contraposição com ela, o cortejo do santo pelas ruas da povoação, pelos caminhos do campo ou entre as barracas do arraial nos parece ser, no decorrer da romaria, o grande momento de encontro da religião popular de sempre e da religião oficial – pelo menos a de ontem, antes das modificações introduzidas, a partir do Concílio Vaticano II, pelo novo enfoque pastoral da Igreja.

Fenômeno provavelmente tão antigo quanto a romaria, visto que os decretos do III Concílio de Braga (675) convidavam os bispos a participarem dela a pé, em vez de serem carregados sobre uma *sedia gestatoria* junto com as relíquias do santo, a procissão representa um duplo movimento: a projeção do que é sagrado para fora do santuário, sua triunfante epifania à luz do dia e, paralelamente, uma sacralização do espaço. No primeiro caso, o objetivo é "mostrar publicamente" e, no segundo, ligar simbolicamente o trajeto do signo sagrado aos caminhos da vida cotidiana dos homens. Por isso mes-

---

1. Conforme, p. ex., os trabalhos de Alba Zaluar, Isidoro Alves, Pedro Ribeiro de Oliveira, Riolando Azzi e Rubem César Fernandes.

mo, a procissão comportará dupla hierarquização: por um lado, as pessoas e os grupos se apresentarão em público, numa proximidade maior ou menor em relação ao objeto relíquia, estátua que condensa o sagrado e o representa materialmente; por outro, os lugares receberão assim, de forma seletiva, as honrarias da consagração.

Convém, então, indagar se essa hierarquização constituirá fator de testemunho e de fortalecimento das hierarquias sociais ou, pelo contrário, uma oportunidade de contestação concreta e de estabelecimento de outra hierarquia. Além do mais, as procissões de romaria sofreram, pelo menos desde o século XIV, a influência das grandes manifestações urbanas organizadas pela corte e, à imitação desta, pelas autoridades regionais ou locais. O protótipo desse tipo de procissões, que o Brasil também conheceu, é a Festa do Santíssimo ou do Corpo de Deus[2].

Manifestação social, no sentido pleno da palavra, essa procissão era regulamentada tanto por decretos reais ou municipais (porém as autoridades locais, às vezes, deviam recorrer à administração central para mudanças de caráter prático) como por disposições episcopais. Além dos elementos próprios de um cortejo religioso (Santo Sacramento, relíquias, imagens de santos, estandartes, participantes eclesiásticos e oficiantes paramentados), eram constituídas por representantes dos diversos grupos institucionais que compunham a estrutura social local. Especialmente as corporações de ofícios, mestres, aprendizes e oficiais tinham sua participação rigidamente regulamentada e sua contribuição para o esplendor do cortejo era estabelecida estatutariamente. Na realidade, elas forneciam os atores para as "folias", danças de caráter profano e até guerreiro[3], comemorativas de acontecimentos históricos – as guerras contra os mouros[4]

---

2. Uma das mais antigas (ou, talvez, a mais antiga) referência a uma procissão solene de *Corpus Christi* data de 1318, em Guimarães (cf. GUIMARÃES, 1903: 163-183).

3. Algumas, como a dos Pauliteiros de Miranda ou os *Ferreiros de Penafiel*, podem representar a retomada de antigas tradições ibéricas, como roupagens greco-romanas e, posteriormente, medievais (cf. MOURINHO, 1957: 153-164).

4. Daí se originaram as mouriscas, que serviram de modelo a outros grupos *de* representação religiosa, como os *impérios*, com suas pelas, que a tradição atribui à Rainha Santa e que são características das festas do Espírito Santo.

ou contra os espanhóis[5] – ou que evocavam feitos lendários (São Jorge e o dragão)[6].

A importância social dessa procissão era de tal ordem que os regulamentos atinentes à sua organização constituem até hoje, em numerosos casos, a fonte mais preciosa de conhecimento das atividades urbanas e das profissões sob o Antigo Regime[7].

Desde sua criação, às corporações se atribuía caráter religioso e elas adotavam um "padroeiro": São José, para os carpinteiros, São Genciano para os cardadores, São Crispim para os sapateiros, São Mauro para os tropeiros, São Jorge para os ferreiros etc.[8] Concentrados em redor do estandarte desse padroeiro, os membros das corporações asseguravam a participação que lhes era solicitada durante a procissão. Paralelamente, existiam confrarias, entidades direta ou exclusivamente religiosas, que também participavam, incorporadas, desses desfiles públicos.

É sobejamente conhecido o papel que as corporações de artesãos desempenharam na vida política urbana da Idade Média, assumindo caráter de centros de autonomia popular (p. ex. LE GOFF, 1965). Portanto, uma procissão organizada em torno desses "ofícios" dificilmente expressaria uma estrutura de autoridade monolítica. Além disso, a própria organização hierárquica das confrarias, sujeita a eleições, podia não estar simplesmente refletindo a estrutura social local, os "juízes" (presidência) não sendo sempre escolhidos entre os "burgueses" (cidadãos)[9]. Os decretos municipais de Braga em 1580

---

5. Como exemplo, uma dança votiva, originada em Pinhel e Trancosa (Beira), para comemorar uma vitória sobre os leoneses e castelhanos, no século XIII ou XIV (cf. SANTA MARIA, 1711: 55-56, apud CHAVES, 1954: 139).

6. Por vezes, diversas tradições convergiram num único espetáculo, como essa "dança dos turcos", de Penafiel, em que a ressurreição de São Jorge, morto pelo rei turco, está inserida num cerimonial provindo da antiga mourisca (cf. MIRANDA, 1940: 26).

7. P. ex., para a cidade de Castelo Branco, a "Lista dos juízes de ofícios, que devem assegurar as danças, estandartes e tudo quanto é necessário à procissão do Corpo de Deus do ano de 1680" (SANTOS, 1938: 31) enumera 24 corporações de ofícios que, sem esse documento, não teriam sido conhecidas (cf. MATOS, 1972: 82).

8. Pelo menos em Castelo Branco (cf. SANTOS, 1938). A atribuição dos respectivos padroeiros para as corporações não é, efetivamente, universal.

9. Sob o antigo regime português, o terceiro Estado compreendia duas camadas urbanas: 1) os homens bons ou cidadãos (em geral, comerciantes ou proprietários rurais possuidores de residências

e 1582 preveem essa eventualidade e estabelecem, sob pena de multa, que somente os cidadãos burgueses poderão carregar estandartes de confrarias e archotes durante as procissões (*Acordos e vereações da Câmara de Braga nos dois últimos anos da senhoria de Dom Frei Bartolomeu dos Mártires*, 1973: 9). Assim como acontecia com as corporações, as confrarias religiosas estariam, pois, representando uma organização hierárquica paralela, sustentáculo de um estatuto honorífico compensatório, que não se confundia com o estatuto oficial das autoridades locais.

Estas tendiam a confinar aquele prestígio ao campo das atividades privadas da confraria. Levando em conta que a procissão constituía uma manifestação solene e pública, as autoridades se reservavam o direito de escolher o *cidadão* que levaria o estandarte – no lugar de um dignitário religioso não burguês (*Acordos e vereações*, 1973: 4).

Entre essas diversas instâncias representativas de autoridade havia, sem dúvida, uma colaboração estreita[10]; mas, por outro lado, as fricções e aspirações de autonomia não deveriam estar ausentes. Prova disso é a estipulação de multas frequentes para os titulares de ordens e membros de corporações e confrarias que tentassem subtrair-se a suas obrigações[11].

Acrescentemos ainda que outros grupos ou categorias se associavam estatutariamente ao evento: as comunidades das freguesias (paróquias) vizinhas, que deveriam providenciar carregamentos de junco e de feno ou se encarregar da limpeza dos locais públicos antes ou depois da procissão (*Acordos e vereações*, 1973: 5-6, 61-62); os cidadãos proprietários de cavalos (p. 10); e, enfim, as próprias autoridades municipais, que levariam o estandarte da

---

na cidade), que dominavam as câmaras municipais e mantinham laços múltiplos com a nobreza e altas autoridades; 2) a "gente dos ofícios mecânicos vis", que não vive "limpamente" (até mesmo o vocabulário oficial distinguia efetivamente "mãos limpas" – gente limpa – e "mãos sujas"). Os "mestres" das corporações de artesãos podem, portanto, ser vistos como parte constituinte do único setor popular institucionalmente dotado de voz ativa nos negócios públicos (GODINHO, s.d.: 84, cf. p. 163-197).

10. Como a organização da Dança das Espadas era da responsabilidade da corporação de sapateiros, a municipalidade se contenta, por um lado, com a exigência do cumprimento de obrigações devidas e, por outro, com a efetivação do devido pagamento aos dançarinos (cf. *Acordos e vereações*, 1973: 7).

11. Para os *quadrilheiros* (espécie de polícia de bairro), cf. *Acordos e vereações*, p. 5; para os peixeiros, p. 7; para os muleiros, p. 10 etc.

cidade e se colocariam próximas ao Santo Sacramento, empunhando suas tochas (p. 4, 61). Isso revela, aliás, a existência institucional de um estrato superior, já que se designa um grupo de "cidadãos burgueses dentre os quais se escolhem habitualmente os depositários das tarefas de governo", em vez de se indicarem os administradores em exercício naquele ano. Os regedores em exercício indicarão uma pessoa pertencente àquele primeiro grupo para substituí-los, caso não possam ocupar pessoalmente o lugar que lhes é destinado durante a procissão. Quanto às autoridades religiosas, sua participação era regulamentada de acordo com um rígido sentido de hierarquia[12].

A precedência na constituição do cortejo era absolutamente significativa para todos, quer se tratasse de leigos ou de religiosos, originando-se daí frequentes controvérsias. Não foi à toa que as Constituições Diocesanas de Leiria (1598) proibiram o uso de armas, lutas e pendências durante a procissão[13].

Baseadas no modelo da festa de *Corpus Christi*, todas as grandes festas municipais instituíram imediatamente uma procissão. Em Braga, a Festa de São João, de São Sebastião, de São Pedro, a Festa do Anjo, a de São Geraldo (*Acordos e vereações*, 1973: 7, 38, 64, 85, 107, 120). Em Coimbra, as festas da Rainha Santa, ordenadas pelo Rei Dom Manuel em 1516. No Porto, ao redor de 1850, só persistiam quinze procissões oficiais durante o ano; no entanto, na época do fim do Antigo Regime (início do séc. XIX) elas remontavam a mais de trinta, além das procissões ocasionais. Cerca da metade dessas festas era oficialmente organizada pela municipalidade, quer fossem festas religiosas, quer comemorassem importantes datas históricas da nação (*O Tripeiro*, 1928: 6). Todas representavam um acontecimento popular e social. Na Procissão das Cinzas, por exemplo, durante as horas anteriores ao início do ato, as ruas principais da cidade enchiam-se de rapazes que desfilavam sob os olhos das moças já a postos nas sacadas, junto de senhoras idosas, atraí-

---

12. É certamente sob o impulso de longa experiência que o redator dos Estatutos Sinodais de Coimbra fará uma enumeração minuciosa das precedências (n. 1618-1624).

13. *Constituições sinodais do bispado de Leiria, ordenadas em sínodo... em 25/03/1598* (a página de rosto, com menção do impressor e da data, está faltando no exemplar da Biblioteca Nacional de Lisboa; o catálogo menciona, porém, 1601), Const. LII. Na cidade do Porto, com referência ao século XIX, fala-se de "lutas e cenas de pugilato frequentes" (*O Tripeiro*, 1928: 6).

das pela prática religiosa[14]. O povo se concentrava nas calçadas: mulheres e crianças na frente, homens atrás, frequentemente em cima de bancos que os comerciantes, mantendo suas lojas abertas, punham à disposição do público. A procissão, apesar de representar um ato de penitência e de ser organizada pela Ordem Terceira de São Francisco, se compunha de doze andores, com estátuas separadas por "anjos" (crianças fantasiadas) e por "cenas de divertimento", as "alegrias" – talvez as danças à moda antiga (*O Tripeiro*, 1931: 84).

Em relação a esses "divertimentos" surge, naturalmente, uma pergunta.

As danças com fantasias, os combates fictícios, os desfiles de gigantes, as representações de passagens bíblicas (autos), que exigiam a paralisação momentânea da procissão, os "bailes" animados pelos tocadores de gaita ou de flauta rústica, as palhaçadas até, como parece – tudo isso, provavelmente, não constituía apenas uma série de intermédios no decorrer do cortejo religioso, com o objetivo de aliviar a tensão dos fiéis, ou uma obrigação "em honra a Deus e aos santos". Representavam, também, papel autônomo no programa da festa: desde a véspera e no dia da procissão, bem cedo, esses grupos percorriam as ruas da cidade e frequentemente se aproximavam da igreja, onde muitas vezes se imiscuíam na cerimônia religiosa. Às vezes, todos os assistentes participavam da dança[15]. Tais eventos adquiriam tanta importância que, desde os mais antigos documentos, havia regulamentação específica e abundante destinada a eles[16].

Os decretos municipais de Braga já citados anteriormente são posteriores ao Concílio de Trento (1545-1563). Sabemos que, tanto o bispo da época, Dom Frei Bartolomeu dos Mártires (1559-1582), como o Concílio regional (IV, de Braga) por ele convocado no decorrer da *Visitatio* de 1565 (ROLO,

---

14. Já em 1639, as Constituições de Braga (Tit. 21, Const. II) estatuíam, sob pena de excomunhão *ipso facto*, que nenhum homem assistisse de uma janela à procissão do Santo Sacramento.

15. Ou apenas algumas categorias (as menos previsíveis). A dança dos cônegos do Porto, na frente do altar de São Gonçalo, na catedral, teve grande renome até o século XIX (cf. JOAQUIM, 1910: 315).

16. Acontecia o mesmo no Sul do país. As constituições de Évora, em 1565, mencionam, no decorrer das procissões, abuso cometido pelas "pessoas eclesiásticas que, indiferentes ao lugar e cerimônia, ficam conversando, não querem cantar e assumem atitude desrespeitosa, que não representa adoração a Deus" (*Constituições de Évora, originalmente feitas por mandado do Exmo. e Rvmo. Senhor Dom João de Mello, arcebispo do dito Arcebispado*, ano de 1565, impresso em Évora, em 1752, tit. 24, ch. 1, § 5).

1964: 290) haviam tentado aplicar à circunstância os decretos tridentinos purificadores, tendo sido suprimidos das procissões os "jogos e danças indecentes". Ora, as mouriscas, as pelas, os gigantes, máscaras, danças com espadas etc. continuam igualmente atestadas nos decretos municipais de 1580 a 1582. Portanto, não se enquadravam na categoria de manifestações a serem proibidas. Na realidade, algumas décadas depois, as Constituições diocesanas de 1639, publicadas por Dom Sebastião de Matos e Noronha e impressas em 1697 a mando de Dom José de Souza, estabelecem uma distinção: o bispo especifica que no decorrer da procissão de *Corpus Christi* "não serão permitidas as festas profanas e lascivas, destinadas a despertar o riso. Assim, pois, segundo o espírito do santo Concílio de Trento, proibimos a execução, durante a dita procissão, de inventos mal-intencionados e de representações indecentes. Entretanto, não é objetivo nosso suprimir as danças, folias e inventos que sempre acompanharam e ainda acompanham a dita procissão na nossa cidade. Pelo contrário, nós as louvamos e as aprovamos" (*Constituições sinodais do arcebispado de Braga*, 1697: 302). Em Leiria, em 1598, o bispo Dom Pedro de Castilho é mais explícito. As manifestações por ele proscritas de todas as procissões de sua diocese são especificamente as "festas profanas, aquelas que fazem rir, as representações que atrasam o decorrer da procissão e quaisquer inventos mal-intencionados que perturbam a devoção dos fiéis". Ele especifica: "Proibimos que participem dessas festas mulheres, representando santas e que se exponham, na rua e janelas, pinturas lascivas e indecentes". No entanto, também não deixa de fazer uma ressalva: "Quando for necessária a presença, na procissão, de algumas festas e jogos, deverão elas desfilar primeiro, antes das cruzes – e não deverão misturar-se com o clero e o capítulo nem tampouco ingressar nas igrejas, a fim de não perturbarem as cerimônias religiosas"[17].

Portanto, tratava-se de uma tradição, fortemente enraizada, que não permitia que em nenhum lugar se tomasse uma decisão de "purificação" radical. Ou, então, ela influía com demasiada intensidade na mentalidade dos próprios bispos tridentinos, a ponto de impedir que eles rejeitassem maci-

---

17. *Constituições sinodais do bispado de Leiria,* Const. II, p. 30.

çamente todas as "alegrias" mescladas às procissões santas: nesse ponto, a sensibilidade religiosa permanecerá durante longo tempo medieval[18]. Pelo menos duas medidas parecem ter caracterizado, de forma geral, a aplicação da tradição tridentina: a abolição de qualquer participação feminina na figuração e um esforço para afastar do núcleo especificamente litúrgico do cortejo as representações remanescentes.

Em Braga, por exemplo, os decretos municipais de 1580 a 1582 não previam em ponto algum a presença de mulheres e estabeleciam que as mouriscas, a serpa e os "cavalinhos" podiam "desfilar e correr bem galantes pela cidade". No entanto, só deveriam fazê-lo "de manhã cedo, antes que a procissão saísse". Em seguida, deverão desfilar "na frente, bastante longe" (*Acordos e vereações*, 1973: 6, 62.) e "não deverão entrar na catedral" (p. 5). É verdade que a situação fica menos clara em relação aos gigantes e à carroça de feno cheiroso.

Em seu conjunto, essa tentativa de purificação e de resguardo do sagrado é paralela a tantas outras que constatamos na mesma época, por exemplo, a propósito da missa: ela opera um distanciamento espacial e temporal entre o sagrado e o não sagrado. Tal regulamentação não tem, porém, como único agente a autoridade eclesiástica. Todas as instâncias hierárquicas ligadas à procissão participavam do processo, de acordo com seu nível de influência. Por outro lado, ao contrário do que se poderia julgar, esse fato não era exclusivamente consequência do Concílio de Trento, como demonstrarão alguns textos que iremos citar. Temos, assim, o legítimo direito de encará-lo como expressão de uma mudança na concepção e apreensão do sagrado, mudança essa que estava em processo no seio das classes urbanas superiores durante esse período – o início da era barroca. O Concílio participará desse movimento cultural, legitimando-o através da sua oficialização religiosa.

Na época de Martinho de Dúmio, quando se institucionalizaram as romarias em Portugal, foi a Igreja que assumiu autonomamente a iniciativa

---

18. Ainda no século XVIII uma pastoral de Dom José, arcebispo de Braga (1742), insiste na mesma distinção: "Proibimos as mascaradas que não sejam indispensáveis às figuras dos "passos" e das "danças", para as quais concedemos permissão" (apud VASCONCELOS, 1938: 21). Alguns anos mais tarde, Dom Gaspar de Bragança (arcebispo de Braga, 1758-1780) restabelecerá as "antigas danças" sob a condição de que se situem por detrás da procissão propriamente dita) (cf. FREITAS, apud ALMEIDA, 1922: 01).

de uma definição do sagrado. Uma vez estabelecida por ela, e confirmada pelo soberano, essa partilha do mundo entre sagrado e profano se constituía em fundamento de uma nova ortopraxia, globalmente cultural (SANCHIS, 1979: 5-18). Agora, as posições ficavam parcialmente invertidas: a iniciativa da definição provirá, eventualmente, das autoridades civis e das elites sociais, atuando em função de sua própria representação a respeito da ordem, do respeito, do modo de ser urbano e "moderno". São elementos culturais da sociedade ambiente, difundidos a partir da corte e dos meios urbanos dominantes, que comandarão as transformações sucessivas do sagrado. Ora, no Portugal renascentista e barroco, mais do que na Europa contemporânea, a evolução das mentalidades não se processava de forma linear. O desenvolvimento do comércio que as novas possessões d'além-mar haviam assegurado, se, por um lado, tornava mais complexa a engrenagem da sociedade (especialmente a da administração), por outro assegurava às cidades uma preponderância crescente e incontestável. No entanto, as eventualidades desse comércio faziam com que se alternasse no comando da sociedade ora a nobreza, ora as incipientes forças burguesas – que, aliás, nunca conseguiram marcar sua posição de forma autônoma[19]. Portanto, de acordo com o período que se atravessava, a fixação do sagrado e sua expressão social sofrerão influência de mentalidades opostas: a que representa a ostentação e o prestígio e a que representa a tentativa de racionalização e uma busca tímida do investimento produtivo. Acrescente-se ainda a reação das classes populares, representadas, em parte, pelos titulares dos "ofícios", as quais poderão recorrer ao soberano para resistir às camadas dominantes locais.

Do ponto de vista disciplinar, o desfilar dos signos que as procissões exibem expressa uma espécie de jogo pelo poder entre partes rivais e em confli-

---

19. Os historiadores portugueses contemporâneos aceitam, em geral, as teses de O. Cortesão (1952: 69-88), segundo as quais a estrutura econômico-social portuguesa obedece a uma determinada periodicidade durante os séculos do apogeu nacional: século XV, desenvolvimento e declínio de uma burguesia comercial; século XVI, retomada de poder por parte da nobreza na condução da economia e do Estado; século XVII, apoiada no comércio do açúcar, a burguesia recupera a influência, antes de desaparecer de novo, no final do século, perante uma aliança de classes (ou de castas), a saber, a nobreza com o alto clero. Por outro lado, muitas obras recentes (p. ex., GODINHO, s. d.; CABRAL, 1973) têm como tema fundamental a questão do destino permanentemente frustrado e a impotência da burguesia portuguesa no sentido de se constituir em classe dirigente estável.

to, do qual participam, segundo as circunstâncias, os delegados populares, as notabilidades locais, representando ora uma classe dominante ora outra, cada qual com sua própria mentalidade, as autoridades administrativas, os bispos, os escalões superiores do clero, a administração central e o próprio soberano.

Os "intermédios" e as "folias", por exemplo, não ficarão uniformemente relegados à iniciativa e à responsabilidade das corporações. O regulamento de 1517, em Coimbra, atribui a mourisca à corporação dos sapateiros, mas um século depois, no Porto, ela é diretamente organizada pela própria cidade (VITERBO, 1892: X). O mesmo acontece em Braga, em 1580: segundo os *Acordos e vereações*, não somente a municipalidade estatui remuneração para a mourisca, como para outros participantes oficiais do cortejo (*Acordos e vereações*, 1973: 6), mas além disso, ela enfrenta dificuldades em relação ao recrutamento dos participantes: como sinal de descontentamento da arraia miúda urbana, a população citadina se recusa a participar do evento, sendo necessário recorrer a grupos de camponeses voluntários das circunvizinhanças[20].

Um caso ocorrido durante a época do Concílio de Trento ilustra bem o entrelaçamento dessas múltiplas interferências e, ao mesmo tempo, através da comparação com textos anteriormente citados, permite-nos avaliar a sobriedade a que haviam sido reduzidas as manifestações de Braga alguns anos mais tarde. Os edis do Porto receberam, em 1560, uma provisão real que condenava os costumes da cidade durante a Festa de *Corpus Christi*. Todo ano eram escolhidas "cinco ou seis moças entre as mais lindas que se puderam encontrar" para representar "as santas" durante a procissão (Santa Maria, Santa Catarina e sua donzela, Maria Madalena, a Dama do Dragão, Santa Clara e suas duas freiras). As jovens eram convocadas, mesmo contra a vontade dos pais, "que não se podem opor". Era uma verdadeira caçada em busca de beleza, que durava dois meses, durante os quais se buscavam também "roupas e joias" para adornar as eleitas. Durante a procissão estas desfilavam "rodeadas de muitos mouros, que lhes dirigiam permanentemente palavras mal-intencionadas". Por outro lado, na missa vespertina,

---

20. "Álvaro Piz, do Porto, agricultor, tendo comparecido a esta câmara, dizendo que queria ser mourisco e como faltam tais pessoas nesta cidade etc." (*Acordos e vereações*, 1973: 46, 96).

a catedral era invadida por "numerosos imperadores, e pelas danças, que causavam grande desordem e impediam que se testemunhasse aos santos sacramentos a devida veneração e respeito". A rainha[21] ordenou, então, a supressão de todos esses "agravos a Deus" e estabeleceu que, para tal efeito, os edis deveriam procurar o bispo e, de acordo com o conselho episcopal, "ordenariam que Nosso Senhor fosse adorado e os santos sacramentos venerados". Além disso, ela notificava diretamente sua decisão ao prelado e aos juízes que ainda não tinham havido por bem tomar as iniciativas próprias de sua função (*Livro 1 das Provisões da Câmara do Porto*, f. 187, apud *O Tripeiro*, 1919: 242-243).

Nesse caso, e apesar de não ser mencionada no texto a origem do apelo à corte, deduz-se que deve ter provindo dos grupos ligados às corporações de ofícios, visto que as letras reais insistem sobre a violência cometida contra "o pai e a mãe" das jovens, que são definidas como "filhas de mestres (artesãos) em ofícios mecânicos". Em todo caso, sessenta anos depois, também no Porto, outra circunstância revela claramente os autores do recurso levado ao rei: em 1620, são as próprias corporações que solicitam a reforma dos "jogos e danças da procissão, devido a seu caráter ultrapassado e indecente". Por um alvará de 21 de julho, o rei aprova a supressão (apud CHAVES, 1954: 143).

Veem-se, assim, as várias formas que podia assumir a ação das múltiplas instâncias interessadas em regular uma manifestação, que era indubitavelmente religiosa; mas, antes de tudo, significativamente social. Como tal, a procissão refletia a marca registrada de coletividade local e o argumento de "modernismo" levantado pelas corporações não poderá causar espécie, mesmo independente de uma influência religiosa tridentina direta[22].

---

21. 1560: durante a menoridade de Dom Sebastião, a regência é exercida por sua avó, a Rainha Dona Catarina. Mas seu cunhado, o Cardeal Dom Henrique, que se tornará regente dois anos mais tarde, antes de ser sagrado rei, exerce grande influência sobre a corte. Isto evidencia a complexidade do sistema de tomada de decisão nesta matéria – órgãos civis e eclesiásticos.

22. Aliás (cf. CHAVES, 1954), bem antes do Concílio de Trento, Dom Manuel I, por meio das *Cartas reais* de 24/06/1519, intervinha a fim de suprimir as danças em honra da Rainha Santa, realizadas no decorrer dessa procissão, que ele mesmo havia criado em Coimbra. O caráter augusto do Mosteiro de Real e das pompas em homenagem a uma soberana proibiam, provavelmente, tal extravasamento de espontaneidade.

Citemos ainda, sempre na cidade do Porto, as disposições da procissão de 1850. Constatamos nelas a reprodução fiel da pirâmide social de uma forma sucinta, que dá mais expressão à supressão da quase totalidade da figuração decorativa e de qualquer divertimento.

O cortejo se inicia ao som de clarins, vindo em seguida seis jovens cavaleiros que abrem caminho para o préstito por entre a multidão. Vêm depois os tambores e um tenente de milícias "à moda antiga", portador da bandeira. Em seguida, dispostos em ordem, vêm os cavalos de São Jorge, sua estátua, "vestida como um guerreiro português – com uma capa púrpura", sobre um cavalo branco, rodeado pelos servidores da Câmara Municipal; quatro anjos, seguidos dos funcionários municipais e a guarda de honra, a cavalo. Depois, organizadas segundo a hierarquia, seis confrarias particulares, quinze confrarias de artesãos[23] e onze confrarias do Santo Sacramento representando as paróquias urbanas. Segue-se depois o principal estandarte da cidade – o do povo – com a autoridade municipal e os membros do conselho, seguido imediatamente pelo estandarte da nobreza. Por fim, depois da corporação dos órfãos, o cortejo religioso prossegue, seguindo-se cinco alas de ordens terceiras, o clero dos bairros de periferia, os curas e o clero da cidade, a cúria, a câmara e relação eclesiásticas, os grandes do reino, visivelmente sacralizados pelo próprio lugar ocupado na procissão, o capítulo, ao redor do terceiro estandarte, este pertencente ao clero. Sob o docel portador do Santo Sacramento, desfila então o bispo, seguido pelos membros da assembleia municipal e pelo comandante militar à frente de suas tropas (cf. *O Tripeiro*, 1928: 13).

O aparato e também a austeridade dessa procissão ficam evidentes. Não existem mais as danças nem as "folias" e todas as figuras históricas ou legendárias desaparecem (exceto a de São Jorge). Subsiste uma modesta representação simbólica: os escudos dos nobres residentes no Porto, dispostos ao lado dos cavalos ajaezados, seguem na frente do cortejo, portados por lacaios de

---

23. A organização corporativa dos ofícios havia sido suprimida em 1834. Esse fato leva o Padre Espanca (*Memórias da Vila Viçosa*) a diagnosticar uma secularização da sociedade: as atividades profissionais não se faziam mais representar como tal durante a procissão da qual participavam as organizações especificamente religiosas. Talvez acontecesse o mesmo no Alentejo. Em outros lugares, as corporações podem ter subsistido, porém sem mecanismos de intervenção na sociedade civil e sob a forma de confrarias.

libré e luvas brancas. Teria, enfim, sido coroado de sucesso aquele combate secular (cujas fases se sucederam em todo o decorrer do séc. XVII e XVIII)[24], travado entre diversas autoridades civis e principalmente eclesiásticas, cujo objetivo consistia em "purificar" as procissões de suas excrescências profanas ou pelo menos teatrais? É mais provável que uma modificação do gosto do público tenha imposto a escolha de um aparato mais sóbrio numa cidade que na época estava no auge da ascensão burguesa, em que os costumes da classe dominante sofriam a influência de uma importante colônia britânica[25]. Com efeito, nas capitais provinciais, secundárias, continuamos, depois dessa época, a presenciar a intervenção dos bispos no sentido de porem termo aos "abusos" sempre presentes[26]. As manifestações tradicionais se revestem, daí em diante, de caráter mais especificamente "popular", pois que se limitam às cidades provinciais mais distantes dos centros propulsores de modernismo e aos meios rurais.

No entanto, mesmo em outras partes não se proíbe inteiramente certo grau de dramatização. Mesmo assim, durante todo o século XVIII consolida-se uma evolução, desta vez diretamente comandada pelo clero e marcada

---

24. Citamos, como exemplo, um alvará real de 1628, relativo à cidade do Porto; em 1639, as Constituições de Braga; em 1649, um ato da Confraria do Senhor Bom Jesus de São Vicente, em Bragança; em 1742, uma pastoral de Dom José em Braga; em 1744, uma pastoral em Bragança (Dom Diogo Marquez Morais); em 1752, uma provisão do Tribunal do Porto; em 1755, nova pastoral em Bragança (Dom José da Cruz); em 1780, de novo o Tribunal do Porto etc. Por outro lado, todas as descrições das procissões de Coimbra, Guimarães, Castelo Branco, Évora, Penafiel etc. (durante os séc. XVII e XVIII) registraram a existência de danças. Com relação a Braga, temos o testemunho detalhado de Silva Tadim (*Diário Bracarense* [mns. conservado em fotocópia na Biblioteca Municipal de Braga a respeito das procissões de São João em 1723 (p. 94), 1741 (p. 104), 1753 (p. 162 e 367), 1754 (p. 164), 1755 (p. 376)], das quais não estão ausentes nem as máscaras, nem bailes e contradanças, nem "personagens vestidos de acordo com as exigências das representações trágicas, com roupas luxuosas, nem o baile de Jacó e Raquel, inteiramente constituído por músicos". Contrariamente às injunções episcopais anteriores, todas essas danças se inserem na procissão "entre a cruz da confraria e as estátuas de São Zacarias, Sant'Ana e São João".

25. A cidade do Porto, que, mais do que outras cidades menores (Viana do Castelo, p. ex.) havia ficado à margem da prosperidade advinda do comércio do açúcar brasileiro, começa a crescer e a prosperar em fins do século XVII, graças aos vinhos de Douro. O capital comercial acumulado proporciona, mais tarde, certo desenvolvimento industrial, proporcionalmente mais importante do que o de Lisboa, até meados de 1864 (cf. GODINHO, s.d.: 30-31). J. Dinis (1868, cap. IV) sublinha a influência inglesa na arquitetura de uma parte da cidade, assim como sobre os costumes da burguesia.

26. Apenas em Bragança, citemos as procissões de Quaresma, de Dom J. Alves de Mariz, em 1890 e 1895 (cf. ALVES, 1909: 231-234).

por certa transformação de sua própria mentalidade. Já que o povo deseja um espetáculo, este lhe será concedido, mas segundo novos padrões, inteiramente informados pela ortodoxia oficial, moldados pela autoridade – sem qualquer espaço para a espontaneidade e a improvisação: as danças, as "histórias em ação", bíblicas ou nacionais, apagam-se pouco a pouco perante cenas estáticas e especialmente alegóricas. Os "mistérios da fé" dão lugar, sob influência da filosofia iluminista, à representação alegórica de uma doutrina moral e de um catecismo abstrato (cf. ANSELMO, 1916: 152-154).

Uma celebração excepcional nos exemplificará esse fato e, ao mesmo tempo, nos demonstrará de que forma o modelo das procissões citadinas se implantou no contexto das romarias. É a procissão organizada no santuário de São Torquato, no século XIX (1852), por ocasião da trasladação do corpo do santo de sua antiga capela, no centro do povoado, para o novo templo em construção[27]. Esse cortejo, "triunfo autêntico da religião", "o maior efetuado nesta época", é indubitavelmente único nos anais portugueses do século XIX. Além do arcebispo de Braga e de todas as autoridades religiosas de importância na região, mobilizou o governador civil, a câmara municipal, o administrador do conselho e, sob ritmos marciais, dois destacamentos do exército: um, a cavalo, sob as ordens de um tenente, que abria a marcha, e um batalhão de infantaria, sob as ordens de um comandante, que a encerrava.

Mas importante mesmo era a apresentação suntuosa de que se revestia o núcleo do cortejo. Concentrava-se ao redor de três enormes carroças, dispostas à porta da igreja, que "criavam um ambiente de cidade improvisada – em vez de povoado rural". Compunha-se de cerca de cem figurantes, "todos vestidos a caráter e com tal magnificência que satisfaziam integralmente às exigências dos estudiosos bíblicos e dos conhecedores leigos". Conforme o minucioso relato do cronista, todos esses quadros-vivos, cenas da vida de São Torquato, simples figuras bíblicas ou alegorias religiosas, simbolizavam as virtudes e as lutas do bispo e mártir. Assim, glorificavam conjuntamente a vitória do cristianismo como religião histórica de Portugal e a autoridade da função episcopal.

---

27. Os atos oficiais dessa trasladação estão transcritos no opúsculo *Vida preciosa e glorioso martírio de São Torquato* (s.d.: 38-60).

O significado dessa "grande entrada" não dá margem a dúvidas. Depois de um período de guerras liberais (1832-1834) durante o qual a Igreja em Portugal se havia excessivamente comprometido com o regime deposto, eis que se abre à sua frente uma nova fase de afirmação de poder (desta vez, poder contestado) no cenário político. Não se pode negar que ela acabava de perder, no caso das ordens religiosas, parte de suas tropas de choque; e que teve que aceitar a ascensão e consolidação de uma nova classe aristocrático--burguesa, fundada com a venda dos "bens nacionais", antiga base econômica de seu próprio poder. É verdade também que acabava de vir à luz, em 1850, o escândalo do "milagre de Ourique", que tendia a minar os fundamentos do dogma mítico, segundo o qual as próprias origens da nação estavam ligadas ao cristianismo[28]. No entanto, já onze anos haviam decorrido desde o término do cisma nacional e da reconciliação com Roma. Durante esses meses do verão de 1882 estava sendo elaborado o novo código penal, que seria promulgado em dezembro e que merecia toda a atenção da Igreja; ele haveria de confirmar os privilégios do catolicismo como única religião dos portugueses[29]. Convinha, portanto, afirmar com ostentação[30] o poder social da hierarquia eclesiástica, pois a partir desse momento e com a supressão das ordens religiosas o bispo passava a ser o único bastião da religião institucional. Aquela manifestação, cuja organização seria exclusividade da Igreja

---

28. O escândalo estourou com a publicação do livro de Alexandre Herculano, *A Batalha de Ourique*, que reduzia à categoria de lenda a aparição de Cristo ao Rei Afonso Henriques antes de uma batalha decisiva contra os muçulmanos, no século XII. A controvérsia perdurará até fins do século, prolongando-se até o século seguinte. Não era apenas questão de uma dimensão histórica, mas da constituição – ou da ruptura – de um imaginário coletivo nacional, que permitia que a Igreja assumisse uma posição de instituição essencial à existência da nação.

29. A respeito desse código e suas consequências sobre as nascentes Igrejas reformadas portuguesas (cf. MOREIRA, 1958: 268).

30. A descrição, minuciosamente registrada no relatório oficial, não deixa margem a dúvidas: a intenção foi a de sensibilizar a imaginação, através de um desfilar de tecidos preciosos, ouro e joias. "Todos os figurantes se vestiam suntuosamente. As roupagens, tecidas com fio de seda de ouro, ou enfeitadas indiscriminadamente com bordados de ouro". Para melhor compreensão do alcance desse exagero de riqueza no vestuário é necessário que evoquemos a extrema ostentação que sempre constituiu traço cultural da nobreza portuguesa e, por outro lado, o cuidadoso estabelecimento e delimitação do nível de exibição de riqueza para cada categoria social, estatuído por uma série abundante de ordenações reais, desde o século XV ao século XVIII. Apenas os grandes do reino podiam usar roupagens tecidas com ouro ou prata (cf. LOBO, 1904: 401; GODINHO, s.d.: 166-172, 180-185).

e em que nada era deixado ao acaso, constituiria uma lição de sua doutrina, cuidadosamente estudada[31].

À frente do cortejo vinha, significativamente, o anjo tutelar da igreja de Braga, montado num cavalo e empunhando uma bandeira branca em que estava inscrita a data de 4 de julho de 1852 junto com um escudo "marcado com as armas de sua eminência, a fim de demonstrar que, se um anjo do céu não vela sobre a diocese, em vão trabalha aquele que a governa". Depois, a cruz da confraria de São Torquato e as ordens terceiras de Guimarães. São Pedro e São Paulo precediam o carro da religião cristã, que se via "magnificamente representada por uma donzela, que acrescentava à beleza o espírito de inocência" e que se revestia, didaticamente, de ornamentos pontificais. Em seguida vinha São Miguel, ferindo a serpente com sua lança, o Anjo Rafael conduzindo Tobias, depois personagens que representavam as quatro partes do mundo – dominadas pela figura da fé. Em seguida vinham Abraão e Jacó, os patriarcas, fonte da tradição, e um segundo carro representando a Catedral de Toledo, cidade onde transcorreu a formação clerical de Torquato: em volta do altar-mor havia figuras representando o povo em atitude de oração, dispostas ao redor de São Torquato, em hábito de clérigo estudante. Dessa maneira, "o seminarista", categoria social numerosa e especialmente significativa nos vilarejos da região, via-se reconhecido um lugar fixo à frente do povo cristão. Seguia-se um sacerdote – Esdras – que segurava um cálice e uma caveira; depois vinha Davi, o vencedor do gigante, representando as vitórias do santo bispo. Em seguida, os quatro grandes profetas rodeavam a Esperança. Vinha depois Salomão o Sábio, modelo do prelado, e Judas Macabeu, anunciando "seu triunfo", no Concílio de Toledo, sobre o bispo inimigo do rei. Esse Concílio era representado num terceiro carro, "rico e triunfante": o santo bispo figurava nele, no meio de seus confrades – e o próprio rei, sentado na assembleia, escutava o seu discurso. Quatro figuras acompanhavam esse carro, personificando as quatro cidades, principais sedes episcopais representadas no Concílio. Vinha ainda outra "vitória", a de Judite sobre Holofernes, depois Samuel, "o inspirado", as virtudes teologais rodeando a

---

31. O texto afirma que o organizador "havia tomado informações não apenas em Lisboa e no Porto, mas também no estrangeiro" (p. 54). Por outro lado, parte do sermão da missa pontifical que precedia a procissão destinara-se a explicar o significado das figuras que iriam desfilar.

caridade e o Pastor José conduzindo uma ovelha. Melquisedeque, o sacerdote, precedia "a Lei da graça e a Lei escrita", que eram acompanhadas pelas três crianças "vencedoras da fornalha da Babilônia". Aparecia, então, sobre "o carro triunfal", a grande cena do martírio: vítima dos esbirras muçulmanos, o santo recebia da mão dos anjos a coroa da glória. E é a própria glória que fecha o desfile das alegorias, precedida de Aarão e Josué (o sacerdote e o guerreiro, pois o santo concentra nele os dois ministérios) e seguida apenas pelos turiferários, o clero e o cofre das relíquias. Esta era a figura mais solene do cortejo, representada "por uma bela mulher coberta de joias e rodeada de anjos que cantavam":

> Cantaremos sobre a terra
> a vitória de Torquato,
> que, rico de virtudes,
> triunfou em glória.

Assim se encerrava esse desfile militante, verdadeira obsessão de combate, vitória e glória. No decorrer de outro período de profundas mudanças de estrutura e consciência sociais, os príncipes do Renascimento tinham sabido transformar suas entradas, casamentos e desfiles triunfais numa reivindicação (mais do que numa afirmação) de poder e num encantamento disfarçado, cuja máscara se havia inspirado nos mitos antigos ou numa história com caráter mitológico, destinada a imitar, simular e estimular a situação ainda não estabelecida de um poder centralizado e de uma preeminência incontestável (CAZENEUVE, 1962; DUVIGNAUD, 1973: 63-66). Agora, disfarçada com as roupagens do herói antigo, era a Igreja contemporânea que atraía a atenção de todos sobre ela, negando aos olhos do povo sua real fragilidade[32], glorificando o carisma de suas figuras hierárquicas, exaltando seus combates para se afirmar na nova ordem social, encenando simbolicamente a sua pretensão de continuar sendo, frente às novas forças erigidas sobre bases materiais que no passado eram domínio seu, a promulgadora privilegiada do código de valores legítimos.

Numa escala mais modesta e, frequentemente, com uma indigência de signos que compõem um clima bem distante dessa vontade de deslumbrar a qualquer preço, encontraremos vestígios desse quadro naquilo que será, até os

---

32. A respeito da ostentação compensadora de estatuto social contestado, cf. Poirier (1968).

dias de hoje, a procissão de romaria: um espetáculo do qual o povo quase não participa ativamente (exceto aquelas pessoas que estão pagando uma promessa) e que visa a inculcar no espírito dos fiéis esta necessidade: a vida social deve estar sob o domínio da religião, das figuras eclesiásticas que a encarnam e das virtudes que asseguram a sua irradiação. Com efeito, são raras as romarias (as mais pobres) em que a procissão não comporta figuração abundante: os "anjinhos" (denominação genérica) que representam o Sagrado Coração, a Virgem, os santos, os bispos, os reis da Bíblia – sem olvidar Constantino o Grande, e São Luís, uma lição para os governantes – e também as virtudes. Para que ninguém se engane sobre o significado dessas figuras são exibidos à multidão dísticos explicativos a respeito da Igreja e sua autoridade, a fé e seu lugar nos alicerces de toda vida social (especialmente de toda a vida social portuguesa) e ainda a vida cristã e suas exigências. É um catecismo ambulante, que apaixonará o povo, especialmente porque as lições são transmitidas por seus próprios filhos.

Pois desde a época do triunfo de São Torquato[33] nova fase de rigorismo acabou proibindo na figuração das procissões, tanto as cenas profanas, que poderiam prestar-se a uma encenação sugestiva[34], como a presença de adultos (em geral) e de mulheres (em particular)[35]. Só podem participar agora de 10 anos (ou 12, segundo diferentes dioceses)[36]. Pelo menos, as crianças

---

33. Em 1946, a procissão organizada no decorrer de uma nova trasladação do corpo de São Torquato é composta apenas de elementos estritamente eclesiásticos: estandarte do Sagrado Coração, Cruzada Eucarística, Ação Católica, confrarias, coro de seminário e, evidentemente, autoridades civis. O organizador era o bispo Dom Bento Martins Júnior, um dos mais ardentes propulsores da "cristianização das festas". Na realidade, no dia seguinte, houve outra procissão, que comportava "numerosos anjinhos e figuras alegóricas". Estas últimas, de acordo com a nova legislação em vigor, eram, evidentemente, representadas por crianças. O espírito desta legislação é bem corporificado pelo *Concílio Plenário de Portugal* (n. 376).

34. P. ex., as "túnicas com abertura acima do joelho", ou as "malhas rentes com o corpo", ou as "meias cor de carne", da carruagem das 4 partes do mundo, durante a procissão de São Torquato.

35. O *Concílio Plenário* determina que as mulheres não devem ter qualquer participação ativa na procissão (n. 377): devem concentrar-se atrás do celebrante. A maioria das constituições diocesanas diz a mesma coisa. Até mesmo ao admitirem que as mulheres segurem os andores, não deixam de enfatizar que elas devem desfilar separadas rigorosamente dos homens.

36. *Concílio Plenário* (1926): nenhuma criança poderá figurar na plataforma dos santos (n. 376). *Constituições* de Coimbra (1929): nenhum figurante com mais de 12 anos (n. 1.603). Quem leva o estandarte deve estar decentemente vestido (n. 1.656); esse advérbio é comentado com luxo de detalhes, no capítulo sobre a disciplina dos leigos: nenhuma roupa "colada ao corpo", nenhuma meia "cor de carne", decotes e comprimento de saia devem ser medidos com rigor etc. (n. 1.377).

participam em grande número: mil crianças em Coimbra em 1926, logo após a "Revolução Nacional"[37] e várias centenas, pelo menos várias dezenas, nas romarias que observamos em 1973.

Essas crianças desfilam vestidas com túnicas, mantos de veludo, gorros coloridos e, às vezes, vestimentas próprias de corte. Empunham escudos com títulos ou brasões ou carregam com toda a solenidade símbolos religiosos. Às vezes, durante toda a procissão, mantêm a mesma atitude: cabeça inclinada, sorriso fixo, mãos estendidas que distribuem graças, como se as estivessem irradiando – vestígio esclerosado da ação teatral de antigamente. Os grupos desfilam sempre em ordem rigorosa de formação, cuja unidade fica às vezes realçada pelas fitas coloridas que ligam pelas mãos os vários participantes. Ao sol do verão português, pelas ruas do povoado e pelos caminhos, ao redor do santuário pelas alamedas do arraial, entre vendedores, restaurantes populares e centros de diversões, passa longamente o cortejo. É a corte esplêndida e multicor dos santos – e são eles que dominam a procissão.

Os "carros" da procissão de antigamente também desapareceram[38]. Em 1852, na procissão de São Torquato, eram constituídos por tablados carregados

---

Constituições de Leiria (1944): os figurantes devem ter menos de 10 anos e estar decentemente vestidos, situando-se fora da procissão estritamente litúrgica (n. 217-219). *Constituições* de Bragança e Miranda (1944): crianças de menos de 12 anos, cujas roupas devem ser "edificantes" (n. 707). *Constituições* de Lamego (1954): limite de idade em 12 anos; ninguém sobre as plataformas dos santos, roupas de acordo com a tradição da Igreja (n. 721).

37. "Há muitos anos não se havia visto tanto esplendor" (*Novidades*, 13/07/1926).

38. No entanto, esses carros deixaram vestígio em Braga e na procissão de São Torquato, na qual desfilam duas carroças. Na primeira aparece uma cena composta de estátuas de tamanho natural, representando São Torquato com roupagens episcopais, prosternado perante a cruz e um cálice rodeado de anjos. A outra carroça era um imenso monumento, antigamente ainda puxado por homens e hoje em dia montado sobre um caminhão; compõe-se de ampla escada com oito degraus, que vão dar numa plataforma onde leigos prestam homenagem a São Torquato em sua glória. Nos degraus estão assentadas 11 meninas, vestidas de branco e coroadas de flores. Durante o percurso, a procissão se detém frequentemente e as crianças cantam, fazendo gestos e entoam um longo hino a São Torquato, cujas palavras mudam a cada ano. Em 1947, o jornal *São Torquato,* órgão do santuário, sugere uma modificação nessas carroças: a vida do santo e os costumes da Idade Média (séc. VIII) – época "em que o cristianismo era verdadeiramente vivido" – seriam mostrados dentro de uma perspectiva "antiliberal" e "antilaicista" (04/10/1947). Em Braga, diversos fragmentos, componentes da antiga procissão, criam autonomia e, atualmente, percorrem a cidade na manhã de São João. Desfila o carro do Rei Davi e seu séquito, executando uma dança da corte, acompanhado de flautas, violinos e violas. Depois, precedido dos "bois bentos" e guiado por camponeses com roupas tradicionais, vem o carro de São João, composto de crianças que celebram com danças e cantos o "mistério" do nascimento do Precursor. Um mecanismo faz surgir um anjo, que sobe até a altura de um 3º andar.

por 15 ou 20 homens, que ficavam escondidos sob os cortinados. Atualmente, está proibida essa forma de transporte, mesmo para os únicos andores que subsistem, e que são os das estátuas dos santos[39]. Para estes, a procissão é um momento de triunfo: para o povo devoto, é oportunidade de admiração. Nas romarias de caráter mais rural, o espetáculo é mais "ingênuo" – o que não prejudica o seu brilhantismo. É uma profusão de cores que se destacam à luz do sol fitas, tafetás, telas de algodão, papel crepom, vidrilhos, pérolas, estrelas de ouro e de prata caprichosamente dispostas em curvas ao estilo barroco que compõem um nicho para o santo. Se a estátua é de pequenas proporções, tudo isso constitui o pedestal – de alguns metros de altura[40].

Oscilando sobre os ombros dos carregadores, o santo atravessará apoteoticamente a multidão, ao som das músicas e dos foguetes[41].

É nessa hora da procissão, e, sobretudo nas festas mais simples de aldeia que a imagem do santo de romaria acede à plenitude de sua presença funcional. Ela comunica e faz comunicar. Ela entra ativamente num jogo de eficaz encenação, e é através dela que o santo reata e intensifica o contato que sua permanência dentro do santuário tornava simbolicamente mais distante. Mesmo nas romarias atuais, nos ombros de seus carregadores, e mais ainda antigamente, quando estes desapareciam completamente debaixo do andor, é simbolicamente a comunidade anônima que o projeta acima dela própria e o anima de sua própria vida, enquanto que desta vida, transmudada e transfigurada na "máscara", ela própria recebe o impulso que a concentra e a projeta num continuar social. Acima da multidão dos seus fiéis e no cenário

---

39. O *Concílio Plenário* (n. 376) proíbe apenas que mulheres permaneçam sob a plataforma (sem dúvida no cumprimento de uma promessa). Mas diversas constituições diocesanas são mais rígidas, tanto para os homens como para as mulheres. Subsiste, pelo menos, um caso "à moda antiga": em Antunes, o monumento pesadamente revestido de placas de ferro deve ser carregado por homens cingidos de grossas faixas de linho e bem dissimulados sob a plataforma.

40. O *Concílio Plenário* limita imperativamente a altura dos andores, de modo que sejam introduzidos na igreja sem se inclinarem – o que faz pensar nas dimensões que deveriam atingir antes da existência desse decreto... Na arquidiocese de Braga (Decreto de 27/02/1933, art. 8), a altura dos andores não pode ultrapassar dois metros.

41. Embora não possamos afirmar que esse tipo de decoração não existisse generalizadamente no Alentejo, só constatamos ali a existência de andores mais simples, ornamentados apenas com ramos e flores. Essa simplicidade, junto com a escassez de "anjinhos", faz com que a parte "espetacular" da procissão resulte da participação dos fiéis: muitos assistentes acompanham a procissão cantando.

de suas vidas, o santo, e só ele, então, dança. Pois é numa dança que faz irresistivelmente pensar o balancear manso da estátua, máscara transindividual e impenetrável. Acompanhando-a pelo olhar ou pelo corpo, na participação "metekinésica" do espetáculo ou na comunhão de um andar livremente compassado com o ritmo da música da banda ou da melodia dos cânticos, o grupo como que se reinveste na posse dos lugares do seu trabalho, dos seus amores, de sua história coletiva, simbolicamente projetados para além de sua cotidianidade pela decoração que os transfigura. Quanto a ele, aquele que, em toda parte, chamam de "nosso" santo, ele realiza duplamente – como máscara e pela dança – a função durkheimiana de cristalização comunitária e de novo carregamento das energias sociais: integração dinâmica do grupo e reintegração nele de dimensões históricas e cósmicas. "A dança, assim como a máscara, é um condensador de energias", escreve R. Garaudy: "Trata-se de reunir forças esparsas da natureza e da comunidade, de seus vivos e de seus mortos, de criar núcleos mais densos de realidade e de energia" (GARAUDY, 1973: 21).

No entanto, são raras as procissões de romarias constituídas por um único andor. Os próprios santos se submetem, assim, à lei da refração do grupo, cuja unidade não se recompõe senão pela instauração de uma ordem hierárquica. Só que essa ordem muitas vezes emancipar-se-á do modelo da hierarquia social ambiente ou da ortodoxia religiosa oficial, para se colocar sobre as preferências da devoção popular: o santo mais venerado estará em lugar de honra, seguido apenas da relíquia (frequentemente a "verdadeira cruz"), que o padre carregará sob o pálio.

Em geral, o andor é construído em outra localidade, sendo-lhe acrescentada depois a ornamentação à base de flores. Em muitos vilarejos e povoados do Norte do país existem oficinas de artesãos (os "armadores") que dividem entre elas a clientela das romarias. Abastecem-se no comércio especializado do Porto e asseguram – junto com a ornamentação dos andores e da igreja, se necessário – o aluguel das roupagens dos "anjinhos". O profissional, o "armador", cujo ganha-pão provém da romaria está sob estreita vigilância da Igreja. A exemplo dos músicos, para que seus serviços possam ser aceitos, ele deverá comprovar "costumes cristãos e honestidade de vida", recebendo, então, autorização especial[42]. Não são raros os casos de "interdição" ou de excomunhão. Somente na diocese de Coimbra registramos pelo menos cinco casos, entre 1918 e 1921[43]. O motivo consiste, em geral, na infração do regulamento diocesano que rege as romarias; houve, porém, um caso em que um homem divorciado havia contraído novas núpcias perante a autoridade civil. Quando uma interdição desse tipo se prolongava, a vítima ficava simplesmente arruinada – ou então tinha forçosamente que mudar de profissão.

Muitas vezes esses artesãos fazem questão de levar pessoalmente sua obra-prima ao santuário, na manhã em que se irá efetuar a romaria. O tablado fica em exposição em frente à igreja e é objeto de comentários, aprovação, crítica, comparações, enquanto que, ao lado, o mestre goza de seu triunfo. O preço da obra não é motivo de mistério, pois a competição é forte, apoiando-se em critérios financeiros e na capacidade de renovação da arte do artesão. Em São Bento da Porta Aberta, o armador dizia abertamente que a obra havia custado, a ele e ao filho, quatorze horas de trabalho, mais, evidentemente, o material – pelo que estava cobrando mil escudos. Porém ele poderia desmontá-la e os elementos se prestariam para outros andores.

A procissão se põe, enfim, em marcha, seguindo, em geral, um itinerário fixado pela tradição. Nas grandes cidades é uma procissão solene e hierática, bem policiada, com um clero numeroso[44], ornamentos esplendorosos e a presença maciça de autoridades civis e militares trajadas a rigor – numa demonstração concreta de apoio que constitui para a Igreja uma afirmação de prestígio à qual ela é especialmente sensível. No interior do país ou em cidades pequenas não acontece o mesmo: apesar da tutela dispensada às crianças da procissão pelas "senhoras de boa vontade", a autoridade escapa, forçosamente e em parte, das mãos do padre. A responsabilidade concreta pelo andamento da procissão cabe à confraria, portanto à população. A ordem é relativa, as pessoas conversam e as exclamações se sucedem. Pode-se parar alguns instantes para que os carregadores descansem. No arraial só se

---

42. P. ex., *Constituições* de Lamego, n. 698.
43. Segundo o *Boletim da Diocese de Coimbra*.
44. Estamos pensando na procissão de São João em Braga, a "Roma portuguesa", onde apenas um dentre os vários seminários diocesanos contava com mais de 300 seminaristas.

estabelece silêncio no local exato por onde está passando o cortejo. Os gritos, os chamados, a música[45] o ruído de alto-falantes recomeça imediatamente depois. Nas ruas do povoado e, mais ainda, nos caminhos e veredas (se por aí passa o itinerário) estabelece-se, frequentemente, junto com os cânticos, um ritmo de passeio campestre e familiar: sob o sol, entre amigos, flores, cores e roupagens multifacetadas das crianças, aquele caminhar lento parece superar em importância qualquer tipo de devoção formal. Por outro lado, os dignitários da confraria, que desfilam com suas murças, bastões de prata ou de madeiras preciosas e asseguram a ordem do cortejo, junto a um padre, cujos ornamentos e função não lhe permitem, em geral, intervir de forma mais direta nesse aspecto do desfile, nem sempre representam os frequentadores habituais da igreja.

Com efeito, a confraria representa papel importante na vida social dos povoados portugueses. As confrarias ricas dos principais santuários podem significar um poder financeiro maior, sob certos aspectos, do que os recursos da própria municipalidade[46]. Isso explica uma certa atitude de reserva em relação à administração oficial e chega a provocar a criação de um centro autônomo de organização social, para o qual convergirão, eventualmente, clubes, sociedades culturais e associações comerciais, com o objetivo de promover e organizar festividades paralelas e ligadas à romaria. Também as confrarias modestas dos povoados, cujas atribuições se limitam, na maior parte das vezes, além da romaria, à constituição de uma "associação para missas fúnebres" nem por isso deixam de constituir-se em ponto de encontro (às vezes o único) onde se harmoniza a aspiração religiosa do conjunto da população com a prestação de serviços por parte do padre, na qualidade de representante local da religião oficial.

Muitas vezes existem várias confrarias no povoado, sem que se note, atualmente, qualquer distinção entre elas; a imagem global dessas entidades representa bastante bem, na consciência coletiva, a unidade existente entre

---

45. Este fato ocasiona, às vezes, interpelações violentas (e nominais), provindas da cabina central de sonorização, situada numa dependência da igreja.

46. É o que acontece em Elvas, onde, para a organização das festas oficiais da cidade, a municipalidade só dispõe de somas bastante inferiores às que a confraria recolhe.

vivos e mortos, entre ausentes (emigrados ou pessoas vivendo longe em virtude de casamento) e aqueles que vivem na povoação. Elas como que atestam e garantem a continuidade do povoado e a manutenção da respectiva comunidade, através dos assentamentos em seus registros, da cotização que é efetuada regularmente (e que os parentes de uma pessoa ausente não deixam de efetuar em seu nome), pela presença certa dos "confrades" nas cerimônias fúnebres ou missas celebradas por alguém que morreu longe de sua terra. Nesse sentido, a confraria representa simbolicamente o próprio povoado. O exercício de um posto no seio de seu conselho (a mesa), longe de se limitar a mero assumir de uma função numa organização paraeclesiástica, prolongamento e apoio da ação do clero[47], equivale a acesso ao centro vital do grupo e, ao mesmo tempo, ao núcleo daquele tipo de religiosidade que a comunidade elabora e que se expressa sob a forma de uma unidade que transcende as gerações.

Por outro lado, exceto na época do Natal, são as romarias que marcam o ritmo do tempo na vida da população[48]. Constituem os únicos acontecimentos a exigir preparação coletiva e colaboração hierarquizada, a criar responsabilidades e ocasionar iniciativas, a dar oportunidades para que as pessoas sobressaiam, recrutem auxiliares e marquem com o seu nome uma realização da comunidade. Antes de 1974, num regime do qual estava excluído qualquer debate político, a eleição das juntas de freguesia[49] não dava margem, em geral, a rivalidades, não havendo, consequentemente, renovação alguma na pequena equipe administrativa. Portanto, era por ocasião das romarias e

---

47. É o caso das associações de caridade e movimentos de Ação Católica, através dos quais o clero português (mesmo rural) tentou enquadrar os paroquianos em duas ocasiões sucessivas.

48. Será preciso acrescentar a Festa da Páscoa? Talvez. No entanto, o exemplo de Tinalhas aponta para a seguinte evidência: quando há coincidência de datas que estabeleçam rivalidade entre a festa oficial da Igreja e o dia principal da religião popular, é esta última data que prevalece majoritariamente na consciência da comunidade. "O que é a Páscoa?" – "É a Rainha Santa". Ouvimos frequentemente essa resposta e, simultaneamente, notamos que uma "devota" estabelecia distinção entre os "cristãos" (para os quais a celebração da Páscoa era mais importante) e o "povo" (para o qual a celebração da Páscoa era eclipsada pelo prestígio da romaria). O padre via-se, então, obrigado a suprimir os ofícios solenes do *triduum* sagrado para não ter de oficiar perante uma igreja vazia de público, uma vez que toda a população se dedicava aos preparativos da romaria.

49. Comissões administrativas das unidades territoriais de base, constituídas, nos povoados, de um presidente, um secretário e um tesoureiro.

através das confrarias[50] que se afirmava concretamente a estrutura hierárquica da "sociedade civil", terreno relativamente aberto às competições e à consagração de lideranças adquiridas no dia a dia.

Enfim, se a religião popular, sedimentada na consciência coletiva e reproduzida pelas instituições primárias, pode cristalizar-se numa organização institucional, este papel é desempenhado pela confraria. Por isso, seus dignitários têm consciência de que são representantes dessa religião junto ao padre e, eventualmente, em confronto com ele.

Por todos esses motivos, a procissão representa uma oportunidade fácil de tensão entre o clero e o povo: por seu lado, o padre tenderia a reduzir a duração do desfile e a evitar os momentos de exaltação durante a festa, concentrando o sagrado ao redor do santuário – para que aquele maná não deságue nos turbilhões da vida. Ser-lhe-ia grato diminuir a importância das figuras apresentadas (mesmo as desempenhadas por crianças), a ornamentação do andor, a participação da música, para que o cortejo se pudesse concentrar no "essencial": a cruz, o santo e o oficiante, transformando-se os espectadores imóveis em meros acompanhantes a entoar hinos religiosos. Mas o povo, ao contrário, quer usufruir plenamente de uma procissão suntuosa e interminável e lamenta que dela não mais participa "o tenente com todas as suas medalhas"; queixa-se da mesquinhez do cura, "que não quis pagar uma escolta a cavalo com uniforme de gala (uma miséria!)" e que, por falta de cuidado, deixa que as murças da confraria se transformem em "farrapos". Também

---

50. Algumas romarias, em geral, aquelas que se fundaram a menos tempo não estão ligadas à existência de uma confraria. Neste caso, elas são organizadas por uma comissão. Geralmente, a comissão, cujo mandato expira naquele ano, nomeia as pessoas que constituirão a futura comissão; os nomes dos escolhidos são proclamados do alto do púlpito no decorrer da romaria. Às vezes, a "transmissão do poder" origina uma cerimônia especial, durante a qual o emblema da presidência (em geral um estandarte, ou um bastão de honra) é solenemente transportado para o domicílio da pessoa que será a principal responsável pelo evento naquele ano. Em outros casos – índice de secularização – uma antiga confraria desapareceu, dando também lugar a uma comissão. Em Vila Verde de Fialho, p. ex., o presidente se declarava "não religioso" – condição essa que não o impedia de dirigir a procissão, empunhando o bastão cerimonial. Enfim, até nos casos em que uma confraria se encontra diretamente envolvida, a fluidez semântica dos termos confraria e comissão está, às vezes, a indicar uma secularização das representações da festa. Pudemos constatar que este lapso – quando aflora à consciência do seu autor – suscita nele um sentimento de culpa.

devolve ao clero a acusação de falta de decoro religioso: "...nem mesmo recolhimento da parte das crianças! E já viram como se desfaz em sorrisos com as moças? São esses que estão tratando de liquidar a religião..." "O povo sente que, pelo menos, *esta* procissão é propriedade sua e que querem espoliá-lo, na medida em que tentam diminuir o esplendor do cortejo". "Você pode ter certeza, na procissão da Comunhão Solene vai ser muito melhor. E que esta procissão pertence ao padre!" Acima de tudo, ele não admite uma diminuição do itinerário e, pelo contrário, gostaria de ampliá-lo. Em determinada aldeia, o padre conseguiu, durante o ano, reduzir o percurso de todas as procissões, mas se via incapaz de repetir a proeza no caso da procissão de romaria. E a procissão irá passar em frente ao cemitério e dará todas as voltas "que sempre deu". O cansaço do velho padre não será razão para que a santa deixe de abençoar todas as casas, ruas e campos, que, segundo a tradição, sempre tiveram direito ao benefício de sua presença[51].

E novamente se estabelece uma dialética do espaço: a Igreja tenta fechar o círculo da procissão em torno do santuário (que é seu), local em que sua autoridade é mais abrangente, ou então limitar o cortejo às ruas centrais, onde a cidade ou povoado afirmam sua dignidade através da solidez das casas e pela ordenação das ruas. Mas o povo quer o contrário: ampliar ao máximo o itinerário e integrar profundamente o sagrado na vida concreta e simples, fazê-lo acessível e próximo, misturá-lo com os divertimentos e namoros do arraial – enfim, quer familiarizá-lo e domesticá-lo.

É uma dialética bem visível numa série de documentos episcopais que remontam à época em que a Igreja novamente impôs sua autoridade em Portugal. O próprio Concílio Plenário de 1926, fruto da comum experiência dos bispos no começo do século XX, exorta a "que se reduza o trajeto das procissões e que se não ceda aos fiéis que desejam percorrer toda a paróquia, visto que uma atmosfera de respeito é coisa impossível quando o percurso é lon-

---

51. Pensamos na "visita deste mundo terreno pelo exército fertilizante dos mortos" ou na "purificação das casas para ficarem livres de toda influência dos feiticeiros" – fatos referidos por A. Varagnac a propósito das cerimônias que celebram as estações do ano (VARAGNAC, 1948: 84).

go"[52]. Esta exortação se repete nas dioceses[53]: que não ultrapassem o Calvário, a não ser que tenham autorização específica para tal; que a procissão nunca se detenha a fim de descansar; que não se troquem, sem necessidade, os carregadores de estátuas; que não se saia nunca dos limites da paróquia etc. Na verdade, o problema do espaço não é coisa nova para a Igreja – e poderíamos encontrar, sem dificuldade, nos documentos antigos uma grande quantidade de proibições similares. Por exemplo, em 1477, em Braga, ficam proibidas as "missas embaixo das árvores, nos campos ou nas praças" e as procissões "com alarido nas montanhas" ou simplesmente "nos campos"[54].

Dois casos, especificamente, nos farão entender com mais clareza o sentido dessa dialética. As Constituições de Leiria, em 1598, deploram o número excessivo de ermidas existentes em lugares distantes. Proíbem mais construções desse tipo nesses locais e, ao mesmo tempo, determinam que as capelas já existentes sejam destruídas, para serem reconstruídas em lugares habitados (p. 77). A facilidade na ministração dos sacramentos aos paroquianos que residem longe da igreja é o motivo alegado para tal medida. Mas como não se espantar com essa manifestação de incompatibilidade entre o sagrado e o deserto[55], esse temor do lugar "selvagem", distante das influências culturalizantes do homem, que constituem fator de ordem e de civilização? Essas ermidas, condenadas à destruição, eram sem dúvida alguma cenário de romarias, onde os elementos sagrados correriam o perigo de abastardamento num território "natural" ambíguo, pois se ali os monges antigos procuravam refúgio era para enfrentar o maligno em seu esconderijo[56].

O sagrado se associa estreitamente à cidade dos homens – pelo menos para aqueles que reivindicam oficialmente a gestão do "religioso". Por outro lado, a vida social organizada também necessita da presença do sagrado para que não mergulhe na confusão. É o que vemos na cidade do Porto. As

---

52. *Concílio Plenário*, tit. V, n. 378.

53. P. ex., as *Constituições* de Bragança e Miranda, 704-707. Além disso, qualquer ato de culto fora do recinto do templo não pode ser realizado sem autorização especial (n. 576).

54. *Constituições* de Dom Luiz Pires (apud MARTINS, 1952).

55. Devem ser destruídas todas as ermidas rurais, mesmo aquelas que não poderiam ser reconstruídas perto de um povoado.

56. P. ex., Bouyer (1950).

mesmas Cartas Reais que, em 1580, condenavam os "concursos de beleza" que precediam a Festa de *Corpus Christi* referem-se igualmente ao itinerário da procissão. Desprezando o circuito urbano, o préstito se dirigia ora para Santo Ildefonso, ora para São Pedro, que eram duas capelas rurais. O Santo Sacramento era colocado, sem o devido respeito, "sob uma árvore"; enquanto isso, o pregador desincumbia-se de suas funções perante uma assistência rarefeita. A multidão, ela havia permanecido na cidade, liberta subitamente do peso opressor da Presença, "comendo e festejando alegremente". E a rainha concluía: "Que se vá, portanto, ao Convento de São Francisco ou de São Domingos, sem ultrapassar os muros da cidade" (*Provisões da Câmara do Porto*, f. 187, apud *O Tripeiro*, 1919: 242-243).

À retaguarda dessa luta por uma redução ou ampliação do espaço, delineia-se outra dialética, que vai mais a fundo: o sagrado sofre, por um lado a tensão existente entre a natureza e a cultura, entre o selvagem e a ordem. O sagrado pode "degradar-se" ao aproximar-se da "natureza"; sem a presença do sagrado, a cultura por sua vez tende a enfraquecer-se e a voltar à selvageria. Tratar-se-ia, então, de uma relação objetiva entre o sagrado e a cultura? É óbvio que essa relação surgiu mediatizada pelo grupo detentor da autoridade, o qual para o exercício eficaz de sua influência, necessita de uma afirmação de presença física e do apoio de um ambiente constituído por coordenadas demarcadas, familiares, próximas do centro de seu poder. E isto deve passar-se à luz do dia. Outra vez deparamos aqui com a ligação existente entre o espaço e o tempo: a noite é excomungada. A reprovação oficial se abate, principalmente, sobre as procissões noturnas e os eventuais infratores dessa regra são submetidos a severas punições[57]. Cidade (ou povoado) e luz do dia constituem, juntas, o cenário que enquadra um fato ordenado. A escuridão e a floresta induzem à confusão, à desordem e à ambiguidade.

E, assim, o fascínio que a noite inspira aos fiéis induz o clero a uma nova estratégia: já que a procissão tradicional de romaria só pode ser regulada, e mesmo assim de forma incompleta, com grande dificuldade, já que a autoridade eclesiástica não consegue controlar totalmente os rumos da devoção

---

57. *Constituições* de Bragança e Miranda (n. 586), de Lamego (n. 715), de Braga (n. 735) etc.; cf. tb. *Acção Católica* (1921: 164).

popular, a Igreja tentará instaurar, durante a festa, uma segunda procissão que da outra dependerá totalmente. Será a procissão dos archotes "como em Fátima"[58], com dupla função. Em primeiro lugar, a atenção do povo será despertada por um modelo de peregrinação – a "peregrinação da devoção", inteiramente organizada pela Igreja e destinada, em seus planos, a substituir a romaria popular tradicional[59]. E, de forma mais imediata, servirá para neutralizar durante boa parte da noite o apelo do arraial noturno e suas liberdades – na impossibilidade de poder suprimi-lo inteiramente[60].

Portanto, um grupo que disponha de autoridade – e também de poder – tende a multiplicar as instituições que lhe possibilitem tutelar exclusivamente as manifestações de vitalidade social. Só assim, dentro de uma situação controlada *ab initio*, não haverá nenhum perigo em fornecer a essas energias uma dose de emoções que lhes havia sido recusada quando ameaçavam escapar ao controle do grupo. Durante essa nova procissão, todos os recursos serão usados a fim de que a multidão possa ser galvanizada emocionalmente. Não haverá mais temor algum: nem às grandes forças primitivas da noite, com a luz das tochas que afugentam a escuridão, nem a violência elementar dos gritos ou tampouco à explosão unânime de um gesto simples: um braço erguido, agitando dentro da noite um lenço branco. Essas manifestações se deixam modelar por mãos que representam a autoridade, submetendo-se às regras por ela ditadas. Até as trevas perdem seu mistério selvagem e abandonam sua máscara ambígua para poder aspirar à honra de serem consideradas "religiosas". A noite perigosa e ameaçadora se transformou numa noite santa[61].

---

58. Assistimos à procissão noturna de São Bento da Porta Aberta, instituída em 1945. Em São Torquato, foi organizada "uma grandiosa procissão à luz de archotes" por ocasião do centenário da trasladação, em 1952 (cf. *São Torquato*, 29-30, mai.-jun./1962).

59. Documentos eclesiásticos recentes distinguem ou até opõem a "peregrinação" e a "romaria".

60. Ainda mais pelo fato de ter continuidade através da hora santa.

61. "É preciso que esta noite se transforme numa vigília santa" – é o que se lê no programa para a transformação das festas de São Torquato (*São Torquato*, 29-30, mai-jun./1952). Em São Bento, um clero numeroso e a presença da Guarda Republicana, a seu serviço, permitem que falemos de poder no sentido de Weber (1971: 56). É interessante verificar que a Igreja só corre o risco de regular a vigília quando sente que dispõe de força para tal (de uma maneira ou de outra). Em outros locais, ela tende a suprimi-la. P. ex., em 1937, o bispo de Bragança e Miranda, Dom M.A. da Ressurreição Fernandez, organiza uma guarda de 40 homens, que deverão vigiar, durante a noite, o arraial de Nossa Senhora da Assunção de Vilas Boas. Esses homens estarão distribuídos por

Todos esses fatores são familiares ao estudioso das romarias desde os tempos de suas origens, os séculos de Prisciliano e de Martinho de Dúmio. E é com eles ainda que se deparam os analistas do mesmo fenômeno no Brasil[62]: intervenções "lascivas" e "profanas" no âmago do rito, busca do sagrado dentro do espaço "natural", fascinação mística ou anárquica exercida pela noite e, em contraposição, tentativa reguladora de definição e captura do sagrado nas redes da ortodoxia, de ampliação do espaço social ordenado, civil ou religiosamente. Eles apontam provavelmente um caminho fecundo em direção à apreensão da estrutura profunda do fenômeno romaria, estrutura que será somente modulada por sua inserção nos mutáveis quadros sócio-históricos.

---

toda a extensão do terreiro e deverão impedir a realização de danças e canções profanas. Para o cumprimento deste objetivo "terão o apoio da autoridade administrativa e da polícia". Sob essas condições, fica prevista uma procissão à luz de archotes às 23:00h e, até o raiar do sol, a realização de preces públicas no santuário, projeção ao ar livre de filmes religiosos e retransmissão, através de alto-falantes, de conferências sobre temas religiosos, sociais e patrióticos (*Lumen*, 09/05/1937).

62. P. ex., Azzi (1979: 39-54, 1978, 1977) e outros, que constituem referência obrigatória para o estudo do assunto.

Religião e etnicidade
Dois casos de "negritude católica" na diáspora*

Falar em "etnicidade", hoje no Brasil, mais ainda no meio universitário, parece evocar imediatamente o problema das cotas. Não é dele que tenciono falar aqui. Mas sim de certo pano de fundo no qual esse problema se enraíza. Por que cotas, com efeito, senão porque determinados grupos sociais, em casos cada vez mais numerosos no mundo contemporâneo, procuram numa afirmada pertença a uma "raça" ou uma "etnia" o traço diacrítico capaz de embasar uma definição de identidade – e, com isso, um projeto político?

Ora, é cada vez mais patente que as modalidades concretas dessa reivindicação de pertença são várias – tanto no nível da definição (ou negação) de "raça" ou "etnia" quanto no dos próprios processos de afirmação de identidade através do laço reconhecido com essa "realidade" étnica. Modalidades variadas, conforme as regiões do mundo, as civilizações, as nações, e também conforme os processos e os momentos históricos próprios a cada uma delas[1]. O problema da "etnicidade" é, pois, anterior e fundamental: é em torno dele que trabalharemos. Cruzando seus dados com os de outra linhagem identitária, a da religião. Daí o nosso título: "Religião e etnicidade – Dois casos de 'negritude católica'". Mais explicitamente: de que maneira(s) determinados grupos negros católicos, na França e no Brasil – no longínquo e no próximo, como diria Bastide –, articulam essas duas dimensões de sua identidade.

Comecemos pelo próximo.

Movimento nascido em 1983 no seio da Conferência Nacional dos Bispos do Brasil (CNBB), em continuidade/ruptura com um grupo anterior, o

---

* PASSOS, M. (org.). *Diálogos cruzados*: religião, história e construção social. Belo Horizonte: Argumentum, 2010, p. 85-110.

1. Três referências, a título de exemplos empíricos desta diversidade e da afirmação – em sentidos diferentes – de sua importância no debate atual: Sansoni (2004); Fry (2005) e Segato (2005).

Grupo de União e Consciência Negra (SANTOS, 1991), os *Agentes de Pastoral Negros* (Anônimo, 1993) querem-se promotores de uma renovada consciência de identidade negra e de um reconhecimento dessa identidade no conjunto da sociedade brasileira, especialmente no seio da instituição religiosa de que fazem parte, a Igreja Católica. Dinamizados, no interior dessa Igreja, por uma elaboração teológica, a Teologia da Libertação, e fora dela pela emergência do movimento negro, com a revisão da história nacional e da problemática cultural onde esse movimento se inspira – e que ele também inspira –, esses católicos negros (bispos, padres, religiosos, rapidamente também leigos[2]) tomam a iniciativa de pôr em questão a sua situação no interior da Igreja. "Movimento negro católico", "negritude na Igreja", "antirracismo à católica", esses aspectos todos passaram a ser objeto de uma reflexão coletiva e de uma estratégia religioso-política, fundada em teoria (o movimento tem seus intelectuais, teólogos de peso como[3]), mas cada vez mais fonte de práticas, culturais, sociais, religiosas, eventualmente litúrgicas (APNs, 1993; VALENTE, 1994).

Pois o que se procura não é mais simplesmente, como em outras épocas recentes, a recuperação de *traços perdidos de uma cultura*, mas a *afirmação de uma identidade*, da qual essa cultura será eventual veículo e expressão (SANCHIS, 1997).

Está claro que a riqueza das perspectivas assim rapidamente esboçadas torna-se particularmente significativa quando situada no bojo das tensões que o movimento atravessa no momento político-cultural contemporâneo do Brasil. Quatro dessas tensões me parecem marcantes.

1) Os APNs nasceram dentro da corrente da *Teologia da Libertação*, mas se especificando dentro dela na medida em que esta tendia a reduzir a um nível único – o das classes, ou, mais simplesmente, da pobreza – os conflitos estruturais na sociedade brasileira. Para os APNs, a variável "negro" (utilizam para expressá-la as categorias de "raça" ou de "etnia"), bem como a variável "mulher" – sobretudo quando se somam – criam outras articulações de conflitos.

---

2. Não está excluída, no interior do movimento, a presença de militantes oriundos de outras afiliações religiosas. Sua pertença católica é, no entanto, regra geral.
3. P. ex., Silva (1993) e Frisotti (1993).

2) Assim, o seu movimento se situa *no campo do movimento negro*, mas se distinguindo dele – e, em certos casos sendo por ele visto com receio – não tanto por causa de sua dimensão explicitamente religiosa, mas por ser essa dimensão cristã, ou melhor, na maioria dos casos, insistentemente católica (à diferença do movimento análogo nos Estados Unidos, mais explicitamente interdenominacional). Pois não só, como os militantes APNs são os primeiros a denunciá-lo, a Igreja colaborou com o esmagar histórico do povo negro, mas também, como pensa parte do movimento negro[4], só o candomblé (e a umbanda) expressa(m) a afro-brasilidade no campo da religião.

3) No entanto, os APNs, apesar de se organizarem dentro da Igreja Católica, sendo aceitos pela hierarquia e até contando bispos nas suas fileiras, incitam os seus militantes, eventualmente, aliás, membros de outras Igrejas ou até de outras religiões, a se preocuparem pelo resgate histórico de uma dignidade ferida com a cumplicidade da Igreja, por ela mesma e em seu próprio seio. Por outro lado, a vontade de "inculturação" hoje manifestada pela instituição, que poderia se traduzir por uma "pastoral" específica (pastoral dos negros) e/ou uma liturgia afro-brasileira, não lhes agrada necessariamente, já que alguns deles, prolongando as hesitações iniciais do *Grupo de União e Consciência Negra*, se recusam a serem "objetos" de uma pastoral específica (Por que um cuidado especial para com os "negros"? Seriam diferentes aos olhos da fé?) e também a receber, toda pronta e cozinhada no andar de cima, uma liturgia própria. Um período criativo e efervescente das comunidades lhes parece mais aconselhado. E a isto eles se dedicam (cf. as "missas afros", ou "missas inculturadas"), aliás com realizações e em perspectivas diversificadas, diversidade que analisamos em outro lugar (SANCHIS, 2000).

4) Enfim, e não só no meio popular em que estão mais densamente presentes, eles encontram o *universo das religiões afro*. E aí emerge o problema do sincretismo. Se, em certa pastoral católica imediatamente pós-conciliar, o candomblé, além de ser religião "outra", para alguns profundamente respeitável, podia aparecer também como um monumento *cultural*, feito de traços tipicamente expressivos, suscetíveis de oferecer-se a empréstimos segmenta-

---

4. Uma representação que, ao que parece, tende a desaparecer no seio do movimento.

res sem implicar uma adesão religiosa, muitos dos APNs de hoje entendem sua missão como sendo outra. Concebem-na como um processo de procura e construção social, dominado pelas perspectivas de uma tarefa: querem-se inteiriços na sua afirmação *identitária* étnica. Nesse sentido, para alguns deles pelo menos, também o candomblé "faz parte" de uma identidade a ser recuperada nos porões de uma história por eles meio esquecida, porque censurada pela cultura nacional – e religiosa – dominante. Para outros, esse encontro da "religião dos ancestrais" reveste-se de um caráter de descoberta maravilhada. A sua socialização estritamente católica os tinha levado a desconhecer – ou até desvalorizar e, por que não, em certos casos, diabolizar – uma religião que agora lhes aparece como "também minha", e "tendo muita coisa para nos dar".

Vê-se que as questões postas pelo movimento (APNs) são numerosas, instigantes e, mesmo assim reduzidas às perspectivas da única sociedade nacional, fundamentais para um problema como o da "negritude à brasileira". Na verdade, o tema ao qual essas questões dizem respeito tornou-se candente em numerosas sociedades contemporâneas, amplamente compartilhado pela reflexão e a vivência crítica de muitos grupos, "nacionais" ou religiosos[5]: identidade, etnia, identidade étnica...

Por isso, e já que não se trata somente do Brasil, talvez seja esclarecedor esboçar[6] um paralelismo entre dois grupos negros, um e outro confrontados, em circunstâncias diferentes, mas análogas, à mesma problemática da

---

5. A aparente confusão entre "religião" e "etnia" é proposital. Pois é ela que domina, em muitos casos, as perspectivas.

6. Convém insistir sobre esta qualificação, explicitando em particular os limites da representatividade de nossas amostras. Por um lado, não o conjunto dos católicos negros do Brasil, mas os frequentadores de paróquias e, sobretudo, os membros (ou simpatizantes) de um movimento que se propõe expressar suas aspirações. Por outro lado, não o conjunto dos africanos em diáspora parisiense, mas membros ativos de grupos de vários matizes, intelectuais mais independentes ou frequentadores de organizações religiosas, o mais das vezes católicas. O nível de sua inserção na sociedade francesa, geralmente médio, comporta casos de mais perfeita realização e outros especialmente problemáticos. Dentro das condições instáveis próprias dos meios de imigração, pode-se falar numa maioria de pequena classe média, com representantes de classe média. Se a minha pesquisa no Brasil foi prolongada, ela se restringiu em Paris a três campanhas, é verdade, intensivas, de algumas semanas. Enfim, os dados obtidos nestas pesquisas perderam de sua estrita atualidade, por isso mesmo talvez possam testemunhar uma etapa recente e seminal.

afirmação identitária: os militantes católicos negros do Brasil e os católicos africanos vivendo na diáspora parisiense.

Antes de tudo convém constatar que o esforço de uns e outros se inscreve em idêntico movimento: o do surgimento – ou ressurgimento – contemporâneo de identidades segmentárias que o universalismo iluminista e os nacionalismos modernos tendiam a ignorar, ou que os imperialismos coloniais haviam negado ou subalternado. Nesse sentido, e numa perspectiva demasiadamente grosseira, diríamos que uns e outros representam as consciências coletivas de grupos minoritários em processo de afirmação. Mas logo começam as diferenças.

1 A parte e o todo

Certo jogo *entre identidade segmentária e identidade global* se desenvolve paralelamente nas duas situações, mas num sentido e em níveis diferentes, a categoria "nação" sendo portadora e fator dessa diferença.

No Brasil, uma reivindicada identidade "negra", eventualmente dita de "tradição africana" (marcada ou não por conotação biológica: "afrodescendente"), pode se relacionar contrastivamente com uma identidade nacional brasileira, ao mesmo tempo em que se encaixa nela ("afro-brasileira"). Os dois movimentos: um, de globalização nos quadros supranacionais da "negritude", da "afrodescendência" ou do "afro-americanismo", outro, de inscrição segmentária numa unidade nacional, como simplesmente "afro-brasileiro", tendem a se recortar mutuamente. Com certa tendência à hierarquização holística: mesmo se momentos de particular afirmação ideológica evidenciam e endurecem a tensão, de modo habitual a totalidade nacional é sentida como englobando e subsumindo o grupo negro, ao mesmo tempo em que este se representa como importante componente daquela.

Os africanos católicos de Paris, ao contrário, por um lado sentem-se como estranhos à sociedade nacional ambiente. Por outro lado, e no interior do seu próprio grupo global (o grupo "africano"), é o nível nacional que é segmentário, criando subgrupos de afinidade e de convivência mais estreita. Tudo indica – pelo menos no meio social da *diáspora* – que um século de administração colonial e meio século de afirmação nacional independente acabaram sedimentando nas sensibilidades uma referência identitária forte, capaz de fazer a "nação" concorrer, mais do que se poderia esperar, com as tradicionais lealdades étnicas[7]. Quando esses desterrados expressam sua saudade "do país", é na sua nação que eles pensam, e não no continente africano. No entanto, as estruturas de amparo pastoral oferecidas pela Igreja Católica possuem uma dimensão mais abrangente (p. ex., a "comunidade *africana* de Paris"[8]), e o sentimento de constituir uma minoria na sociedade francesa, quando aflora em manifestação de alteridade contrastiva, escolhe a categoria de "africanidade"[9] para se expressar. Duas dimensões estão, pois, se cruzando nas manifestações de sociabilidade cotidiana, de agrupamentos formais, de organizações religiosas ou parareligiosas: a da nação e a da origem quase continental ("África Negra")[10], esta última, globalizada, parecendo-me mais um reflexo do olhar da sociedade francesa.

Perspectivas igualmente nacionais dominam as conversas sobre a política. E são poucas as alusões, vindas em geral de intelectuais, às teorias pan-africanistas como as de Cheik Anta Diop[11].

Existe sem dúvida uma diferença entre as sensibilidades expressivas (corporal e musical) dos africanos segundo suas regiões de origem, e essas regiões já cristalizaram em "nações" no imaginário dos africanos de hoje.

---

7. Falo da situação de diáspora extra-africana. Pode ser que, na própria África, a alteridade seja ainda sentida mais em termos de etnia do que de nação. P. ex., a propósito da "Primeira Igreja Batista de Uagadugu" (Burquina Faso), formada de Iorubás nigerianos, Ruamba (1999: 130) se refere à "decomposição dos quadros tradicionais de solidariedade", citando entre eles os "laços de aldeia ou étnicos", enquanto emergem "novas solidariedades alternativas", entre as quais as religiosas ou as nacionais, que podem unir estes Iorubás aos Haoussas vindos, como eles, da Nigéria.

8. Ou ainda "Aumônerie Africaine de Paris".

9. Implícita no uso do identificador: "africano".

10. Menos implicado parece estar o traço da "negritude" propriamente dita: não constatei que uma especial solidariedade ligasse entre si os negros africanos, antilhanos e haitianos. Ao contrário, o vigário de uma paróquia onde se concentram muitos imigrados dizia-me ser a rivalidade entre antilhanos e africanos um dos problemas principais de uma pastoral que se queria engajada ao lado dos imigrantes (entrevista, 1998).

11. Fauvelle (1996), especialmente o Prefácio de Elikia M. Bokolo.

Seja exemplo disso o caso de dois grupos corais, um do Benin outro da República Democrática do Congo, convidados juntos para a celebração de uma missa paroquial. Não só expressavam sua emoção religiosa em registros estéticos claramente diferentes, mas mostravam-se conscientes dessa diferença e sensíveis a ela, sem chegar a transformá-la em oposição. No fim da missa, um instante surpreendidos pela exuberância, rítmica e corporal, dos congoleses, que contrastava com o hieratismo do canto final que eles próprios acabavam de executar, os benineses logo entraram com naturalidade no jogo da participação. Por sua vez sensibilizados com isso, os congoleses não deixaram de notar (e de fazer notar) que os fiéis franceses, que já estavam indo embora, estacaram e retomaram o seu lugar quando a entrada do seu coral mudou o clima musical desse momento final de celebração.

Do mesmo modo, uma categoria tão ampla como a da "dança afro", cuja presença caracteriza genericamente e de norte a sul, no Brasil, as celebrações marcadas ao cunho da "negritude", talvez não tivesse muito sentido para os africanos em Paris. Um sacerdote do Burquina Faso, por exemplo[12], que acabava de me mostrar em vídeo uma missa festiva em seu país, reagiu à minha surpresa diante do caráter harmoniosamente comedido ("apolíneo") das danças que compunham a liturgia e, confirmando os meus comentários, contava-me que ele próprio, encarregado da assistência espiritual dos numerosos burquinabês emigrados na Costa do Marfim, não deixava de sentir-se "chocado" pelo caráter exuberante e fisicamente implicado (a categoria de "sensualidade" conservou-se à beira do discurso, sem nunca se explicitar, mas apareceu em outras entrevistas) das danças "litúrgicas" que presenciava em Abidjan, quando ali visitava os seus compatriotas... Na África como no Brasil parecem distinguir-se a expressão religiosa do "sertanejo" e a expressão religiosa "baiana" do litoral marítimo[13].

---

12. Entrevista de um padre burquinabê em tratamento médico em Paris, 1999.

13. "O sagrado principal é a vida, mas modulado por diferenças conforme as relações com a natureza [...]. Considerar expressões regionais diferentes, uma conivência com a natureza geográfica: as chuvas. O regime pluviométrico faz a identidade dos grupos africanos: pluviometria intensa, tudo cresce... Ao contrário, no Sahel, nas montanhas, é a seca!" (Entrevista, Pe. Jean, SJ, Paris 1998).

2 Celebrar como "afro"

Esta quase inversão do encompassamento das identidades traduz-se na hora das *realizações litúrgicas*. Em consequência, o significado social de uma "liturgia afro" é totalmente diferente no Brasil e em Paris.

Para ser "africana" em Paris, como o desejam as instâncias pastorais superiores[14], uma liturgia católica terá paradoxalmente de ser celebrada (textos litúrgicos e sermão) em francês, única língua de comunicação entre todos[15]. É, no entanto, comum nesse caso a intervenção de corais cujo repertório, nas línguas nacionais, isto é, hermético para boa parte dos participantes, é então aceito e apreciado no nível simbólico de uma afirmação identitária comum e em razão das qualidades instrumentais e rítmicas onde cada um acaba se reconhecendo[16]. O laço de solidariedade mais sensível é então dado pela dimensão religiosa comum, que, não só estabelece trocas supranacionais de mensagens (entre padres e fiéis), mas também reúne brancos e negros e faz que os primeiros comunguem visivelmente com a expressão musical do coral ou a retórica "africana" do pregador, e que os segundos aceitem com simpática atenção as intervenções de sacerdotes e religiosas brancos. Afinal, certa reconstituição, em clima paroquial parisiense, da atmosfera missionária "no país".

Outras vezes, ao contrário, a intervenção de corais em liturgias de comunidades homogeneamente "francesas" resulta de um convite paroquial: "semana das missões", incentivo pastoral para a abertura ao "outro" e o acolhimento etc. Talvez seja nesse caso que mais claramente se manifeste o hiato cultural entre

---

14. Em casos, aliás, relativamente raros, e por isso mesmo reconhecidos como simbolicamente importantes. De modo geral, é a "assimilação" que é desejada. (Entrevista com responsáveis da paróquia africana de Paris (1998) que tentavam analisar as grandes linhas da pastoral arquidiocesana.) Em dioceses suburbanas, é mais comum a existência de centros pastorais nacionais, dirigidos por sacerdotes africanos, e eventualmente frequentados por fiéis domiciliados em Paris.

15. No próprio território africano este problema das línguas vem complexificar o das relações entre etnias e nações, de que falamos acima. As nações possuem, em geral, várias línguas, e algumas destas recobrem espaços que abarcam partes de vários territórios nacionais. Quando da visita do papa ao Camarões, em três das quatro dioceses a missa foi celebrada em várias línguas locais, mais o latim, o francês e o inglês (cf. HEBGA, 1995: 52-56).

16. "Não entendem [a letra dos cânticos], mas a presença de instrumentos, ritmos e até idiomas africanos é para eles profundamente significativa" (Entrevista do responsável pela *Comunauté Africaine de Paris*, 1998).

representantes das duas comunidades católicas, a "africana" e a paroquial parisiense. De um lado, a "apresentação" de um grupo que se sabe "decorativo" e "exótico" aos seus parceiros coparticipantes de uma esfera religiosa comum; do outro lado, uma aproximação benevolente, mas distanciada: "Acho muito emocionantes esses cantos! A senhora não acha?" Realidade evidentemente matizada conforme o meio social dominante na paróquia autora do convite: um leque que vai desde uma atenção claramente simpática e participativa, acompanhada de sorriso, de comunicação pelo olhar e até de um esboço de movimento corporal, em paróquias de tradição mais marcadamente popular, onde se pode também oferecer "um trago" depois da missa, para facilitar um encontro mais cordial, até uma audição passiva e no máximo benevolente, quando o meio social é de "elite", a ponto de merecer o apelido de *Front National* da Igreja"[17], da parte de quem, africana de origem, reside em seu seio.

No Brasil, está claro que uma missa afro não poderia se constituir em alteridade com o mesmo grau de intensidade. O grupo "negro" que assume a sua organização faz parte do grupo social total a quem ela está destinada, e a celebração assume, para esse grupo, um caráter tendencialmente orgânico. O que, confirmando a coloração "afro" da cultura brasileira global, contribui para a compreensão da "cultura/identidade" brasileira. A um "nós" meramente religioso em Paris, sobreposto a uma alteridade cultural profunda, corresponde, no Brasil, um processo (relativamente) identificatório composto de dois níveis convergentes: o religioso e o sociocultural. Por afirmativas que sejam essas características, elas deixam, no entanto, claramente entrever 1) que os dois grupos (o afro-brasileiro e o que chamamos de "brasileiro global") não se confundem simplesmente e 2) que, de certo modo, o projeto de uma missa "diferente" implica necessariamente a realização de um tipo de espetáculo, *performance* oferecida por alguns a outros, ou à totalidade do grupo de que os primeiros fazem parte. Pois a realização ritual deverá ser marcada por gestos de ruptura, eventualmente linguísticos[18], com a expressão cultural am-

---

17. Entrevista de G., congolesa, Paris, 1999.
18. P. ex., quando o celebrante se dirige a Deus em nagô: *Olorum*. Mesmo levando em conta o fenômeno de transferência lexical, tradicional na língua portuguesa falada no Brasil: A palavra "axé", p. ex., continua atualmente sendo "africana" ou já virou "brasileira"?

biente: a presença de uma "tradição", de uma "cultura" e de uma "identidade" proclamadas como "afro", numa referência coletiva a uma origem comum, a uma história presente à memória de todos e a uma situação social atualmente compartilhada, deverá ser afirmada com mais intensidade nesse *momentum* da liturgia do que nas trocas espontâneas da vida cotidiana[19]. A ambiguidade de tal situação não deixa de criar problemas para o movimento. Se a liturgia deve, nas suas formas, expressar o grupo social que a celebra, uma missa afro será capaz de traduzir o culto das comunidades brasileiras em geral – portadoras de uma cultura suficientemente penetrada para isso por vetores negros de sensibilidade e expressão? Ou expressará somente o culto dos segmentos negros dessas comunidades? Neste último caso, convém celebrá-la "entre si", só com a participação daqueles a quem diz diretamente respeito, ou estes devem tentar infundir seu caráter particular à celebração geral da paróquia, na intenção de sensibilizar a comunidade inteira a um problema, cultural, social, político – religioso – que lhe concerne? Correndo, neste caso, um duplo risco: suscitar reações e repulsa de alguns[20], e/ou ver a liturgia considerada por outros não como uma celebração que lhes diga respeito e espere sua participação, mas como um espetáculo *objetivado* e marcado de exotismo? Os resultados de um *survey* em grupos belo-horizontinos próximos dos APNs e frequentadores desse tipo de celebrações (SANCHIS, 2000) nos permite constatar que uma imensa maioria de membros desses grupos (75%, com matizes), sobretudo quando se trata de jovens e de militantes da negritude, desejam que a missa afro possa ser considerada como uma missa comum no Brasil, escapando ao apodo de exotismo e reconhecida pelos brasileiros como expressando-os autenticamente. Apesar disso, os recentes desdobramentos da reflexão no interior do próprio movimento deixam claro que tal resposta expressa mais uma utopia do que um projeto. A controvérsia hoje é intensa entre aqueles que pensam que uma celebração *afro* deve ser fruto

---

19. Lembremos que o fulcro de nossa pesquisa se situa em Belo Horizonte, Minas Gerais. A afirmação acima não faria sentido, p. ex., na Bahia contemporânea. Mesmo em Salvador, no entanto, nos anos 1960, um clima "axé" introduzido na liturgia católica criava escândalo, conforme Sanchis (1972, 1987/1988). O que sublinha a importância do fluxo histórico no embate social das categorias.
20. Inclusive de fiéis negros(as): "Isto é macumba!", "Agora vai começar a macumba!"

do amadurecimento da consciência do grupo diretamente concernido pela exigência identitária que ela acabará exprimindo, e aqueles outros que continuam querendo fazer dessa celebração – sobretudo quando se trata da missa – um instrumento estratégico, no interior da comunidade cristã brasileira no seu conjunto, para tornar visível o grupo negro na sua reivindicação fundamental (ROCHA, 1998: 187-191).

3 O ícone matricial

Em Paris, a *grande figura da África* que subtende todos estes processos e domina o imaginário envolvido por eles reveste-se dos caracteres de uma figura real, concretamente presente nas consciências através de lembranças às vezes recentes, em todo o caso pelo acervo das experiências infantis constantemente realimentado pelas viagens, as visitas e a correspondência. Este acompanhamento direto e pormenorizado não permite a construção idealizada[21] de uma imagem das relações sociais, das situações políticas, das perspectivas nacionais, nem mesmo religiosas, da África[22]. Os recentes acontecimentos, especialmente os de guerras civis, de tensões entre grupos e até de massacres, que implicam rupturas dramáticas de solidariedades tidas por sólidas, vêm confirmar o olhar crítico sobre um conjunto de sociedades e de culturas da parte de quem, por outro lado, se orgulha de fazer parte delas. A visão da África que permeia conversas internas ou comunicações, orais ou escritas, com o meio social ambiente, quer-se cunhada pelo realismo, um realismo construtivo que se recusa a qualquer idealização. E não se trata só de um quadro contemporâneo, cujas cores obscuras poderiam ser simplesmente atribuídas aos decênios de dominação colonial. A responsabilidade

---

21. Senão de maneira emocionalmente retórica e na chave do cotidiano: "Claro que quero voltar! Como se pode viver mais de dezoito anos num país em que é preciso fazer silêncio a partir das dez horas da noite..." (entrevista, 1999). Ao contrário é comum o protesto contra as tentativas de idealização: "Falsifica-se o passado, fazendo crer às massas que a África ancestral teria ignorado as oposições e conflitos internos. No passado, tudo teria sido ordem e estabilidade, unanimidade e harmonia" (ELA, 1993: 152).

22. "É perigoso atribuir ao passado o que ele não foi, falsificá-lo, deformá-lo para nutrir a propaganda oficial" (ELA, 1993: 152).

negativa desta está, sem dúvida, fortemente presente nas consciências, mas não como uma explicação total: as próprias tradições africanas não são simplesmente valorizadas. Elas passam frequente e explicitamente pelo crivo diacrítico de um juízo sobre as suas consequências históricas[23].

No Brasil, ao contrário, pouco se trata de "história" – uma história da África paradoxalmente muito pouco cultivada até hoje –, mas de uma "memória" coletivamente construída[24], na base da imagem idealizada de uma vida social solidária e fraterna, que só o processo de escravidão – uma escravidão de responsabilidade "colonial" exclusiva – teria vindo perverter. Não se trata sempre, é claro, de uma versão que se pretenda histórica – versão muito mais matizada quando existe – que circularia como que "oficialmente" no meio dos APNs, mas de uma vulgata latente, que vem aflorando nas conversas, nas reações espontâneas, no discurso engajado, nas intervenções rituais. Uma África matricial, cuja presença tutelar no não dito da história contrabalança potencialmente a não fraternidade das relações desiguais que o grupo negro foi – e continua sendo – levado a sofrer na sociedade brasileira. Um contraponto, histórico e contemporâneo. E é a evocação dessa presença tutelar, enquanto a afirmação identitária do grupo, que os símbolos introduzidos na liturgia têm missão de concretizar.

4 Negros e católicos

Decorre dali uma *relação* diferente elaborada pelos dois grupos *entre sua identidade religiosa e sua identidade étnica*. Para os negros brasileiros fiéis ou militantes católicos, é do fundo de sua consciência de pertença ao cristianismo que emerge hoje explicitamente a representação desse mesmo cristianismo como culpado (ou, pelo menos, cúmplice) pela de-

---

23. "Uma abordagem crítica da tradição" (ELA, 1993: 114).
24. "A memória é a vida, sempre levada por grupos vivos e, por isso mesmo, em permanente evolução, aberta à dialética da lembrança e da amnésia, inconsciente de suas deformações sucessivas, vulnerável a todas as utilizações e manipulações [...]. A história é a reconstrução sempre problemática e incompleta do que não é mais. [...] A memória instala a lembrança no sagrado, a história a escorraça dali, ela prosaíza sempre. [...] A memória é um absoluto, a história só conhece o relativo" (NORA, 1984: XIX).

sintegração do conjunto de relações harmoniosas que acabamos de ver se projetar sobre a imagem do passado africano. Em todo o caso, pela introdução e a permanência dos negros escravos numa sociedade radicalmente injusta e violenta, que devia despi-los de sua identidade. Isso sob a invocação de valores superiores, que é preciso, agora, libertar desse seu comprometimento histórico. Nesse sentido, certo paralelismo pode-se constatar com o meio dos católicos africanos da diáspora em Paris. Para eles também o cristianismo é marcado pelo estigma do quadro colonial de sua implantação. Mas trata-se de uma origem ao alcance da memória de uma ou duas gerações, a lembrança de seus (f)autores, os missionários, está ainda presente como um misto de uma fase de alteridade e autoritarismo a ser ultrapassada e de um conjunto de relações cordiais e enriquecedoras que "trouxeram" uma definitiva (ainda que hoje problematizada) promoção espiritual. No interior mesmo de suas construções imaginárias, sua identidade "católica" e sua identidade "africana", ao mesmo tempo se confundem e se opõem: por um lado, todos aqueles que encontrei nasceram cristãos, de famílias cristãs, ao menos em parte[25]; por outro lado, e mesmo assim, esse cristianismo tem pouca espessura no tempo e encontra-se hoje sob o fogo cerrado de aguda consciência crítica[26]. Acrescenta-se que o cristianismo, portador de uma doutrina de amor universal, é também visto como constituindo um remédio potencial para a carga de violência e agressividade que marca tradicionalmente as relações interétnicas na África[27]. Ainda assim – e aqui reencontramos o sentido das representações

---

25. "[A Igreja Católica] apareceu-me primeiro através de meu pai catequista e de minha mãe dona de casa, os dois fervorosos cristãos" (HEBGA, 1995: 203). O que leva às vezes a relativizar a noção de "religião tradicional". "Minha 'religião tradicional'? Mas nós somos cristãos há quatro gerações!"

26. "No Benin, a maioria pertence a dois mundos: 1) o mundo tradicional da família e da religião tradicional. É um meio ambiente religioso que faz parte da identidade; 2) uma das religiões da Modernidade: islã, cristianismo. Onde está a identidade? A cada geração se coloca o problema da escolha. Dilacerados entre os caminhos de uma dupla fidelidade" (Entrevista, Paris, 1998, de um jesuíta beninense).

27. "A Igreja, clã de Jesus Cristo, se desempenha a contento de sua missão de anunciar o ancestral único e comum de todas as famílias humanas poderia chegar a ser, na África, o lugar da reconciliação e da festa, o lugar da comunhão e da partilha. Aqueles que se encontrarem na Igreja, clã de Jesus Cristo, selarão ali os seus laços de parentesco. [...] As Comunidades Eclesiais de Base podem

• 333

brasileiras – é necessário libertar essa sua potencialidade dos grilhões de uma história recente, que o viu comprometer-se tanto com as "purificações étnicas" quanto (e sobretudo) com as ditaduras[28].

5 Teologia da cultura ou Teologia da Libertação

Parece-me também ter detectado, na *procura identitária* das duas comunidades, a existência de duas correntes ligando, em sentido oposto, o *polo cultural e o polo econômico da vida social*. O movimento que reúne os militantes negros brasileiros emergiu no interior de uma corrente teológica bem definida, na ocasião hegemônica nos meios ativos da pastoral católica: a Teologia da Libertação. Tratava-se de uma releitura do cristianismo à luz da situação concreta das massas latino-americanas, interpretando as grandes imagens bíblicas da saída do Egito e da construção do Reino de Deus como devendo inspirar a realização, em nome dos princípios mesmo do Evangelho, de uma transformação social que restituísse ao "pobre" a autonomia de seu caminhar histórico. Mas a definição desse "pobre" se processava nos quadros de uma análise predominantemente socioeconômica, que conotava, sem se reduzir a elas, as categorias de uma análise marxista. Era o tempo, no Brasil, em que as escolas de pensamento mais influentes tendiam a reduzir o problema das desigualdades "raciais" brasileiras à expressão de uma situação de classe. O "pobre" era um pobre estrutural, "não tinha rosto", como dirão, logo depois, os pastoralistas e/ou militantes negros ou indígenas. É desse aparecimento do "rosto" concreto do pobre que nasceram o *Grupo de Consciência Negra* e os *Agentes de Pastoral Negros*. "*Urge à teologia superar a categoria generalizada de* 'massa pobre' e perceber dentro desse universo as especificidades: negro, índio, mulher" (ASETT, 1986: 30). Sem renegar

---

restaurar na África de hoje o tecido fraterno e comunitário rasgado pela desconfiança e os fenômenos de exclusão" (QUENUM, 1996: 56-62) (igualmente entrevistado em Paris, 1998, 1999 e 2001).

28. A propósito dos massacres de Ruanda, p. ex., são ditos não escapar de uma responsabilidade compartilhada, numa "população católica em 90%", tanto "o tribalismo cheio de ódio que opunha as duas etnias" quanto o "colonialismo belga" e a própria Igreja, cuja estrutura organizacional confirmava a dominação dos senhores hutsi (cf. HEBGA, 1995: 206).

as orientações fundamentais da Teologia da Libertação, esses militantes transformarão em eixos de reflexão e de ação as categorias de "etnia" e de "cultura". A identidade negra passou assim a constituir-se em projeto político, em nome mesmo da autenticidade cristã.

Entre os africanos militantes cristãos em Paris, o trânsito entre as ênfases parece ter assumido uma direção inversa. Já nos anos de 1950 uma obra coletiva de sacerdotes negros levantava a necessidade e as dificuldades de uma reinterpretação do cristianismo que seja "autenticamente" africana (Col. 1956). E nessa "autenticidade" ouvia-se a lição de movimentos intelectuais variados que, desde os anos de 1930 procuravam a redescoberta e o reerguimento de uma identidade africana de raiz: *Négritude* de Senghor (1977) e Césaire (1956), pan-africanismo de Cheik Anta Diop (1955, 1967), ensaio sobre a "filosofia bantu" do missionário belga Placide Tempels (1949) revisitado por Alexis Kagamé (1956). "Etnofilosofia", base de uma "teologia africana", "valores negros" como capazes de infundir nova vida – já que de vitalismo se tratava – à pregação e encarnação do Evangelho: afinal, "inculturação". O movimento demorou para atingir os níveis mais cotidianos da catequese e da pastoral[29]; mas, a partir sobretudo da convocação (1989) e da realização (1994) do sínodo das Igrejas da África[30], a circulação da reflexão criativa de numerosos congressos anteriores chegou a fertilizar, em toda parte, os planejamentos pastorais efetivos. Com a ação pioneira do arcebispo de Kinshasa Cal Joseph Albert Malula[31], e, sob sua influência, da Conferência Episcopal do Zaire, algumas iniciativas foram oficializadas, por exemplo, no campo das congregações religiosas (LUM-

---

29. Algumas iniciativas quanto à liturgia, no entanto, já existiam antes do Concílio e, sobretudo, depois do seu primeiro documento, sobre a liturgia precisamente.

30. Conforme os textos de reflexão do *Colloque des Fontaines*, como na margem e em preparação a este sínodo: Ndi-Okalla (1994).

31. Depois de ter lembrado a existência de três momentos anteriores: um de rejeição da cultura ("mudar de vida era mudar de cultura"), outro de maior flexibilidade e abertura, um terceiro de tomada de consciência de que "é absurdo querer abandonar sua cultura", um interlocutor, religioso em período de estudos em Paris: "Hoje os intelectuais fazem discursos avançados, mas sua prática é contrária. Eles não se questionam a si próprios em profundidade. É uma moda. Um discurso teológico que não é sustentado por prática nenhuma. Menos numa diocese do Zaire, o de Dom Malula" (Entrevista, Pe. Jean, SJ, Paris, 1998).

BALA, 1994, 1887), da organização eclesial e da liturgia[32], com a criação (acompanhada e aprovada em Roma) de um "rito zairense". Sobretudo generalizou-se, nos fluxos de comunicação intraeclesiais, uma fermentação de ideias prospectivas amplamente dominadas pelo eixo culturalista a que aludimos. Inculturar o cristianismo seria promover uma volta às fontes[33] da tradição africana, para uma reformatação mútua (rein*formação*), do Evangelho por essas autênticas expressões do *Muntu* ("o homem"), e das camadas profundas que fazem a negritude pelo Evangelho.

"Durante muito tempo a reflexão dos cristãos sobre os problemas da fé e de sua linguagem processou-se a partir das questões levantadas pela negritude", escreve Jean-Marc Ela, um teólogo e sociólogo, ontem estudante em Paris e Estrasburgo, depois pastor numa zona afastada dos Camarões, antes de morrer exilado no Canadá, um dos autores mais citados por meus interlocutores africano-parisienses[34]. Mas ele acrescenta em seguida: "Estamos assistindo a uma contestação desse movimento pelas novas gerações. Para muitos dos intelectuais negros de hoje, não só a negritude é ultrapassada, mas ela constitui um obstáculo à libertação da África na medida em que funciona como uma ideologia que mascara a alienação do africano" (ELA, 1993: 146)[35].

Não mais "cultura" e "autenticidade", mas libertação. A comunicação fez-se mais intensa com as correntes teológicas vindas da América Latina – embora alguns pensem que a África não esperou a América Latina para entrar

---

32. Sem, no entanto, tocar em pontos nevrálgicos como os ministérios, os sinais sacramentais ("eucaristia do painço" ou missa com vinho de palma), o casamento africano. P. ex., Babé (1998) e Jaouen (1995).

33. Um pouco a contragosto, e como uma constatação apesar de tudo necessária e à qual a Igreja deve se submeter, um teólogo africano de perfil mais clássico e apologeticamente mais preocupado pelos temas teológicos tradicionais: "Nossa situação de cristãos e de africanos nos leva a reconhecer que a África está vivendo um tempo de procura de sua autenticidade cultural ou de volta às suas fontes; ela se esforça amplamente para realizar a indigenização de sua vida econômica e social" (NYAGA, 1995: 140).

34. De um modo geral, os livros que utilizamos são só aqueles aos quais se referiam os entrevistados, como fontes legítimas do seu pensamento ou, pelo menos, como interlocutores válidos.

35. A reação começou no nível da filosofia e suas consequências políticas, contra Tempels, Eboussi Boulaga (1968: 4-40) e, mais amplamente, Eboussi Boulaga (1977), contra Senghor (TOWA, 1971; ADOTEVI, 1972; HOUNTODJI, 1980) para desembocar na reflexão teológica e pastoral, Messi Metogo (1985), Ela (1993).

nesta perspectiva[36]. Em todo caso, trata-se de teologia: "A negritude se opõe à Teologia da Libertação. Nós saímos da teologia cultural e moral com a Teologia da Libertação. Com ela encontramos as dimensões social e econômica" dizia-me um professor universitário[37], numa fórmula que bem poderia representar um itinerário exatamente oposto àquele conotado por muitas declarações nos meios homólogos no Brasil[38].

Quatro princípios parecem poder resumir essa nova procura da "africanização da fé cristã". Em primeiro lugar, não se trata de reencontrar as linhas de força de um hipotético *homo africanus* atemporal, que manifestamente não existe[39]. Em segundo lugar, conscientizar esse homem de sua "diferença", sob o pretexto de revelar-lhe a sua dignidade esquecida e/ou recalcada, equivale a mantê-lo numa situação de eterna inferioridade, os valores de que se "diferencia" sendo precisamente os valores tidos por superiores numa escala de pretensão universal[40]. Em terceiro lugar, a procura e o cultivo de valores arraigados e sedimentados numa tradição específica se prestam a uma manipulação diretamente política, que visa a confinar o africano numa atitude de submissão às chefias, tradicionais ou recentemente usurpadas[41]. O incentivo exclusivo às lealdades tribais, por exemplo, barraria o caminho da modernidade "estatal nacional"[42]. Em quarto lugar, qualquer tentativa de reencontro

---

36. "*Les humbles théologiens d'Afrique avaient fait les mêmes mises au point bien longtemps avant que le débat ne devienne officiel*" (MVENG, 1985: 216). "A África sempre teve uma Teologia da Libertação" (Entrevista, Pe. Jean, SJ, Paris, 1998).

37. Entrevista do Prof. V., Paris, 1998.

38. P. ex.: "O projeto de libertação classista não se mostrou isento de alienação cultural e de autoritarismo tutelar frente à alteridade étnica" (SUESS, 1988: 502).

39. Mas que uma tentativa desse tipo – pelo menos assim o pensam seus detratores – tenderia a fazer existir, transformando filosofia ou cultura "sob o modelo da religião, num sistema de crenças permanente, estável, refratário a qualquer evolução, sempre idêntico a si mesmo, impermeável ao tempo e à história" (HOUNTODJI, 1980: 58).

40. É bem conhecida a oposição feita por Senghor entre a emoção negra e a razão helênica. Menos notado é o fato de que Senghor não torna exclusivas estas pertenças, mas anuncia uma complementaridade de dominantes, mutuamente valorizadas pelo esforço humano de se plenificar na alteridade.

41. "A teologia da negritude, que se pode chamar 'etnoteologia', adormece os africanos, abre a porta a todas as manipulações políticas e à ditadura" (MESSI METOGO, 1985: 56).

42. "Etnias e tribos estão ligadas por um conjunto de valores que as distingue e até as opõe umas a outras [...], que exercem um constrangimento social muito forte sobre os membros das tribos e das etnias e opõe uma força de inércia perigosa à integração nacional e, ainda mais, aos reagrupa-

entre o cristianismo e a realidade africana só pode dar-se no interior das condições concretas e históricas que são hoje as desta realidade: "Uma Igreja que quer dizer algo ao africano de hoje não pode contentar-se com uma liturgia, de uma catequese e de uma teologia 'autenticamente' africanas [...]. A Igreja procura, pois, o seu rosto real e não folcloricamente africano em todos os riscos e iniciativas em que intervém para promover uma sociedade que permita aos pobres poder trabalhar e comer convenientemente" (ELA, 1993: 157). Tudo isso significa enfim que a "negritude" desejável não se encontra no fim de uma obra de escavação e restauração, mas na prospectiva de um projeto e de uma construção. É a partir do presente efetivo e armado com a imagem ideal de si mesmo, que ele assume que o africano cristão deve encontrar a expressão do cristianismo que lhe será própria: "A identidade africana não é uma herança que se transmite, mas a obra de um sujeito histórico que se transforma a si mesmo transformando o mundo no qual ele vive" (HEBGA, 1995: 114). À primeira vista, parecemos estar longe das encantações dos nossos APNs sobre as "raízes", a "tradição dos ancestrais", o triunfo da resistência e a recuperação da identidade perdida.

No entanto, é possível reaproximar duas trajetórias tão aparentemente divergentes.

Do lado do Brasil, já sublinhamos que a descoberta da dimensão étnica e cultural da caminhada não renegou em nada a luta libertadora. No combate dos *Agentes de Pastoral Negros* a Teologia da Libertação se ultrapassa sem negar-se a si própria. Por outro, a insistência sobre a "cultura" nunca pode se confundir com um simples encantamento culturalista. Houve tempos, talvez, em que "aculturação", como se dizia então, significava recuperação celebrativa de traços culturais perdidos. Hoje, uma afirmação identitária que passa pela recuperação cultural constitui, como na África, um projeto político[43]. Naturalmente propulsado além dele mesmo.

---

mentos supranacionais" (HEBGA, 1995: 50). Deve-se notar que este autor não se alinha sem mais entre os adversários da "negritude".

43. Estabelecemos esta diferença entre dois momentos recentes da presença da "negritude" na história religioso-cultural do Brasil em outro estudo: Sanchis (1997).

Do lado africano-parisiense igualmente, duas constatações são possíveis. A primeira é que essa rejeição das perspectivas culturais/identitárias (respondam elas ou não ao título de "negritude") parece confinar-se ao pensamento de uma elite intelectual especialmente crítica. Atitude mais comum é a do fiel orgulhoso de poder ostentar, no interior da comunhão católica metropolitana, a sua "diferença" e de sentir-se respeitado e apreciado em nome dos valores próprios de que se quer portador. O combate para a dignidade parece-me ainda passar, na maioria dos casos, pela valorização das raízes e das tradições.

E isso poderia ser verdade até para os próprios intelectuais críticos, num nível menos consciente, recalcado pelas convicções de sínteses logicamente construídas e explicitamente defendidas[44]. Durante uma entrevista com um desses teólogos, pouco depois de ele ter expressado a sua convicção de não se sentir "diferente" no meio das famílias francesas que frequentava, escapou-lhe o seguinte comentário de determinados comportamentos seus: "É assim [...] que posso manifestar a minha *essência africana*". Por minha vez estranhei a expressão, lembrando-lhe que, aliás, acabava de descobrir um caso paralelo de aparente contradição: o livro de um dos mais ardentes críticos da "negritude", depois de uma primeira parte consagrada a provar a inconsistência da "filosofia africana" e a inexistência de um corpo de princípios e valores pretensamente "etnofilosóficos", vem um capítulo sobre a "espiritualidade africana", onde são redescobertos boa parte dos princípios estruturantes cuja existência acabava de ser negada em se tratando de visão do mundo e de filosofia. Mas o paradoxo não perturbou o meu interlocutor. "Na verdade, disse-me, o que não aceitamos é que outros venham nos dizer o que somos" (Entrevista, Pe. Jean, SJ, Paris, 1999).

A última palavra nesse jogo de esconde-esconde será dada por um autor a quem me remeteu, no contexto da mesma conversa, o interlocutor acima mencionado. Teologia cultural ou Teologia da Libertação?, pensavam uns. Por que não juntar as duas perspectivas da África e da América Latina, pensam outros, valorizando um aspecto da "pobreza" que corresponde à parti-

---

44. Tal liberação pareceu-me perceptível nas entrevistas realizadas em torno da morte de Senghor, com uma clara recuperação de sua figura e de seu pensamento.

cularidade da situação africana: a "pobreza antropológica"? (MVENG, 1985: 210). A Teologia da Libertação, espelhando a realidade latino-americana, insistiu sobre as dimensões socioeconômicas da pobreza[45]. Mas "a pobreza africana é uma pobreza antropológica" (MVENG, 1985: 206). Por motivo de situação histórica: "A **colonização** era um sistema de pauperização antropológica" (MVENG, 1985: 207)[46]. "**Missão** e colonização foram finalmente os agentes de pauperização antropológica para o homem africano. Isso quer dizer que o seu objetivo último era proteger o homem negro para mantê-lo num estado de inferioridade e dependência absoluta" (MVENG, 1985: 207). "Também a assimilação, que abolia nossa identidade e nosso direito à diferença era uma das formas extremas da pauperização antropológica" (MVENG, 1985: 208). Enfim, hoje, "o contexto da África **pós-colonial** é um contexto de *pauperização antropológica*. Ele justifica um novo sistema de dominação que talvez seja um dos mais sutis e complexos que a humanidade tenha conhecido" (MVENG, 1985: 220). Assim, ao termo desta longa experiência histórica, "**na África, a pobreza não é somente um fenômeno socioeconômico**. É a condição humana na sua raiz profunda, que foi deteriorada, traumatizada, empobrecida [...]. Carência de ser [...], vazio espiritual [...] *ausência da África*, [...] *a pobreza africana é uma pobreza antropológica*" (MVENG, 1985: 210, negritos nossos, itálicos do autor).

Assim parece-me que os dois caminhos, o dos militantes negros católicos brasileiros e o dos africanos da diáspora parisiense, acabam cruzando suas trajetórias, inicialmente arrevesadas. Desta vez o mesmo tom ressoa no Brasil e nas palavras do jesuíta africano: "Nada mais trágico do que um povo que perdeu suas raízes" (MVENG, 1985: 110).

---

45. A propósito de um dos sociólogos/teólogos da liberação mais conhecidos na Europa, o autor sublinha, exatamente à maneira dos atuais APNs brasileiros, que "Oto Maduro, na sua análise extremamente pertinente da opção pelos pobres na Igreja da América Latina, ignora o problema negro" (MVENG, 1985: 206, nota 11).

46. "Tudo escapa ao homem africano [...]. Para o cúmulo de sua infelicidade, a família, a solidariedade, a autoridade, o enquadramento tribal tão quente, tão tonificante, tudo foi minado na raiz pelo sistema colonial, tudo, ou quase tudo, foi pulverizado. O homem, a mulher, as famílias, os jovens, os velhos, os pobres, os ricos, os fracos, os potentes, toda a gente na África está embrulhada na mortalha da pobreza antropológica que não é definida pela posição social, todos, quaisquer que sejam e onde estiverem, estão submetidos a sua tirania implacável" (MVENG, 1985: 210-211).

6 Sincretismo?

Enfim, o papel daquela religião que os africanos de Paris chamam às vezes de "tradicional", e os negros brasileiros de "a religião dos nossos ancestrais", não me parece ocupar o mesmo espaço em um e outro caso.

A procura brasileira de uma identidade negra a ser resgatada orienta-se naturalmente para um conjunto de traços alusivos a uma origem. Os "nossos pais", aqueles que vieram "da África" são espontaneamente vistos como portadores dos valores que a procura de autenticidade faz hoje um dever de tirar das sombras e recolocar num circuito de trocas mais igualitário. Ora, alguns desses traços e valores estão cristalizados em instituições que atravessaram a história, tendendo a substantificar a resistência de uma cultura e de uma identidade. Por sua vez, algumas dessas instituições são de ordem religiosa, em certos casos nascidas em espaço católico ("catolicismo dos negros", como dizia Bastide (1971), falando, p. ex., das congadas), o mais das vezes consideradas como herança direta da Mãe África, embora fazendo parte do contexto nacional contemporâneo: as "religiões afro-brasileiras". Sobretudo o candomblé, menos diretamente do que a umbanda, tributário de sua história americana, pode aparecer aos APNs como "a religião dos nossos ancestrais". Impossível para eles redescobrir a "nossa cultura", a "tradição do meu povo", sem topar, no coração desta cultura e desta tradição, com esta sua expressão religiosa. Por isso, o encontro do candomblé não representa, para muitos dos militantes negros católicos, uma simples continuidade das relações tradicionais de tipo sincrético que permeiam desde sempre a vida religiosa das classes populares brasileiras. Trata-se hoje de uma atitude consciente e estratégica, inscrita no conjunto da procura de uma identidade perdida[47]. E muitas vezes, para os católicos de frequência e fidelidade paroquial, tradicionalmente educados num afastamento sistemático daquelas manifestações religiosas "pagãs" ou, quem sabe, "diabólicas", esse encontro (vivido como reencontro)

---

47. "Abre-se um diálogo e vivência comprometidos com a fé e os ritos das roças e terreiros de candomblé e de umbanda. Os APNs assumem suas relações com seus antepassados (ancestralidade), outros buscam reconhecer o sentido e o jeito de ser e viver nestes ambientes sagrados. Deste modo, cresce a consciência de valorizar, respeitar *e celebrar este modo afro de viver a fé*" (ROCHA, 1998: 10, grifo nosso).

processa-se no entusiasmo de uma autêntica descoberta. *Sente-se* uma interpelação do seu ser profundo, mesmo nos casos em que não se cogita de uma mudança de lealdade religiosa ou do acréscimo de uma adesão suplementar:

> Eu gostei, porque senti que estava com meu povo, que estava com meu povo, povo negro, apesar de que tinha muita gente branca. [...] Deu pra eu sentir, assim, no fundo, que estava mais em casa, fazendo o que eu gosto de fazer. *Não que eu entenda que é certo, mas uma coisa que estava me satisfazendo...* Por causa da música, por causa da dança. [...] Eu senti assim que o pessoal tem uma fé em Deus, mas não um Deus, assim, sabe... um Deus bonitinho, mas um Deus diferente, que fala com as pessoas por intermédio dos gestos, por intermédio do som, por intermédio da alegria. Sabe, eu acho que Deus é isto. [...] Afinal, senti Deus mais do que aqui (Entrevista em Belo Horizonte, 1996, militante APNs, secretário da paróquia).

É claro que, nessas condições, os itinerários individuais são concernidos pelo problema do sincretismo. Para evitar o estigma de que a Igreja (e a Modernidade epistemológica) marca essa categoria, os APNs, como em geral os fiéis influenciados pela Igreja "progressista", evitam utilizá-la, preferindo-lhe a de "macroecumenismo" ou até de "ecumenismo popular" (FRISOTTI, 1993: 56-62). Mas uma definição antropológica do sincretismo, mais neutra teológica e denominacionalmente, deve permitir que esse conceito possa ser aplicado aqui: um encontro em processo e uma articulação de identidades, a reformulação de relações significativas estabelecidas de há muito no interior de um dos universos simbólicos, em função da descoberta, no outro, de relações homólogas, apesar de diferentes, que podem também, ao se integrar no primeiro, modificar-se modificando-o no seu conjunto de significações (SANCHIS, 1994). As posições dos APNs a esse respeito são as mais variadas[48], dispondo-se num leque que vai desde a reafirmação de uma alteridade religiosa, apenas amenizada pelo "diálogo inter-religioso", até um pedido de iniciação formal numa comunidade de terreiro, sem que se pense ferir com isso a integridade da sua identidade católica, mesmo quando esta se realiza na vida religiosa ou no ministério

---

48. Uma tentativa de elenco destas posições em Sanchis (1999).

sacerdotal. De modo menos nítido, enfim, para outros a situação nunca acaba de se definir: "Já não sei mais qual das duas religiões é mais a minha" (Entrevista de uma militante APNs, Belo Horizonte, 1997).

As repercussões desse processo são imediatas nas realizações litúrgicas de que falamos anteriormente: missa ou liturgia "afro", liturgia "inculturada". Se o que distingue essas realizações é a presença intencional, em ritos e símbolos, da cultura negra, instrumento de uma afirmação de identidade, e se essa cultura é o *locus* de conservação e eflorescência da "religião dos ancestrais", a questão vai se colocar da presença explícita dessa religião no culto católico "inculturado". De fato, no *survey* já aludido, 58,6% daqueles que se expressaram aprovavam essa presença, assegurada pelo menos através de sinais alusivos, enquanto alguns, em bem menor número é verdade, desejavam até que possa ser acolhido na celebração católica um rito formal do candomblé[49].

Até onde me foi dado penetrar, a situação na diáspora africana em Paris é bem diferente. O problema das relações com as religiões tradicionais existe, presente às imaginações e à memória, mas como que projetado para o território da África. Lá, sabe-se que, de maneira diferente conforme as regiões, a história das missões, as articulações realizadas pelos novos poderes políticos com as categorias dominantes tradicionais, o problema do "animismo" continua existindo, inclusive para as famílias cristãs. Ele pode até tomar novo vulto, pelo reconhecimento político oficial (caso do Benim), pelo renovado dinamismo (ELA, 1993: 90) de uma dimensão religiosa ontem um tanto abafada, ou pela redescoberta que dela fazem os próprios cristãos[50]; ele pode ao contrário, por causa de um enfraquecimento institucional dos grupos religiosos tradicionais, limitar a sua expressão ao domínio dos grandes princípios de visão e vivência do mundo que continuam inspirando a vida ética e social das populações sem necessariamente explicitar a fonte institucional dessa sua inspiração ou prolongar-se em ritos. Uma evidência talvez provisó-

---

49. Tradicionalmente celebram-se também missas nos terreiros, mas numa perfeita distinção ritual. Mais recentemente tive notícias de, pelo menos, uma celebração na igreja, articuladamente compósita: a parte introdutória, a liturgia da palavra e a ação de graças final, p. ex., sendo em parte assumidas pelo grupo umbandista, enquanto a parte central da celebração, consagração e comunhão, continuava exclusivamente católica.

50. Em regiões quase totalmente cristãs, como, p. ex., Ruanda.

ria leva-me a pensar que, na diáspora em território francês, é mais sob essa forma que se dá o confronto dos cristãos com o mundo religioso tradicional. Presença anônima[51], na sua consciência e sua vida, de princípios estruturantes (cultura), não mais de práticas rituais e de pertença a instituições. No entanto, os problemas subsistem, sob uma dupla forma.

Em primeiro lugar, aquela "cultura africana" que a pastoral de inculturação se propõe expressar em regime cristão, os católicos negros sabem muito bem que ela é em parte referida a fontes sagradas e naturalmente vivida como uma espiritualidade que prolonga (ou confronta) as religiões ancestrais. Fala-se, por exemplo, em "recusa do dualismo metafísico-cosmológico", num "espiritualismo materialista" que não opõe, mas conjuga saúde e salvação; frisa-se a importância da salvação nesta vida, a unidade dos dois mundos, o dos vivos e o dos mortos, a presença constante e eficaz destes (os mortos) naqueles (os vivos), o senso da imanência do divino, com a sua manifestação radicalmente vital; por isso mesmo insiste-se sobre a celebração corporal da vida pela dança, que sacraliza uma dimensão de expressividade sensual, sobre a presença no culto ritual da intenção de cura, sobre o respeito dos anciãos e da autoridade que eles encarnam; enfim, pode-se encarar o "pecado" como uma desordem que implique responsabilidade e exija reparação, mas sem sentimento de culpa interior[52]. Todos esses princípios são considerados como caracterizando a atitude do "homem africano" no mundo, e criam nas representações um espaço onde cada um sabe que se encontram – problematicamente – religiões tradicionais e catolicismo. É ali que se joga a aposta da "inculturação"[53], e não só em empréstimos rituais, por importantes ou vistosos que sejam. Ora, pelo menos no meio social reduzido de que agora falo, não me pareceu que circulassem informações sobre a existência, em

---

51. Com certo paralelismo com o "cristão anônimo" do teólogo católico K. Rahner.

52. Como está claro, esta enumeração não pretende nem de longe aproximar-se de uma síntese. Na base das leituras que me foram indicadas como alimentando a sua reflexão pelos católicos africanos de Paris, ela tenta simplesmente dar conta dos elementos recolhidos através das nossas conversas com eles, teólogos ou simples fiéis.

53. "O essencial para a teologia africana é a concepção do homem, do mundo e de Deus que constitui o fundamento do imenso tesouro das sabedorias africanas, e que temos de evangelizar. É todo o problema da inculturação" (MVENG, 1985: 220).

Paris – fora o caso de alguns grupos diretamente inspirados pelo candomblé brasileiro–, de eventuais formas organizacionais sincréticas, coletivamente elaboradas para a solução desses problemas. Se as religiões tradicionais continuarem presentes na prática desses exilados[54] é mais sob a forma de manifestações isoladas, desgarradas de sua matriz simbólica: curandeiros, adivinhos, magos.

Mas uma segunda dimensão deve ser imediatamente acrescentada. Estes católicos africanos em Paris nem por isso deixam de encontrar a alteridade religiosa, não só naquelas Igrejas já familiares desde a terra natal (Kimbanguismo, Igreja do Profeta Harris, cristianismo celeste), mas sob forma da proliferação de cultos novos, frutos de iniciativas individuais:

> Espiritualidade de crise, grupos nascidos da crise que tentam, através da venda de Cristo, capturar os incautos, os crédulos, aqueles que sofrem (corte geográfico e histórico com seus lugares de origem, solidão, fragilização). Eles procuram uma comunidade e encontram "guias" que se proclamam pastores. E exploram a miséria. Eles deixam escorrer o seu salário nas mãos do pastor. Como em Kinshasa, aliás! (Entrevista de pesquisa, Paris, 1998).

De propósito conservei o tom acerbo dessa descrição, testemunho de um intelectual africano marcado ao cunho da Modernidade – provavelmente francesa, com o seu movimento contemporâneo de caça às seitas (BIRMAN, 1999; GIUMBELLI, 2002) –, mas que se completa imediatamente pela outra faceta do fenômeno:

> Apesar de tudo, nascimento de novas fraternidades (não clânicas ou étnicas) novas solidariedades de crise, ajuda mútua, acompanhamento nos lutos, nas infelicidades, nos nascimentos. Esses movimentos tomam conta da existência dos fiéis e asseguram as suplências necessárias (Entrevista de pesquisa, Paris, 1998).

Isso é apenas apontar para uma função dos novos movimentos religiosos. Seria preciso ampliar o quadro e, articulando outros depoimentos (bem como a literatura sobre esse problema na própria África), explicitar que a su-

---

54. Ao contrário da sua presença ao cotidiano das famílias cristãs na África, sobre a qual eles insistem, com todos os fenômenos de dupla pertença (já que "o africano funciona mais em regime de 'e, e' do que de 'ou, ou'") ou ainda de acomodação, o membro cristão da família se desempenhando das obrigações rituais (sacrifício, ritos em torno das crianças, consultas etc.) através de outro familiar não cristão, de quem financia a participação direta.

plência fundamental de que se trata é aqui a da correspondência aos anseios tradicionais do homem africano. Aqueles mesmos anseios que as religiões tradicionais saciavam, já que delas haviam nascido.

O paradoxo, aqui, é que, se esses movimentos se apresentam como adversários das religiões tradicionais, como libertadoras do medo e dos grilhões da bruxaria, o clima fervorosamente comunitário de suas reuniões, a sua insistência sobre os processos de cura e sobre uma experiência do sagrado sentida no corpo, o seu colóquio aberto – mesmo se conflitual – com o "mundo dos espíritos", fazem deles uma realização da modernidade religiosa "inculturada" na africanidade. Para sentir a força de atração desses grupos sobre os católicos em diáspora, basta descer do metrô, num domingo pela manhã, na estação Plaine-Saint-Denis, entre o periférico de Paris e a antiga cidade da basílica-necrópole da dinastia francesa, e acompanhar os numerosos fiéis negros que vão se dispersando em direção aos lugares de culto de suas respectivas congregações[55]. Uma forma, adaptada às circunstâncias, de resposta religiosa a aspirações oriundas ao mesmo tempo da visão do mundo atávica e da situação concreta desses exilados numa metrópole contemporânea. Realidade sem dúvida desafiante para as instituições religiosas oficiais, que almejavam precisamente criar e ocupar o espaço onde se desse essa resposta. De fato, é em relação a esses grupos das novas religiões que às vezes se fala em "sincretismo", sob a forma da participação neles de fiéis, especialmente católicos. Transposição em termos novos do antigo recurso securitário duplo, ao catolicismo e às religiões tradicionais.

Esses novos movimentos religiosos formam-se em geral nas margens do protestantismo. Pois o seu processo de surgimento, a partir de iniciativas e experiências individuais, é mais conatural ao individualismo societário protestante. Mas, pelo menos nas cidades da África, vários grupos ou movimentos católicos, frequentemente não reconhecidos de imediato pela hierarquia, mas que acabam inserindo-se perfeitamente no âmbito da instituição, parecem vir a preencher o mesmo papel: dar vazão à continuidade da "alma religiosa" africana:

---

55. Conforme nos disseram, haveria 21 grupos religiosos localizados nestas imediações. Na missa da igreja católica de La Plaine-Saint-Denis, encontramos, de fato, uma numerosa assistência negra, mas feita sobretudo de haitianos.

> Visões, milagres, mensagens de Maria... Tudo reaparece no interior mesmo do catolicismo rígido. [...] Estes líderes fazem-se o centro, no lugar dos curandeiros tradicionais: oratório, rosário, mensagens, consultas, coletas... era a função dos sacerdotes tradicionais [...]. Tudo isso responde a uma necessidade recalcada (Entrevista com Pe. J., Paris, 1998).

E não é sem significação o fato de o movimento carismático revalorizar com intensidade, não só o ministério da oração, mas também, e sistematicamente, o ministério da cura[56]. Uma constante da tradição religiosa africana, que Dom Milingo, o arcebispo controvertido de Zâmbia, assumiu, levando-a ao primeiro plano do seu ministério na perspectiva tradicional do "mundo dos espíritos", o que motivou o seu afastamento da África e sua assinação pastoral em Roma[57], como primeira etapa de um périplo ainda inconcluso. Significativo também o fato de que as autoridades do Vaticano, que não lhe tinham permitido o exercício desse carisma na África, não se opuseram a seu exercício em Roma, junto a fiéis locais e peregrinos europeus: sinal de que era sua situação ambígua naquele espaço do "mundo dos espíritos" e o consequente perigo de cruzamentos e confusão com uma tradição estranha ao cristianismo (perigo de "sincretismo") que o haviam tornado ameaçador.

Mas em Paris, e apesar de uma frequente coloração "carismática" da experiência religiosa dos fiéis africanos, o catolicismo local oferece menos margem para a generalização de manifestações desse tipo[58]. O seu potencial atrativo é, pois, substitutivamente assumido pelos grupos independentes das novas igrejas, em nome de uma religião precisamente nova e moderna; mas, na verdade, em função de um prolongamento real da tradição religiosa que continua modelando o homem africano através da cultura que ela já formou.

---

56. Para uma conjunção do movimento carismático e das aparições da Virgem, cf. Ntezimana (1998). No Brasil, Steil, Mariz e Reesink (2003); Almeida (2003).

57. Haarg (1996) mostra como Dom Milingo recuperou pouco a pouco estreita familiaridade com o mundo cultural e religioso de sua infância, do qual a educação do seminário o havia totalmente cortado.

58. "Na França, você sabe... Integração! [...] A dança? O arcebispado não abre espaço. Quer-se que os africanos se integrem a toque de caixa... Em Notre-Dame, uma vez por ano, há uma 'missa Africana', com danças africanas: duas horas, duas horas e meia... Mas, em geral, tenta-se europeanizá-los..." (Entrevista com responsável da Aumônerie Africaine em Paris, 1998).

Assim, o cotejo de dois grupos negros, minoritários no seu meio social e que, no interior do catolicismo, pretendem igualmente resgatar uma identidade que a história laminou[59], permitiu-nos evidenciar como, no interior do processo contemporâneo de criação de identidades, os fatores de memória e de imaginário, de cultura e de religião, enfim de sincretismo, podem articular-se em configurações diversas de relações de sentido. Religiões tradicionais podem, através da cultura que secularmente as secretou e que elas condensaram, contribuir anonimamente para a criação de novas formas religiosas marcadas, no interior mesmo de sua modernidade, por uma "tradição" que as primeiras continuam a representar emblematicamente; é o caso da diáspora africana em Paris[60]. Elas podem também sair do anonimato e assumir, desta vez na afirmação de sua forma religiosa histórica, um lugar mais central no horizonte do grupo social, negro e católico. Contribuem assim, a partir de uma posição que deixa de ser totalmente externa, ao processo de "inculturação" do catolicismo de que esse grupo é portador; é o caso dos APNs no Brasil.

Estes, no caminho da "recuperação" de sua identidade, deparam-se com as "religiões dos seus ancestrais"; na mesma rota, os católicos africanos em Paris encontram figuras novas de modelos religiosos, em princípio, antagônicas às suas religiões tradicionais. Paradoxalmente é neles que investem a sua diferença. Observar como esses processos se dão na própria África seria ainda outra história[61].

O importante era verificar, pelo contraste entre dois casos aparentemente próximos (trata-se, nos dois, de negritude e de catolicismo), como não é simples, nem universal, nem se apoia no uso estratégico das mesmas categorias – ou do mesmo conteúdo de semelhantes categorias –, o processo, cada vez mais intenso no mundo contemporâneo, inclusive no Brasil, da procura de afirmação identitária por referência a religião, a "raça" ou a "etnia".

---

59. Para a África: "Nosso aniquilamento antropológico" (MVENG, 1985: 203s.); para o Brasil, "a recomposição da estrutura da pessoa negra, esfacelada por tantas humilhações sofridas" (ROCHA, 1998: 54).
60. O caso brasileiro da Igreja Universal do Reino de Deus, com os seus adorcismos/exorcismos dos exus e pombagiras poderia entrar na mesma categoria de análise.
61. Entre muitos, Mary (2000).

O "som Brasil"
Uma tessitura sincrética?*

No fundo, trata-se de resumir aqui o meu pensamento sobre o assunto[1]. Para introduzir um diálogo. Por isso, não pretendo dizer coisas novas, mas pôr em relação ideias expostas aqui e acolá, tentando construir a hipótese de um panorama de fundo. Farei referência, literal e substancialmente a dois textos (SANCHIS, 1995, 2008), levando também em conta o conteúdo de outros, elencados na bibliografia (SANCHIS, 1987, 2010), que cruzam de várias maneiras, a propósito do Brasil, a problemática da identidade e do sujeito com a do sincretismo.

1 Um sincretismo?

Importa começar esboçando rapidamente um quadro teórico. De que "sincretismo" pretendo falar?

Antes, gostaria é de deixar muito claro, para poder situar o pensamento, que não entendo o sincretismo como um resultado, o produto de uma operação de mistura. Esse resultado entra, sem dúvida, na perspectiva do sincretismo, mas nunca como a sua definição. Precisamos descartar de antemão a ideia de um sincretismo feito mistura de várias – ou todas as – religiões. Aliás, é a própria ideia de definição que gostaria de poder pôr de lado, numa operação de flexibilização, de relativização dos próprios conceitos.

Dizer que "sincretismo" designa uma essência significa exigir dele uma definição, com a designação de certos elementos que essa definição implica e de outros que ela exclui. Pergunto-me se não seria possível flexibilizar essa

---

* Publicado originalmente em: MASSIMI, M. (org.). *Psicologia, cultura e história*: perspectivas em diálogo. Rio de Janeiro: Outras Letras, 2012, p. 15-54.
1. Este texto tem por base uma comunicação oral, e conservou bastante o caráter desta origem.

• 349

perspectiva pensando o sincretismo como uma estrutura. Não uma estrutura no sentido estruturo-funcionalista da palavra, como um sistema fechado, o que seria tornar ainda mais rígidos os contornos de seu conteúdo, mas num sentido paradoxalmente inspirado por Lévi-Strauss, quando designa a estrutura como "uma força que orienta sempre na mesma direção todos os elementos que a história põe à sua disposição – e que, aliás, remodela incessantemente" (LÉVI-STRAUSS, 1976: 115). Definição ou descrição? O sincretismo seria assim detectado como uma tendência, uma força – é claro que nisto se trata de uma imagem – que persiste em orientar sempre na mesma direção os elementos variados que a história lhe apresenta.

É importante notar a complexidade dessa descrição da estrutura.

Primeiro, há permanência de um sentido, de uma queda, de uma direção. Constata-se a existência de algo como uma força que tende a impor (não "impõe", mas "tende a impor") à realidade social a mesma forma. Uma orientação geral e sempre igual – enquanto existir – no seu sentido, mas que maneja uma variedade diacrônica de realidades sociais. Sendo também variado e múltiplo o resultado empírico da realização desse dinamismo. Quer dizer, em função das situações históricas e de suas componentes, serão diferentes as concretizações dessa tendência estrutural. Uma mesma *estrutura* e suas várias *transformações* históricas. Um sentido e várias significações. Esta precisa noção de estrutura permite juntar unidade e permanência com multiplicidade e transformação. Permanência de uma orientação; não organização concreta, mas princípio e lei dessa organização. No caso do sincretismo, qual seria essa "direção"? Poderíamos pensar a estrutura do sincretismo como a tendência de qualquer grupo humano, quando em contato com outro, a utilizar relações apreendidas no mundo outro – o mundo do outro, no caso – para ressemantizar seu próprio universo. A partir daquilo que, no mundo do outro, ele detecta como elementos diferentes ou apreende como os mesmos elementos dotados de sentido diferente, ele revê as suas próprias determinações internas. Com outras palavras, sincretismo seria o modo pelo qual as sociedades humanas são levadas a entrar em um processo de redefinição de sua própria identidade quando confrontadas ao sistema simbólico de outra sociedade. Já podem perceber que nessa visão algo como os sistemas existe, e tem conteúdo. Não se trata de uma forma inteiramente vazia como certos momentos da teoria de Lévi-Strauss poderiam sugerir. Eu falaria de uma semiforma (mais um "entre dois") no sentido tão clara e frequentemente afirmado pelo autor de que é forma de alguma coisa. Uma forma que, sem ser "a mesma" para coisas diferentes, poderá, no entanto, ostentar uma tônica constante, mesmo se modulada conforme os conteúdos por ela formatados. Não forma pura, mas estrutura de algo, existindo de fato na concretude de suas transformações.

Nesse sentido, acima da consideração de um resultado, impõe-se a ideia de uma tendência e de um processo. "Aquela é uma religião sincrética!", constitui na história uma designação depreciativa, instrumento à disposição de uma instituição religiosa estabelecida para desqualificar transformações, em geral de raízes populares. Pois não se trata de um produto, mas de um processo tendencial, polimorfo e causador em múltiplas dimensões; às vezes muito imprevistas. Encontraremos exemplos no campo brasileiro.

Esse processo consiste na percepção ou até na construção coletiva por um grupo social, de homologias de relações entre o seu universo e o universo do outro que entra em contato com ele. Essa percepção contribui para desencadear transformações no próprio universo. Transformações que, vejam bem, podem orientar-se no sentido de reforçar o paralelismo ou a semelhança com o outro ou, ao contrário, no sentido de reforçar a oposição. Aliás, possivelmente na conjugação dos dois sentidos.

A Igreja Universal, por exemplo, se relaciona negativamente com as religiões africanas reforçando sua própria identidade nessa oposição, mas aceita com isso a realidade das relações estabelecidas na cosmovisão candomblecista, acreditando nelas.

O sincretismo é assim um processo muito variado, polimorfo, criador e causa ativa em vários níveis e várias direções. E revestido de formas diferentes. Para alguns, poderá ser uma elaboração intelectual; para outros, uma afirmação ritual ou uma vivência de massa. Os ritos coletivos, por exemplo, ou as festas, têm o seu nível de organização, planejamento, construção sistemática, mas a participação ativa e criativa ultrapassa esse nível. Sem que esse ultrapassar seja necessariamente verbalizado. Ou, se for apreendido pelo pesquisador por meio de uma verbalização, esta não é necessariamente sistematizada. Interpretação necessita de interpretações.

Em primeiro lugar, pois, afirmamos o sincretismo como um processo, não diretamente como o seu resultado. Em segundo lugar, esse processo tende a se dar numa situação desigual entre duas culturas, duas sociedades. Desigual porque marcada por uma dominação política, de hegemonia, muitas vezes de conquista... Uma dominação cultural também, porque nos próprios grupos sociais e nas suas culturas estabelece-se uma escala de valorização. Tanto para as realidades próprias quanto para as realidades do outro.

Nesse jogo de dominações, pode acontecer que uma dominação política, econômica, social, pese em determinado sentido, enquanto a escala de valorização do próprio grupo se transforme em outra direção. É clássico, por exemplo, no caso do colonialismo, que a cultura e a religião do dominado se tornem fascinantes para o dominante. Um efeito de fascinação que vai a contrapelo da dominação político-social e se articula dialeticamente com ela. No caso brasileiro, teremos assim com essas aproximações hierarquizantes e essas mutações de sensibilidade cognitiva, um espaço amplamente aberto para a qualificação do sincretismo como domesticação, sem dúvida, mas não só. Estabelecem-se situações, ambivalentes, que o único princípio de dominação não basta para explicar. A tendência sincrética não será, pois, unicamente fruto de uma estratégia política.

Uma das objeções que se faz, atualmente, no campo brasileiro dos estudos sociais, à ideia de sincretismo é que este não é fato, mas representação, invenção estratégica das classes dominantes. Não nego a realidade dessa perspectiva, mas sua abrangência explicativa. Ela não esgota a análise do fenômeno. Quem sabe se aquela passagem conceitual de uma essência para uma estrutura não ajudaria o analista do sincretismo a reconhecer e abarcar uma diversidade de formações sem reduzi-la a casos particulares, mas também sem negar a existência e a presença envolvente de uma forma dinâmica única, que seria precisamente "o sincretismo".

2 Uma cultura?

Falar em sincretismo como numa forma não totalmente vazia equivale a dizer que há sincretismo quando o processo social tende a impor determinada forma a "algo". Seriam traços, comportamentos, elementos de cosmovisão, valores? Vê-se que, nessa flexibilização e comunicação dos conceitos, é difícil falar em estrutura sincrética sem levar diretamente em conta a cultura. A análise da cultura é básica para a análise do sincretismo. Como conceber, então, a cultura?

Em primeiro lugar, cultura aqui não pode ser entendida no sentido tradicional, do sujeito que sabe muito em termos de conhecimentos e experiência, e que por isso tem facilidade para lidar com as pessoas ditas cultas. Uma pessoa "culta", sábia, com todos os predicados e todos os comportamentos da sofisticação social. Se fosse isso, alguns teriam cultura e outros não, enquanto precisamente a cultura é aquilo que define, que ajuda a definir, que aponta para reconhecer o ser humano.

O que é a cultura então? Exatamente isso que faz com que o grupo seja grupo "de gente". Que homens e mulheres sejam gente, quer dizer, precisamente, seres humanos. Um universal, então, sendo a mesma a "cultura" para todos os homens? Não. Mais uma vez um universal modulado, que define a maneira particular de exercer a qualidade humana. Cultura será esta maneira de ser homem de certo jeito, de certo modo, essa maneira particular de encarnar a humanidade. É claro que hoje a etologia é mais complexa, e reconhece traços de cultura no mundo animal. Mas globalmente falando, numa oposição direcional, o animal nasce apetrechado com tudo o de que ele vai precisar. A abelha nasce sabendo fazer tudo o que ela faz, por mais que seja sofisticado; ela não passa propriamente por um processo de aprendizagem e de aperfeiçoamento. O homem não nasce feito, mas propenso, dotado de potencialidade e num meio social criativo, que o leva, como indivíduo, "até lá", como grupo, "além de lá", e, como grupos múltiplos, em direções e para resultados diferentes.

Essa oposição primeira permite vislumbrar o dinamismo construtivo do que é uma cultura. Num sentido diacrônico, mas também numa dimensão sincrônica. Que foi até a primeira que a antropologia privilegiou. Cultura era, para os membros de um grupo humano, maneira definida de se perceber como gente e de perceber o seu universo. Saber se situar por dentro, aliás, saber o que é "saber", perceber o que eu mesmo signifíco para mim, o que signifíco para o meu grupo, o que signifíco para os outros; vivenciar a situação concreta desse grupo em determinado ponto de uma rede de relações; valorizar o que é bom para se fazer (não necessariamente a mesma coisa que é boa para outro grupo), o que se deve desejar ser, o que se pode chegar a ser, quais as atitudes melhores ou piores, como é que o mundo se divide, através de quais categorias – gente, homem, bicho, coisas, gente próxima, gente longínqua, inimigos, diferentes, amigos, parentes – posso tomar conta dele; quais os ritos que me permitem celebrá-lo.

O interessante é que os grupos humanos chegam a conclusões diferentes, em resposta a essas perguntas fundamentais. Cada um monta na sua cabeça, na sua sensibilidade, no seu coração, na sua vontade, no seu sonho, certo tipo de mundo, de universo, como se cada um usasse um par de lentes que lhe permita ver o universo assim, enquanto, para outros, lentes categoriais diferentes compõem outro universo. Os seus mundos serão diferentes, as noções de bem e de mal são em parte diferentes, os valores são diferentes, os interesses em geral são diferentes, os desejos e suas relações entre si e com outros grupos etc.

É esse jeito de ser gente, diferente de grupo para grupo, que constitui a cultura. É claro que, sendo muitas as culturas, é problema fazê-las conviver. Quando os portadores de uma dizem "sim", outros deveriam ser capazes de entender que esse "sim" pode querer dizer "não". "Está tudo bem?" Quantas ambiguidades nas respostas! Falhas de comunicação aparentemente pequenas, mas que evidenciam tanto as diferenças quanto a semelhança fundamental. Em certo sentido o mesmo-outro é incapaz, senão através de um longo exercício, de decifrar as camadas de sentido mutuamente opacas dos seus "sim" e dos seus "não".

Uma imagem interessante é aquela da garganta humana. Como órgão, ela é potencialmente capaz de emitir-pronunciar qualquer som. No entanto, em cada língua, os locutores são "naturalmente" incapazes de pronunciar certos sons. O "û" francês, por exemplo, é muito difícil para um brasileiro, senão através de uma longa reiniciação, que implica um mergulho em outra cultura. Pois cada língua encerra um conjunto fonético, que tem seus limites e é naturalmente cercado pelo silêncio... Que o digam os locutores de televisão e de rádio. O que falamos dos fonemas vale para as categorias. E não só quanto ao sentido, mas quanto à significação. Quer dizer quanto ao valor. As realidades materiais apontadas podem ser as mesmas, mas transfiguram-se os valores de que são carregadas. O suicídio, por exemplo. Na cultura japonesa ele é enaltecido, e não na cultura ocidental. A droga é ritual em vários povos.

Tudo isso é possível porque, para os homens, e as mulheres, o mundo não é simplesmente o mundo material feito por realidades físicas e coisas. Mas é um mundo prenhe de representações simbólicas, diferentemente significativas para grupos diferentes. Por isso, carregadas de valores, também diferentes. Um castigo, por exemplo. Um castigo físico para a criança. Basta acompanhar literatura e debates jurídicos e de opinião pública contemporânea, para medir o hiato entre uma finalidade abstrata universal de castigo educativo e o valor real de que se reveste o gesto no imaginário e na sensibilidade dos vários grupos socioculturais. De fato, os mesmos elementos se valorizam e hierarquizam de uma maneira diferente, a significação própria a cada um, resultado das escolhas do grupo, reveste-se com a mesma legitimidade social de valores opostos, pois não se trata de tomadas de posição isoladas, parceladas, individuais. Trata-se de universos, cujas redes respectivas estabelecem simbologias e valorações reflexivas compartilhadas.

E quando o contato se produz com alguém de outra cultura, o desafio não é só de aceitar dela elementos esparsos de significação e de valor, mas de inserir esses elementos no próprio conjunto, numa rede própria de significados. Em princípio, cultura significa que não existe mais nenhum elemento isolado, tudo faz parte do todo. Eu diria de um sistema, mesmo se o seu grupo portador não toma consciência dele enquanto tal. Pois ele é fruto – em boa parte inconsciente – da educação, da transmissão existencial, do fazer coletivo.

Tudo o que dissemos da cultura pode, aliás, apontar para a religião. Religião é uma cultura ao quadrado. Porque com ela tudo isto de que acabei de falar está envolvido numa dimensão de absoluto. Por isso se impõe com uma força coletiva muito maior do que qualquer outro elemento cultural. E vale também para ela o que vamos acrescentar em seguida.

Pois é preciso acrescentar um fator perturbador. Tudo o que dissemos da cultura seria verdade, seria tranquila e simplesmente verdadeiro, se os tais grupos de homens não se encontrassem entre si. Se o cenário da vida social fosse a-histórico. Mas a história existe. A cultura que os antropólogos descobriram e teorizaram no século passado, com aquele fascínio, aquele fervor de descobrir humanidades no plural, não é, sem dúvida, o simples fruto de uma visão ultrapassada, nem deve ser analisada como tal, mas também não poderia ser apreendida fora do seu processo dinamicamente histórico. Quer dizer, transformador. Primeiro por causa da própria história. Com efeito, depois da teorização da descoberta do outro no século XIX, veio a se instaurar entre os povos um conjunto de relações, entre elas a de dominação e de exploração. Relações coloniais, que ameaçaram levar a antropologia, constituída em torno das diferenças, a delinear um mapa cultural estático, cujo rigor e estabilidade não corresponderiam aos movimentos que viriam logo a animar a realidade geopolítica. O quadro que parecia morto começou a agir, a vida foi! Aconteceram coisas. Se quiserem responder a esses acontecimentos que criam novas situações, as culturas devem reagir criativamente, se transformando. Evidência contemporânea que permitiu aos pesquisadores perceber que os sistemas que eles reconstituíam (ou "inventavam" como querem alguns (WAGNER, 1975, 2010)), não existiam senão no quadro existencial de uma dialética entre a coletividade e indivíduos portadores da mesma cultura, mas portadores segmentários, ativos, reativos, criativos. Também os meios de transmissão são mutáveis, acompanhando as mudanças dos instrumentos de comunicação. A cultura, afinal, não se reproduz simplesmente, mas se transmite transformando-se. E essa lei histórica generalizada vê-se acentuada na contemporaneidade pela realidade da mudança radical, rápida, brusca, muito mais profunda, trazida pela Modernidade.

A Modernidade na história das culturas traz consequências inconfundíveis. Em primeiro lugar, as culturas viajam. Transportadas pelas pessoas. Entrecruzam-se, se multiplicam no mesmo espaço, se contaminam mutuamente. O multiculturalismo coexiste com o hibridismo e a mestiçagem cultural. Tanto coexistem como se misturam. E se observam misturando-se. Por isso os grupos culturalmente homogêneos se reduzem, as relações se problematizam. A estrutura social tende a virar redes, que articulam dinamicamente indivíduos.

Em segundo lugar, e num outro nível, no mundo atual não só os homens viajam e se encontram, mas existe uma capa globalizante, que tende a impor por todos os meios, no conjunto dos grupos humanos, uma mesma cultura. Um movimento padronizador das culturas na medida em que uma delas acaba marcando a sua dominação no conjunto do espaço social. Sobretudo no espaço urbano, através dos meios de comunicação. Todos, na cidade, embora representantes de várias e muitas culturas, se defrontam com a oferta imperativa da mesma cultura geral, a cultura moderna da metrópole. Estão situados, com a sua cultura respectiva, dentro do seu molde ativo e transformador, participam, querendo ou não, das grandes linhas de seus ideais, de seus valores, mesmo que seja por revolta ou distanciamento. O desafio da globalização para a cultura.

Temos assim motivos superpostos. Por um lado, vem a coexistência de ofertas culturais múltiplas, que opõem os indivíduos, os dividem no interior deles próprios, os fazem pertencer simultaneamente a várias culturas. Mas por outro lado o mesmo campo é atravessado por uma tentativa compulsória de uniformização com a globalização geral. Livre-escolha ou irresistível amoldamento? Identidade?

Dois territórios diametralmente opostos. A abertura à liberdade e escolha, em princípio indefinida, que, por si só, é já ao mesmo tempo uma riqueza e uma causa de desespero existencial. Sobretudo quando se acompanha do assédio comunicacional de uma cultura uniformizante. O resultado dessa insegurança sendo uma volta dos povos ao abrigo da cultura que consideram como a sua própria. Nunca se tinha visto nos séculos passados tantas reivindicações de "autenticidade" cultural, de todos os lados. Em termos étnicos, em termos nacionais, em termos religiosos. Na Europa, por exemplo, cada um reivindicando sua própria autenticidade, sentida como abafada pela constituição, hoje de um vislumbre de federação, mas já ontem das nações. Esse jogo da totalidade *versus* a particularidade nunca foi tão agudo como hoje. Uma tentativa de reencontrar a sua própria cultura exatamente quando a antropologia reformula (e relativiza?) essa dimensão.

O resultado é que essa cultura não será mais uma cultura simplesmente recebida. Mas será uma cultura autonomamente escolhida. Através de uma resistência à globalização, muitas vezes até como um retorno a um passado identificador. A ideia de nação, por exemplo, está sendo atualmente desafiada tanto pela necessidade de mais amplos conjuntos multinacionais quanto pela aspiração a um autoconhecimento interno das nações e à reafirmação das idiossincrasias de cada uma de suas partes.

Na mesma linha dessa objeção, manifestou-se uma crítica a essa visão do sincretismo. Ela fala em identidade, mas a identidade não teria nada a ver com conteúdo cultural. A identidade é o que cada um decide que é, ou o que os outros dizem que você é. É fruto de uma opção relacional, consequência de estratégia política. Construção. Enquanto a cultura teria conteúdo, e um conteúdo recebido, que tende a me definir. Mais uma vez a resposta deverá implicar a afirmação de um "entre dois".

Que a identidade não seja simplesmente – e totalmente – a emblematização de uma cultura, foi para mim evidenciado quando de um primeiro trabalho em antropologia da religião. Eu estudava as repercussões de uma missa celebrada em 1965, na Bahia, anunciada na imprensa como evocando a África pelos ritmos, as melodias e o acompanhamento instrumental de seus cantos. Recusa de uma parte do mundo cultural baiano, indignado pela ideia de ser identificado com uma cultura "selvagem", "atrasada", e de ter de rezar ao som de "instrumentos e ritmos bárbaros que eles querem introduzir na nossa religião". "Não somos botocudos do Congo!... [sic]. Respeitem-nos ao menos como um povo menos atrasado do que os africanos!" Diante da insistência de alguns prelados, tal celebração foi, pois, proibida de repente. Mas meses depois o mesmo coral foi chamado para assegurar os cantos de uma celebração campal, e a maestra, sem dizê-lo, e sem tornar visíveis os mesmos instrumentos populares, programou as mesmas músicas. Dessa vez, os anúncios e comentários não implicaram com a África nem com o candomblé. "Era tão nosso!, cumprimentavam, ao contrário, os mesmos prelados, sem saber que as músicas que aceitavam como expressando o seu "ser" eram as mesmas que, por ouvir dizer, e por causa das categorias veiculadas na imprensa, eles tinham condenado como alheias a sua identidade de "povo culto", de uma "capital civilizada, nossa Bahia". Era então manifesto que os elementos culturais, reconhecidos na sua realidade como fazendo parte de "si", podiam ser excluídos da identidade reivindicada, quando qualificados negativamente. Cultura e identidade eram duas coisas diferentes. Mas não simplesmente diferentes. Senão em casos-limites – que existem de fato: pense-se no caso de famílias judaicas tendo de se transformar para escapar da perseguição – não se pode inventar uma identidade sem uma base, retrabalhada e estrategicamente construída, de elementos culturais. "Entre dois". Uma identidade não passivamente herdada, mas também não totalmente criada. Elaborada e assumida na base de um fundamento herdado.

Por isso a possibilidade de uma concepção do sincretismo como fator de reformulações de identidades, pela mediação de um processo de reinterpretação de elementos culturais.

Mas se realmente for possível traçar assim em resumo a problemática atual da cultura, surge logo a pergunta: Em que termos falar ainda de cultura brasileira?

3 Brasil

Chegamos assim ao terceiro ponto. O Brasil, sua cultura e sua religião. Diante de tudo aquilo que acabamos de dizer, o primeiro cuidado a tomar é o de evitar qualquer reificação. Difícil até falar simplesmente em "cultura brasileira". Como se se tratasse de um sistema total, eventualmente dividido em seus devidos pedaços. Mas com isso renunciaremos a qualquer generalização? Quem sabe se, ainda aqui, a tentativa de resposta não passaria também pela ideia de estrutura. Não iríamos definir a cultura brasileira, mas verificar se não existe uma tendência geral que se repete com certa constância em grupos variados referidos ao Brasil, o que poderia permitir falar em cultura ou religião brasileira. Uma tendência e não um conteúdo fixo, um processo, cuja orientação tende a organizar na mesma direção os elementos vários e mutantes que a história do Brasil põe à disposição do grupo brasileiro. Não sempre. Não em todos os momentos dessa sua história. Nem sempre com a mesma força, com a mesma intensidade. Nem em todos os segmentos sociais que o compõem. Mas de um modo suficiente e perceptivelmente marcante, repetitivo, quase que teimoso. Eu acho que é o que Geertz chamaria de "tendência dominante" (GEERTZ, 1989), a maneira dominante, podendo, aliás, ser acompanhada de tendências opostas, minoritárias, mas também visíveis, que por sua vez tendem a refletir o arranjo social, a história do grupo e sua autorrepresentação.

Agora, uma das objeções mais sérias que se faz a essa ideia da existência de uma cultura brasileira. O que nós chamamos de cultura brasileira seria só aquilo que os intelectuais explicadores do Brasil elaboraram como sendo "a cultura brasileira". Não se trata aqui da "invenção" da cultura de que falamos acima, projeção objetivante do pesquisador. Mas de uma elaboração participante por intelectuais que se reconhecem na cultura de que traçam uma síntese. Uma autorrepresentação, que tende a ser coletivamente difundida e assumida. Ora, a relação entre a representação e a realidade social não deixa de ser considerada como geradora de sentido e de fato. Prolongando Durkheim, e sua "imagem ideal" da sociedade, que faz parte de sua espessura efetiva, Bourdieu, por exemplo, fala das representações da realidade social como contribuindo para fazer essa realidade. Durkheim fala da imagem ideal da sociedade, a imagem ideal que a sociedade faz de si própria e que acaba se transformando em realidade. Nesse sentido, essa autorreflexão, esse autorretrato, essa tomada de consciência dos intelectuais especialistas do Brasil que detectaram no grupo social brasileiro tendências dominantes, não deixa de ser parte do processo de criação da cultura brasileira. Se, por um lado, não se pode pretender traduzir representação em realidade, por outro lado não se trata de abandonar, como meras reflexões subjetivas, observações preciosas. Estaria querendo me manter naquilo que Lévi-Strauss, inspirando-se em Kant, chama de "entre dois"? (LÉVI-STRAUSS, 2001: 65). Nem uma afirmação absoluta nem outra. A própria análise não prende a realidade ao suposto resultado de uma "tendência" só. Ela a situa, dinamicamente, entre dois polos. Deixando à História a tarefa de fazer dominar um ou outro em determinadas situações. Os dois estão sempre em ação, mas de uma maneira diferentemente preferencial no decorrer da história. A ideia do "entre dois", espaço epistemológico virtualmente cheio, me parece assim uma possível chave de razoável entendimento para a cultura e a religião.

Nesse quadro relativo, quais afirmações me pareceriam válidas hoje para ilustrar uma "tendência" da religião brasileira, mais exatamente da cultura brasileira na perspectiva da religião?

Primeiro, a presença de uma dimensão religiosa superlativa. Todas as estatísticas – é claro que elas têm os seus problemas – descrevem o conjunto do Brasil, se comparado a outros espaços sociais, sobretudo da Europa, como marcado pela presença de uma referência a essa dimensão. "Se Deus quiser..." "Vá com Deus!"

O segundo ponto seria a representação de um anel místico em torno do povo brasileiro, do grupo social brasileiro. Um anel feito de presenças, um povo invisível de protetores, que sejam anjos, que sejam santos, que sejam espíritos, orixás ou exus... O povo brasileiro não está sozinho. Sabe-se rodeado, acompanhado, em comunicação.

O terceiro ponto é a permanência de certa polarização dessa diversidade para o catolicismo. Uma tendência de referência cada vez menos institucional, mas nem por isso – ou por isso mesmo – menos polimorfa. Pró ou contra, até as perspectivas humanistas, explicitamente arreligiosas, tendem a se pensar em contraponto do cristianismo, mais especificamente do catolicismo.

Enfim, o quarto ponto, que nos interessa particularmente hoje: uma porosidade das identidades. O sincretismo. Lembrando daquilo que falei no início, não uma mistura, mas uma tendência relacional transformadora das identidades.

Parece interessante, aliás, constatar que esses dois pontos, catolicismo e Brasil, estariam associados – e não independentemente – com a ideia do sincretismo. Arriscaria três afirmações.

A primeira. Se o Brasil é sincrético, é porque ele é católico. Ficou marcante uma frase do Padre Júlio Maria, no famoso *Livro do centenário*, de 1900, que diz que "o catolicismo formou a nossa nacionalidade". Haveria assim conaturalidade do Brasil com a Igreja Católica? Dessa vez não se fala em cristianismo, mas em catolicismo. O Brasil tendo nascido católico, seria preciso pensá-lo como estruturalmente propenso ao sincretismo? A primeira sugestão seria, pois, que a cultura brasileira é propensa ao sincretismo porque historicamente marcado por traços católicos. E catolicismo tem a ver com sincretismo. Insisto: não no sentido que mistura tudo, mas no sentido que *tende* a transformar a sua identidade no decorrer de suas copresenças sociais e cósmica. Por quê? Uma resposta rápida evocaria simplesmente o fato de o cristianismo ser, ele próprio, fruto de um processo de encontros de tradições diversas (p. ex., BULTMAN, 1950). Mas a perspectiva deve ser mais complexa. Precisamente porque, em certo sentido, o cristianismo se impôs como a exigência da entrega pessoal – que chamou de "fé" – a um processo salvador cristalizado em determinada figura histórica, acima, além e, se necessário, contra qualquer aparelho religioso existente. Nessa medida, o cristianismo é antissincrético; e em certos textos clássicos os cristãos primitivos foram de fato vistos como arreligiosos.

Mas dentro desse cristianismo nascente, e destinada a logo se ampliar, emerge uma tendência a reconsiderar e reintroduzir todos os elementos que caracterizam o fato religioso: gestos, hierarquia, instituição, organização, lugares, templos, objetos sagrados, sacrifício. Realidades que, num conjunto articulado, perfazem uma "religião", e que, já pela metade do século segundo, praticamente têm, quase todas, abrigo na síntese cristã. É essa dimensão da reinstitucionalização de uma não religião em formas religiosas que chamaria de catolicismo. Que evidentemente não se reduz à Igreja Católica que conhecemos, primeiro porque ela é do tempo em que não se distinguia a "católica", e também porque, na história, várias outras Igrejas, por exemplo a oriental, podem se dizer "católicas" nesse sentido: afirmam-se como uma religião, com toda a força de uma instituição densamente visível, ao mesmo tempo distinta da sociedade global, mas vinculada a ela e tendendo a ela se identificar. À diferença do cristianismo no seu princípio, dimensão radical do indivíduo dedicado a Deus. Vários antropólogos (DUMONT, 1985; DAMATTA, 1985), sociólogos (PARSONS, 1976) ou teólogos (NIEBUHR, 1967; TILLICH, 1995; BOFF, 1969, 1976) leram tal diferença no contraste entre o gênio católico e o gênio protestante, que tenta reatar com a radicalidade inicial. A corrente católica, dentro do mundo cristão, reintroduz a ideia de religião. Catolicismo é uma fé em forma de religião.

Estamos tendo aqui um primeiro sincretismo. Em profundidade. Pois não se trata de eliminar a "fé", trata-se de articular duas dimensões contraditórias: uma que nega a religião e a outra que afirma a religião. Então, o catolicismo – e não a Igreja Católica –, a dimensão de catolicismo que, com certeza, está eminentemente e substancialmente presente na Igreja Católica, se constitui num sincretismo entre duas dimensões, com uma consequência concreta muito imediata: se é uma religião, no momento em que vai se implantar num campo social já ocupado por outras religiões, entra em jogo esse processo estrutural do sincretismo: essa aproximação e essa transformação de si em função da detecção (ou da criação) de homologias com o outro.

Claro que, pensando-se o sincretismo enquanto mistura, a tendência de cada uma das instituições é de não reconhecer nele sua própria imagem. Mas não é isso que está em jogo. Sem dúvida, a hipótese da mistura faz parte dos possíveis eventuais, mas não define o sincretismo enquanto tal. Todo lugar em que a instituição "católica" se aproxima de outro dispositivo religioso, entram em operação simbioses e empréstimos. Dois exemplos recentes. Num artigo sobre as Igrejas evangélicas do Nepal Central, B. Rippert (1997) mostra que sua tendência, ao contrário da dos missionários jesuítas, é de recusar qualquer aproximação, linguística ou ritual, com os cultos locais tradicionais. Algumas poucas dessas Igrejas, no entanto, cedem à tentação e utilizam elementos, gestos e músicas do culto tradicional relativo aos mortos, caro às religiões locais. Mas essas Igrejas (evangélicas) são marginalizadas pelas outras, que as condenam como "católicas".

No mesmo sentido vai o relato de um padre jesuíta europeu, missionário no Chade, que começou a traduzir textos bíblicos na língua local (HILLAIRE, 1996). Juntou para trabalhar com ele vários seminaristas católicos e também jovens de outras religiões, em particular jovens protestantes, que, na sua Igreja, já colaboravam com um pastor americano dedicado à mesma tarefa havia 40 anos. Quando, sob a orientação do jesuíta, o grupo começou a traduzir palavras-chave com os termos utilizados pelo povo na sua vida religiosa tradicional, chamando, por exemplo, o Deus bíblico de Allah, aquele pastor protestante, que tinha passado a vida tentando encontrar na língua local termos originais que respeitassem a novidade e unicidade cristãs, não aguentou essa "catolicidade", de aproximação e de transformação de sua própria identidade em função da identidade do outro. Sentiu-se traído no mais profundo do seu cristianismo, e pediu para deixar a missão.

Poderíamos encontrar esse nível por diversos caminhos. Nóbrega, por exemplo, escreve para o rei de Portugal pedindo óleo, que não existe aqui no Brasil, porque sem o óleo não poderíamos consagrar... Uma necessidade material (sacramental) faz assim parte do cristianismo-religião, como uma inscrição materializante, encarnação das realidades fundamentais do cristianismo no âmbito em que tendem a comungar todas as religiões. Um nível básico, radical para cada uma delas, e que deve corresponder a uma dimensão genérica, à religiosidade. Para os psicólogos poderia ser interessante pensar a maneira como se define a religiosidade, também realidade-zero, tendendo para a vacuidade. Quando você retira tudo o que faz parte do concreto de um dispositivo religioso particular, o que sobra é a religiosidade, que é para Simmel uma atitude subjetiva (SIMMEL, 2010). Para a psicologia isso parece apresentar algum interesse. Nessa atitude subjetiva, quase vazia de determinações conceituais, qualquer encontro pode ser enriquecimento mútuo, qualquer realidade tende a poder ser compartilhada com os diferentes.

Isso nos leva ao segundo motivo que conferiria ao catolicismo uma familiaridade estrutural com o sincretismo. Ele remete fundamentalmente ao mundo mítico. O mito se traduz não por conceito, não por definição, mas por símbolo. O símbolo, o que é? É uma seta carregada de um sentido não definido, que vai atravessar camadas de significação conceitualmente mapeadas. Em cada uma esse vazio prenhe vai encontrar essas definições, qualificá-las e reciprocamente se deixar concretizar diferencialmente por elas. Ele poderá assim encontrar vários dispositivos religiosos, tirando e pondo neles sentidos análogos, aproximando-os pela transposição dessas diferenças. Em cada um ele tem chance de encontrar um ponto em que pode se reconhecer. Porque não definiu, mas carregou, sendo sentido, uma potencialidade de significação. Por isso o mito, com a sua tradução simbólica, abre para uma potencialidade infinita de sincretismos.

Agora, se é verdade que esse catolicismo é, como que naturalmente, sincrético, também ele é histórico nas suas formas. É evidente que, medido no processar da história, ele vai concretizar essa potencialidade sincrética de um modo próprio – de vários modos próprios. Desses modos escolhi dois, que nos dizem mais respeito: Portugal e Brasil. Duas maneiras, completamente diferentes por causa da história, de o catolicismo realizar concretamente sua potencialidade sincrética. Mais uma vez resumirei, já que vários dos artigos referidos contêm uma descrição mais detalhada.

Portugal como primeiro exemplo: uma terra "mediterrânea". O catolicismo se implantou em terreno já ocupado, conforme exatamente o processo que já descrevi. Ele encontra, já implantada, uma religião com sua cosmovisão, seus ritos, com seus valores, com sua hierarquia, sua organização social etc. E ele vai se amoldar a essa realidade para poder se impor a ela. Vou direto a um exemplo: São Martinho de Dúmio, que foi abade de Dúmio, e depois foi bispo de Braga, sem deixar sua abadia do interior. E a partir desse convívio não urbano sua pastoral tentou entender as reações dos camponeses e com isso transformar a sua religião. O processo fundamental foi então o da reinterpretação. A homologia que se descobre no outro, transcrita através de uma reinterpretação. Encontra, por exemplo, um culto das águas, das montanhas, dos altos rios, dos rochedos, das árvores, que era a base do culto celta. Numa primeira operação, reinterpreta tudo isso em termos romanos, a religião que ele conhecia, mas a segunda reinterpretação vai transferir a culpa desse erro para a própria cultura celta. "Vocês estão cultuando as árvores, os rochedos, a água, mas na realidade o diabo, sabendo que vocês cairiam nessa, fez-lhes acreditarem que, ao cultuar a natureza, são deuses que vocês honram. Mas na verdade, debaixo desse rochedo, atrás dessas árvores, na água desta fonte, vocês estão adorando o demônio, que se faz adorar sob a imagem escondida desses deuses". Reinterpretando em termos cristãos positivos, Martinho vai então instaurar a lembrança e a imagem de santos nos próprios lugares desses cultos, cristianizando o sagrado da natureza através dos santos católicos. Mas o povo vai em parte responder por outra reinterpretação. "Esses deuses que nós adorávamos, mas que, dizem agora, escondiam demônios, eram muito bons para nós. Se isso é o demônio, o demônio é bom". Com isso encontramos até hoje, em algumas romarias, imagens de demônios no meio dos santos. Em Amarante, um casal de diabos de madeira preta, sexualmente caracterizados e que o povo chama explicitamente de "diabo e diaba", era levado em procissão junto com o Santíssimo Sacramento. Escândalo para os padres. "São demônios, mas foram tão bons para nós!" O bispo demorou a reagir, mas acabou ordenando aos religiosos dominicanos, que tinham lá seu convento, que os diabos fossem queimados. Mas o que significava esse casal de diabos em meio ao culto de São Gonçalo, "o casamenteiro"? Eles saíam em procissão, sacralizando de certo modo marginal a dimensão da sexualidade, muito presente na romaria de São Gonçalo e nos seus ritos populares: as moças esfregam a barriga na estátua do santo para ter filhos, os homens caminham ostentando um cajado fálico, de aparência nitidamente fálica são também os pães que numerosas padeiras oferecem em mesinhas ao longo do que será o caminho da procissão. O povo, aliás, chama esses pães de "os c... de São Gonçalo", os considera ao mesmo tempo como símbolos a serem levados a sério de uma realidade santa (as padeiras os recobrem de um pano bordado quando passa a imagem do santo, para não ofender-lhe o pudor), e como objetos de carinhoso gracejo (as crianças levam pães de presente para alguma parente solteira). Entende-se que, diante da injunção do bispo, o padre ficasse sem saber mais o que fazer. Se ele queimasse os diabos, arriscava-se ir ao fogo junto com eles; se não os queimasse, o bispo o suspenderia de ordens. Teve então uma ideia original, que mostra muito bem o sentido dessa "devoção" ambígua: ele castrou as imagens do casal dos sinais visíveis de sua sexualidade, e cavou nos seus crânios um furo onde enfiou a cruz processional e a umbela basilical do santuário. Assim visivelmente dominados pelos sinais da religião oficial, diabo e diaba puderam continuar a participar da procissão, ambiguamente cultuados tanto pela Igreja quanto pelo povo.

Estão vendo a potencialidade social desse jogo de reinterpretação. E a maneira como a Igreja se implantou modificando-se em função de analogias que ela encontrava, através do processo de reinterpretação. Graças a ele o catolicismo firmou-se como uma religião identificada a um *topos*, um lugar, no caso uma aldeia. A aldeia é a raiz da identidade portuguesa (MATTOSO, 1985). E é nela e com ela que se elaborou um catolicismo tópico, religião que faz parte do passado – também religioso – das gerações. Uma religião inscrita nas linhagens. Quando há sincretismo, um sincretismo de raiz, "que provém".

Quando os portugueses do século XVI deixaram suas aldeias para conquistar o mundo, eles levaram com eles essa religião como um pedaço daquela terra ("Uma aldeia tem o exato tamanho do mundo para quem nela sempre viveu" – Saramago). Mas quando chegaram ao Brasil, se depararam de repente com uma terra indefinida, sem fim. E que passou a se considerar como vazia. A identidade deles e sua religião estavam ligadas a outra terra, determinada e inconfundível. Lembro-me de uma senhora do interior português que, ainda recentemente, dizia não conhecer todas as ruas da aldeia onde residia havia 40 anos, desde o seu casamento, porque não se sentia em casa para circular livremente, tendo nascido na aldeia vizinha. Levaram então com eles esse tipo de religião arraigada e de repente chegaram ao Brasil, terra ilimitada, indefinida, infinita; uma terra sem fim, considerada como vazia.

Bem o expressava um texto que meu filho, na escola primária, recebeu no dia da celebração da descoberta do Brasil: "Quando os portugueses chegaram ao Brasil, eles não encontraram aqui nada: só havia mata e índios". Tal a imagem do Brasil: uma disposição em aberto. É verdade que encontraram logo o índio, que foi "o outro", mas não em termos de religião. Pois era visto pelos jesuítas como não a tendo. Por isso esse advento é completamente diferente da chegada do catolicismo nos países mediterrâneos. Terra vazia, não possibilitando mais a segurança no aconchego radical de um lugar marcado e socializado. Sentiram-se perdidos num espaço sem fim. Com a ruptura, até, com a proteção ecológica que lhes era orgânica. Ruptura com a continuidade do tempo. O tempo sagrado na Europa tinha sido exatamente o tempo das estações: primavera, Páscoa e Ressurreição, e de repente está tudo mudado. A terra, o lugar, o tempo, tudo se desfaz com o espaço. A cultura do grupo social local, sua escala e sua história, não tinha mais aquela referência cósmica do grupo aldeão. Mas advinha agora a um espaço novo, desmesurado, cuja escala transforma o olhar, desassossega a dimensão identitária, frustra qualquer esforço para compatibilizar com essa nova natureza a cultura de que se é portador.

Uma frase de Roger Bastide (1971) me parece bastante expressiva disso: "O Brasil agiu sobre a sociedade portuguesa à maneira de uma dinamite, fazendo-a explodir em pedaços" (p. 56-57). O momento era das forças centrífugas.

Bem que se tentou implantar uma nova Lusitânia, a partir das aldeias indígenas. Mas isso durou aproximadamente três anos para os jesuítas, que abandonaram essa ideia rapidamente devido à imensidão que atraíra esses batalhões duplamente desenraizados, dos portugueses e dos índios "mansos", que foram arregimentados nas bandeiras e missões. Espantosa mobilidade. Enquanto em Portugal as realidades sociais estavam arraigadas em pedaços pequenos dos quais não se saía, no Brasil não havia pequenez, mas uma mobilidade total que, em algumas circunstâncias, se revestirá de uma grandiosidade totalizante, envolvendo cidades inteiras. É Darcy Ribeiro que descreve as bandeiras como cidades inteiras em movimento, conduzindo milhares de pessoas, fazendo roças e se fixando um tempo, para se deslocar de novo. Milhares de pessoas, portugueses, índios mansos, depois os deportados da África. Com seus sacerdotes, seus altares portáteis, suas imagens de santos, tanto sinais católicos quanto sinais ambíguos dos índios, e rapidamente os sinais rituais do terceiro povo desenraizado, que são os negros. É-nos difícil imaginar os "encontros" que essa situação significa. Esse desenraizamento, etnias e culturas misturadas, para alguns desde o embarque nos navios negreiros. E todos, portugueses, índios, africanos, tendo sido arrancados da matriz topológica e social de seus universos de significação, estavam disponíveis, em meio aos mesmos perigos, para os encontros transformadores. Aí está o quadro do tipo de sincretismo que proporcionará essa nova história ao catolicismo.

Não é mais um sincretismo que "provém" das camadas do passado, mas um sincretismo que "advém" da convergência desses povos desenraizados (e outros virão depois) que estão, juntos, metidos na conquista de um espaço não de antemão definido. Enquanto o primeiro era fixado ao extremo, com sucessivas camadas das quais um catolicismo enraizado extraía pouco a pouco os elementos a serem ressemantizados, esse segundo é um lugar a ser construído, em que o sincretismo advém da jogada coletiva, mas caótica, desses três povos desenraizados de sua matriz. Um tipo completamente diferente de sincretismo. Com o espaço, outra referência fundamental, o tempo. Parecia que em Portugal se impunha ao imaginário a dimensão do passado, onde se enraíza a tradição. Até hoje talvez seja a referência fundamental. Aqui é – e sempre foi – o país do futuro, onde como que se radica a tradição do amanhã (mais uma vez, não generalizemos... Existe Minas Gerais).

Observou-se que "a vida íntima do brasileiro não é bastante coesa nem bastante disciplinada para envolver e dominar toda a sua personalidade, integrando-a como peça consciente do conjunto social" (BUARQUE DE HOLANDA, 1936/2002: 151). Não seria porque o resultado do primeiro tipo de sincretismo, "que provém", é uma identidade coesa, que se sabe (ou que não se sabe, pouco importa) habitada por restos, por transposições, por reinterpretações e ressemantizações de coisas antigas, mas que, nessa operação, se sente e se proclama católica. O segundo tipo de sincretismo, ao contrário, pode induzir uma identidade que não domina sua própria realidade, não se integra como peça limitadamente definida no conjunto social. É assim que o povo brasileiro "é livre para poder se abandonar a todo o repertório de ideias, gestos e formas que encontra em seu caminho assimilando-o frequentemente sem maior dificuldade" (BUARQUE DE HOLANDA, 1936: 151). Um sincretismo "que advém" torna assim porosas, através de todas as impressões, as identidades. E relativiza, nesse sentido, a força propriamente definitória do princípio radical da lógica: não mais *é isto ou aquilo*, mas sim *é isto e aquilo*.

Ecoa com antecedência nesses encontros que contribuíram a fazer o brasileiro a proclamação de Oswald de Andrade: "Nunca fomos catequizados, fizemos foi carnaval"?

Naquelas expedições das bandeiras, os viajantes enfrentavam perigos que só alguns deles, os nativos, estavam preparados para identificar. Assim os sinais protetores dos aparelhos religiosos de todos podiam ser ativados para sobrevivência geral. Os recursos sobrenaturais deviam, para maior eficiência, serem postos em comunicação.

Isso, na vivência cotidiana do povo. E como se inscrevia esse recurso aos olhos da Igreja institucional? Estava ela muito pouco presente. Em boa parte de Portugal estão até hoje bastante visíveis os sinais de uma implantação eclesiástica aldeã. Tem-se ainda lembrança do tempo em que três, quatro, cinco padres aposentados, pertencentes às famílias locais, representavam a instituição ao longo de várias gerações. Numerosas capelas cercavam a aldeia. As romarias faziam o povo se encontrar, povo da aldeia e da rede de aldeias vizinhas, para concelebrar, mas também, num esquema de sociabilidade completa, para brigar. Um documento do século XIX não revela que o próprio vigário organizava guerra de sua aldeia contra as outras, no ponto alto da romaria e em honra do santo, guerra de sangue que acabava quando morria alguém? Uma guerra substituída, hoje, na mesma hora, pelo jogo de futebol, quando as mesmas senhoras de idade que, outrora, juntavam pedras e paus e incitavam à luta, incitam hoje o ardor competitivo de seus jovens conterrâneos. A honra do santo passava – e passa – pela vitória coesa do grupo local cuja identidade assumiu.

É claro que dessas situações vão decorrer dialéticas diferentes na operacionalização do catolicismo. Muito particularmente no que diz respeito à distância entre a vivência cultural e a instituição.

O novo tipo de compatibilidade não operará mais como segmentação do espaço e osmose de camadas tópicas sucessivas. Muito pelo contrário, pela convergência de identidades múltiplas que se articulam em uma copresença, no seio de uma composição sincrética sem abolir-se num processo confusional. Continuam diferentes, mas se articulam numa composição sincrética.

Nem distinção clara nem fusão. Um caráter que permeia o campo da "cultura brasileira", uma rede de articulações nunca reduzidas à unidade sistemática, num esquema monolítico. Articulação de identidades plurais, porosas e relativamente fluidas. Talvez esta formulação seja significativa do Brasil. Afinal, uma dialética? Em todo caso, um conjunto de contrapontos definidores de identidade. E desdobrados na história. Diria: "desfraldados" na história. Pois é claro que, como uma bandeira, eles significam ao mesmo tempo a afirmação de uma identidade coletiva e um programa, porque nunca destinado a se acabar. Um Brasil onde as identidades múltiplas não se percam misturando-se, mas também não se oponham entre si nem se aproximem numa simples justaposição ou paralelismo, mas se tornem porosas umas às outras, enriquecendo-se criativamente, reinterpretando-se umas às outras no interior de seu próprio ser, sem deixar de se afirmar nas suas diferenças. Por isso a distância entre a vivência dos fiéis, esse processo sincrético, e as campanhas definitórias da instituição.

Isso a propósito do catolicismo, mas a força dessa estrutura é tão grande que acabará surgindo dentro do campo religioso brasileiro uma instituição que, ela sim, vai se reconhecer inteira na perspectiva e na lógica sincrética: a umbanda. Ela se constrói na história como para concretizar ao extremo essa dialética. "Do sincretismo à síntese" dirá até um analista (ORTIZ, 1975). Não é à toa que é chamada de "a religião brasileira", porque ela representa exatamente isso. Ela não é uma fusão, embora pareça quase chegar a isso. Religiões afro com modernidade, espiritismo e, através dele, catolicismo, religiões orientais e elementos tradicionais de feitiçaria. Uma construção "sincrética" até na forma lógica de sua montagem institucional.

Mas essa tônica do "som Brasil" não está isolada. No decorrer da história, o Brasil conheceu também campanhas para a afirmação de identidades definidas. Tanto dentro do catolicismo (a inquisição primitiva, até certo ponto os jesuítas, a "romanização" posterior) quanto fora dele (os diversos protestantismos, os pentecostalismos, até ambiguamente nas suas formas mais recentes). Mesmo nisso, no entanto, a tradicional porosidade das identidades sempre fez questão. Podia-se perguntar, há alguns anos, se os neopentecostalismos não viriam definitivamente pôr em cheque nas camadas sociais populares esse traço fundamental da cultura brasileira. Com eles, quem venceria: a versão moderna da afirmação identitária ou o *habitus* do Brasil? De fato, uma Igreja Universal do Reino de Deus, por exemplo, parecia se definir em oposição agressiva a outras instituições religiosas, as das religiões afro ou a católica. Mas os anos mostraram que porosidade e fluidez não são incompatíveis com falta de irenismo ou de tolerância. Quem venceu foi o Brasil de sempre, e até o modelo da religião *made in Brazil*, quando exportada para o mundo, é de uma Igreja que assimilou, mesmo valorizando-o negativamente, o universo mítico das religiões afro e o ritualismo, organizacional e litúrgico, do catolicismo. Hierarquia consagrada, centralização, opulenta presença arquitetônica, matéria sacramental até, buscada na Terra Santa.

4 Um sincretismo brasileiro?

Estamos chegando à conclusão. Qual o resultado de tudo isso? São múltiplas as descrições do que seria o mundo sincrético brasileiro. Alguns utilizam a palavra porosidade das identidades; outros ficam na ideia de mistura, inclusive para recusá-la. Tenderia a aceitar uma multiplicidade de formas, nenhuma delas esgotando o modelo. Uma estrutura estruturante, com suas transformações, mesmo contrastantes entre si. Frente ao problema de uma identidade brasileira uma ou múltipla, a trama do sincretismo orienta para uma resposta matizada. Um modelo plural, tendendo diversificadamente para uma unidade nunca perfeitamente obtida.

Pois o Brasil é sociogeneticamente resultado de fundamental convergência, renovada ao longo da diacronia histórica. Como saldo desse processo, uma porosidade de identidades nunca totalmente fusionadas. Será necessário concretizar essa imagem? Para o catolicismo me ocorre lembrar somente dois casos, o de Dona Xzinha, estudado por Maria da Graça Floriano em Juiz de Fora e extensões mineiras (FLORIANO, 2002), e o Grupo de São José, estudado por Carlos Steil em Porto Alegre, também presente em Belo Horizonte (STEIL, 2004). Os dois reúnem, em torno de uma liderança de identidade católica, pertenças evangélicas, espíritas, umbandistas e mais claramente africanas, orientais e Nova Era, numa prática ritual compartilhada. O primeiro, com uma relação bem marginal e autoproblematizada com a Igreja oficial; o segundo, numericamente importante, aceito pela hierarquia, apesar de traços "diferentes" e de práticas pouco normativas, por uma neutralidade mais ou menos positiva do clero, fundada num raciocínio de sabedoria operativa: se a Igreja oficial não é capaz de oferecer uma resposta a nossos contemporâneos de tendência Nova Era ou espíritas, e posto que esse grupo possua os meios de fazê-lo, por que não aceitá-lo, num sistema globalizante, polarizado pela dimensão da missa e dos sacramentos e dominado pela existência de uma comunhão católica substantiva?

Seriam suficientes estes dois exemplos para ilustrar a dialética do um e do múltiplo abrigada na estrutura do sincretismo? Que dizer das relações entre tradições africanas e catolicismo no Brasil? Monique Augras, que também, em outros textos, ilustra com riqueza a expressão "porosidade das identidades", no seu livro clássico (AUGRAS, 1983) prefere reservar o uso da categoria "sincretismo" às relações das religiões africanas entre si, sendo outras as suas relações com o catolicismo. Uma distinção que, talvez, venha precisamente ilustrar a multiplicidade das transformações sofridas por uma estrutura que tende à permanência na história brasileira. Pois não precisa haver fusão, nem mesmo simples mistura, para que seja reconhecido o processo sincrético.

Não haveria sincretismo porque, se nos terreiros poderiam estar presentes os santos católicos, seria somente na entrada, não mesclados aos sinais dos orixás nos lugares de culto e devoção? (AUGRAS, 1983). É verdade, mas tivemos ocasião de ver, nos aposentos privados da recém-falecida mãe de santo de um grande terreiro de Salvador, ao lado de um cômodo consagrado a seu orixá, com exclusivos sinais do candomblé, o seu próprio quarto, povoado – em cima da mesinha de cabeceira e da própria cama – de sinais cristãos, Bíblia, santos, se não me falha a memória rosário e crucifixo. Não fusão, mas copresença. Como no caso da pesquisadora que, encontrando na missa celebrada ao som de atabaques em uma igreja do Rio de Janeiro uma conhecida sua, filha de santo, visivelmente aborrecida, e indagando a razão desse mal-estar, ouviu: "Sim, vou à missa e também sou do terreiro. Mas misturar as duas coisas, não!"

Outro matiz: "As duas coisas vão muito bem juntas, me dizia uma mãe de santo. Assim como os antigos escravos iam de manhã à missa e de noite ao terreiro, eu continuo, rezo o terço, vou à missa". Valeria pelo menos a objeção baseada no argumento do constrangimento: Elas são de confrarias porque foram obrigadas? Assim como dizia a Mãe Menininha: "Fui criada na Igreja, segurei andor. Mas se existem homens que adoram imagens de madeira, feitas por eles, eu adoro a pedra, o santo de negro, a natureza". Constrangimentos reais, frequentemente mais drásticos até e historicamente comprovados, mas que acabaram contribuindo para plasmar identidades assumidamente complexas. Pense-se na Irmandade da Boa Morte de Cachoeira, no Recôncavo Baiano, e nas suas articulações míticas e rituais, autorreconhecidamente católicas. E na própria Mãe Menininha, que afirmava com insistência: "Claro, que sou católica!" Como nos "retornados" que voltaram ao Benim e à Nigéria no século XIX, exportando para lá o catolicismo baiano que reivindicavam sem abandonar os seus cultos ancestrais, catolicismo diferente daquele que os missionários europeus estavam já levando e levarão mais tarde. Foram até chamados para construir mesquitas, e o fizeram segundo o modelo arquitetônico das igrejas da Bahia. A coação sofrida pela primeira geração havia sido assimilada. Até nos quilombos esse intercâmbio processou-se em direções inesperadas. Encontram-se sinais de que nos Palmares os quilombolas negros teriam iniciado refugiados indígenas na língua portuguesa e no catolicismo.

Sem dúvida, conhece-se a reação iniciada pela Mãe Stella de Oxóssi, Ialorixá do Ilê Axé Opô Afonjá, para resgatar a dignidade do candomblé como religião autônoma e total. O manifesto contra o sincretismo (CONSORTE, 1999). De São Paulo também vem uma corrente de volta à África, como a uma autenticidade liberada do tradicional sincretismo baiano (SILVA, 1999). Movimentos que se inscrevem na história, que constroem ativamente as identidades, mas que não parecem enfraquecer de vez o fluxo histórico anterior. Mais uma vez é importante perceber que a palavra mais usada negativamente pela Mãe Stella é a de "mistura" ("Duas religiões não devem se misturar"; "Não é preciso misturar Santo Antônio e Ogun"; "Existem pessoas que frequentam o terreiro e que vão à igreja, e isso é normal. Quando falei da questão do sincretismo, eu me referia ao fato de não se misturar as obrigações"). E sincretismo, repetimo-lo, não se identifica com mistura.

Uma tentativa de dessincretização tem, de fato, de lutar não simplesmente contra um hábito, mas contra um *habitus* no sentido de Bourdieu, história feita estrutura, identidade afinal complexa: duas referências não fusionadas, mas acopladas, duas tradições, duas culturas que se encontram, se confrontam, se reinterpretam, se propulsam mutuamente na história. Escolhi ainda dois exemplos para ilustrar esse processo de articulação.

O primeiro de um filho de santo, filho carnal da mãe de santo do mais antigo terreiro de Belo Horizonte, depoimento colhido no decorrer de um culto, ao som dos atabaques e nuns instantes roubados à dança ritual, durante a homenagem a Iemanjá na Lagoa da Pampulha:

– O senhor, de vez em quando, vai a uma romaria?

– Eu frequento romaria demais. Inclusive amanhã vou a Nossa Senhora da Piedade, na Serra da Piedade [...]. Em Congonhas, eu fui, [...] eu vou sempre".

– Como o senhor se sente numa romaria católica?

– Uai, a romaria católica é mais força, mais luz e mais compreensão de nós, e é mais um meio de nos entrosar com o povo católico.

Entrosamento com o povo outro, então, mas também, e mais profundamente, reforço de nossa própria identidade: "A romaria católica é mais compreensão de nós", candomblecistas.

E o segundo, mais radical ainda, vindo da Dona Olga de Alaketo, uma das grandes mães de santo que junta Salvador e São Paulo, descendente de uma das poucas famílias que vieram da África ao Brasil sem serem escravas, e também uma das mães de santo que assinara o Manifesto Antissincretista da Mãe Stella. Perguntada por um teólogo católico sobre a identidade do Deus Maior: "Dona Olga, quem é Olorum?", respondeu, como num apontar da evidência: "Olorum? Mas é a Santíssima Trindade, o Pai, o Filho e o Espírito Santo". Ao nível do absoluto, então, não é nem articulação nem mistura, de sinais ou de nome. Mas identidade do ser: "É a Santíssima Trindade!"

Dever-se-ia então reconhecer a vivência de uma lógica, que não seja a de nossa tradição epistemológica? Em todo caso, verificamos aqui o quanto o fenômeno é complexo, processo – tradicional, atual e prospectivo – de identidades que se reinterpretam mutuamente, afirmando e matizando homologias, relativizando e realçando diferenças.

Realmente não há fusão. Por isso não haveria sincretismo? Na verdade, é um sincretismo de um gênero muito particular que abarca diferentes realizações concretas, formas diferentes, transformações.

5 Conclusão

Diante de tal sincretismo, será permitido esboçar perspectivas societárias para amanhã? Do ponto de vista epistemológico, esse caráter situaria esta lógica – em certo sentido "brasileira" – ao oposto da lógica binária, em perspectivas de encontro e complementação. É ainda Monique Augras que relata o mito de um Exu de capacete branco e vermelho, do qual os homens veem um lado só... E ele ri, porque assim "somente encontrarão contradição e conflito". Devem chegar a considerar a totalidade, "o vermelho e o branco, dos quais Exu permite fazer a síntese" (AUGRAS, 1983: 103-104).

Um sincretismo de tipo cognitivo, que pode se traduzir em clima social de articulação dos opostos (ou diferentes), mesmo em contraste com a eventual agressividade correspondente em outros conjuntos sociais. Citarei simbolicamente um caso recente do Rio de Janeiro, quando uma pesquisadora, assistindo, numa mesquita, a uma cerimônia de conversão de brasileira católica, ouviu o imã rezando a fórmula tradicional: "Allah é o único Deus. E Muhammad é seu profeta", para acrescentar em seguida: "E Jesus Cristo é o seu profeta também".

Quem sabe ainda seja possível aproximar alguns dos vários procedimentos cognitivos de que falamos (pensamento mítico, propensão para o uso do símbolo, "entre-dois", pensamento selvagem etc.) daquilo que G. Vattimo chama de "pensamento fraco" (VATTIMO, 1996; RORTY & VATTIMO, 2006), que não ignora as aquisições, substantivas e conceituais, da metafísica clássica ou moderna, mas as supera, as (trans)forma e relativiza pós-modernamente. Pense-se, em termos da maior abstração, no ser de que há pouco falamos, em um nível mais empírico, nas múltiplas posições que Mauss reconhece entre o sagrado e o profano, sem deixar de se referir, como a dois polos, aos opostos detectados por Durkheim (MAUSS, 1981: 394-395). Um abrandamento das definições que, sem perder de sua significação, podem abrigar múltiplos sentidos.

Nesse aspecto ainda, esse caráter epistemologicamente "sincrético" parece possível fonte de articulação social pacífica. Mas quando se passa para a ética e que os opostos são o bem e o mal, quais as consequências dessa concepção como de dois polos não mais radicalmente opostos? Aqui uma reflexão sobre a umbanda poderia ser significativa. Já falamos dela como de uma religião tipicamente "brasileira", em que as próprias entidades indígenas e africanas, espíritas e católicas reinterpretam-se mutuamente a partir da experiência histórica dos seus encontros no Brasil: orixás viram pretos velhos, baianos ou caboclos, marinheiros, boiadeiros... Os princípios éticos entram neste processo: a "caridade" católica torna-se fundamental através da influência espírita, mas também na sombra do Exu ronda o diabo. Por sua vez reinterpretado. Lembro-me de um pai de santo de umbanda que, já em 1965, me dizia: "Nós somos católicos, tudo o que a Igreja Católica diz nós fazemos. Só uma coisa não aceitamos da Igreja. Ela diz que o Exu é o diabo, e nós sabemos que não é". O bem se distinguia do mal. Mas na mesma época via os dois princípios se associarem num culto de quimbanda, onde o rito começou com o pai de santo fazendo a reverência ao altar e rezando em voz alta, acompanhado pelos assistentes, o "Pai-nosso", antes de entoar: "Ai de mim se não fosse o diabo!" O "Pai-nosso", a evocação do Exu, dessa vez explicitamente identificado com o diabo. E desenrolava-se a sessão, com "trabalhos" que se destinavam a obter, para o bem de alguns, o "mal" para outros. Universo eticamente ambíguo...

> Se um dia a umbanda separou o "bem" do "mal", com a intenção inescondível de cultuar a ambos, parece que, com o tempo, ela vem procurando apagar essa diferença. Os baianos representariam essa disposição. [...] Um dia, numa gira, uma baiana de nome Chica me disse que a confundiam com Pombagira, coisa que ela não era, só porque preferia os homens sexualmente bem-dotados. Ela dizia que fala muita besteira porque as pessoas gostavam de ouvir besteiras, bebia muito porque as pessoas gostavam de beber, e falava das intimidades porque as pessoas gostavam de exibir-se, mas não tinham coragem para isso. "E o senhor não acha que isto é muito bom?", me perguntava. "Então, porque eu gosto mesmo é de ajudar os outros" (PRANDI, 1996: 517).

Não só ambiguidade, mas ambivalência. Com seu problema próprio.

Uma última pergunta. Em que termos se pode vislumbrar, desde já, o futuro dessa "tradição" brasileira?

Por um lado, assistimos, no campo religioso brasileiro, a uma onda de afirmações identitárias cada vez mais claras, próprias da modernidade kantiana. Pense-se nos evangélicos, nos carismáticos católicos ("Eu sou católico", "Sou feliz de ser católico"), nos candomblés antissincréticos de Salvador e nos cultos dos orixás reafricanizados de São Paulo. Até na umbanda, estruturalmente sincrética, pode encontrar-se o texto surpreendente de uma mãe de santo: "Cada um vai ter de escolher a sua linha, e ficar nela". E no santo-daime os devotos podem eventualmente ser chamados a afirmar sua identidade exclusivista. Uma afirmação de identidade faz inegavelmente parte do momento atual.

Mas ao mesmo tempo amplia-se o modo pós-moderno e contemporâneo da porosidade das identidades religiosas. Por exemplo, o campo do "outro", até agora campo das outras religiões, pode ampliar-se para outro tipo de porosidade. No mundo católico, por exemplo, uma Teologia da Libertação articulou o seu universo ao de um campo filosófico, o marxismo. E mais recentemente, para vários teólogos dessa mesma Igreja e para uma geração de seus fiéis, é um campo cultural que oferece sua alteridade: a Pós-modernidade e o Nova Era, a mística oriental ou, para outros, a "cultura do homem-afro". Ampliou-se o campo do outro, os outros se diversificaram.

Enfim, radicalizou-se também o modo dessa porosidade. Antigamente era coisa espontânea, o processo se dava sem que as pessoas dele tomassem consciência. Atualmente não. Temos uma porosidade doravante planejada. Para mais uma vez citar a Igreja Católica, a "inculturação" é nela uma tentativa planejada de aproximação transformadora de identidades, com toda a sua complexidade teórica e existencial, sem falar dos problemas levantados em meios fundamentalistas ou simplesmente tradicionais. As formas de ecumenismo (ou macroecumenismo) oferecem controvérsias e opções. Alguns Agentes de Pastoral Negros, por exemplo (APNs), podem desejar incluir na missa, não só elementos da cultura africana, mas também das próprias religiões africanas. Uma aspiração que vai além de qualquer movimento organizado, mas que é cedo ainda para poder pensá-la como uma nova experiência em fase de elaboração. Encontrei, por exemplo, em Florianópolis (SC), o que seria uma missa concelebrada com os participantes de um terreiro de umbanda, liderados pela sua mãe de santo, uma senhora que proclamava ter fé na presença real do Cristo no Sacramento. Sem falar de militantes, padres e freiras, cujo número é difícil avaliar, que passam pelo processo de iniciação no candomblé sem em nada perder sua referência católica. Uma identidade duplamente reinterpretada.

Diante desse panorama de reafirmação "moderna" de identidades, mesclada a uma pós-moderna abertura para a alteridade, coloca-se a pergunta sobre a continuidade, nessa cultura, de uma tendência estrutural "sincrética". Dois modelos opostos, no imediato. Uma perspectiva de Nova Era: progressiva desinstitucionalização, advento de religiosidades muito mais do que de religiões, certa invisibilidade societária, aliada a uma forte pregnância individual. Ou, ao contrário, uma retomada (instauração, em termos e no caso brasileiro) de identidades religiosas definidas e afirmadas. No fundo, uma Pós-modernidade que retoma e transfigura a Pré-modernidade por cima da Modernidade, ou o advento claro de uma Modernidade que rompe com o modelo anterior.

Na verdade, a minha hipótese é a de um terceiro modelo: o de uma *convivência* das três dimensões (SANCHIS, 1997c). O Brasil me parece conseguir juntar sincronicamente a perspectiva do passado, do presente e do futuro; a sua tradição, a Modernidade e a Pós-modernidade. Não só em situação estática de copresença, mas numa articulação constantemente operante. Prolongando na história esse processo que o caracterizou, de uma articulação de diferentes que nunca chegam a se unificar; mas, conservando as suas diferenças, se transformam mutuamente.

Uma cultura feita da articulação, nunca reduzida à unidade sistemática, de identidades plurais, porosas, relativamente fluidas? Não será isso que os analistas veem surgir um pouco em toda parte no mundo contemporâneo? Se for verdade, o modelo brasileiro estaria se reencontrando com a história universal a partir de sua memória própria e, quem sabe, numa direção e num sentido oposto àquele a quem fomos acostumados pela história da cultura.

Travessia

Impressões da Rússia (1998)*

Não falarei do mundo de formalidades que cerca um projeto de viagem à Rússia. Na verdade, ele beira o cômico, e pode acontecer – acontece! – que alguns cidadãos russos ignorem suas sutilezas (ou até alguns pontos seus fundamentais) e, quando as descobrem, participem do sorriso do recém-chegado ou do candidato à chegança. Porque a capa pesada deste formalismo vindo do passado é, no mais das vezes, compensada pela gentileza daqueles que, por função, o manuseiam hoje, e tentam até flexibilizá-lo. Acontece também que as durezas administrativas amoleçam diante dos mecanismos de mercado, que já regulam em parte esse tipo de relações. Finalmente, acabei embarcando com dois dias de atraso, o que suprimiu a passagem inicialmente prevista por Moscou, fazendo escala no Rio para – ainda na expectativa e na dúvida – dar um pulo ao consulado e receber o meu visto. Muito simpaticamente entregue, com os melhores votos de aproveitamento e desejos de que o contato com a Rússia me seja bom.

Na chegada, o viajante poderia sentir-se inseguro: ainda no avião é-lhe pedida a declaração detalhada de todo o dinheiro na sua posse, e o formulário deixa entender que terá de prestar contas, na saída, de todos os câmbios realizados, com declaração das datas, do valor e dos bancos concernidos. Mas disto não se falará mais. Ninguém, na saída, perguntou nada, nem mesmo notei, durante minha permanência, qualquer controle das operações nos numerosos balcões de câmbio. Até a taxa do dia era variável conforme as instituições. É verdade que, no embarque de volta, os episódios de controle não faltavam durante a travessia do aeroporto, mas nem foi pedido o famoso visto de entrada, que mencionava os dias de permanência permitidos e que em muitos casos poderia ser motivo de repreensão ou de multa. O quadro,

---

* *Horizontes Antropológicos*, ano 5, n. 2, dez./1999, p. 297-325. Porto ALegre.

de antemão perturbador, na hora reveste-se de amável bonomia. Um detalhe curioso, enfim: naquela declaração preenchida no avião, os rublos eram ditos "rublos soviéticos". O que me lembrou o formulário mandado oficialmente por fax pelo próprio consulado para a solicitação do visto e que, ele também, falava em "União Soviética", enquanto o formulário equivalente que recebi da agência de viagens mencionava somente a "Rússia". Inversão das prioridades lógicas: a administração pública mais atrasada do que a iniciativa privada para se conformar à mudança da nomenclatura oficial. Ou essa inversão não seria meramente casual...?

No aeroporto me esperavam Nicolai, o estudante (já mestre em Língua Portuguesa) com quem me correspondi, e Catarina, uma estudante do 4º ano, falando também perfeitamente português. O primeiro vai ter de cuidar especialmente de um casal de professores de Coimbra, participantes do congresso, que chegam nessa mesma tarde e que são já seus amigos. Por isso pediu à Catarina que se encarregasse de mim. Fiquei tranquilizado. E sensibilizado. Levaram-me ao hotel, ajudaram-me nos trâmites burocráticos (complicados, e, sobretudo miúdos) e constantemente dependentes da decisão de um funcionário que, por sua vez, se reporta a um regulamento e a documentos meus e seus (da agência de viagens e do próprio hotel) para me situar, enquanto hóspede, em tal ou tal categoria. Estas minúcias formalistas se renovarão todos os dias de manhã, na hora de tomar o meu café. Na variedade de lugares hierarquicamente ordenados que compõem a imensa sala de jantar/festas não era fácil a qualquer garçom encontrar aquele que correspondesse a meu próprio *status*... Consultas aos chefes, decisões mutáveis etc. Só nos últimos dias, bastava um dos garçons avisar em voz alta que era "o brasileiro" que entrava, e cada um sabia de cor o meu lugar. Hotel imenso (1.600 quartos), com cassino, diversos salões de refeição e de bar, sauna, jogos etc. Até prostitutas caseiras, elegantes e discretas, que propõem seus serviços – em inglês – não em termos de sedução, mas, friamente, de negócio. Somente no fim descobri que duas das atendentes no balcão da recepção falavam perfeitamente francês.

Imediatamente depois saímos. Nicolai e Catarina tinham combinado com um colega um *tour* pela cidade. Não conseguiu liberar-se, e logo arranjaram outra pessoa, de kombi, que de antemão comunicou a sua tarifa. Tudo em dólares (verifiquei rapidamente que os russos de classe média tinham dólares no bolso, para atender a eventuais tratações nessa moeda). Primeiro contato com a cidade. Apesar do tempo chuvoso, uma maravilha. Pouco russa na sua arquitetura mais aparente. Influência italiana e francesa evidente. Um barroco puxando para o rococó e deslizando para o neoclássico. Os primeiros edifícios, do início do século XVIII, mais solidamente plantados em volumes simplificados, de regularidade cortada por uma ou outra linha arrojada, em geral de orientação vertical. Claro que, num primeiro momento, fui levado a confundir os monumentos. Mas logo aprendi a classificar igrejas e palácios, estátuas históricas (o "cavaleiro de bronze"...), praças ajardinadas e parques. Outono esplendoroso. A Perspectiva de Nevsky... Neva. À sua beira, a longa linha dos palácios redistribuídos em prédios públicos, entre eles a universidade.

No dia seguinte Catarina veio buscar-me no hotel para levar-me à universidade, como fará sempre, ou pessoalmente ou delegando uma colega. De fato, circularei com três estudantes: a já apresentada, sua colega mais nova, Estela, (como, disse, chamavam-na no curso, porque o seu nome russo era alusivo à estrela), do segundo ano de faculdade (ia fazer 18 anos) e uma terceira, que veio só uma vez e, de idade um pouco maior, parecia mais a par dos detalhes da história cultural russa e também – pois isso me interessava – mais próxima aos problemas da vida religiosa ortodoxa atual. Disponibilidade total. Delicadeza refinada. Amizade. Foi-me dito que é costume lá não deixar os estrangeiros virarem-se sozinhos. Costume cultural antigo? Consciência da dificuldade especial apresentada ao visitante pelo alfabeto que lhe é estranho? Costume político do regime superado? Em todo caso, foi preciso para mim. Não só porque ganhei assim um tempo imenso e senti muita segurança diante do desconhecido, mas também porque, dia e quase noite, no decorrer do congresso e fora dele, tive sempre alguém a quem podia fazer as mais esdrúxulas perguntas, e sempre disposto a me responder. Além dessas três moças, um jornalista, ex-aluno do curso de português e antigo correspondente da TRP, muito informado sobre os detalhes da vida política e com quem visitei o Palácio de Inverno e um pouco do Ermitage, e um professor, que passou comigo longas horas noturnas, depois do jantar de despedida do congresso, a deambular pelas ruas do centro, entrando em palácios ainda abertos, e me levando até o hotel. Acrescento o jantar na casa dos pais da Catarina, em companhia também da Estela, convidada para reforçar o serviço de tradução. Pai, mãe, avó, extremamente abertos e simpáticos, prontos para analisar comigo e para mim todos os problemas que lhes submetia. Enfim, no encerramento do congresso, estava sentado ao lado de uma professora de Moscou, que insistiu para eu ir até lá de trem noturno, reservando pelo menos um dia para conhecer de leve a capital, e prometeu mandar-me na estação umas alunas para me acompanhar. Duas estavam lá de fato, e não me abandonaram um instante. Segunda-feira, infelizmente, dia de fechamento de todos os museus da Europa. Pelo menos o Kremlin, as estações de metrô, a Rua Arbatt, uns passeios de reconhecimento em torno da Praça Vermelha. E pouco mais. Lá também, infindas conversas. Num clima aparentemente sem reservas.

Tudo isso me deu a possibilidade de fazer-me uma ideia sobre este fascinante país e sua atual situação. Não garanto em nada que essa ideia seja objetiva. Por dois motivos: o caráter estritamente seletivo do meio que, por tão pouco tempo, frequentei, por um lado, e a carga de subjetividade que deve colorir minhas observações, tão grandes eram minhas expectativas e, sem dúvida, tão presentes minhas ideias preconcebidas.

São Petersburgo

O grupo que me convidara para o congresso era um grupo de estudantes portugueses e brasileiros, da Faculdade de Linguística da Universidade Oficial de São Petersburgo. A cidade possui longa tradição de estudos linguísticos, já tendo dado edições pioneiras no tempo de Catarina II e, no início do século XX, o estudo dos povos do Norte do Império Russo, estudo que nunca separou a língua da cultura. Possivelmente por causa dessa tradição, o congresso convocava não só linguistas e críticos literários, mas também estudiosos da cultura, historiadores e etnólogos. Tratei de cultura, é claro, das culturas portuguesa e brasileira nas suas relações com o espaço, a conferência do historiador português versou sobre "cantigas de escárnio" e a da senhora sobre a arte manuelina. Os comentários revelaram informação e interesse.

Mais tarde falarei das condições atuais de trabalho e de vida dos professores universitários. Mas é preciso sublinhar aqui que essas duras condições não diminuem em nada o entusiasmo desses colegas que fazem a descoberta e do ensino do português, de Portugal e de sua cultura, cada vez mais também do Brasil (no próximo ano vão começar o ensino do brasileiro), a tarefa à qual dedicam sua vida. Com poucos recursos materiais: instalações, meios de ensino etc., mas com uma eficácia notável. Tanto em São Petersburgo quanto em Moscou, os alunos dominavam magnificamente o português, inclusive com o perfeito sotaque lusitano. Supérfluo seria falar, neste aspecto, dos professores...

Este congresso, o segundo organizado pelo grupo, versava sobre os "Espaços luso-brasileiros", mas a língua mais comum das comunicações era o russo. Só as conferências do casal português e a minha – com alguma coisa da exposição do diretor do centro, nascido no Brasil de família ucraniana, e que falou dos topônimos tupis na língua brasileira – não se deram naquela língua. Diante disso, desde o segundo dia, os organizadores nos puseram explicitamente à vontade: "Entendemos que para os senhores não é nada interessante, mesmo com os colegas que podem ficar a seu lado para, resumir em português algo do conteúdo das exposições. Por isso, aproveitem da cidade, só frequentando as sessões onde algo de português será dito". O que fizemos. Participando, além do que foi falado acima e de algumas conversas em torno de projetos de parceria possíveis entre nossas universidades, só do jantar final, na cafeteria da faculdade, reservada a esse fim, na sexta, à noite. As sessões acompanhadas através de tradução amiga e individual permitiram, no entanto, avaliar a riqueza das pesquisas desse grupo, preocupado pelas relações entre a literatura (e, mais geralmente, o pensamento) portuguesa e a vida cultural russa, muitas vezes pela mediação da Alemanha. São correntes de pensamento atravessando espaços e séculos, e que vêm revelar uma circulação nórdica de ideias e de formas lusas que nos é normalmente difícil imaginar.

Aproveitei, pois, de São Petersburgo. Não descreverei os palácios nem as igrejas. Um livro e algumas fotografias poderão evocá-las. Simplesmente direi o encanto de uma capital construída para ser uma fortaleza, um centro de construções navais e um palácio residencial do czar de todas as Rússias. Uma aristocracia numerosa e brilhante devia dar um tom urbano todo especial. Anotarei somente duas impressões, fortes. A primeira: rondava o que eu pensava ser a minha memória (pela história da Revolução, mais ou menos conhecida) a imagem de um palácio imperial altaneiro, pairando acima da vida cotidiana de um povo mantido na semiescravidão. Imaginava até uma solene escadaria de acesso, provavelmente aquela da cena famosa do *Encoraçado Potemptkine*, que eu transferia inconscientemente de Odessa para São Petersburgo. Surpresa! O Palácio de Inverno não domina nada. Situa-se à beira-rio, por um lado, dando do outro lado sobre uma praça imensa, praça esta onde desembocam, por um arco monumental, as artérias do tecido urbano. Da sua janela principal, o czar falava ao povo aglomerado na praça. Só um portão com grade esplêndida separava o povo do imenso luxo das intermináveis salas de madeira, estuque e ouro. O que se, por um lado, torna viva a imaginação visual da cena de massacre do "Domingo sangrento" da revolução de 1905, por outro lado reduz as dimensões da "tomada" do Palácio de Inverno, ponto central da mitologia outobrista, a pouco mais do que uma incursão armada, para além da frágil resistência de uma guarda em boa parte feminina, até a sala, que se pode visitar, onde estava reunido o governo provisório.

A segunda impressão forte é de outra ordem. Ela reencontra algumas análises que me são familiares a propósito do Brasil. Moscou, como Kiev, dizem, ou Novgorod, é uma cidade esteticamente russa. Um estilo inconfundível, cujo espécime insuperável é a Catedral de São Basílio, construída por Ivan o Terrível, na Praça Vermelha, marca-a, por fora e por dentro de seus espaços públicos, sobretudo os tradicionais. Mas em São Petersburgo, a tradição é outra. São arquitetos italianos ou franceses que deram o seu toque ao conjunto urbano. Ou, quando eram russos, se esmeraram em inspirar-se da lição daqueles que tinham vindo de fora. No entanto – e aí está o interessante – inspirar-se não foi copiar. Nem os italianos e franceses reproduziram simplesmente os modelos de sua cultura. Fachadas barrocas, sim, domos soberbos, conchas e arquivoltas rococó em fundo claro (não branco, aliás, e já está ali uma marca: o conjunto do Palácio de Inverno e do Ermitage, p. ex., é verde, o Palácio de Verão, azul), mas algo, a ser mais detidamente analisado, não deixa pensar na simples reprodução de, por exemplo, um estilo Luís XV. Nem mais tarde e em outros apartamentos, em mobília genuinamente imperial. Como se esse povo, mesmo na sua ânsia para igualar-se ao Ocidente, ânsia que habitou Pedro o Grande, que fez São Petersburgo, não pudesse simplesmente copiar o Ocidente sem assimilá-lo a si e reexpressá-lo diferente. Qualquer coisa que me lembrou constantemente a antropofagia, brasileira segundo Oswald de Andrade.

Essa impressão fortificou-se na visita que fizemos, o casal português, Nicolai e eu, à cidade hoje chamada de Pouchkine (pois o poeta ali estudou, no liceu imperial, construído em anexo ao palácio), e que era a Petrópolis da dinastia russa, na verdade, uma de suas cidades de veraneio. Uma obra-prima do barroco, essa fachada do seu palácio principal, o Palácio de Verão, que se estende em não menos de trezentos metros... Maior do que Versalhes. Sendo esse palácio um dos 14, existindo na cidade, por sua vez, uma entre as cidades onde a corte passava o verão. Também não o descreverei. Simplesmente direi o quanto as torres de sua capela, de perfil tipicamente russo, mas de decoração barroca, sabem articular-se às linhas barrocas de uma fachada, por sua vez, marcada por uma exuberância colorida de cunho particular. Talvez seja na sua decoração interna e, sobretudo na sua mobília, que os estilos importados e bem conhecidos não deixam de ser reinterpretados por detalhes inéditos – ou pelo menos que me pareceram tais, bem como à professora portuguesa de história da arte com quem os comentava.

Acrescento somente um detalhe à história desse palácio. Tendo abrigado o estado-maior do exército alemão durante o cerco de Leningrado, ele foi praticamente destruído. Fotografias atestam o fato. A sua restauração ao natural, graças a desenhos e plantas antigas e ao modelo das salas relativamente conservadas, está hoje quase acabada, deslumbrante que se encontra como em seu primeiro esplendor. Só uma sala, outrora inteiramente forrada de âmbar e pilhada pelos alemães, não pôde ser reconstituída porque não se reencontrou o material, levado para determinada cidade, cujo nome é conhecido através de documentos, mas onde nada foi detectado. Só para ela utilizou-se então grande parte de material de imitação. O resto!...

São Petersburgo e Moscou

As diferenças entre São Petersburgo e Moscou são evidentes. Como qualificá-las, depois de tão breve contato?

Praticamente – pelo menos no que toca às gerações mais novas – as populações pareceram-me não se conhecer tanto, mutuamente. Seria interessante reconstituir a imagem que cada uma das categorias de habitantes tem da outra, e levantar os – provavelmente inúmeros – estereótipos... Em certo sentido, seria Rio e São Paulo, o Paris e o Lion do século passado etc.

Cheguei às 8:00h mais ou menos em Moscou. Metrô cheio. Em São Petersburgo era provavelmente a mesma coisa (apesar de que a vida começa lá pelas 9:00h), mas a correria era outra. Em intensidade e em eficácia... A ponto que me deu a impressão de estar de repente numa outra civilização. Lá, deambulava-se; aqui, ia-se para um lugar determinado. Com decisão e eficiência. Evoquei o contraste entre a aparente gratuidade nos movimentos de uma pesquisa antropológica clássica e a determinação programada de uma pesquisa de sociologia.

Parece-me também que, apesar de existir, de um lado e do outro, consciência crítica sobre o fenômeno dos "novos russos", a aceitação dessa categoria e a conquista tranquila de seu lugar numa certa estrutura psicossocial está mais adiantada em Moscou: maior naturalidade para constatar, julgar e aceitar o crescimento geral das aspirações para a Modernidade e suas diversas realizações – sendo essa infelizmente, uma delas. Pelo menos nos dois segmentos sociais limitados que frequentei, a diferença de sensibilidade às mudanças atuais do cotidiano urbano pareceu-me marcante entre uma e outra cidade. E diferentes indícios vieram confirmar essa impressão. Por exemplo, no McDonalds® da Rua Arbatt, com decoração de mármore, a frequência é de classe média, visivelmente sofisticada e, sinal que me chamou mais ainda a atenção, as garçonetes são elegantes, vestidas com certo requinte (p. ex., todas usando sapatos de aparência nova e de qualidade). Ora, esse clima não pareceu digno de nota às minhas duas acompanhantes. Ao contrário, em São Petersburgo, as minhas guias hesitavam sempre em entrar nos lugares, insistindo com muita delicadeza sobre o fato de que elas não precisavam de nada, preferiam comer quando chegassem em casa etc.

Do *shopping center* vizinho ao Kremlin, que dizer? Nunca vi um exemplar desse gênero casando tão harmoniosamente a modernidade americana e certa tradição arquitetônica clássica. O material, mármore generalizado (e granitos?), e o clima geral da circulação lembram os nossos *shoppings* de estilo americano, mas as linhas, os equilíbrios e os elementos decorativos são mais tradicionais e sólidos – como uma retomada pragmática das tradições ocidentais de maior gratuidade e menor pragmaticidade, que a Rússia já soube fazer em outros tempos. Todas as escadas providas de balaústros clássicos, por exemplo, ou ainda seis ou oito cúpulas para distribuir a luz, e, sobretudo, no centro estratégico da circulação, uma imensa cúpula de vidro pintado, com o mapa dos continentes na parte superior arredondada, parte que repousa sobre um anel, também translúcido, onde se desenham em sombras ritmadas as principais igrejas da Rússia. Uma evocação da abertura ao mundo, baseada na articulação da religião e do mercado?... Mas o mais impressionante é o acúmulo das lojas mais luxuosas, das marcas e grifes mais célebres do mundo inteiro, com uma apresentação requintada das mais sofisticadas mercadorias. E um público circulante (e não propriamente comprador, ao que pude observar rapidamente)[1], vestido na última moda, e com requinte.

No interior das muralhas do Kremlin, o enlevo, de outra ordem, continua completo. As catedrais (pelo menos cinco entregues à visitação) – bulbos dourados, afrescos, mosaicos, monumentos e ícones – impõem a mesma evidência que em São Petersburgo, de um produto original, no cruzamento de múltiplas civilizações: arquitetos italianos retomando os modelos russos medievais, arquitetos russos manejando a gramática do Renascimento. Mas aqui não se trata do século XVIII e da Modernidade triunfante; estamos nos albores dessa Modernidade, com os séculos XV e XVI, e na primeira passagem da influência bizantina para correntes mais ocidentais.

E as imagens se sucedem, grandiosas ou modestas, confundindo, quando não séculos, pelo menos épocas ou momentos: por exemplo, no mesmo sentido da justaposição dos antigos símbolos e dos novos, um sinal pitoresco, de que tentei uma fotografia: a loja Christian Dior em plena Praça Ver-

---

1. Um programa recente da televisão suíça acompanhava a viagem a Moscou de uma delegação comercial helvética, composta, entre outros, pelo diretor-presidente da sociedade proprietária do que, pela descrição, pareceu-me ser precisamente, o *shopping* que estou aqui descrevendo. Este empresário manifestou-se amplamente temeroso quanto ao futuro do seu empreendimento: o movimento comercial caiu 60%, e ele entrevê a possibilidade de dar-lhe fim em fevereiro ou março, depois de um balanço mais acurado.

melha, quase em frente ao famoso mausoléu! Moscou, dizem, está repleta dessas passagens.

O restaurante italiano, também perto do Kremlin, nos melhores padrões do que seria a junção de um sistema comercial democrático (i.e., *self-service*, mesas de material modernoso etc.) com um nível excelente, tanto de apresentação quanto de qualidade gastronômica. Não muito cheio, é verdade... E as meninas disseram-me, sem mais, que "não tinham condições de ir lá todos os dias"... Nem nós no Brasil! Os preços, de fato, eram mais altos do que aqui para o equivalente (almoço simples para três, com água mineral, mais ou menos R$ 45,00).

Essas superposições de momentos não mereceram nenhum comentário especial. Parecem fazer parte agora da vida cotidiana – no seu aspecto econômico, talvez não do cotidiano de quem me acompanhava, mas pelo menos do cotidiano de uma certa Rússia, que não qualificaram; no seu aspecto mais amplamente cultural, do cotidiano de toda uma geração.

Isso supõe que a crise esteja atingindo Moscou de modo muito seletivo. Apesar de tudo, os salários devem ser melhores do que em São Petersburgo, os negócios mais abrangentes, a demanda mais gorda. Por exemplo, foi-me dito que os professores universitários têm aqui facilidade para arranjar outros empregos. (É verdade que, em São Petersburgo, também alguns professores teriam muitas vezes suas ocupações próprias, até institucionalizadas, p. ex. um Instituto de Línguas.) A cidade – ou, pelo menos, a pequena parte da cidade que conheci – parece não sofrer da crise no seu aspecto de manutenção urbana e limpeza. Os vitrais das estações de metrô, de difícil e custosa conservação, estão perfeitamente (ou quase) intactos, as ruas limpas etc. Já em São Petersburgo, notam-se as consequências de um, provavelmente, minguado orçamento municipal: o estado de conservação das calçadas, por exemplo, lembra direitinho o das do Brasil.

O contraste (ou será ilusão minha em tão pouco tempo?) parece confirmar-se em muitos detalhes. Não em todos, no entanto. Em torno da estação ferroviária de Moscou, por exemplo, multiplicam-se as lojinhas de lembranças, de objetos utilitários, de eletrônica simples, de relojoaria e roupa. Na verdade umas espécies de boxes onde cabe só uma pessoa sentada, ao abrigo do tempo e do frio, os contatos com o freguês se dando através de um recorte no vidro da vitrina. Tudo modesto nos preços – e também em certa medida na qualidade – da mercadoria. Tudo muito pouco procurado é verdade (provavelmente a desvalorização já tenha tornado proibitivos preços ontem mais acessíveis) e os vendedores e vendedoras ficam tranquilamente sentados, lendo ou descansando, sem ânsia aparente para fazer negócios. A generalizar o ritmo das vendas que constatei (lá para as 21:00h e 22:00h), a feira do dia deve ser das mais fracas. É constantemente que a pergunta aflora: "De que vive este povo?" No entanto, mesmo dentro desses limites, a cidade parece preocupar-se em se afirmar como imponente e moderna. Até no modestíssimo *self* da estação, onde estou agora escrevendo estas linhas, de frequência totalmente popular e de mobília das mais simples, a empregada que serve no balcão das comidas (a pessoa escolhe, mas alguns pratos, como a sopa, saem quentes das panelas e, pois, devem ser servidos) está muito elegantemente uniformizada: roupa com babados, perfeitamente limpa e passada.

Em São Petersburgo, ao contrário, pareceu-me sentir mais presente a resistência à expansão da mentalidade de dinheiro, e mais gratuitamente afirmada a dimensão da cultura. Fala-se dos novos russos com certo escárnio. No apartamento onde fui recebido, o corredor da entrada, a comunicação entre os dois únicos cômodos principais, estava, de alto a baixo, atapetado de livros; sem que nessa casa, ninguém da geração adulta fosse intelectual de profissão.

Em Moscou, senti uma preocupação com o não reconhecimento dos diplomas russos no exterior, sendo eles superiores a outros: "Dizem que nossa formação é melhor. E no entanto..." Mas essa pergunta, além da ferida na sensibilidade nacional que ela manifesta, se colora de preocupação para com a carreira individual. Em São Petersburgo, a preocupação que senti – mesmo entre jovens e, é claro, também junto com a dúvida sobre o seu futuro profissional – é pela queda da cultura geral, do hábito da leitura nas novas gerações. Como se o cuidado pelo dinheiro acabasse encerrando uma ameaça à grandeza desprendida e gratuita da cultura. É de São Petersburgo Dimitri, o jornalista de que já falei e que, depois de ter percorrido a Rússia inteira no tempo da Perestroika, como correspondente da RTP, agora se retirou na sua *datcha*, perto do lago, com sua mulher e seu filho pequeno, cultivando flores e alguns legumes, vivendo de pouco, escutando música – tendo até deixado o computador no apartamento de São Petersburgo. Só quando o filhinho precisar de uma melhor escola o casal pensa em voltar para a cidade. É ele quem me perguntava: "Com a sua observação de antropólogo e sua sensibilidade para o belo (estávamos num museu), sem dúvida, você notou a beleza dos rostos e das pessoas, nos diversos países que conhece. O que acha, daqui, da França, do Brasil?" E de desenvolver o resultado da série de observações que ele próprio tinha feito naqueles países. ("Não tinha nada de particular a fazer, então me dediquei a observar os rostos no metrô...") Ele tinha então notado, na França e na Inglaterra, nos países mais ricos em geral, e apesar da elegância do porte, certa feiura dos rostos, dos olhares, das expressões faciais. Fato que ele atribui às preocupações, muito especialmente à preocupação dominante pelo dinheiro. "O tempo só é usado para ganhar dinheiro. E isso torna as pessoas feias." Uma reflexão que me ajudou, em outro dia e no Museu de Arte Russa, a descobrir e admirar a alta sofisticação dos retratistas russos do século passado e deste século [XX].

Falando em cultura, não se pode deixar de aludir ao teatro, balé e ópera. Suponho que sua presença seja tão intensa em Moscou quanto em São Petersburgo, mas é aqui que a experimentei. Era evidente, para meus amigos, que minhas noites deviam ser ocupadas, e a ocupação mais espontaneamente lembrada era essa. Dia de semana, preço de US$ 40,00 para a ópera, US$ 25,00 para o balé. Sala cheia. E, quando para o balé quiseram comprar a entrada, estavam todas esgotadas e foi preciso recorrer ao mercado negro, por quase o dobro do preço... Rimski para o teatro (*A donzela de Rkov*), um autor russo contemporâneo para o balé (*Dom Quixote*). Uma atenção, uma fixação, um entusiasmo ímpar, que deviam provavelmente renovar-se todos os dias! E que faziam jus à qualidade do espetáculo, qualidade de sua produção, conforme a grande tradição russa de exuberância cênica, de esmero pictural dos cenários e de movimentos de massa do coro, qualidade dos protagonistas, tanto como cantores quanto como atores. Dez vezes tiveram de voltar, no famoso Teatro Mariinski, antigo Teatro Imperial, para corresponder à admiração de um público insaciável. Uma experiência para mim inesquecível. Mas pareceu-me também que teatro e balé aqui oferecem mais emoções do que simplesmente estéticas. Terei de voltar a este ponto.

Relação com a memória coletiva

Com ênfases diferentes – mas diferenças mais individuais do que atribuíveis a cidades, classes, embora um pouco a gerações – senti certa recusa em se preocupar com a política[2], em querer saber dos acontecimentos, em decidir-se a tomar partido. Como quem diz (foi-me efetivamente dito): "Sofremos demais com isso. Não quero mais saber de nada!"

Mas há mais. Entre os jovens adultos constatei uma aparente ignorância histórica a respeito dos acontecimentos do regime soviético (inclusive da Revolução) e também dos acontecimentos dos últimos dez anos. Em Moscou, por exemplo, passando perto de Douma, as minhas acompanhantes pareciam não saber nada do famoso bombardeio por Iéltsin – ou não queriam se lembrar?... Figuras importantes como Krutchev, Gorbatchev, até Trotsky, em certo sentido até Stalin e mesmo Lenin, poderiam parecer indiferentes. "Sim, ele está ali. Há dois anos que o mausoléu está fechado. Não se sabe... Havia, de fato, um guarda para assegurar que ninguém passasse e, mais além, alguns materiais de construção e um limite físico barravam o caminho até o famoso "Muro do Kremlin", de que se viam vagamente emergir, de longe e no lusco-fusco da manhã, as estelas ou placas fúnebres. Aliás, nem do mausoléu nem do muro as minhas acompanhantes tomaram a iniciativa de fazer menção. Como de uma presença sem peso especial, fazendo parte de um passado abolido. Teriam ido lá um dia? Até do túmulo do soldado desconhecido, no outro lado da muralha, em plena praça pública, este, e que lembrava muito provavelmente os heróis da última guerra patriótica, não souberam exatamente dizer-me de que se tratava, já que estava em obras e não pudemos nos aproximar. Dele, no entanto, falaram. Tratava-se da "guerra patriótica".

Interrogada a propósito de outros fatos ou hábitos, lembranças datadas do mesmo regime soviético (expressão que acabou suscitando risos e ironias, de tão usada por mim, e que tive de substituir por uma mais subjetiva: "No tempo de sua infância"...), uma das estudantes acabou justificando-se, me ex-

---

2. Como pondo um bemol à minha sugestão, esta frase de recente correspondência: "Quanto ao Natal, é uma festa religiosa e a maioria das pessoas aproveita-a para prolongar a festa do Ano-novo. O povo russo gosta de reunir-se à mesa e falar na política, nas intrigas do governo etc."

plicando que, no ano escolar em que o programa de História era "A história russa contemporânea", ela não estava na Rússia, mas na Espanha... Ora, tratava-se de acontecimentos de normal e evidente presença no âmbito cotidiano das conversas de família ou de grupos de amigos.

Afinal, qual foi a parte da objetividade, qual da educação e da delicadeza nesta resposta que veio concluir uma série de numerosas conversas pontuais: "Mas como é possível que o senhor saiba mais do que nós sobre a história do regime soviético?" E qual terá sido o sentido do sorriso com que, na hora da despedida, uma das minhas guias tirou do bolso para oferecer-me um baralho, impresso, aliás, na França, e cujas figuras, de Lenin até Gorbatchev, relembravam o regime abolido: "Uma volta à URSS", dizia o estojo. E a gentil guia: "É por acaso que está no meu bolso. Será para recordar ao senhor estas figuras de que parece gostar tanto..."

A Rússia de sempre

Ao contrário dessa amnésia relativa, pareceu-me reconhecer a constante presença (sobretudo em São Petersburgo) de uma entidade meio mítica: a Rússia. Diria: a Rússia Eterna...! Simbolizada pelas figuras históricas em todo lugar evocadas: Ivan, o Terrível, Pedro I (assim chamado, mais do que Pedro o Grande), Catarina II – e até o pequeno Nicolau II, "que era um homem bom, mas como um cidadão comum. Não soube ser rei. E rei da Rússia". Nesse sentido, nem se culpa a imperatriz por tê-lo incitado a impor-se (a minha evocação do: "És o czar de todas as Rússias. Eles têm de te obedecer!", não suscitou nenhuma reação). Ao contrário, frisa-se o seu papel tentativamente positivo: "Ela queria ajudar seu marido e seu filho". Até o próprio Rasputin aparece nesse movimento de relativa reabilitação. Ou será que, nas conversas de família e na socialização doméstica das crianças, o famoso monge não teria sempre conservado marcado prestígio? Voltarei a ele a propósito da religião.

Em todo o caso, senti, nos museus, a contínua impregnação das pequenas cabeças pela presença dessas grandes figuras, vendo o entusiasmo das jovens professoras que explicavam a crianças sentadas – e fascinadas – quem era Catarina II, por exemplo, cuja belíssima representação de mármore elas admiravam, ou ainda a história de tal general, "herói de tal guerra patriótica". Perguntei se essas cenas eram costumeiras durante o "regime soviético". E eram. Tornando claro então para mim – e o expressei – o fato de que o inconsciente histórico de todas as gerações atuais está totalmente povoado pela história de um povo e de uma nação – e não por uma ideologia. Muito provavelmente o estourar da guerra – mais uma guerra patriótica, depois de tantas outras, a penúltima sendo a de Napoleão (imagino que o termo seja reservado às guerras em que o povo russo teve que defender o seu território e lutar na própria Rússia) – terá obrigado o regime a galvanizar o conjunto da população em torno de ideais que mantivessem vivos os sentimentos e a memória nacionais. Mas é também provável que o mesmo regime não tenha esperado a guerra para manter e cultivar essa imagem mítica da grande Rússia. Nesse aspecto, a impregnação ideológica não sofreu dramática ruptura. Pelo contrário, foi marcada de continuidade. Resultado possivelmente não intencional, e que torna patente o contraste com a ofensiva antirreligiosa. Esta, sim, surtiu diretamente efeito, e no sentido desejado pelo regime. "Os bolcheviques eram ateus". E acabaram passando a sua sensibilidade e cabeça às gerações que eles educaram. De fato, muitas igrejas tinham visto deturpada a sua função social, tendo sido transformadas em lugares culturais – até em museus antirreligiosos – enquanto os museus continuavam desenvolvendo a mesma sedução e a mesma operação de construção mitológica no sentido do glorioso passado nacional e da identidade coletiva que lhe corresponde. Uma identidade de fundo, anterior e encompassadora em relação à própria identidade soviética. Nesse nível é que não houve ruptura com o passado russo, mesmo nos primeiros tempos da revolução. Muito menos depois, quando a mobilização nacional tornou-se impreterível, durante e depois da guerra. Já falei do imenso Palácio de Verão, de Tsarskoïe-Selo, perto de São Petersburgo, praticamente destruído pelos alemães, e que foi inteiramente restaurado, com suas decorações barrocas e seus ouros. Nenhuma prova mais eloquente da preocupação do regime com o passado russo do que o contraste entre as fotografias das ruínas e o glorioso estado atual. Prova, aliás, que vem desdobrar-se para o período anterior à guerra: por exemplo, todo o recheio do palácio, móveis, tapeçarias, cortinas, obras de arte; logo no início da invasão foi transportado até a Sibéria – e assim salvo.

Falei em Nicolau... No Palácio Stragonov, um dos mais conhecidos de São Petersburgo, mas que era até há pouco a sede de uma burocracia qualquer, começou a ser montado um museu de cera. Por enquanto uma sala só. Algumas figuras típicas, dominadas por uma imagem central e um grupo em frente a ela. A imagem, solene, de proporção avantajada em comparação com as outras, vestida com todo o majestoso luxo que lhe convém, é a de Catarina II. No meio da sala, chamando primeiro a atenção, como que orienta os olhares para o grupo, um tanto menor, que a precede: Pedro I o Grande, um homem alto e cavaleiramente dominador, a mão posta no ombro de um pequeno e simpático Nicolau II, num gesto ao mesmo tempo de carinho e de discreto desprezo. Como quem diz: "Vocês viram como eu fiz a Rússia. E este, coitado, como deixou-a desfazer-se"...

Entre os dois, Alexandre II, o assassinado. A imensa igreja construída como um mausoléu no lugar do atentado – a única igreja em estilo russo de São Petersburgo, inspirada na Catedral de São Basílio de Moscou – foi recentemente reaberta à visitação pública, constantemente cheia de grupos (entre eles, é claro, muitas crianças). Ora, restituída na sua decoração de ícones em mosaicos, que a cobrem de alto a baixo (estilo levemente *Saint Sulpice*, sem a força hierática dos autênticos ícones; e, no entanto, senti que são eles que agradam os não especialistas, por serem mais humanos, expressivos e modernos). Grupos que desfilam diante do pedaço de pavimento de rua (conservado ou reconstituído) que viu o gesto assassino. Imaginei que essa igreja tenha sido fechada durante o regime. Nem certeza tenho. Em todo o caso, ela mantém viva hoje uma homenagem difícil de ser assimilada dentro das coordenadas revolucionárias. E lembro-me como me impressionou o comentário espontâneo de uma das estudantes (especialmente jovem, é verdade, 18 anos, pouco marcada, pois, pela educação anterior), me mostrando, no Museu Russo, um retrato ou uma estátua de Alexandre II e esclarecendo: "O senhor sabe que mataram o nosso rei?" Como se fosse um acontecimento triste de ontem à tarde.

Aliás, essa continuidade da linhagem imperial está mais visível na Catedral São Pedro e São Paulo, onde, depois do sepultamento de Nicolau II e de sua família, estão agora os túmulos de todos os czares. Túmulos rigorosamente iguais, simples, austeros até, como convém a mandatários de Deus que brilharam mais por sua missão do que por suas qualidades pessoais (a não ser que – e não o verifiquei – esses túmulos padronizados sejam obras recentes, sucedendo a monumentos mais pomposos e anteriormente destruídos). Mas se falei: "o túmulo de todos os czares", na verdade, para alguns russos, isto não significa: o corpo de todos eles. Com efeito, em perfeita coerência com a cultura política, paira sobre esse monumento resumo da história nacional a nuvem do mistério. O corpo homologado como o do vencedor de Napoleão, Alexandre I, seria mesmo o do imperador? Existe a crença de que, durante uma viagem ao litoral do Mar de Azov, no Sul da Rússia, este teria renunciado ao poder, recolhendo-se incógnito numa aura monástica. Seria, pois, de outro o cadáver devolvido a São Petersburgo, sob o seu nome e aqui sepultado. Ainda hoje – e precisamente entre as minhas acompanhantes – as opiniões divergem sobre o episódio, repartidas entre os apostadores na força da mística e os racionais que se recusam a admitir que a imperatriz possa não ter reconhecido o corpo do seu marido.

Presença da história e também presença da cultura. Uma e outra, russas. Continua o interesse para os músicos da grande Escola dos Cinco. Já falei em ter assistido a uma ópera de Rimski Korsakov, totalmente envolta no fervor do maestro, fervor sensível naquele destaque profundo que ele dava aos *soli* tão típicos de madeiras ou de metais, fervor compartilhado entusiasticamente pelo público que ocupava – num dia de semana e com entradas a US$ 40,00[3] – todos os lugares do grande teatro. De modo mais geral, nas conversas, alusões constantes à literatura clássica, seus mitos, suas lendas. Puschkin totalmente presente, o seu "duelo" final relembrado com a maior naturalidade. Que dizer da literatura dos anos "soviéticos"? "O Don tranquilo", sim, também Pasternac. Mas "Os filhos da Rua Arbatt", desconhecidos, pelo menos no pequeno círculo em que tentei falar deles. A Rua Arbatt, que, para mim, evocava tanta lembrança histórica, para minhas guias era simples-

---

3. Informação recentemente lida faz-me suspeitar que, para os nacionais, o preço poderia ser mais econômico.

mente o centro atual do comércio turístico... Soljenitzine, cercado de ambiguidade: "Ele foi muito importante quando não havia liberdade para falar e que ele falava. Mas agora, outros dão o recado, e de modo que nos toca mais diretamente". Não consegui saber se era um relativo ostracismo ideológico por causa das posições "russófilas" e tradicionalistas de Soljenitzine, ou uma desvalorização do seu valor propriamente literário. Aliás, estas conversas foram mantidas com jovens, estudantes, ainda dependentes de programas escolares e que confessavam: "Este livro, temos em casa; mas não o li". Deveria ter posto as mesmas perguntas a adultos, intelectuais, talvez. (Pois, para gente comum, tenho a impressão que o gosto pela novela está a substituir a paixão pela leitura, outrora tão comum. É certo que se veem algumas pessoas lendo no metrô, mas nada dessa impressionante atitude coletiva de que falavam os cronistas de ontem.)

Em termos de decoração e estilo de mobília, pareceu-me que a alguns fala de perto o estilo moderno nacional, tentativa de reinterpretação dos antigos estilos russos que vigorou na passagem do século. Quanto à música popular, enfim, distinção entre dois públicos, um mais aficionado às tradições populares russas – que têm, aliás, seus intérpretes novos e de sucesso – e outro aos conjuntos de *rock*, não só internacionais, mas também russos. Não excluo a possibilidade de que a divisória entre esses dois grupos passe por uma fronteira etária bastante recente.

Um "paizinho"?

Junto com essa permanente presença da Rússia na memória coletiva e esse esquecimento aparentemente sistemático do episódio bolchevique[4], é preciso mencionar outro traço psicossocial, que me pareceu marcar a vida política do país: a necessidade de sentir esse país tão complexo levado pela mão firme de um dirigente. "Que significa para vocês Gorbatchev?" "Nada. Ele prometeu

---

4. Uma vez, é verdade, uma jovem falou do "nosso Lenin"... Este tão usado possessivo plural será herança da impregnação "comunitarista" da educação comunista ou, quem sabe, da dimensão "comunitária" (cf. o *mir*) da Rússia de sempre? "Nossa cidade", "nosso metrô", "nosso país", "nosso rei", "nosso Lenin", "nossa universidade" etc. Sempre pronunciado com carinho e apreço: "O que o senhor achou do nosso metro?"

muito. Não foi capaz de realizar nada". Em outras circunstâncias: "E Iéltsin?" "Já o amamos muito (Dimitri até confessou-me que, no episódio do bombardeio da Douma, ele "estava do lado dele. E hoje [tem] vergonha disso"). "Mas ele não está mais em condições de governar a Rússia. Ele está doente". Sugeri, com um gesto da mão levada à boca e o polegar estendido: "E algo a mais..." Mas a resposta foi evasiva: "Não isso... O importante é que ele está incapaz de governar". Alguém acrescentou até: com a diferença de Gorbatchev, que foi fraco, mas pôde ficar aqui sem ser molestado, pois tinha as mãos limpas, ele "tem as mãos cobertas de sangue. É um criminoso e terá de pagar". E Nicolau II? "Um homem bom. Mas que não soube ser o rei!" E Kroutchev? Também não significa nada. Fraco." E Kerinsky? "Bem-intencionado, mas ele não teve o pulso forte para liquidar com os bolcheviques quando precisava". Pedro I? "Alguns excessos, sim (sorriso). Mas que estatura!" Stalin? "Um monstro!" Como se o tipo ideal de político que convém à Rússia, um país imenso, feito de povos tão diferentes uns dos outros, seja o do governante da mão de ferro. Mas dentro de certos limites, que não se deve ultrapassar. O General Lieben, por exemplo, cuja figura aponta como a de um candidato forte à presidência, "é perigoso: uma personalidade do tipo da de Stalin".

Generalização indevida a partir de algumas declarações semelhantes a essas, que traduziriam então opiniões estritamente individuais – embora de muitas pessoas diferentes? Quem sabe a manifestação mais pitoresca desse traço de psicologia política tenha sido a reação do público a determinada cena da ópera de Rimski-Korsakov: "A donzela de Rkov". A história é de amor e de enternecimento familial, mas sobre um fundo de drama histórico: uma cidade revoltada contra Ivan o Terrível. Em praça pública, a população escuta os discursos dos líderes da revolta, adere mais ou menos a esta e se prepara para resistir, quando um mensageiro anuncia a próxima chegada do imperador com o seu exército. Os ânimos murcham. Quando as sucessivas estafetas que prenunciam a grande chegada começam a aparecer: porta-estandarte, lictores, oficiais da guarda, estado maior, o povo se submete mesmo, cheio de temor. Enfim, pela porta aberta da cidade, à direita do palco, aparece, triunfal, o imperador, montado num cavalo branco e luxuosamente vestido, ordenando de um braço estendido – cuja linha prolonga admiravelmente o movimento de sua figura – que o povo se prosterne, face contra o chão. A música, é claro, sublinha ação e movimentos corporais. Pois bem: naquele instante, em plena cena aberta, cortando o fluxo da música, a sala estoura em aplausos.

Qual o sentido dessa ovação? Duas hipóteses, entre as quais não sou capaz de escolher. Talvez estivesse vindo à tona nesse momento o sentimento nacional e a cristalização desse sentimento na figura do governante: enfim, a Rússia conseguiu impor-se às tentações e tentativas de secessão e esfacelamento. Graças ao grande imperador. Outra hipótese seria simplesmente a beleza plástica do momento cênico, que arrancou aplausos, embora extemporâneos. Fiz a pergunta, é claro, a todos aqueles com quem certa intimidade me permitia fazê-la. Foram unânimes: a solução estava mais do lado da estética. E tem de reconhecer que um argumento forte lhes dá razão: numa cena posterior, dois cavalos participaram da caça que se desenrolava no palco. E eles foram também aplaudidos, embora com muito menor ânimo. Como se se manifestasse certa admiração diante do feito da "produção, que conseguiu apresentar lindos cavalos, perfeitos atores, no palco"... Pode ser. Provavelmente foi. Mas outra ressonância continua parecendo-me possível.

Na linha disto tudo, os crimes políticos que pontuam a grande história russa (pais que matam seus filhos, filhos ou esposa que matam pai e marido, execução dos mais próximos etc., até os assassinatos políticos que se multiplicam nos últimos tempos) inscrever-se-iam dentro de certa lógica do poder – um poder que é necessário e, pois, uma lógica que tende a se impor. Dentro de limites, cuja representação pode, aliás, ser diluída pelo seu afastamento no tempo. Nesse sentido ainda, o fenômeno Stalin seria um fenômeno bem situado e, em certa medida, compreensível, com a particularidade que irrompeu além de todos os limites (monstruoso) e é suficientemente recente para não ter sido ainda idealizado.

Finalmente, e projetando o grande exemplo de Catarina II, sempre lembrado, pergunto-me se, no fundo, no fundo, até para parte dos jovens, o modelo de um governo autenticamente russo não seria o do autocrata iluminista e modernista, no entanto, profundamente conhecedor das coisas da Rússia. Catarina II, a alemã, escrevia, foi-me dito, numa belíssima língua russa e, apesar de amiga de Voltaire e dos enciclopedistas, conhecia perfeitamente e até ao detalhe os dogmas e a liturgia da Igreja Ortodoxa.

Se algo de tudo isso for verdade, a maior mudança desejável e previsível da cultura política – mudança de fato e sem dúvida já bastante adiantada – é a mudança de sensibilidade a respeito do papel da autoridade e do exercício do poder. Qual repercussão sobre essa dimensão da sensibilidade coletiva terá a emergência dos novos russos? Pode-se pensar em duas direções. A primeira, a do liberalismo: não se aceitaria mais, no meio por ele marcado, imposição alguma que venha do alto. Mas a segunda pode ser um reforço da mentalidade tradicional de submissão, com uma transferência de identidade dos detentores da autoridade. Doravante, competiria aos possuidores do moderno sacramento do poder: o dinheiro, impor-se na cena pública – coletiva e particular. Quero dizer também nas relações cotidianas. Lembro-me de uma cena da qual participei no avião que nos levava de Frankfurt até São Petersburgo. Tinha pedido uma janela, e estava já instalado quando dois jovens russos, visivelmente novos russos, sentaram-se a meu lado, numa fileira de três lugares. Vestidos com esmero, falando alto, gestos amplos e espaçosos. Quando o avião levanta voo, eles reparam que, um pouco adiante, tem, no corredor, um lugar vazio. E, simplesmente, me pedem (mandam, indicam...? É difícil penetrar o sentido de gestos) para deslocar-me, perdendo a minha janela e indo eventualmente incomodar outros passageiros que gozavam de mais espaço, para que eles próprios pudessem usufruir das três poltronas e do espaço para sua voz ressoar. Inútil dizer que os seus carrinhos de bagagens estavam mais do que abarrotados de produtos importados, na chegada em São Petersburgo. Retomando agora a literatura russa com outros olhos, vejo muito bem nessas figuras os sucessores dos *petits pères* aristocráticos, jovens *barines* apenas mais do que adolescentes, e diante dos quais os veneráveis camponeses se prosternavam. Mas hoje sem nada do laço atávico que, em muitos momentos nesta literatura, vinha a compensar a dureza da brutal desigualdade.

É verdade que, diante dos *barines* de hoje, a opinião pública, sobretudo a da jovem geração, não está disposta a se prosternar. Embora subsistam reflexos antigos. Falando em religião, por exemplo, a frase mais ouvida era a afirmação de que "os bolcheviques eram ateus". Os comentários eram dos mais variados:

desde a lamentação de um fato que é causa de que "hoje, infelizmente, não sou religiosa como o desejaria", até uma declaração de adesão: "recebi essa formação: não sou religioso". Mas, uma vez pelo menos, e da boca da mesma pessoa de quem tinha ouvido frequentes afirmações sobre o ateísmo dos bolcheviques, ouvi também, numa frase de estrutura gramatical exatamente homóloga: "Naquele tempo, nós éramos ateus". Como quem subentende: nossos dirigentes eram ateus, mandavam-nos sê-lo. Pois éramos ateus. A autoridade poderia assim determinar até o conteúdo das consciências.

Tais reflexos, sem dúvida bem apagados, poderiam retomar vida diante de circunstâncias de crise? Fiquei impressionado, por exemplo, com a determinação de alguns que, falando da situação no Kosovo, manifestavam uma total recusa para qualquer intervenção da ONU, recusa baseada na inquestionável autonomia, na sua casa, de cada nação. O que poderia então acontecer na Rússia, num momento de crise, diante do apelo de um dirigente nacionalista?

Em sentido contrário, entretanto – e nas mesmas pessoas sob outros ângulos – esse nacionalismo pareceu-me bem-equilibrado. "Para nossos pais, sim, os alemães continuam odiados. Mas já na minha geração (a pessoa podia ter uns trinta e cinco anos) isso acabou". E uns mais jovens reagiam assim às amputações dos territórios russos realizadas pelas independências recentes: "Algumas nações, é normal que se tenham separado: nunca foram russos, sempre tiveram outro nível de vida. Por exemplo, os países bálticos. Ao contrário, para outros, os ucranianos, por exemplo, isso dói. São russos como nós. Não poderiam ter-se separado".

O comunismo

É possível que o comunismo volte. Era a afirmação de um célebre jornalista, numa folha de São Petersburgo, editada em duas línguas. E determinado colega julgava essa hipótese provável com 80% de chances! Outros negavam. Em todo o caso, alguém em Moscou acrescentava (e pareceu-me ser este o sentido tanto da afirmação quanto da negação): "Mas não o comunismo ideológico". Pois, explicavam-me alguns, o comunismo é uma ideologia, com tudo o que isso significa de fabricação artificial. Nesse sentido, não pode mais funcionar. Mas os comunistas podem muito bem voltar ao poder (pelo voto, por um semigolpe...? Isto ficou sempre ambíguo), como uma tentativa para solucionar a crise. Quem o deseja não são os jovens, nem provavelmente os de meia-idade, mas os mais velhos (alguns dos mais velhos), que aspiram a reencontrar a segurança que já conheceram.

Na família que me recebeu para jantar, por exemplo (pai, mãe e avó de uma das estudantes que me acompanharam em São Petersburgo), o discurso era nitidamente anticomunista. No entanto, em certa hora manifestou-se o que me pareceu relativo elogio do antigo regime. Brinquei: "Pelo que estou vendo, uma família anticomunista, mas com matizes..." O pai me respondeu: "Não! anticomunista sem matizes". E a avó, com doce firmeza: "Mas de olhos abertos. Não se pode negar que recebia a minha pensão e não a recebo mais..."

Interessante notar que era esse senhor que se declarava ateu, como aprendeu a sê-lo, enquanto a mãe e a avó eram religiosas e a filha "nem tanto quanto desejaria sê-lo". Os cruzamentos de convicções e de ideologias são, pois, complexos.

Redigindo estas notas, alguns dias depois de minha volta, leio o livro de Gorbatchev: *Perestroika*. Parece-me encontrar ali uma explicação possível do ostracismo no qual caiu Gorbatchev. "Prometeu muito e deu pouco", disseram-me. Mas também o meu amigo jornalista lusófono me disse ter chegado à hipótese (e espantou-se de que, na base de informações que tínhamos no Ocidente, tivesse eu levantado hipótese semelhante) de que Gorbatchev poderia ter sido menos hostil ao golpe que tentou derrubá-lo. Agora entendo melhor: o livro é de um comunista convicto. Ele não queria destruir o socialismo, mas modernizá-lo, voltar a Lenin e prolongá-lo criativamente. Na ocasião, Iéltsin soube romper. Provavelmente tomou o pulso da opinião pública : "Já o amamos muito!" Se um dia algo do comunismo voltar, quem sabe Gorbatchev poderá ainda ter a sua hora? A menos que, tendo ficado entre um e outro campo, tenha visto essa hora passar definitivamente.

A aparente não percepção de alguns detalhes do cotidiano vai no mesmo sentido do esquecimento programado de que falei acima. Cruzamos no metrô, por exemplo, um belo soldado, alto, louro, jovem, provavelmente recruta. Uniforme inteiramente novo, marcado, na boina de pele e no braço, pelo que, num relance, pareceu-me uma insígnia vermelha da foice e do martelo. Chamei a atenção das duas estudantes, que não me pareciam ter notado nada de especial, e que nem contestaram nem confirmaram o fato. "Qual o sentido disso? Já que nove anos passaram desde a queda da União Soviética..." "Nada... O exército é pobre. E seria muito custoso transformar os uniformes". Contestei o argumento: este uniforme era novo, a insígnia não era bordada, mas costurada. Era, pois, mais barato abster-se de acrescentá-la... Por outro lado, atrás de um motivo de ordem econômica, existe quase sempre uma carga simbólica também explicativa. A ideia nem lhes tinha ocorrido. Continuei: "Isto me orienta para a pergunta que muita gente lá fora se faz: 'De que lado está o exército?'" E a resposta: "É verdade! Nunca tínhamos pensado nisso..."

Em todo caso, percebe-se a permanência de valores introjetados há tempo e que continuam permeando a vida social. Os empregados simples, por exemplo, funcionários modestos como guardas de museu, dos vestiários de museus e teatros, parecem votar uma dedicação tranquila e feliz ao cumprimento do seu ofício. Vi um deles, no Teatro da Ópera, recusando uma gorjeta e, saindo do seu espaço, perseguir a moça que lha tinha dado, até conseguir enfiá-la no bolso do seu casaco. Este clima é sensível em toda parte onde há serviços pessoais, menos quando entra em jogo a categoria de turistas. Nesse caso, tudo indica que, segundo a reflexão de alguns dos meus amigos, o conjunto da sociedade talvez não esteja preparado para receber esse portador de moeda forte. Não falo propriamente dos preços de entrada nos museus, com uma diferença abissal entre a soma pedida aos russos e a reservada aos estrangeiros; pois esse incentivo à cultura dos nacionais poderia ser legítima. Falo de relações menos oficiais, por exemplo, com alguns funcionários dos hotéis turísticos. Tudo é pretexto nesses casos para extorquir um dinheirinho a mais. Com gentileza, aliás, e aceitando tranquilamente a recusa e a lembrança do preço justo... De um modo muito geral, ao contrário, cumprimento tranquilo do serviço de cada um, embora possa ser humilde, ou também, na rua e no espaço público, respeito pela lei. Ruas limpas. Papéis eventualmente perdidos que são devolvidos...

Um exemplo pitoresco dessa obediência cívica inscrita no mínimo detalhe dos gestos: No *foyer* do Grande Teatro de São Petersburgo o público circulava cuidadosamente sobre o caminho de tapetes que circundava a sala, sem pisar no chão de madeira trabalhada. E em sentido de mão única. De repente, no entanto, um casal relativamente jovem trocou uma olhadela e, decididamente, rompeu o charme do movimento coletivo dando um primeiro passo fora do caminho de circulação permitida. Foi visto, observado – mas não imitado por ninguém. Assim, tudo indica que o regime conseguiu incutir à sociedade um *habitus* de cidadania passiva (os deveres) que atinge amplas faixas da população: os valores socialistas (responsabilidade, solidariedade) de que fala Gorbatchev, indissoluvelmente misturados com obediência e disciplina – e, além do mais, destituídos hoje, ao que parece, da nota de entusiasmo que fazia sua grandeza popular, segundo o autor. No metrô de Moscou, indaguei sobre a função de uma senhora, sentada ao pé das escadas rolantes numa guarita de vidro de onde ela podia abarcar o movimento de todos os que desciam e todos que subiam. "Ela está aqui para manter a ordem", começou a responder uma de minhas acompanhantes, imediatamente interrompida pela outra, que pareceu sentir a inconveniência da resposta, e que terminou: "Está aqui para responder às perguntas das pessoas".

Em casa e na igreja

Mais uma palavra sobre a vida doméstica. Pouco contato. Apesar do privilégio de ter jantado numa família.

As conversas fizeram-me descobrir que é grande ainda o número de pessoas que moram em apartamentos coletivos. Lembranças nem muito boas da parte de quem conseguiu sair deles (Catarina, p. ex., que morou num apartamento coletivo até aos oito anos de idade (tem 20). Eram dois quartos, depois três, para a família (pai, mãe, filha, avó), o que lhes permitiu, no fim, transformar um dos quartos numa sala para uso próprio). Realidade considerada como mais amena por aqueles que, como Nicolai e sua mulher, acederam a esse apartamento depois de ter vivido em outro tipo de coletivo, uma habitação para estudantes: corredores de 50 quartos (individuais ou para casais), com um só WC por andar e, nas extremidades, uma ducha para homens e uma para mulheres... Para esse casal, o fato de ter agora um quarto (que é sala de estar, de visita, sala de jantar, quarto de dormir, escritório) num apartamento onde moram mais duas unidades domésticas, que utilizam a mesma cozinha, a mesma toalete, o mesmo corredor, é uma promoção e um achado delicioso. É o mesmo Nicolai que confessava ter acreditado muito tempo que, no Ocidente, as crianças passavam fome. Mas é também ele que maneja a sua internet e se comunica com o mundo pelo computador. Conhecendo já Portugal, ele tenta obter bolsa para fazer o doutorado em Coimbra. Nas últimas notícias, sua mulher já está lá.

Mas a família da Catarina, na casa de quem jantei, mora agora num apartamento próprio. Seus pais o receberam (a posse, não a propriedade) da fábrica onde trabalha o pai, depois de longos anos de espera numa lista. Quando vieram as privatizações, conseguiram comprá-lo bem baratinho. Foram – em outra escala! – as privatizações, se entendi bem – Brasil, Brasil!... – que permitiram a certos altos funcionários (e outros), juntanto o dinheiro obtido, através de seus postos na nomenclatura, com os preços ínfimos dos bens públicos postos à venda, tornarem-se ricos de um dia para outro. Estes (e outros) novos russos compraram vários apartamentos, ontem coletivos, nos mesmos prédios históricos do centro de São Petersburgo para, juntando-os, reconstituir grandes moradias (serão as mesmas que as antigas, pré-revolucionárias?). Por isso, pouco se vê (pessoalmente não vi nenhuma) casas novas e luxuosas, construídas pelos novos donos do dinheiro. Pelo menos em São Petersburgo. Ao contrário, nos arredores da cidade, existem muitas pequenas casas de madeira, sem aparência nenhuma (as compararei aos *cabanons* onde os habitantes de Marselha vão passar os fins de semana, para pescar e cultivar alguns legumes). A impressão geral de quem passa na estrada é de um acúmulo de barracos, próximos uns dos outros. É nesse espaço minúsculo, parece, que as pessoas gozam da impressão de reencontrar a natureza e conseguem complementar a sua dieta por produtos não comercializados. Até ali, nada de especial. Mas a decepção começa quando o visitante fica sabendo que essas casinhas são *datchas*!... Cai logo uma das representações míticas que povoam a imaginação ocidental. Provavelmente o tipo de *datchas* que nos acostumamos a associar aos personagens políticos de alto nível não era – e não é – tão comun assim.

Voltando ao apartamento dos senhores Boris e Ludmila, da Dona Catarina, mãe da Ludmila, e da Catarina, neta, ele se situa numa rua comum, em reparo, quando a conheci. Casa modesta, mas bem construída, escada de difícil conservação, porta reforçada por medida evidente de segurança. No interior do apartamento o clima é de aconchego simpático e de conforto simples. Um corredor, na entrada, cujas paredes estão inteiramente atapetadas de livros, toalete espaçosa, WC, cozinha, e dois grandes cômodos. Um serve de sala de visita, de sala de jantar e de quarto para os pais. Estes dormem num sofá-cama, que abrem depois da refeição da noite. Come-se numa mesa baixa, estando os convivas sentados neste sofá e nas poltronas do seu jogo. Não fiquei sabendo se esse tipo de mesa baixa para as refeições é tradicional na Rússia, ou se imposto aqui pela polifuncionalidade dos lugares e dos móveis. No outro quarto dormem avó e neta, e estudam as pessoas da casa numa bela mesa antiga. Aparelho de som, televisão, um móvel vitrine tipo cristaleira, um bufê. Na cozinha, a avó utiliza uma televisãozinha portátil para acompanhar suas queridas novelas (entre elas algumas brasileiras).

Essa senhora não sentou conosco no início da refeição, tendo dito que estava com vergonha. Mas ela se aproximou pouco a pouco até ficar (teria então acabado o horário da novela?).

Conversa das mais agradáveis e livres. Nenhuma pergunta minha foi respondida com restrição (visível) nem com rapidez superficial. A propósito, de tudo cada um arriscava sua resposta; essas respostas dialogavam entre si, com respeito e afeto, mesmo em caso de discordância. Claro, deram-se os ritos da vodca para os homens, do vinho para as senhoras, dos sucessivos *toasts*, que criam um clima de amável convivência. É a hora de deixar falar o coração, num misto de ritualismo e de espontaneidade que se acompanha de ironia e brincadeira. Foi assim também no jantar de encerramento do congresso, só que com maior ritualidade: o Prof. Alexander, o brasileiro chefe do departamento, exercitava o ofício daquele que, disse ele, foi um dia chamado por um espanhol de *El brindador*. De tempos em tempos, ele levantava e, tendo na primeira vez feito o seu brinde, passava sucessivamente a palavra a alguns dos convivas, escolhidos por surpresa, e que ele apresentava de maneira amiga e cheia de humor. Cada um então fazia o seu pequeno discurso e oferecia o seu brinde. Na casa de família, o rito era mais simples, mas também de tempos em tempos a mãe de família, depois de ter feito o primeiro *toast*, perguntava: "E agora, de quem vai ser o próximo brinde?" Alguém tomava a palavra, mais ou menos induzido pelo olhar insistente da brindadora.

    O casal trabalhou muito tempo com a equipe de *foot* de Leningrado. O que deu pano para mangas da última Copa do Mundo. Quem era o melhor: França ou Brasil? Para quem teria eu torcido? A lógica teria sido a vitória do Brasil etc. O Brasil em alta! Falamos também sobre política, é claro, história, literatura um pouco, economia e atual situação. A crise é dura realidade. 80% do que fazemos, disse-me o Sr. Boris, é mercado negro. Ele queria dizer, como o apuramos juntos, economia informal. Isto provavelmente explica que ele saia de casa às 6:30h, como me dizia Catarina, para não voltar antes das 22:30h. E me fez entender como os professores universitários podem viver com um salário de US$ 80,00 por mês. Sendo que o seu *status* social os obriga, aqui, a certas despesas, por exemplo, de roupas. "Todos eles fazem outra coisa, me dizia alguém, dão aulas ou têm até uma escola própria". Até que ponto essa crise é generalizável, e quem são aqueles que conseguem dela escapar? Uma das perguntas mais candentes, que não tenho possibilidade de comentar. Suspeito que as minhas condições de estadia e a amizade que me cercou tenham-me poupado do contato com o que de mais dramático existe no cotidiano atual do povo russo. Simplesmente posso afirmar que observei a extrema – para não dizer absoluta – contenção das despesas, inclusive de parte dos colegas professores. No almoço, por exemplo, não comem praticamente nada, a ponto que podem até falar em tomar um cafezinho... As minhas duas acompanhantes não pensavam em comer nada durante o dia, apenas aceitando uma coisinha depois de enorme insistência minha. Imagino o esforço dos meus anfitriões para preparar o delicioso jantar que me ofereceram.

    Falou-se, enfim, de religião. O Sr. Boris, fiel à formação recebida (apesar de ser anticomunista), é não religioso, ateu. As senhoras não. São religiosas. Mas confirmou-se o que tinha pressentido em vários momentos: trata-se de uma religiosidade em boa parte residual – mesmo se atualmente de novo revivescente – feita de reflexos profundos transmitidos por uma socialização familial e doméstica, muito pouco trabalhados intelectualmente. Um sagrado estruturalmente vazio, preenchido, no entanto, pela densidade de sua própria vacuidade conceitual. No fundo, tudo se joga em torno dos ícones e dos milagres, da intervenção dos ícones na vida cotidiana das pessoas. E assim, em certos casos, na própria história. Há ícones que secretam cremes milagrosos, a mirra, por exemplo, o creme sagrado, por excelência. E há pessoas vivas que também encarnam esse poder sagrado, sem, aliás, que sejam necessariamente referidas a uma dimensão de santidade propriamente dita. Quem sabe (não foi por ocasião dessa conversa que o exemplo foi para mim evocado) não teria sido o caso de Rasputin? Ele poderia, sim, ter salvado o pequeno príncipe, pois tudo indica que ele gozava de poderes sobrenaturais, tendo predito ao soberano: "Se eu for assassinado pelo povo, a dinastia salvar-se-á. Mas se for morto pela aristocracia, o pior acontecerá para o trono".

Em certa hora, a Sra. Ludmila foi buscar o ícone dela, numa moldura de cobre, se bem percebi, envolto num pano delicado, com o qual ela o alisou antes de me entregar. Perguntei: "Com ele a senhora tem uma relação especial? A senhora lhe fala? Ele protege a senhora?" E a resposta foi simplesmente afirmativa, repetida com convicção: "Sim, ele me protege". Na hora, pouco insisti. Mas em outras ocasiões tentei saber o conteúdo dessa "religião". E especialmente o significado dos ícones. Em Moscou, por exemplo, fiquei ciente de que cada um tem dois ícones: aquele que corresponde ao seu dia de nascimento e o outro, aquele que as pessoas acabam te atribuindo (não ficou claro como se processa essa atribuição) por causa de circunstâncias, de profissão ou atividade de que é protetor, de traços psicológicos seus que lembram os que a biografia dele revela etc. Como não pensar, tanto nessa escolha quanto na relação doravante estabelecida com ele – especificamente com a sua imagem –, nos orixás do nosso candomblé? Não é à toa que eles foram assimilados aos santos – aos ícones.

Já falei que Catarina disse não ser muito religiosa apesar de desejá-lo. Quando entra na igreja, ela se sente em casa, isso lhe diz respeito. Ela reza, no sentido ritual, se entendi bem. Quer dizer, faz os gestos de reconhecimento das realidades sagradas, por exemplo, o sinal da cruz (para nós arrevezado) ou a inclinação, quando entra ou sai da igreja, quando aparece numa leitura o nome de Jesus (ou talvez de Deus). Também me dizia um colega: "Não sou propriamente religioso; mas isso não me impede de pôr a minha vela junto do ícone quando preciso". Essa dimensão própria e estritamente ritual pareceu-me fundamental para entender não só o surto religioso atual, de que algumas reportagens falam, mas talvez a própria tradição religiosa ortodoxa, provavelmente pouco marcada, pelo menos na sua dimensão popular, pelo intelectualismo dos últimos séculos católicos. A missa à qual assisti foi uma rica sucessão de leituras, de cantos, de incensamentos, de entradas e saídas da iconóstase, tudo pontuado pelos gestos de piedade dos assistentes. Assistentes que ficam todos de pé. Até o imperador tinha de se submeter a essa injunção de reconhecimento do sagrado e, na catedral da fortaleza Pedro e Paulo, o seu lugar especial ainda está marcado, feito de um baldaquino vermelho encimando um pódio, mas sem trono.

 O que mais me chamou a atenção, entretanto, foi o policentrismo deste rito no seu conjunto. Por um lado, desenrolava-se o rito essencial, com o pope, os ajudantes, o coral em pleno destaque. Tudo em torno do altar e dos púlpitos de onde se derramavam os textos sagrados, precisamente os textos em princípio destinados a preencher os ritos de um conteúdo intelectualemente identificável. Mas, por outro lado, uma senhora de idade, vestida de preto, passava o seu tempo a peregrinar ostensivamente, chamando a atenção para a sua tarefa, que consistia em implantar nos múltiplos e imponentes castiçais em toda a parte presentes (diante dos ícones, perto dos púlpitos, no portal da iconóstase etc.) as pequenas velas que, provavelmente, as pessoas tinham comprado e a ela entregue para que as representasse, nesse ato de homenagear iluminando (o santo, o espaço, a palavra, finalmente Deus). Papel fundamental da luz no culto ortodoxo, mais exatamente do contraste entre a luz e a sombra. Com efeito, três me parecem ser, nesse modelo cultural, as características do sagrado. Em primeiro lugar, a explosão de luz, desde a presença do estouro solar encimando quase todas as iconóstases, até as pequenas velas, em toda parte presentes, nos espaços sagrados, criando mesmo o clima que os caracteriza. Por outro lado, e em contraste, a treva, a escuridão, a cor preta: o mistério insondável, tanto por sua luminosidade quanto por sua impenetrabilidade. Em cálices do tempo de Pedro I, por exemplo, certos motivos de decoração que, com a mesma função e em formas semelhantes, teriam sido de ouro, de pedras preciosas ou de esmalte colorido no Ocidente, eram aqui de pedra preta ou metal escurecido. Decoração negra que reencontrei nos jardins *à la française* do Palácio de Verão, feita de pedras escuras, formando parte dos desenhos, que, em outros lugares, seriam realizados com folhagens ou flores. Enfim, terceiro elemento simbólico do mistério, a imobilidade, a posição de contemplação, com o repouso muscular absoluto. Esta posição domina os ícones dos tempos clássicos (século XVI), ficando claro, no Museu de Arte Russa, que os corpos vão perdendo o seu hieratismo, adquirindo terceira dimensão, se animando, sendo dinamizados e ativamente projetados por tensões musculares cada vez mais marcadas à medida que os séculos vão andando e a história vai penetrando a representação do tecido social, inclusive religioso. No fundo, à medida que se entra na era da Rússia moderna, filha de Pedro I e dos séculos XVII e XVIII.

Tudo isso, a propósito da luz, e das luzinhas que a velha senhora vai semeando no espaço em nome dos outros fiéis. O movimento dessa senhora, em contraste com o rito central, contribuía a dispersar a atenção e a pulverizar as presenças, pelo menos através dessa delegação, no coração mesmo do lugar sagrado essencial, onde se desenrolava o rito. Através dela, cada um podia penetrar intencionalmente no santuário, em princípio reservado ao celebrante clerical. Mas um terceiro nível, ainda, está presente, de total dispersão este, e de presença efetiva e real dos indivíduos fiéis junto aos seus santos. Durante toda a missa, com efeito, alguns fiéis vão circulando, de ícone em ícone, selecionando alguns entre os muitos que povoam o espaço, e diante deles se prosternam, se inclinam, às vezes até a terra. Homens ou mulheres indistintamente.

Juntando observações e depoimentos, penso poder sugerir que o mais marcante, hoje, na espiritualidade ortodoxa, no seu nível de vivência popular, é um reforço daquilo que, em texto recente, chamei de religião fundamental, globalidade de uma atitude de reconhecimento do sagrado mais do que iluminada vivência explícita de um universo, conceitualmente, balisado graças aos livros lidos, à tradição viva, à explicação dos textos sagrados, aos catecismos. Coube-me muitas vezes dar às minhas guias informações, complementares das poucas que já possuíam, sobre o significado de cenas bíblicas nos mosaicos das catedrais do Kremlin ou as representações mais pormenorizadas das vidas dos santos nos ícones; sobre certos pontos gerais, também, da sacramentalidade do culto cristão. Seria o caso de constatar uma ruptura entre o rito, cujo sentido motor é por si só significante dentro de um universo globalmente sacral, e o mito, que poderia preencher este rito de um significado preciso, historicizado pelas narrativas bíblicas ou doutrinalizado pelo catecismo eclesiástico, mas que, de fato, parece ter sido em boa parte esquecido.

No entanto, não se pode generalizar. Pelo menos uma das estudantes que me acompanharam parecia efetiva militante de uma religião viva e em processo de afirmação. Ela conhecia os sentidos rituais, entendia da recente literatura religiosa, tomava partido entre as orientações de dois metropolitas sucessivos, um, "de quem gostávamos muito", e que tentava fazer entrar o cristianismo e a Igreja no concreto da vida social contemporânea; outro, seu sucessor, que parece querer confiná-los num espaço reduzidamente espiritual, e cuja pregação não encontra eco, pelo menos no seu grupo. Em que medida esse grupo é representativo? E de quem? De quê? Poderíamos ter aqui o análogo daquele outro grupo reduzido de jovens que, foi-me dito, interessa-se ativamente pela política, em contraste com o grande número daqueles que dela não querem saber. Em todo o caso, é provável que, nos seminários e nos mosteiros, nesses lugares onde vivem aqueles jovens padres ou monges que vi, garbosamente enroupados nos seus hábitos novos e dominando os transeuntes com toda a altura de seu chapelão ritual (em contraste com outros simples curas, de batinas surradas, que ouviam as devotas ao pé de largas colunas, nas catedrais), deve processar-se uma fermentação de ideias em torno do papel da religião na sociedade russa contemporânea e, antes disso até, em torno da elaboração intelectual do conteúdo atual do cristianismo, desse cristianismo ortodoxo. Sobre esse pensamento vivo, sobre a sua relação com a experiência religiosa, efetivamente vivenciada pelo homem da rua, não me foi possível, infelizmente, averiguar nada.

O ícone de Dona Ludmila nos levou longe... É tempo de voltar à mesa. Um conjunto de entradas, preparadas pela neta e a avó, a partir de produtos cultivados na pequena *datcha* da família (uma casa, num terreno de 250m^2) ou catados nos bosques dos arredores (legumes, saladas ou champinhons, preparados com molhos diferentes e deliciosos), acompanhando um planturoso prato de frios. Regado a vodca e a vinho para as senhoras. Segundo serviço, um prato tipo nhoque, cuja receita foi-me prometida, e que era feito à base de indicações publicadas pela mulher do Presidente Iéltsin, complementadas pela própria Dona Catarina, com verduras e carne moída, e incrementada com um molho saboroso. Posso dizer, a propósito dos poucos pratos russos que me foi dado comer – e em contraste com outras cozinhas nacionais de que experimentei algo no avião, que ela se distingue pela variedade de sabores individualmente perceptíveis. Pouca gordura, imagino, cuja abundância igualaria tudo num sabor indeterminado, como em outros lugares. Mas a nítida e rica percepção de cada um dos ingredientes ou temperos – e devem ser muitos – que entraram na composição do prato.

Falta-me retornar ao hotel, acompanhado, como sempre, mesmo nas altas horas da noite. Desta vez é Estela, que me diz ter de tomar o mesmo metrô para voltar à sua casa. Nenhum medo de circular à noite. Em outros casos, sou eu que não deixei meu ou minha acompanhante sair do metrô para me levar até o fim. Por eles, teriam ido (como, de fato, eventualmente o fizeram) – e voltado sozinhos, por um longo trecho de avenida deserta. Quanto a mim, nem esta avenida nem outro lugar me produziram medo. Ingenuidade? Ou, como parecem indicar as atitudes de todos aqueles que lidaram comigo, ausência real de perigo? Um detalhe, mas que deixa entrever a distância entre o que os nossos jornais dizem sobre a Rússia de hoje, sem dúvida não sobre a própria crise e a miséria bem real que dela resulta, mas sim sobre algumas de suas propaladas consequências, como a insegurança da vida cotidiana – e a realidade, pelo menos desta cidade encantadora e de seus habitantes, de quem alguns ficaram meus amigos, e que gostaria que me fosse dado rever.

Referências

ABREU, A.C. & RAJNEESH, S. In: LANDIM, L. (org.). *Sinais dos tempos – Diversidade religiosa no Brasil*. Rio de Janeiro: Iser, 1990.

Acordos e vereações da Câmara de Braga nos dois últimos anos da senhoria de D. Frei Bartolomeu dos Mártires (1580-1582). Porto: Arquivo Histórico Dominicano Português, 1973.

ADOTEVI, S. *Négritude e négrologues*. Paris: Union Générale d'Éditions, 1972.

ALMEIDA, F. *História da Igreja em Portugal*. Coimbra: F. de Almeida, 1922.

ALMEIDA, M.V. *Senhores de si*. Lisboa: Fim de Século, 1995.

ALMEIDA, R. *A universalização do Reino de Deus*. Campinas: Universidade Estadual de Campinas, 1996 [Dissertação de mestrado].

_____. "Jorge Dias na encruzilhada do folclore luso-brasileiro". In: INSTITUTO DE ALTA CULTURA (org.). *In memoriam Antônio Jorge Dias*. Lisboa: IAC-Jicu, 1974.

ALMEIDA, T.M.C. *Vozes da mãe do silêncio – A aparição da Virgem Maria em Piedade dos Gerais (MG)*. São Paulo: Attar/CNPq/Pronex, 2003.

ALVES, F.K. *Memórias arqueológico-históricas do Distrito de Bragança*. Vol. II. Porto: Guedes, 1909.

AMARAL, L. Os errantes da Nova Era e sua religiosidade caleidoscópica. *Cadernos de Ciências Sociais*, 3, 4, 1993.

ANDRADE, O. Manifesto antropofágico. *Revista do Livro*, 1959 [Rio de Janeiro].

ANDREA, A.; WEILL, P. & HORTAL, J. Nova Era e cristianismo. *Magis*, 29, 1998.

ANÔNIMO. *François de l'Espinay, prêtre, dit le Baron*. Candé: s./ed., 1989.

ANSELMO, J.A. Costumes religiosos populares – Os antigos autos e procissões. *A Terra Portuguesa*, 2, 1916.

ANTONIAZZI, A. Catolicismo em Belo Horizonte na proximidade do novo milênio. *Fotocopiado*, 1997, p. 1-15.

APNs. 10 Anos (1983-1993). *Conscientização-organização* – Fé e luta. São Paulo: Quilombo Central, 1993.

ARAÚJO, R.B. *Guerra e paz* – "Casa-grande e senzala" e a obra de Gilberto Freyre. Rio de Janeiro: Edição 34, 1994.

ASETT. Identidade negra e religião. Rio de Janeiro/São Paulo: Cedi/Liberdade, 1986.

ASSMANN, H. (org.). *René Girard com teólogos da libertação* – Um diálogo sobre ídolos e sacrifícios. Petrópolis/Piracicaba: Vozes/Unimesp, 1991.

AUGRAS, M. *O duplo e a metamorfose* – Identidades místicas em comunidades nagôs. Petrópolis: Vozes, 1983.

AULARD, F.A. *Le culte de la raison et le culte de l'être suprême*. Paris, 1892.

AZEVEDO, T. *A religião civil brasileira, um instrumento político*. Petrópolis: Vozes, 1982.

_____. *Cultura e situação racial no Brasil*. Rio de Janeiro: Civilização Brasileira, 1966.

AZEVEDO, V.M.R. Espaço e movimento: nucleando visões do Brasil. Freyre e Ricardo – Casa-grande e bandeira: espacialidades complementares. *XIII Encontro anual da Anpocs*. Caxambu, 1989.

AZZI, R. As romarias no Brasil. *Revista de Cultura Vozes*, 4, 1979.

_____. *O catolicismo popular no Brasil*. Petrópolis: Vozes, 1978.

_____. *O episcopado do Brasil frente ao catolicismo popular*. Petrópolis: Vozes, 1977.

BABÉ, A. *Eglises d'Afrique! de l'émancipation à la responsabilité*. Louvain-la-Neuve: Brulant-Academia, 1998.

BALANDIER, G. *A desordem*: elogio do movimento. Rio de Janeiro: Bertrand Brasil, 1999.

BANDEIRA, A.C. *Umbanda*. Evolução histórico-religiosa. Rio de Janeiro: 1961.

BARBER, B.R. Jihad Vs McWorld. *The Atlantic Monthly*, 53-63, 1992.

BARROS, L.O.C. "A ação modernizadora do Padre Ibiapina". In: DESROCHERS, G. & HOORNAERT, E. (orgs.). *Padre Ibiapina e a Igreja dos pobres*. São Paulo: Paulinas, 1984.

BARROS, M. *A batalha do Armagedon* – A Igreja Universal do Reino de Deus. Belo Horizonte: Universidade Federal de Minas Gerais, 1996 [Dissertação de mestrado].

BASTIDE, R. Anthropologie religieuse. *Encyclopaedia Universalis*, vol. 2, 1998, p. 252-254.

_____ "Le sacré sauvage". In: GENÈVE, C.I. (org.). *Le besoin religieux*. Neuchâtel: La Baconnière, 1974a.

_____. Anthropologie religieuse. *Encyclopaedia Universalis*. Paris: Enc. Univ, 1974.

_____. Prométhée et son vautour – Essai sur la modernité et l'anti-modernité. *Sciences Sociales de la Coopération*, 1974 (Paris).

_____. *As religiões africanas no Brasil*. São Paulo: Pioneira; USP, 1971.

_____. *Les Amériques noires* – Les civilisations africaines dans le Nouveau Monde. Paris: Payot, 1932.

BAUBEROT, J. *Vers un nouveau pacte laïque*. Paris: Seuil, 1990.

BELLAH, R. & HAMMOND, P.E. *Varieties of civil religion*. São Francisco: Harper & Row, 1980.

BELLAH, R. *The Broken Covenant:* American civil religion in time of trial. Nova York: Seabury, 1975.

_____. Civil Religion in America. *Dædalus*, 96, 3, 1967.

BENEDICT, R. *Patterns of culture*. Boston: Houghton Mifflin, 1934.

BERCOVITCH, S. "A retórica como autoridade: puritanismo, a Bíblia e o mito da América". In: SACHS, V. (org.). *Religião e identidade nacional*. Rio de Janeiro: Graal, 1988.

BIRMAN, P. "Conexões políticas e bricolagens religiosas: questões sobre o pentecostalismo a partir de alguns contrapontos". In: SANCHIS, P. (org.). *Fiéis e cidadãos* – Percursos de sincretismo no Brasil. Rio de Janeiro: EdUERJ, 2001.

_____. *Religiosidade, pluralismo e nação:* as seitas na França hoje. Rio de neiro: Universidade do Estado do Rio de Janeiro, 2000 [Tese titular].

_____. Cultos de possessão e pentecostalismo no Brasil: passagens. *Religião & Sociedade,* 17/1-2, 1996.

_____. *Fazer estilo criando gênero* – Possessão e diferenças de gênero em terreiros de umbanda e candomblé no Rio de Janeiro. Rio de Janeiro: Relume Dumará/Uerj, 1995.

_____. "Modos periféricos de crença". In: SANCHIS, P. (org.). *Catolicismo:* unidade religiosa e pluralismo cultural. São Paulo: Loyola, 1992.

BITTENCOURT FILHO, J. *Matriz religiosa brasileira:* religiosidade e mudança social. Petrópolis/Rio de Janeiro: Vozes/Koinonia, 2003.

_____. "Abordagem fenomenológica". In: BITTENCOURT FILHO, J.; ROLIM, F.C. & HORTAL, J. (orgs.). *Novos movimentos religiosos na Igreja e na sociedade.* São Paulo: Ave Maria, 1996.

BOFF, C. A religião contra a fé. *Revista de Cultura Vozes,* 2, 1969.

BOFF, L. Avaliação teológico-crítica do sincretismo. *Revista de Cultura Vozes,* s.n., 1977.

_____. Catolicismo popular: o que é catolicismo? *Revista Eclesiástica Brasileira,* 36, 141, 1976.

BORGES PEREIRA, J.B. Negro e cultura negra no Brasil atual. *Revista de Antropologia,* 26, 93-105, 1983.

BOSI, A. *Dialética da colonização.* São Paulo: Companhia das Letras, 1992.

BOURDIEU, P. *Le déracinement.* Paris: Minuit, 1964.

BOUYER, L. *La vie de Saint Antoine* – Essai sur la spiritualité du monachisme primitif. Saint Wandrille: Fontenelle, 1950.

BRANDÃO, C.R. "'Crença e identidade' – Campo religioso e mudança cultural". In: SANCHIS, P. (org.). *Catolicismo:* unidade religiosa e pluralismo cultural. São Paulo: Loyola, 1992.

BRAUDEL, F. A longa duração. *História e ciências sociais*. Lisboa: Presença, 1972.

BRÉMOND, H. *Histoire littéraire du sentiment religieux en France*. 11 vols. Paris: Bloud et Gay, 1916-1936.

_____. *La poésie pure*. Paris: Grasset, 1926.

_____. *Prière et poésie*. Paris: Grasset, 1926.

BROWN, P. *Le culte des saints*. Paris: Cerf, 1984.

BUARQUE DE HOLANDA, S. *Raízes do Brasil*. 9. ed. Rio de Janeiro: José Olympio, 1976.

_____. *Raízes do Brasil*. Rio de Janeiro: José Olympio, 1936.

BULTMAN, R. *Le christianisme primitif dans le cadre des religions antiques*. Paris: Payot, 1950.

CABRAL, F.S. *Uma perspectiva sobre Portugal*. Lisboa, 1973.

CAMARGO, C.P.F. Tentativa de síntese do Simpósio sobre sincretismo religioso. *Revista de Cultura Vozes*, 7, 1977.

CAMPICHE, R. La déconfessionnalisation de l'identité religieuse. *Colloque Religion et Culture*, 1991a (Lausanne).

_____. *Pluralité confessionnelle, religiosité diffuse, identité culturelle en Suisse*. Bâle: Programme National de Recherche 21, 1991b.

CAMURÇA, M. Sombras na catedral: a influência *New Age* na Igreja Católica e o holismo da teologia de Leonardo Boff e Frei Betto. *Numen*, 1, 1, 1998.

CANCLINI, N.G. *Culturas híbridas*: estratégias para entrar e sair da Modernidade. São Paulo: EdUSP, 2000a.

CARDOSO, R. Isso é política? – Dilema da participação entre o moderno e o pós-moderno. *Novos estudos Cebrap*, 20, 1988.

CARVALHO, J.J. "Notícias recientes sobre la hibridización". In: BUARQUE DE HOLANDA, S. & RESENDE, B. (orgs.). *Arte latina*. Rio de Janeiro: Aeroplano, 2000.

_____. *Um espaço público encantado* – Pluralidade religiosa e modernidade no Brasil. Brasília: UnB, 1999 [Série Antropologia, 249, 1-21].

_____. Antropologia: saber acadêmico e experiência iniciática. *Anuário Antropológico*, 90, 1993.

_____. Ideias e imagens na tradição afro-brasileira. Para uma compreensão dos processos de sincretismo religioso. *Textos de Antropologia*, 1991.

CAZENEUVE, J. *Les fêtes de la Renaissance*. Paris: CNRS, 1962.

CERIS. *Desafio do catolicismo na cidade* – Pesquisas em regiões metropolitanas brasileiras. São Paulo: Paulus, 2002.

CÉSAIRE, A. *Discours sur le colonialisme*. Paris: Présence Africaine, 1956.

CHAMPION, F. "La nébuleuse mystique-ésotérique". In: HERVIEU-LEGER, D. & CHAMPION, F. (orgs.). *De l'émotion en religion* – Renouveaux et traditions. Paris: Centurion, 1990.

CHAMPION, F. & HERVIEU-LÉGER, D. *Vers un nouveau christianisme?* Introduction à la sociologie du christianisme occidental. Paris: Cerf, 1986.

CHAVES, L. *Folclore religioso*. Porto: Portucalense, 1954.

CLIFFORD, J. *The predicament of culture*. Cambridge: Harvard University Press, 1988.

COHEN, M. "Les renouveaux catholiques et juif en France. L'individu et ses émotions". In: CHAMPION, F. & HERVIEU-LEGER, D. (orgs.). *De l'émotion en religion* – Renouveaux et traditions. Paris: Centurion, 1990.

CONSORTE, J.G. "Em torno de um manifesto de Ialorixás baianas contra o sincretismo". In: CAROSO, C. & BARCELAR, J. (orgs.). *Faces da tradição afro-brasileira*. Rio de Janeiro/Salvador: Ceao/Pallas, 1999.

CORRÊA, N.F. *O batuque do Rio Grande do Sul*. Porto Alegre: EdUFRS, 1992.

CORTESÃO, O. *Alexandre de Gusmão e o Tratado de Madrid*. Rio de Janeiro: Instituto Rio Branco, 1952.

Constituições sinodais do arcebispado de Braga, ordenadas no ano de 1639. Lisboa: Miguel Deslandes, 1697.

CRESPO, S. Sincretismo ou ecletismo religioso? – Notas para um estudo sobre a espiritualidade ecologista. *Comunicações do Iser*, 13, 45, 1994.

CUNHA, M.M.C. & CASTRO, E.V. Vingança e Temporalidade: os Tupinambá. *Anuário Antropológico*, 85, 1986.

DAMASCENO, C. *Cantando para subir*. Rio de Janeiro: Museu Nacional 1989 [Dissertação de mestrado].

DAMASCENO, C. et al. As organizações do movimento negro. *Tempo e Presença*, 227, 6-7, 1988.

DAMATTA, R. *A casa e a rua*. São Paulo: Brasiliense, 1985.

DESAN, S. "Massas, comunidade e ritual na obra de E.P. Thompson e Nathalie Davis". In: HUNTO, L. (orgs.). *A nova história cultural*. São Paulo: Martins Fontes, 1982.

DESROCHE, H. "Charles Fourier – D'une catégorie traumatisante à l'Eden Harmonien". In: DESROCHE, H. (org.). *Les dieux rêvés*. Paris: Desclée de Brouwer, 1972a.

_____. *Les dieux rêvés*. Paris: Desclée de Brouwer, 1972b.

_____. Retour à Durkheim? D'un texte peu connu à quelques thèses méconnues. *Archives de Sociologie des Religions*, 27, 1969.

_____. *Les Shakers américains* – D'un néo-christianisme a un pré-socialisme. Paris: de Minuit, 1955.

DIANI, M. "Values" and "Means" of Modernity in new religious and new social movements. *Colloque franco-italien*, 1990 (Sorbonne: Ephe).

DIAS, J. *Estudos do caráter nacional português*. Lisboa: Junta de Investigações do Ultramar, 1971.

DIAS-SALAZAR, R. "La religión vacia – Un análisis de la transición religiosa en Occidente". In: DIAS-SALAZAR, R.; GINER, S. & VELASCO, F. (orgs.). *Formas modernas de religión*. Madri: Alianza, 1994.

DINIS, J. *Uma família inglesa*. Lisboa, 1868.

DIOP, C.A. *Antériorité des civilisations nègres:* mythe ou vérité historique. Paris: Présence Africaine, 1967.

_____. *Nations nègres et culture* – De l'antiquité nègre égyptienne aux problèmes culturels de l'Afrique noire d'aujourdui. Paris: Présence Africaine, 1955.

DOMENACH, J.M. *Enquête sur les idées contemporaines*. Paris: Seuil, 1987.

DOURNES, J. *Dieu aime les païens* – Une mission de l'Église sur les plateaux du Viêt-Nam. Paris: Aubier, 1963.

DROOGERS, A. "Syncretism: The Problem of definition – The definition of the problem". In: GORT, J. et al. (orgs.). *Dialogue and syncretism*: an interdisciplinary approach. Amsterdam/Michigan: Grand Rapids/William Eerdmans/Rodopi, 1989.

_____. A religiosidade mínima brasileira. *Religião & Sociedade*, 14/2, 1987.

DUBIEL GIESSEN, H. "O fundamentalismo da Modernidade". In: DE BONI, L.A. (org.). *Fundamentalismo*. Porto Alegre: EdPUCRS, 1995.

DUMONT, L. *L'idéologie allemande* – France Allemagne et retour. Paris: Gallimard, 1991.

_____. *O individualismo* – Uma perspectiva antropológica da ideologia moderna. Rio de Janeiro: Rocco, 1985.

DUPRONT, A. *Du sacré*. Paris: Gallimard, 1987.

_____. "Pèlerinages et lieux sacrés". In: *Mélanges F. Braudel*. Toulouse: Privat, 1973.

DURAND, R. Communautés villageoises et seigneurie au Portugal (Xe-XIIIe siècles). *Estudos de História de Portugal* – Homenagem a A.H. de Oliveira Marques. Lisboa: Estampa, 1982.

_____. *Les campagnes portugaises entre Douro et Tage aux XIIe et XIIIe siècles*. Paris: Centre Culturel Portugais, 1982.

DURKHEIM, É. *As formas elementares da vida religiosa*. São Paulo: Paulus, 1989.

_____. O problema religioso e a dualidade da natureza humana. *Religião & Sociedade*, 2, 1977.

_____. Le sentiment religieux à l'heure actuelle. *Archives de Sociologie des Religions*, 27, 1969.

_____. *Les règles de la méthode sociologique*. Paris: PUF, 1968.

DUVIGNAUD, J. *Fêtes et civilisations*. Paris: Weber, 1973.

EADE, J. & SALLNOW, M. *Contesting the sacred* – The antropology of cristian pilgrimage. Londres: Routledge, 1991.

EBOUSSI BOULAGA, F. *La crise du Muntu* – Authenticité africaine et philosophie. Paris: Présence Africaine, 1977.

_____. *Le bantou problématique*. Paris: Présence Africaine, 1968.

ELA, J.M. *Le cri de l'homme africain* – Questions aux chrétiens et aux Eglises d'Afrique. Paris: L'Harmattan, 1993.

ELIADE, M. *Le chamanisme et les techniques archaïques de l'extase*. Paris: Payot, 1951.

ELIAS, N. *The germans* – Power struggle and the development of habitus in the Nineteenth and Twentieth Centuries. Nova York: Columbia University Press, 1996.

_____. *La dynamique de l'Occident*. Paris: Calmann-Lévy, 1975.

ELLIOT, E. "Religião, identidade e expressão na cultura americana: motivo e significado". In: SACHS, V. (org.). *Religião e identidade nacional*. Rio de Janeiro: Graal, 1988.

ESPÍRITO SANTO, M. *A religião popular portuguesa*. Lisboa: A Regra do Jogo, 1984.

ESTEVEZ, M.G. En torno al estudio comparativo de la pluralidad católica. *Revista Española de Investigaciones Sociales*, 27, 1984.

FAUVELLE, F.X. *L'Afrique de Cheikh Anta Diop*. Paris: Karthala, 1996.

FEBVRE, L. *Le problème de l'incroyance au XVIe siècle* – La religion de Rabelais. Paris: Albin Michel, 1947.

FERNANDES, R.C. et al. *Novo nascimento* – Os evangélicos em casa, na igreja e na política. Rio de Janeiro: Mauad, 1998.

_____. Os evangélicos em casa, na Igreja e na política. *Religião & Sociedade*, 17/1-2, 1996.

_____. *Censo Institucional Evangélico da Região Metropolitana do Rio de Janeiro*. Rio de Janeiro: Iser, 1995.

_____. *Os cavaleiros do Bom Jesus* – Uma introdução às religiões populares. São Paulo: Brasiliense, 1982.

FERRETTI, S.F. *Repensando o sincretismo* – Estudo sobre a Casa das Minas. São Paulo: Universidade de São Paulo, 1991 [Tese de doutorado].

FLORIANO, M.G. *As reuniões de dona Xzinha:* trânsito religioso e espaço secreto, entre modernidade e tradição. Juiz de Fora: Universidade Federal de Juiz de Fora, 2001 [Dissertação de mestrado].

FREDRIKSON, C. "La duplicité de la femme: sorcières jouisseuses et desqualification féminine". In: CAILLET-BOISVERT, C. (org.). *Ethnologie du Portugal:* unité et diversité. Paris: Centre Culturel Callouste Gulbenkian, 1994.

FREITAS, J.S. *Memórias de Braga.* Braga: Catholica, 1890.

FREYRE, G. *Casa grande & senzala.* 22. ed. Rio de Janeiro: José Olympio, 1983.

FRIGÉRIO, A. & CAROZZI, M.J. Las religiones afrobrasileñas en Argentina. *Cadernos de Antropologia,* 10, 1993.

FRISOTTI, H. "Igreja e religiões afro-brasileiras – Discriminação e proximidade". *II Conferência Geral do Cehila.* São Paulo: Cehila, 1995.

_____. "O que para alguns é sincretismo". In: FRISOTTI, H. et al. *Inculturação e sincretismo.* São Leopoldo: Conic, 1994.

_____. APNs e ecumenismo – Oh! Que coisa bonita! O espírito, a fé, a força, o axé! In: *Agentes de Pastoral Negros.* São Paulo: Asett/Quilombo Central, 1993.

_____. "Um jeito novo de todas as comunidades se unirem – O ecumenismo popular em suas dimensões étnico-cultural e afetiva". In: FRISOTTI, H. (org.). *Comunidade negra, evangelização e ecumenismo.* Salvador: Biblioteca Comboniana Afro-brasileira, 1992 [mimeo.].

FRY, P. *A persistência da raça.* Rio de Janeiro: Civilização Brasileira, 2005.

FRY, P. & BIRMAN, P. Reflexões sobre a II Conferência Mundial da Tradição dos Orixás e Cultura. *Comunicações do Iser,* ano 3, n. 8, mar./1984.

FURET, F. Le déclin des extrêmes. Nouvel Observateur, 1995.

GARAUDY, R. *Danser sa vie.* Paris: Seuil, 1973.

GASSÉE, J.L. Cathos et la Vallée. *Libération,* 05/04/2002.

GAUCHET, M. *Le désenchantement du monde* – Une histoire politique de la religion. Paris: Gallimard, 1985.

GEBARA, I. Femminismo e Teologia della Liberazione – Un'intervista alla teologa brasiliana Ivone Gebara. *Adista/Doc,* 01/01/1994, p. 6-8.

_____. El Eco Feminismo Holistico. *Presencia Ecumenica,* 1993.

GEERTZ, C. *A interpretação das culturas*. Rio de Janeiro: Zahar, 1978.

GINZBURG, C. *Mythes, emblèmes, traces* – Morphologie et histoire. Paris: Flammarion, 1989.

GIRARD, R. *Le bouc émissaire*. Paris: Grasset, 1982.

GIUMBELLI, E. *O fim da religião* – Dilemas da liberdade religiosa no Brasil e na França. São Paulo: Attar/CNPq/Pronex, 2002.

GODINHO, V.M. *A estrutura na antiga sociedade portuguesa*. Lisboa: Arcádia, s.d.

GRAMSCI, A. *Cadernos do cárcere*. Vol. 1. Rio de Janeiro: Civilização Brasileira, 1999.

GUÉHENNO, J.M. *O fim da democracia*. São Paulo: Bertrand Brasil, 1994.

GUIMARÃES, J.G.O. Festas anuais da comarca de Guimarães. *Revista de Guimarães*, XX, 1903.

GUIMARÃES, M.B.L. Umbanda e santo-daime na "Lua Branca" de Lumiar. *Religião & Sociedade*, 17/1-2, 1996.

GUSDORF, G. *La conscience révolutionnaire* – Les idéologues. Paris: Payot, 1978.

HAAG, C. *A batalha dos vegetais*. São Paulo: Fapesp [*Pesquisa*, maio 2006].

HAAR, G.T. *L'Afrique et le monde des esprits* – Le ministère de guérison de Mgr Milingo, archevêque de Zambie. Paris: Karthala, 1996.

HARVEY, D. *Condição pós-moderna*. São Paulo: Loyola, 1992.

HEBGA, M.P. *Afrique de la raison, Afrique de la foi*. Paris: Karthala, 1995.

HEIDEGGER, M. *Questions III*. Paris: Gallimard, 1966.

HERVIEU-LÉGER, D. Representam os surtos emocionais contemporâneos o fim da secularização ou o fim da religião? *Religião & Sociedade*, 18/1, 1997.

_____. *La religion pour mémoire*. Paris: Cerf, 1993.

_____. "Renouveaux émotionnels contemporains – Fin de la sécularisation ou fin de la religion?" In: HERVIEU-LEGER, D. & CHAMPION, F. (orgs.). *De l'émotion en religion* – Renouveaux et traditions. Paris: Centurion, 1990.

_____. *Vers un nouveau christianisme*. Paris: Cerf, 1986.

HICK, J. *A metáfora do Deus encarnado*. Petrópolis: Vozes, 2000.

HILLAIRE, J. *Traditions, traductions, trahisons* – Annonces en Afrique de Jésus-Christ. N'Djaména: Imprimerie du Tchad, 1996.

HOORNAERT, E. *Formação do catolicismo brasileiro (1550-1800)*. Petrópolis: Vozes, 1974.

HOUNTODJI, P. *Sur la philosophie africaine*. Yaundé: Clé, 1980.

HUNT, L. *A nova história cultural*. São Paulo: Martins Fontes, 1992.

IBRADES. *João XXIII e o diálogo entre as religiões*. Rio de Janeiro: Ibrades, 1994.

IMBERT, C. & JULLIARD, J. *La droite et la gauche*. Paris: Robert Laffont/Grasset, 1995.

INGLEHART, R. & BAKER, W. Modernisation, Cultural Change and the Persistence of Traditional Values. *American Sociological Review*, 65, 1, 2000.

ISAIA, A.C. (org.). *Orixás e espíritos*: o debate interdisciplinar na pesquisa contemporânea. Uberlândia: EdUFU, 2006.

JAMES, W. *The Varieties of Religious Experience:* a Study in Human Nature. Nova York: University Books, 1963.

JAOUEN, R. *L'Eucharistie du mil* – Langage d'un peuple, expression de la foi. Paris: Karthala, 1995.

JOAQUIM, A. O São Gonçalo de Amarante. *O Tripeiro*, 56, 1910.

KAGAMÉ, A. *La philosophie bantu-rwandaise de l'être*. Bruxelas: Académie Royale des Sciences Coloniales, 1956.

KAHN, J.F. *Sur les splendeurs de la vérité*, 14-20/10/1993.

KANT, E. *A religião dentro dos limites da simples razão*. São Paulo: Abril, 1980.

KEPEL, G. Entrevista. *Le Nouvel Observateur*, jan. 12.

LACROIX, J. et al. *Les hommes devant l'échec*. Paris: PUF, 1968.

LE COEUR, C. *Le rite et l'outil*. Paris: PUF, 1969.

LE GOFF, J. *Saint Louis*. Paris: Gallimard, 1996.

_____. *La civilisation de l'Occident médiéval*. Paris: Arthaud, 1965.

LEENHARDT, M. O mito. *Religião & Sociedade*, 14, 1987.

LEHMANN, S.N. *A religião civil do Estado moderno*. Brasília: Thesaurus, 1985.

LEROI-GOURHAN, A. *Les religions de la pré-histoire*. Paris: PUF, 1964.

LÉRY, J. *Journal de bord de Jean de Léry en la terre de Brésil, 1557*. Paris: Les Editions de Paris, 1957.

LÉVI-STRAUSS, C. "Introduction à l'œuvre de Marcel Mauss". In: MAUSS, M. *Sociologie et anthropologie*. Paris: PUF, IX-LII, 1968.

_____. *Olhar, escutar, ler*. São Paulo: Companhia das Letras, 2001.

_____. *As estruturas elementares do parentesco*. Petrópolis: Vozes, 1978.

_____. *Totemismo hoje*. Petrópolis: Vozes, 1975.

_____. "La science du concret". In: LÉVI-STRAUSS, C. *La pensée sauvage*. Paris: Plon, 1962.

Liv. I das Provisões da Câmara do Porto. Lisboa, 30/05/1560. In: *O Tripeiro*, 12 (2ª série), 1919.

LOBO, C. *História da sociedade em Portugal no século XV*. Lisboa, 1904.

LUBAC, H. Circumdata varietate. *Comunicações do Iser*, 5, 221, 1986.

_____. *Catholicisme* – Les aspects sociaux du dogme. Paris: Cerf, 1983.

LUCKMANN, T. *La religion invisible*. Paris: Centurion, 1972.

LUMBALA, F.K. *Alliances avec le Christ en Afrique* – Inculturation des rites religieux au Zaire. Paris: Karthala, 1994/1987.

LUMEN. *A comunicação na arquidiocese de Belo Horizonte*. Belo Horizonte, 1998 [mimeo.].

LUZ, L.A. *Carnaval da alma* – Comunidade, essência e sincretismo na Nova Era. Rio de Janeiro: Museu Nacional, 1998 [Tese de doutorado].

LYOTARD, J.F. *O pós-moderno*. Rio de Janeiro: José Olympio, 1986.

MAFFESOLI, M. *O tempo das tribos*. Rio de Janeiro: Forense, 1998.

_____. *La transfiguration du politique* – La tribalisation du monde. Paris: Grasset/Cujas, 1992.

_____. *O tempo das tribos* – O declínio do individualismo nas sociedades de massa. Rio de Janeiro: Forense, 1987.

MAGNANI, J.G.C. Práticas esotéricas na cidade. *Anpocs*, 1994 [mimeo.].

MAITRE, J. "Religion populaire". *Encyclopaedia Universalis*, vol. 19, 1998.

MARIANO, R. *Neopentecostalismo* – Os pentecostais estão mudando: São Paulo: Universidade de São Paulo, 1995 [Dissertação de mestrado].

MARTINS, M. Constituições sinodais medievais portuguesas. *Brotéria*, fev./1952.

MARY, A. *Le bricolage africain des héros chrétiens*. Paris: Cerf, 2000.

_____. Ética e magia: uma análise do significado da libertação entre os pentecostais. *Reunião da Anpocs*, Caxambu, 1995.

_____. *As CEBs e a cultura popular*, s.d. [mimeo.].

MATHEWS, G. *Cultura global e identidade individual*. Bauru: EdUSC, 2002.

MATHIEZ, A. *Les origines des cultes révolutionnaires*. Paris: Gallimard, 1904.

MATOS, J.V.M. *Esquema para uma biografia da cidade de Castelo Branco*. Castelo Branco, 1972.

MATTOSO, J. *Identificação de um país* – Ensaio sobre as origens de Portugal 1096-1325. Lisboa: Estampa, 1985.

MAUÉS, R.H. "Catolicismo popular e pajelança na região do Salgado". In: SANCHIS, P. (org.). *Catolicismo:* unidade religiosa e pluralismo cultural. São Paulo: Loyola, 1992.

MAUSS, M. *Ensaios de sociologia*. São Paulo: Perspectiva, 1981.

_____. *Les fonctions sociales du sacré*. Paris: Minuit, 1968, p. 397.

MAYER, J.F. *Vers une mutation de la conscience religieuse?* Bâle: Programme National de Recherche 21, 1991.

Memórias da Vila Viçosa [mns. conservado na Câmara Municipal de Vila Viçosa].

MENEZES, R. & TEIXEIRA, F. (orgs.). *As religiões no Brasil* – Continuidades e rupturas. Petrópolis: Vozes, 2006.

MENEZES, U.B. A construção original do território americano. *Revista USP*, n. 12, 1991-1992.

MESSI METOGO, E. *Théologie africaine et ethnophilosophie*. Paris: L'Harmattan, 1985.

MICHELAT, G.; POTEL, J.; SUTTER, J. & MAÎTRE, J. *Les français sont-ils encore catholiques?* Paris: Cerf, 1991.

MIRANDA, A. Folclore de Penafiel – 1: A Mourisca. *Douro Litoral*, II, 1940. Porto.

MITCHELL, J.C. "A questão da quantificação na antropologia social". In: FELDMAN-BIANCO, B. (org.). *Antropologia das sociedades contemporâneas*. São Paulo: Global, 1987.

MONOD, J. "Vive l'Ethnologie". In: JAULIN, R. (org.). *L'ethnocide à travers les Amériques*. Paris: Fayard, 1972.

MONTERO, P. (org.). *Entre o mito e a história* – O V centenário do descobrimento da América. Petrópolis: Vozes, 1996.

MORE, C.T. *Christianisme et modernité*. Paris: Cerf, 1990.

MOREIRA, E. *Vidas convergentes*. Lisboa: Junta Presbiteriana de cooperação em Portugal, 1958.

MOREIRA NETO, C. *Índios da Amazônia*. Petrópolis: Vozes, 1978.

MORIN, E. *Le vif du sujet*. Paris: Seuil, 1969.

MOTTA, R. "Bandeira de Alairá: a festa de Xangô-São Jorge e problemas do sincretismo". In: MOURA, C.E.M. (org.). *Bandeira de Alairá*. São Paulo: Nobel, 1982.

MOURA. C. *Sociologia do negro brasileiro*. São Paulo: Ática, 1988.

MOURINHO, P.A. A dança dos Paulitos. *Revista Ocidente*, 53, 1957, p. 153-164.

MVENG, E. *L'Afrique dans l'église* – Paroles d'un croyant. Paris: L'Harmattan, 1985.

NDI-OKALLA, J. *Inculturation et conversion* – Africains et européens face au synode des Eglises d'Afrique. Paris: Karthala, 1994.

NEGRÃO, L.N. Refazendo antigas e urdindo novas tramas. *Religião & Sociedade*, 18/2, 1997.

_____. *Entre a cruz e a encruzilhada*. São Paulo: EdUSP, 1996.

NIEBUHR, R. *Cristo e cultura*. Rio de Janeiro: Paz e Terra, 1967.

NORA, P. *Les lieux de mémoire*. Paris: Gallimard, 1984.

NTEZIMANA, L. *Libres paroles d'un théologien rwandais* – Joyeux propos de bonne puissance. Paris: Karthala, 1998.

NYAGA, P. *L'Église est-elle nécessaire?* Versailles: Saint Paul, 1995.

O Tripeiro, 5, mar./1931.

O Tripeiro, 49, jun./1928.

OLIVEIRA, M. *O pluralismo do ponto de vista filosófico*, 1994 [mimeo.].

OLIVEIRA, P.R. Coexistência das religiões no Brasil. *Revista de Cultura Vozes*, 7, 1977.

OLIVEIRA, P.R. & FERNANDES, R.C. Debate: Religião popular e os cavaleiros do Bom Jesus. *Comunicações do Iser*, 2, 5, 1983.

ORTIZ, R. *Mundialização e cultura*. 2. ed. São Paulo: Brasiliense, 1994.

_____. *A consciência fragmentada*. Rio de Janeiro: Paz e Terra, 1980.

_____. Du Syncrétisme à la Synthèse. *Archives des sciences sociales des religions*, vol. 40, 1975. Paris.

PACE, E. *Nouveaux mouvements religieux et modernité*: charisme et modernité dans les mouvements catholiques d'origine récente et dans le mouvement de Bahgwan Rajneesh, 1991 [mimeo.].

_____. Charisme et modernité dans les mouvements catholiques d'origine récente et dans le mouvement de Bahgwan Rajneesh. *Colloque franco-italien*, 1990 [Ephe, Sorbonne].

PAIVA, J.G. *A religião dos cientistas* – Uma leitura psicológica. São Paulo: Loyola, 2000.

_____. Imaginário, simbólico e sincrético: aspectos psicológicos da filiação a novas religiões japonesas. *VII Encontro da Anpepp*. Gramado, 1998.

_____. *Itinerários religiosos de acadêmicos:* um enfoque psicológico. São Paulo: EdUSP, 1993.

PAIVA, J.M. *Colonização e catequese*. São Paulo: Cortez, 1978.

PARSONS, T. *Action theory and the human condition*. Nova York/Londres: Free, 1978.

PASSOS, M. *Diálogos cruzados:* religião, história e construção social. Belo Horizonte: Argumentum, 2010.

PEDREIRO, E.R. *Do confronto ao encontro*. São Paulo: Paulinas, 1999.

PEIRANO, M. *A favor da etnografia*. Rio de Janeiro: Relume Dumará, 1995.

PESSOA, F. *A procura da verdade oculta* – Textos filosóficos e esotéricos. Lisboa: Europa & América, 1986.

PIERUCCI, A.F. & PRANDI, R. "Religiões e voto: a eleição presidencial de 1994". In: PIERUCCI, A.F. & PRANDI, R. (orgs.). *A realidade social das religiões no Brasil*. São Paulo: Hucitec, 1996.

_____. *A realidade social das religiões no Brasil*. São Paulo: Hucitec, 1996.

PLOUX, J.M. *Le christianisme a-t-il fait son temps?* Paris: Atelier, 1999.

POIRIER, J. "Formes de contestation, de compensation et de transposition du réel dans les sociétés en voie de développement". In: LACROIX, J. et al. *Les Hommes devant l'échec*. Paris: PUF, 1968.

POULAT, E. *Liberté, laïcité* – La guerre des deux Frances et le principe de modernité. Paris: Cerf/Cujas, 1987.

PRADO JÚNIOR, C. *Formação do Brasil contemporâneo* – Colônia. 9. ed. Rio de Janeiro: Civilização Brasileira, 1969.

PRANDI, R. "Pombagira e as faces inconfessas do Brasil". In: *Herdeiras do Axé*. São Paulo: Hucitec, 1996.

_____. "Pombagiras dos candomblés e umbandas e as faces inconfessas do Brasil". In: *Dinâmicas multiculturais, novas faces, outros olhares*. Lisboa: Universidade de Lisboa, 1996.

_____. *Os candomblés de São Paulo*. São Paulo: Hucitec/Edusp, 1991.

PROUS-POIRIER, A. *Arqueologia brasileira*. Brasília: EdUNB, 1991.

QUENUM, P.J.M.S. "Annonce et récit de Jésus-Christ aujourd'hui en Afrique". In: QUENUM, P.J.M.S. *Annonces en Afrique de Jésus-Christ*. N'Djaména, s./ed., 1996.

RAMADAN, T. *Être musulman en Europe*. Lion: Tawid, 1999.

REICHARD, G. "Social Life". In: BOAS, F. (org.). *General anthropology*. Boston/Nova York/Londres, 1938.

REIS, A.V. *Religião e ensino privado*: Estudo comparado das concepções de educação de pré-escolas religiosas e de sua clientela. Brasília: Universidade de Brasília, 1999 [Tese de doutorado].

RÉMOND, R. *Les Etats-Unis devant l'opinion française, 1815-1852*. Paris: Colin, 1962.

RIBEIRO DE OLIVEIRA, P. Coexistência das religiões no Brasil. *Revista de Cultura Vozes*, 7, 1977.

RIBEIRO, D. *O povo brasileiro* – A formação e o sentido do Brasil. São Paulo: Companhia das Letras, 1995.

_____. Antropologia ou a teoria do bombardeio de Berlim. *Revista Civilização Brasileira*, 1981.

RICARDO, C. *Marcha para o Oeste*. 2. ed. Rio de Janeiro: José Olympio, 1948.

RICOEUR, P. "Mythe". *Encyclopaedia Universalis*. Vol. 15. Paris, 1998.

RIPERT, B. Christianisme et pouvoirs locaux dans une vallée tamang du Népal central. *Archives de Sciences des religions*, 90, 1997.

ROCHA, J.G. *Teologia e negritude* – Um estudo sobre os Agentes de Pastoral Negros. Santa Maria: Pallotti, 1998.

RODRIGUES, N. *O animismo fetichista dos negros na Bahia*. Bahia: s./ed. 1900.

ROLO, R.A. *O bispo e a sua missão pastoral segundo D. Frei Bartolomeu dos Mártires*. Porto: Movimento Bartolomeano, 1964.

RORTY, R. & VATTIMO, G. *O futuro da religião*. Rio de Janeiro: Relume Dumara, 2006.

ROSNY, E. *Les yeux de ma chèvre*. Paris: Plon/Terre Humaine, 1998.

ROTONDO, R. Um carrasco é melhor que o tédio? *Sodias*, 1, 1992.

ROUAMBA, P. "Religion et identité ethnique: la première église baptiste de Ouagadougou". In: OTAYEK, M. (org.). *Dieu dans la cité* – Dynamiques religieuses en milieu urbain ouagalais. Paris: Bordeaux, 1999.

ROUANET, S.P. *Mal-estar na Modernidade*. São Paulo: Companhia das Letras, 1993.

_____. *As razões do Iluminismo*. São Paulo: Companhia das Letras, 1987.

ROUCHE, M. "Alta Idade Média Ocidental". In: VEYNE, P. (org.). *História de vida privada* – Vol. 1: Do Império Romano ao Ano Mil. São Paulo: Companhia das Letras, 1994.

SAHLINS, M. *Ilhas de história*. Rio de Janeiro: Zahar, 1990.

SANCHIS, P. "Religião e etnicidade – Dois casos de 'negritude católica' na diáspora". In: PASSOS, M. (org.). *Diálogos cruzados*: religião, história e construção social. Belo Horizonte: Argumentum, 2010.

_____. Cultura brasileira e religião – Passado e atualidade. *Cadernos Ceru*, vol. 19, n. 2, 2008.

_____. "Catholicisme brésilien contemporain: le Soi et l'Autre". *Simposium sur les religions au Brésil*. Paris: Maison de l'Amérique Latine, 2005.

_____. Modernidade urbana e periferias tradicionais – Catolicismos em Belo Horizonte. *Caminhos*, 2005. Goiânia.

_____. "Culto e cultura, liturgia e afirmação étnica: a vivência da missa afro no Brasil". In: SANCHIS, P. (org.). *Fiéis e cidadãos* – Percursos do sincretismo no Brasil. Rio de Janeiro: EdUERJ, 2001.

_____. "Religiões, religião... Alguns problemas do sincretismo no campo religioso brasileiro". In: SANCHIS, P. (org.). *Fiéis e cidadãos* – Percursos de sincretismo no Brasil. Rio de Janeiro, EdUERJ, 2001.

_____. "Topos, raízes, identidade: um enfoque sobre o Brasil". In: KOMISSAROV, B. (org.). *Espaço lusófono*. São Petersburgo: Editora da Universidade de São Petersburgo, 2001.

_____. 500 anos... De portugueses a brasileiros. *Impulso*. 12, 27, 2000.

_____. A religião dos brasileiros. *Teoria & Sociedade*, 4, 1999.

_____. Inculturação? Da cultura à identidade, um itinerário político no campo religioso: o caso dos Agentes de Pastoral Negros. *Religião & Sociedade*, 20/2, 1999.

_____. "Sincretismo e pastoral – O caso dos Agentes de Pastoral Negros no seu meio". In: CAROSO, C. & BARCELAR, J. (orgs.). *Faces da tradição afro-brasileira*. São Paulo: Ceao/CNPq/Pallas, 1999.

_____. O futuro da "Igreja Popular" no Brasil. *VIII Jornadas sobre religiões alternativas no Mercosul*. São Paulo, 1998.

_____. "O campo religioso contemporâneo no Brasil". In: ORO, A.P. & STEIL, C. (orgs.). *Globalização e religião*. Petrópolis: Vozes, 1997.

_____. *A missa afro* – Esboço de interpretação de um questionário, 1997 [mimeo.].

_____. *Arraial, la fête d'un peuple* – Les pèlerinages populaires au Portugal. Paris: École des Hautes Etudes en Sciences Sociales, 1997.

_____. As religiões dos brasileiros. *Horizonte*, vol. 1, 1997.

_____. Invenzione di tradizioni? Si! Ma... Il caso degli APN. *Thule. Rivista italiana di studi americanistici*, 2, 1997.

_____. O pentecostalismo. *Religião & Sociedade*, 18/2, 1997.

_____. Portugal e Brasil, influências e metamorfoses. *Convergência Lusíada – Revista do Real Gabinete Português de Leitura*, 14, 1997.

_____. Topos, raízes, identidade: um enfoque sobre o Brasil. *Atalaia*, 3, 1997.

_____. "Sincretismo e pastoral de massas. Igreja, comunidade e massa". In: LESBAUPIN, Y. (org.). *Igreja, comunidade e massa*. São Paulo: Paulinas, 1996.

_____. As tramas sincréticas da história. *Revista Brasileira de Ciências Sociais*, 28, 1995.

_____. "O campo religioso será ainda hoje o campo das religiões?" In: HOORNAERT, E. (org.). *História da Igreja na América Latina e no Caribe*. Petrópolis: Vozes, 1995.

_____. Sincretismo e jogo das categorias – A propósito do Brasil, de Portugal e do Catolicismo. *Psicologia e Práticas Sociais*, 2, 1, 1995.

_____. O repto pentecostal à "cultura católico-brasileira". *Revista de Antropologia*, 37, 1994. São Paulo: USP.

_____. Pra não dizer que não falei de sincretismo. *Comunicações do Iser*, 13, 45, 1994.

_____. Catolicismo, entre tradição e Modernidades. *Comunicações do Iser*. 12, 1993.

_____. Modernidade e Pós-modernidade. *Análise e Conjuntura*, 7, 2/3, 1992.

_____. Metamorfoses do sagrado: dois sistemas cognitivos em torno de uma categoria. *Revista de Ciências Sociais*, 18/19, 1/2, 1-14, 1987/1988. Fortaleza.

_____. *Arraial, a festa de um povo* – As romarias portuguesas. 2. ed. Lisboa: Dom Quixote, 1983.

_____. *Festa e religião popular*: as romarias de Portugal. Petrópolis: Vozes, 1979.

_____. *Liturgie en conserve et liturgie vivante* – Le cas de la "missa do morro", Brésil. Paris: Mémoire de l'Ecole Pratique des Hautes Etudes, 1972.

SANSONI, L. *Negritude sem etnicidade*: o local e o global nas relações raciais e na produção cultural negra do Brasil. Salvador/Rio de Janeiro: EdUFBA/Pallas, 2004.

SANTA MARIA, A. *Santuário Mariano*. Vol. 3. Lisboa, 1711.

SANTOS, C.J. *A hora de Deus*. Campinas: Universidade Estadual de Campinas, 1991 [Dissertação de mestrado].

SANTOS, E.P. A propósito do Grupo de União e Consciência Negra. *Cadernos do Ceas*, 1991.

SANTOS, J.E. A percepção ideológica dos fenômenos religiosos. *Revista de Cultura Vozes*, 7, 1977.

SANTOS, M.T. *Castelo Branco na história e na arte*. Castelo Branco: Edição do Autor, 1938.

SCHREUDER, O. Zur Messung der Religiosität in den Niederlanden. *Colloque Religion et Culture*. Lausanne, 1991.

SCHWARCZ, L.K.M. Complexo de Zé Carioca – Notas sobre uma identidade mestiça e malandra. *Revista Brasileira de Ciências Sociais*, 10, 29, 1995.

SEGATO, R. Raça é signo. *Série Antropologia*, 372, 2005. Brasília: UnB.

_____. "Formações de diversidade: nação e opções religiosas no contexto da globalização". In: ORO, A.P. & STEIL, C.A. (orgs.). *Globalização e religião* Petrópolis: Vozes, 1997.

_____. *Santos e daimones* – O politeísmo afro-brasileiro e a tradição arquetipical. Brasília: EdUNB, 1995.

SÉGUY, J. *Conflit et utopie, ou réformer l'Église* – Parcours wébérien en douze essais. Paris: Cerf, 1999.

_____. "L'approche wébérienne des phénomènes religieux". In: SÉGUY, J. *Conflit et utopie, ou reformer l'Église* – Parcours wébérien en douze essais. Paris: Cerf, 1999.

_____. *Christianisme et société* – Introduction à la sociologie de Ernst Troeltsch. Paris: Cerf, 1980.

SENGHOR, L.S. *Négritude et civilisation de l'universel*. Paris: Seuil, 1977.

SESBOUE, B. *Jesus-Christ, l'unique médiateur*. Paris: Desclée, 1988.

SHARPS, L. Black Catholics in The United States: a historical chronology. *U.S. Catholic Historian*, 12, 1, 1994.

SILVA, P.A.A. "APNs: a presença negra na Igreja", In: *Agentes de Pastoral Negros*. São Paulo: Quilombo Central, 1993.

SILVA, V.G. "Reafricanização e sincretismo – Interpretações acadêmicas e experiências religiosas". In: CAROSO, C. & BARCELAR, J. (orgs.). *Faces da tradição afro-brasileira*. Salvador/Rio de Janeiro: Pallas/Ceao, 1999.

_____. *Orixás da metrópole*. Petrópolis: Vozes, 1995.

SIMMEL, G. *Religião*. São Paulo: Olho d'Água, 2010.

SOARES, L.E. *O rigor da indisciplina*. Rio de Janeiro: Relume Dumará, 1994.

_____. "Dimensões democráticas do conflito religioso no Brasil: a guerra dos pentecostais contra o afro-brasileiro". In: SOARES, L.E. *Os dois corpos do presidente e outros ensaios*. Rio de Janeiro: Iser/Relume Dumará, 1993.

_____. A crise do contratualismo e o colapso do sujeito universal. *Anuário Antropológico*, 90, 1993.

_____. *Os dois corpos do presidente e outros ensaios*. Rio de Janeiro: Iser/Relume Dumará, 1993.

_____. "Religioso por natureza: cultura alternativa e misticismo ecológico no Brasil". In: LANDIM, L. (org.). *Sinais dos tempos* – Tradições religiosas no Brasil. Rio de Janeiro: Iser, 1989.

SOUZA, L.M. *Inferno atlântico*. São Paulo: Companhia das Letras, 1993.

_____. *O diabo e a Terra de Santa Cruz*. São Paulo: Companhia das Letras, 1987.

SOUZA, O.H. *João XXIII e o diálogo entre as religiões*. Rio de Janeiro: Ibrades, 1994.

SPERBER, D. *Le symbolisme en général*. Paris: Hermann, 1974.

STEIL, C. Renovação Carismática Católica: porta de entrada ou de saída do Catolicismo? Uma etnografia do Grupo São José, em Porto Alegre (RS). *Religião & Sociedade*, 24, 2004.

STEIL, C.A.; MARIZ, C.L. & REESINK, M.L. (orgs.). *Maria entre os vivos* – Reflexões teóricas e etnografias sobre aparições marianas no Brasil. Porto Alegre: EdUFRGS, 2003.

STEWARD, C. & SHAW, R. *Syncretism/Antisyncretism* – The politics of religious synthesis. Londres: Routledge, 1994.

STOLCKE, V. Cultura europeia: uma nova retórica de exclusão? *Revista Brasileira de Ciências Sociais*, 8, 22, jun./1993.

STOLZ, F. *Alternative Religiosität*: Alternative Wozu, 1991.

SUTTER, J. Pratiques rituelles des catholiques français depuis 1946. *Recherches de Science religieuse*, 78/3, 1990.

TAMBIAH, S.J. *Buddhism and the Spirit Cults in North-East Thailand*. Cambridge: Cambridge University Press, 1970.

TAVARES, E.D. *O milagre de Dom Amoroso*. Salvador, 1995.

TEIXEIRA, F. *Teologia das religiões* – Uma visão panorâmica. São Paulo: Paulinas, 1995.

_____. *Diálogo de pássaros:* nos caminhos do diálogo inter-religioso. São Paulo: Paulinas, 1993.

TEMPELS, P. *La philosophie bantoue*. Paris: Présence Africaine, 1949.

TERRAIN. *Carnets du patrimoine ethnologique* – L'incroyable et ses preuves. Paris: Minist. de la Culture et des Communications, 1990.

THOMAZ, O.R. & LICHTENTALER, W.B. "O mundo que o português criou". In: MONTERO, P. (org.). *Entre o mito e a história*. Petrópolis: Vozes, 1996.

TILLICH, P. *Substance catholique et principe protestant*. Laval: Presses Universitaires Laval, 1995.

TOWA, M. *Essai sur la problématique philosophique dans l'Afrique actuelle*. Yaundé: Clé, 1971.

TOWA, M. *Léopold Sédar Senghor:* Négritude ou servitude? Yaundé: Clé, 1971.

TSCHANNEN, O. The Secularization Paradigm: a Systematization. *Journal for the Scientific Study of Religion* 30, 1981.

TYLOR, E.B. Remarks on Totemism. *Journal of the Royal Anthropological Institute*, vol. I, 1899.

VAINFAS, R. *A heresia dos índios* – Catolicismo e rebeldia no Brasil colonial. São Paulo: Companhia das Letras, 1995.

VALADIER, P. *L'Eglise en procès*. Paris: Flammarion, 1989.

VALENTE, A.L.E.F. *O negro e a Igreja Católica* – O espaço concedido, um espaço reivindicado. Campo Grande, 1994.

VALLE, E. Psicologia social e catolicismo popular. *Revista Eclesiástica Brasileira*, 36, 1976.

_____. *Religiosidade popular:* evangelização e vida religiosa. Petrópolis: Vozes, 1975.

VALLIN, P. Bulletin d'ecclésiologie. *Revue de Science religieuse*, 89/3, 2001.

VARAGNAC, A. *Civilisation traditionnelle et genres de vie.* Paris: Albin Michel, 1948.

VASCONCELOS, J.L. *Opúsculos* – V. Etnologia. Lisboa: Imprensa Nacional, 1938.

_____. *Religiões da Lusitânia.* Lisboa: Imprensa Nacional, 1913.

VATTIMO, G. *O fim da Modernidade* – Niilismo e hermenêutica na cultura pós-moderna. São Paulo: Martins Fontes, 1996.

VEER, P. "Syncretism, multiculturalism and the discourse of tolerance". In: STEWARD, C. & SHAW, R. *Syncretism/anti-syncretism* – The politics of religious synthesis. Londres/Nova York: Routledge, 1994.

VELHO, O. *Besta-Fera* – Recriação do mundo. Rio de Janeiro: Relume Dumará, 1995.

_____. *Projeto e metamorfose*: antropologia das sociedades complexas. Rio de Janeiro: Jorge Zahar, 1994.

_____. Indivíduo e religião na cultura brasileira – Questões preliminares. *Museu Nacional, Comunicações*, 8, 1982.

VERGER, P.F. & CARYBÉ. *Lendas africanas dos orixás.* São Paulo: Corrupio, 1985.

VITERBO, S. *Artes e artistas em Portugal.* Lisboa: Livraria Ferreira, 1892.

VOLL, P. Du centre à la périphérie? La situation des milieux religieux dans le paysage socio-culturel de la Suisse. *Colloque Religion et Culture*, 1991.

VV.AA. *Des prêtres noirs s'interrogent.* Paris: Cerf, 1956.

WAGNER, R. *A invenção da cultura.* São Paulo: Cosac Naify, 2010.

_____. *The Invention of culture.* Chicago: Chicago Press, 1981.

WARNER, R.S. Work in Progress toward a New Paradigm for the Sociological Study of Religion in the United States. *AJS*, vol. 98, 1993.

WEBER, M. *Economie e société*. Paris: Plon, 1971.

_____. *Ensaios de Sociologia*. Rio de Janeiro: Zahar, 1963.

WILK, F.J. "Nova Era", um perigo que nos rodeia. *Cavaleiro da Imaculada*, 9, 10, 11, 1993.

WITTGENSTEIN, L. *Investigações filosóficas*. São Paulo: Abril, 1975.

YINGER, J.M. *Religion, society and the individual*. Nova York, 1957.

ZALUAR, A. *Cidadãos não vão ao paraíso*. São Paulo/Campinas: Escuta/Edunicamp, 1994.

Os organizadores

Léa Freitas Perez

Possui graduação em História e mestrado em Antropologia Social pela Universidade Federal do Rio Grande do Sul, em Porto Alegre. Doutorado em *Anthropologie Sociale et Ethnologie* pela École des Hautes Études en Sciences Sociales, em Paris. É professora titular da Universidade Federal de Minas Gerais, onde também é fundadora e coordenadora do Centro de Estudos da Religião Pierre Sanchis. Tem experiência na área de confluência entre História, Antropologia e Sociologia, com ênfase em "Festa, religião e cidade", notadamente no Brasil e em Portugal. Bolsista de produtividade do CNPq.

Mauro Passos

Possui graduação em Letras, Filosofia e Teologia e mestrado em Educação pela Universidade Federal de Minas Gerais. Doutorado em Ciências da Educação pela Università Pontificia Salesiana de Roma, tem pós-doutorado em Antropologia pela Universidade Federal de Minas Gerais, onde também atua como professor e pesquisador do Centro de Estudos da Religião Pierre Sanchis, do Departamento de Antropologia. É professor-visitante do mestrado e doutorado do IPT e UTAd do Instituto Politécnico de Tomar, Portugal. Presidente do Centro de Estudos de História da Igreja e do Cristianismo na América Latina (Cehila). Suas pesquisas abordam, principalmente, os seguintes temas: história da educação, história do cristianismo, campo religioso brasileiro e catolicismo popular.

CULTURAL

Administração
Antropologia
Biografias
Comunicação
Dinâmicas e Jogos
Ecologia e Meio Ambiente
Educação e Pedagogia
Filosofia
História
Letras e Literatura
Obras de referência
Política
Psicologia
Saúde e Nutrição
Serviço Social e Trabalho
Sociologia

CATEQUÉTICO PASTORAL

Catequese
Geral
Crisma
Primeira Eucaristia

Pastoral
Geral
Sacramental
Familiar
Social
Ensino Religioso Escolar

TEOLÓGICO ESPIRITUAL

Biografias
Devocionários
Espiritualidade e Mística
Espiritualidade Mariana
Franciscanismo
Autoconhecimento
Liturgia
Obras de referência
Sagrada Escritura e Livros Apócrifos

Teologia
Bíblica
Histórica
Prática
Sistemática

REVISTAS

Concilium
Estudos Bíblicos
Grande Sinal
REB (Revista Eclesiástica Brasileira)
SEDOC (Serviço de Documentação)

VOZES NOBILIS

Uma linha editorial especial, com importantes autores, alto valor agregado e qualidade superior.

PRODUTOS SAZONAIS

Folhinha do Sagrado Coração de Jesus
Calendário de mesa do Sagrado Coração de Jesus
Agenda do Sagrado Coração de Jesus
Almanaque Santo Antônio
Agendinha
Diário Vozes
Meditações para o dia a dia
Encontro diário com Deus
Guia Litúrgico

VOZES DE BOLSO

Obras clássicas de Ciências Humanas em formato de bolso.

CADASTRE-SE
www.vozes.com.br

EDITORA VOZES LTDA.
Rua Frei Luís, 100 – Centro – Cep 25689-900 – Petrópolis, RJ
Tel.: (24) 2233-9000 – Fax: (24) 2231-4676 – E-mail: vendas@vozes.com.br

UNIDADES NO BRASIL: Belo Horizonte, MG – Brasília, DF – Campinas, SP – Cuiabá, MT
Curitiba, PR – Fortaleza, CE – Goiânia, GO – Juiz de Fora, MG
Manaus, AM – Petrópolis, RJ – Porto Alegre, RS – Recife, PE – Rio de Janeiro, RJ
Salvador, BA – São Paulo, SP